德意志公敌

THE JEWISH ENEMY

[美国] 杰弗里·赫夫 —— 著
黄柳建 —— 译

NAZI PROPAGANDA DURING WORLD WAR II AND THE HOLOCAUST

第二次世界大战时期的纳粹宣传与大屠杀

译林出版社

图书在版编目（CIP）数据

德意志公敌：第二次世界大战时期的纳粹宣传与大屠杀／（美）杰弗里·赫夫（Jeffrey Herf）著；黄柳建译．—南京：译林出版社，2019.4

书名原文：The Jewish Enemy: Nazi Propaganda during World War II and the Holocaust

ISBN 978-7-5447-7661-5

I.①德… II.①杰… ②黄… III.①反犹太主义－研究②纳粹大屠杀－研究 IV.①D51②K152

中国版本图书馆 CIP 数据核字（2019）第 010036 号

著作权登记号　图字：10-2014-192号

德意志公敌：第二次世界大战时期的纳粹宣传与大屠杀［美国］杰弗里·赫夫／著
黄柳建／译

责任编辑　陈　锐
装帧设计　水玉银文化
校　　对　蒋　燕
责任印制　单　莉

原文出版　Harvard University Press, 2008
出版发行　译林出版社
地　　址　南京市湖南路 1 号 A 楼
邮　　箱　yilin@yilin.com
网　　址　www.yilin.com
市场热线　025-86633278
排　　版　南京展望文化发展有限公司
印　　刷　恒美印务（广州）有限公司
开　　本　718 毫米 ×1000 毫米　1/16
印　　张　22.75
插　　页　10
版　　次　2019 年 4 月第 1 版　2019 年 4 月第 1 次印刷
书　　号　ISBN 978-7-5447-7661-5
定　　价　58.00 元

目　录

序　言

欧洲特别是德国的反犹主义，过去从未试图要杀光欧洲的犹太人，为什么在第二次世界大战中的1941年到1945年间却这么做了？究竟发生了什么变化，使反犹主义成为大规模屠杀的正当理由，而不是延续几个世纪以来的迫害方式？答案在于，希特勒及其主要宣传家们和意识形态理论家们针对处于战争与大屠杀当中的"犹太人问题"都说了些什么，以及他们如何不遗余力地通过被控制的新闻宣传去影响和塑造事件的叙述。相当出人意料的是，在大量这方面的文献资料中，《德意志公敌》竟是第一本深度探讨世界大战中纳粹狂热反犹描述的论著。他们编造了一个无辜的德国正在被国际犹太人围攻且意图"灭绝"他们的故事，并以此作为"最终解决方案"的公开宣告和正当理由。

用历史学家的行话来说，这是一本修正的意图主义(modified intentionalism)作品。它探究了第二次世界大战这个历史场合中关键政治人物的意识形态意图。然而，对犹太人的大屠杀(屠犹)并不是德国或者欧洲历史进程的必然结果。虽然由来已久的精英和大众反犹主义 vii
传统创造了令谋杀者得以游刃有余的冷漠氛围，但它未必会产生大规模屠杀的国家政策。历史学家对意识形态起源的探索，虽把我们引向但并未带到“最终解决方案”。只有在战争的具体历史情境下，希特勒在其政治生涯开端即已采用的欧洲特别是德国最极端和偏执的反犹主义浪潮，才成为德国独裁者解说当时事件的重要因素，进而成为向大屠杀演进的一大原因。希特勒及其同伙一直相信，反犹主义为世界历史提供了唯一的解释框架。他们早在1939年就开始主张，有必要在犹太人灭绝德国和德国人之前灭绝犹太人；1941年，这些言论变本加厉了，并一直持续到纳粹政权的末日。

上一代的历史学家们用他们的工作和个人鼓励，启发并鼓舞了我和其他许多人。卡尔·布拉赫尔对纳粹政权和欧洲一个世纪以来的意识形态所作的分析，一直是历史阐述和道德明晰的典范。弗朗索瓦·菲雷考察了法国大革命时期与恐怖行为交织在一起的观念、事件和情境，他的工作既是把激进的意识形态思潮融入政治历史叙事之中的一种范式，也是对历史决定论的一味解药。托马斯·尼佩代探讨了作为德国和欧洲历史“众多连续性”(multiple continuities)当中一种的反犹主义。无论在学术思想上还是个人情感上，菲雷和尼佩代的离世都令人怅然若失。

布拉赫尔、菲雷和尼佩代是研究观念和政治相互关系这一浓厚学术传统当中的一分子。乔治·莫斯和沃尔特·拉克尔也在这一传统下工作。他们共同创办编辑了《当代历史期刊》，许多论述纳粹主义和法西斯主义的重要文章已在其上发表。拉克尔对屠犹历史的研究作
viii 出了至关重要的贡献，激发了我对纳粹反犹宣传中秘密和公开成分混合的兴趣，并多年来不断地鼓励着我。莫斯领导了大屠杀意识形态起源的历史探索，并且以多种形式阐述了各种欧洲文化如何促成了使大屠杀成为可能的氛围。三十多年来，他一直是激励着我的老师、榜样
ix 和挚友。

无论我如何抗拒它，犹太人在各个方面都处于第三帝国话语的中心，甚至是其整个时代的观点。

——维克托·克伦佩勒，《我要作证：1942—1945》

德累斯顿，1944年7月20日

纳粹宣传的特征与其说是谎言，不如说是对世界事件强加了一种偏执狂的理解模式。

——E. H. 贡布里希，《德国战时广播中的神话与现实》

伦敦，1969年

第一章

犹太人、战争与大屠杀

欧洲特别是德国的反犹主义，作为延绵几个世纪的迫害运动的根源，为什么在1941年到1945年间导致了大屠杀？对于这个问题的理解，纳粹战时意识形态和宣传的文字及图像是一个内容丰富且具有启发意义的工具。从1919年到1939年1月30日，希特勒对犹太人咆哮着可怕的恶言并以暴力相威胁。在他正制订计划要发动第二次欧洲战争时对德意志帝国议会的一次演讲中，他公然威胁，如果犹太人要煽动一场战争的话，他就要“消灭”所有的欧洲犹太人。[1] 在他们的公开声明中，纳粹不断地宣称第二次世界大战和犹太人之间的联系是有因果性和必然性的，因此也暗示这并不是时机和地缘上的偶然事件。虽然希特勒对在他所选定的时间和地点发动战争已计划许久，但他和他的宣传家们却坚持认为，“消灭”犹太人是对“国际犹太人”发动对德战争的正当回应。仇恨、自以为义的愤怒与偏执的交织，是纳粹种族灭绝政策正当理由的核心部分。纳粹宣传指出，德国对同盟国的战争及其“消灭”欧洲犹太人的意图，是一场无比重要的反击和自卫战争的一部分。纳粹德国针对犹太人的公共语言的激进化，伴随和预示着纳粹政

1 策从迫害到消灭的逐步升级。

在纳粹宣传指出第三帝国是其他人预谋的无辜受害者，与希特勒长期计划的侵略扩张政策的事实之间，显然存在着一个鸿沟。这个缺口诱使当代人假定，宣传只是纳粹犬儒们使用的一种操纵手段而已，其实他们完全明白，它颠倒了他们的侵略计划所推动的一系列事件的先后顺序。但是一些当代的观察家推断，纳粹相信他们自己的偏执逻辑。文学学者和日记作者维克托·克伦佩勒在1944年诺曼底登陆不久之后的日记中写道："无论我如何抗拒它，犹太人在各个方面都处于第三帝国话语的中心，甚至是其整个时代的观点。"[2] 克伦佩勒意识到，反犹主义不仅是一组偏见和仇恨，同时也是一个对历史事件的解释框架。作为艺术历史学家而名声鹊起的小贡布里希，在英国广播公司从事翻译和分析德国战时宣传的工作。四分之一个世纪之后，贡布里希写道，纳粹宣传已经通过"将政治世界转化为个人和人格化 (persons and personifications) 之间的冲突"而创造了一个虚谎的世界，在这里，善良年轻的德国勇敢地抗击邪恶阴谋家，尤其是犹太人。犹太人是这个虚谎的黏合剂，首先是在德国内部的政治斗争中，然后是在国际层面上。正是"这个巨大的被迫害妄想症和偏执狂的虚谎，将德国宣传的各种线绳扭在了一起"。贡布里希的总结是，纳粹宣传的特征与其说是谎言，不如说是对世界事件强加了一种偏执狂的理解模式。[3] 在第二次世界大战期间，纳粹政权的宣传不断地声称一个事实上的政治主体，一个被称为犹太民族或国际犹太人的团体，是启动和延宕战争的"罪魁祸首"，而且有一个犹太国际阴谋正意图消灭德国和德国人。这些声称依赖于纳粹激进反犹主义一种固有的偏执。在第二次世界大战的环境中，这些信念将几个世纪以来的欧洲反犹主义从为传统迫害模式提供正当理由，转变为历史学家诺曼·科恩所称的"对种族灭绝的授权"

(warrant for genocide)。[4] 2

面对纳粹德国国家政治领导人这种观点的表达，大多数当代马克思主义者、自由主义者和保守主义者，同时也包括大量的战后学者，对纳粹真的相信他们自己的宣传表示怀疑。然而，一项对现代政治文化的研究，则把注意力吸引到了许多非理性和虚假意识形态观点的因果意义上。在纳粹德国的案例中，历史学家已充分记录了索尔·弗里德兰德所称的希特勒早期的“赎罪式反犹主义”(redemptive anti-Semitism)，它把对一个无比强大的国际犹太人的偏执幻想，与解救、拯救德国免于那致命影响的承诺结合了起来。[5] 伊恩·克肖注意到，希特勒在他的慕尼黑啤酒馆演说中所表现出的“对反犹的一种吞噬一切的疯狂迷恋”就发生在第一次世界大战结束之后不久。[6] 这种迷恋在1920年4月6日纳粹党会议上的一次演讲中非常明显，那时希特勒讲道：“我们不想成为只是为屠杀营造一种心情的情绪反犹主义者。相反，我们是被一个冷酷无情且强烈的决心所驱使，是要在其根源上攻击邪恶，并消灭其根基和分支。每一个能达到我们目标的手段都是正当的，哪怕它意味着我们必须与魔鬼签订协议。”[7]

早些年，希特勒公开指责犹太人对于德意志民族而言就是外来因素，是德国从军事战败到大萧条等问题的原因所在。然而，直到1939年1月30日，他才公然威胁要消灭犹太人。在1920年至1939年间，他经常是用最恶毒的语言，号召“将犹太人从我们的人民中间剔除出去”[8]。在《我的奋斗》接近结尾的部分，他写道：“在战争初期和战争期间，如果有1.2万或者1.5万希伯来堕落者被置于毒气之下，正如我们数十万最优秀的德国战士在战场上所经历的，那么数百万人的牺牲将不会是徒劳的。”[9] 但是，即便他的语言很恶毒、仇恨很深，在1920年4月到1939年1月间，他并没有重复威胁要杀掉所有在德国的犹太人，或者欧洲其他地方的犹太人。他只是谈到“世界或国际犹太人”是一个拥有广泛权力且与德国为敌的既存政治主体。[10] 他声称，这个主体
3 在第一次世界大战德国战败中发挥了作用，并助长了布尔什维克革命、德国的战后通货膨胀和1929年的经济危机。在1933年到1939年间，国际犹太人是造成欧洲列强和美国批评德国包括反犹主义在内的国内政策的原因。在1939年之前，希特勒毫不掩饰他对犹太人的强烈仇恨，以及他决心将犹太人驱逐出公共生活、职业和经济活动，剥夺他们的德国公民身份，然后如果需要使用武力的话，强迫他们离开德国。的确，在1933年到1939年间的反犹迫害时代，纳粹政权通过与一些犹太组织的“转移协议”，鼓励和允许六万德国犹太人以及大约一亿马克从德国转移到巴勒斯坦。[11] 希特勒辩称，每一次迫害犹太人的升级，都是对他所断定的国际犹太人先前发动的侵略行为的一种回应。但是，从1933年1月到1939年1月，通过六年的反犹迫害、抵制、蛮横逮捕、盗窃、清洗及1938年11月大屠杀的逐步升级，希特勒在没有对犹太人宣战的情况下，不断重复着国际犹太人对德国构成威胁的声明。[12] 然而，在1939年的1月，他发出了明显是更加激进和凶残的腔调。

在宣扬犹太人对纳粹德国威胁的同时，希特勒正准备在东部发动一场旨在争取生存空间的战争。这样一场军事行动能在美、英封锁的情况下为德国提供原材料和食物供应的安全保障，并为随后力争攻击美国和统治世界打下基础。[13] 希特勒将自己公开展示为一个爱好和平，虽激进但地方化的德意志民族主义者，仅仅是要把国联的民族自决权原则应用到中欧地区讲德语的民族当中。[14] 事实上，在通往世界统治的道路上，他的取胜战略需要准备一系列对孤立敌人的闪电战争，而
4 这些胜利能提供有利于进一步扩张的资源。尽早发动战争能发挥纳粹德国的军备领先优势，延迟则会削弱它那最初的优势。[15]

在驱使事件走向战争和大屠杀上，希特勒是一个核心并起决定性作用的历史人物。但是，纳粹党和纳粹政权的宣传却指出，希特勒和德国仅仅是在回应其他人的动议、不公和威胁。这种宣传叫嚷着无辜和自以为义的愤怒，以及把德国与犹太人的权力关系颠倒过来：德国是一个无辜的受害者，而犹太人却是无比强大的。从1933年到1939年，反犹意识形态转换到迫害政策，是以犹太人对德国和德国人所作所为的正当回应的形式呈现出来的。在1939年1月30日，一个明显的转变发生了，因为希特勒将他要发动的战争描述为针对国际犹太人面向德国一长串进犯的最终回应。根据希特勒的偏执逻辑，犹太人已经发动了战争，所以纳粹被迫发动针对欧洲犹太人的反击战争。在1月30日对德意志帝国议会的演讲中，希特勒首次明确公开威胁要消灭（那是指谋杀）——不只是迁移、驱逐或是打败——“欧洲的犹太种族”，即在“欧洲内外的国际金融犹太人”发起一场新的世界战争的情况下。在1939年1月30日到1943年2月24日期间，他至少在随后的六个场合中公开重复着种族灭绝的预言。[16] 与他在1919年到1939年间的公开实践相比，在随后的几年里，希特勒以前所未有的清晰、不讳和频繁，演说和叙写着要实施他那消灭欧洲犹太人的威胁计划。他将自己扮成先知：第二次世界大战的爆发进一步证实国际犹太人的确已经行动，旨在摧毁德国和德国人。

希特勒及其主要宣传家们能够同时容纳两个完全矛盾的事件版本：一个根植于优等民族和统治世界的宏伟理念，另一个则是无辜被困受害者的自怜偏执。[17] 宏伟和偏执是同一种狂热意识形态的两极。[18] 5
纳粹宣传将他们自己侵略及屠杀的意图和政策归罪于他们的受害者，尤其是犹太人。马克斯·霍克海默和西奥多·阿多诺抓住了纳粹主义的这一方面，他们在1944年写道：“盲目的凶手（blind murderer）总是视他的受害者为自己的迫害者，因而他必须进行自卫。”[19]从开始到结束，宣传中所呈现的偏执叙述，一直伴随着纳粹政权的宏伟侵略战争及其种族灭绝政策，并为它们提供正当理由。

纳粹德国战时宣传的激进反犹主义也构成了一个解释棱镜：随着事件的开展，纳粹领导人就借以观察并曲解它们。的确，因为希特勒将他要发动的战争描述为针对国际犹太人面向德国一长串进犯的最终回应。在《德意志公敌》中，我探究了将反犹意识形态转化为叙述，以及定制 (tailoring) 日报和周刊新闻以配合这一叙述的过程。[20]像在此之前和之后的其他偏执狂型的政治实践者一样，纳粹相信他们自己已经揭开了现代历史和政治的深层秘密，而大多数人由于深陷于事件之中而未能获悉这个秘密。就在他们进入了一个完全虚谎的世界的同时，他们让自己和无数的其他人相信，他们的公共启蒙和宣传部正在教育民众事件背后的幕后黑手及实际驱动力量。[21]在激进反犹主义的“疯狂叙述”中，所有的谜底都被解开了，所有的历史偶然事件都被清除了，一切都变得可解释。[22]

研究反犹主义和大屠杀起源的历史学家，充分记录了其在欧洲，特别是在德国和奥地利社会及文化上的广度与深度。用一种特定的视角，他们已经解释了“迫害时代”的根源。[23]这个引人注目的学术团体解释
6 了通往反犹“共识”的道路。这个共识导致了20世纪30年代中后期纽伦堡种族法的出台，以及针对犹太人的公民身份剥夺、经济贫困和人身监禁。[24]法西斯和种族主义的先驱历史学家乔治·莫斯大胆地宣称，基于体征贬损和拔高的标签化种族主义，“是将德国民族主义从歧视发展到大灭绝的走火入魔的催化剂”[25]。但是，不管这个共识怎样卑劣，或者那被假定的雅利安人和犹太人外貌的熟悉漫画多么可憎，都没有产生大

屠杀的国家政策。对反犹主义长期历史的思考，留下一个尚未解答的问题：为什么大屠杀在1941年到1945年间而不是更早的时候发生了。[26]答案在于，纳粹政权高层的激进反犹主义者们如何不遗余力地对国际犹太人在第二次世界大战爆发和展开中的角色赋予某种言之有理的意义。纳粹领导人相信，展开的战争事件证实了他们激进反犹主义意识形态的真实性，并增强了将犹太人从地球表面清除的必要性。

激进反犹主义基于这样一个信念：犹太人是一群紧密团结、政治上积极活跃的主体，一个通过种族纽带而在全球范围内联合起来的团体，且这个纽带胜于任何对民族国家的忠诚。在纳粹的眼里，这个强大和自治的实体——国际犹太人，控制着各式各样服务于其邪恶利益的傀儡和共犯。与那种不太激进和非种族灭绝式的仇犹不同的是，犹太国际阴谋论的这种观点并不对其强加给犹太人的所谓身体外貌赋予什么重要性。的确，纳粹宣称犹太人是伪装专家，因此“大众启蒙”的不懈努力在暴露他们和他们统治世界的目标上是必要的。如果不能被认定和摧毁，纳粹宣传家们担心犹太人将会消灭德国人民。因此，希特勒及其同伙在众多场合公开声明，他们将会在犹太人能够消灭德国人之前“消灭”犹太人。“犹太人的阴谋”这一观念在纳粹执政之前的几十年里由大众出版物《锡安山长老协议》推而广之。纳粹宣传家们的技能是，使这个阴 7
谋论得以实时更新，并用20世纪中期欧洲和美国公认杰出人物的名字和脸谱来滋养它。国际犹太人阴谋的理论对这个表面上看似难答的问题提供了答案，这个问题是：为什么英国在1940年参战了而不是进行谈判？为什么随着1941年6月德国的入侵，苏联政权像一个纸牌屋一样倒塌了？为什么富兰克林·罗斯福会反对希特勒？为什么红军在1943年春天之后继续向中欧推进，而反希特勒同盟却保持完整？在一个拥有广泛权力的国际犹太人阴谋在幕后操控的观念下，纳粹领导人相信他们已经找到了这些问题的答案，以及现代历史的许多其他谜底。

虽然也有一批论述纳粹宣传的杰出著作，但没有一部专注于激进反犹主义向战时宣传文字和视觉图像的转换。[27]《德意志公敌》利用众多资源去追踪这个转换过程：阿道夫·希特勒的相关演讲；公共启蒙和宣传部部长约瑟夫·戈培尔的演讲、文章和多卷日记；帝国新闻主管奥托·迪特里希及其工作人员，在柏林新闻会议上发给报纸和期刊编辑们上千份日报和周刊新闻指令选集；受政府控制的报纸的头版文章和新闻提要；在第三帝国期间侵入无数德国人日常视觉体验的有关反犹主义的黑白或彩色墙报和海报。其中一些文字和图像是众所周知的；其他的在那时虽说是为人所熟悉，但即便是在纳粹宣传学术研究中也被忽视了。那绝对重要的新闻指令——《每日要闻》，在对奥托·迪特里希的纽伦堡战后审判中就已为人所知，但异乎寻常地未被充分利用。色彩鲜艳的反犹政治海报同样也几乎未引来任何的考察。[28]借助这些丰富的材料，我主张，纳粹德国在第二次世界大战期间
8 的激进反犹主义宣传，是与纳粹动机及其发动战争和实施“最终解决方案”紧密融为一体的。

“反对犹太人的战争”意味着什么？对于露西·达维多维奇这样一位在其开创性工作中使这一短语耳熟能详的学者来说，它意味着大屠杀，即欧洲犹太人问题的“最终解决方案”[29]。随着大屠杀学术研究接踵而至的爆发，两个学术团体形成了。一个由军事历史学家构成的团体继续关注传统的第二次世界大战战场叙述，而另一个更加详细地探究了大屠杀的历史。当军事历史学家们在叙述斯大林格勒战役和诺曼底登陆的时候，其他人在研究万湖会议和奥斯维辛集中营以及其他死亡集中营。虽然这样的二分法让位于在时间、空间和意识形态灵感上对第二次世界大战和大屠杀进行对接的尝试，但达维多维奇的短语

“反对犹太人的战争”仍然在我们的脑海中清晰地唤起对欧洲犹太人大规模屠杀的记忆。[30]更广泛地去理解“反对犹太人的战争”的时机已经到了，且第二次世界大战在其中扮演了一个至关重要的角色。

当纳粹领导人在私人会谈、办公备忘录或公开声明中将犹太人和第二次世界大战联系在一起时，他们指的是一种将第二次世界大战和大屠杀合并在一起的末日战争。他们并没有把他们与他们所称的国际犹太人的战争的含义限定在“最终解决方案”之内。相反，他们认为“最终解决方案”——具体内容没有在公开场合讨论过——是更广泛的防卫战争环境下所采取的一种必要的反击行动，是纳粹德国发动的旨在反抗国际犹太人、世界犹太民族，以及并未被频繁使用的“犹太人”。在纳粹领导人的意识和公开声明中，所有这些人都在打同一场战争；这是一个天大的国际阴谋，犹太人幕后操控体量超大的势力对付德国及其同盟，而他们的非犹太人共犯，主要是指同盟国，只是敌人的公开外表。纳粹叙述将巨大的自主权和力量归给了犹太人，而否认这些归 9
于世界上最强大的国家中有名无实的领导人——富兰克林·罗斯福、温斯顿·丘吉尔和约瑟夫·斯大林，这些人被认定为犹太人的木偶、共犯、傀儡和奴仆。

纳粹德国视它的敌人为一个无以类比的阴谋。国际犹太人处于中心位置，拉扯着木偶线来控制他们的傀儡——苏联、英国和美国的领导人。从1939年9月战争开始之前的几个月，直到希特勒在柏林地堡的最后日子，纳粹叙述指出，第二次世界大战和消灭欧洲犹太人的意图是防卫战争的组成部分，旨在反抗一个拥有无限权力的国际犹太人阴谋所发动并逐步升级直至获得胜利局面的侵略行为。纳粹反犹主义的激进和极端，并不仅仅表现在有关犹太人的外貌特征或他们所谓的性取向这些既熟悉又令人作呕的种族主义漫画。这些偏见和恐惧在第三帝国之前早就已经是欧洲反犹主义的稀松平常之事。的确，正是由于纳粹领导人很担心他们所认为的犹太人将自己伪装成非犹太人的能力，因此他们恢复了一个中世纪传统，即强制要求犹太人佩戴具有识别功能的黄色大卫星，以迫使他们公开犹太人身份。现代反犹主义的阴谋性一面，在培养它的激进和种族灭绝内涵时至关重要。对犹太人问题的“最终解决方案”的渴望，是与这一纳粹观点分不开的，即犹太人是一个国际上有组织的、在第二次世界大战事件中起决定性作用的政治势力。

毫无例外，连希特勒最强烈的反对者都很难相信，他会把他说过的关于消灭和根绝犹太人的言论当真。这里我要强调一下公开宣布的意图和实际政策之间的相似性。[31] 关于纳粹政权公共语言中委婉和明晰（所扮演）的角色，我们需要修正传统的思维。实际上，当它的领导
10 人在1938年后公开发表他们意图对欧洲犹太人做什么的时候，即他们要消灭和根除的意图，杀害所有的欧洲犹太人，是昭然若揭和毫不含糊的。乔治·奥威尔有这么一句名言：极权主义专制体制的言论和宣传是“委婉隐晦、回避问题和完全朦胧含糊的”。他认为，为了努力“辩护那些站不住脚的观点”，极权主义直接用简陋的抽象替换了那些直接关于暴力犯罪的简单明了的名词和发自肺腑的动词。[32] 奥威尔的观点可以很好地适用于执行欧洲犹太人种族灭绝任务的机构——帝国安全总部——内部的办公备忘录；适用于以大屠杀本身而出了名的“最终解决方案”；当然同样也适用于参与大屠杀的工作人员用来向其受害者掩盖他们将要面临的可怕命运的恶毒骗术。[33] 但是，纳粹德国的公共话语并不限于那些臭名昭著的委婉语言。正如汉娜·阿伦特在她的经典著作《极权主义的起源》中所言：“我们应该回想希特勒频繁使用的话语，他对运动真实目标的定义是完全真诚和毫不含糊的，但是

公众对这种一致性并没有做好准备，以致简单忽略了其真实目标。”[34] 事实上，纳粹政权公共话语把对“最终解决方案”的任何事实的全面压制，与对谋杀意图野蛮的，有时是粗鲁的宣布结合了起来。德语中两个关键的动词和名词是这个大规模屠杀语言中的核心：vernichten和ausrotten。这些可译为“使灭绝”、“使消灭”、“使完全毁灭”和“去谋杀”；以及名词Vernichtung和Ausrottung，可翻译为“灭绝”、“消灭”、“完全毁灭”和“谋杀”。[35] 无论是采用字典中的字面意思，还是将其放在它们被提及过的演讲稿、段落及句子的语境当中，意思都是相当明确的。当希特勒和其他纳粹领导人及宣传家们说出这些词来描述他们对犹太人意图做什么时，在他们声称正是犹太人不仅意图要消灭 11
和根绝纳粹政权、纳粹党和德国军队，还要灭绝全体德国人之后，他们几乎一直都是这么干的。当纳粹将消灭和根绝政策归罪于国际犹太人时，那个文件中的明确意思是，犹太人正在支持一个针对德国的种族灭绝政策。到了1941年的夏秋两季，希特勒和戈培尔就公开宣布对犹太人的灭绝威胁是当下官方政策的组成部分。

对于德国听众和读者，这些词汇的特殊意义是明确的。[36] 对于军人而言，“毁灭之战”(Vernichtungschlacht) 这个用语有一个为人熟悉的克劳塞维茨指环 (clausewitzian ring)，并表示敌方军队的完全溃败。为了将全部犹太人描述成纳粹德国的敌人，纳粹叙述试图将要消灭和根绝 (犹太人) 的威胁，放置于常用或至少是已知的战争用语之中。当这样做时，它远远超过了克劳塞维茨的正统说法。对于那些记得德国在非洲殖民主义历史插曲的人来说，“毁灭”可能唤起了他们对德国于20世纪前十年在纳米比亚发动的“灭绝战争”的记忆。[37] 第一次世界大战的头几个月，在比利时和法国对士兵和平民的模糊区分，可能已为指挥战争攻击人民而不是军队提供了先例。[38] 但是，正如研究希特勒东线战场意识形态的历史学家所论证的，德国将军们理解这将不会是一个传统克劳塞维茨术语意义上的“毁灭之战”，而是“战争破坏”，也就是跃过一个超越任何欧洲先例的鸿沟。[39] 从1941年到1945年，所有德国人的普通和日常经历都被暴露在激进反犹主义的宣传之下，其赤裸裸的意图就是为大规模屠杀犹太人提供理由。“普通”的男人和女人所见所闻的是一种甚至在几个世纪的反犹仇恨背景下都非同寻常的激进反犹主义。纳粹政权努力把既异常又带有种族灭绝的语言融入表面上看似普通或更加传统的战争叙述当中去。[40] 在纳粹传播的文字和
12 图像中，欧洲的犹太人不是任何人的无辜受害者，而是对第二次世界大战负有主要罪责的当事人。因此，消灭犹太人并没有抹除对平民和战斗人员的区分：正如纳粹领导层所认为的，所有的犹太人都在跟纳粹德国交战。

将意识形态转化成新闻形式的事件连续叙述的任务被交给了宣传部，特别是迪特里希的帝国新闻办公室。在每日和每周，这个办公室都会给新闻机构发布指令，命令他们该如何叙述当下事件。[41] 虽然对被控制的新闻机构所发布的无数指令，在战后对迪特里希的纽伦堡审判中就已真相大白，但是它们在学术报告中却扮演着一个不起眼的角色。但是，这些指令还是说明了宣传家们如何利用激进反犹主义去解释事件的进程。虽然戈培尔在纳粹宣传历史中明显扮演着核心角色，但是他在清除和控制日报和期刊出版中并没有发挥关键的作用。当那些既丰富又很吸引人的证据在1947年和1948年对戈培尔的纽伦堡审判中被呈现时，它表明这些任务是由帝国新闻主管奥托·迪特里希实施的。迪特里希不像戈培尔，他每天在希特勒的办公室里工作，并且每天早上递交国际新闻简报给希特勒。然后，迪特里希向他在柏林的工作人员传递希特勒的建议和意愿，告知德国新闻机构应该写什么或不写什

么。在战争进程期间，数以万计的机密“新闻指令”在柏林每日新闻会议上以口头和书面的形式传达。这些必须服从的指令随后被传达到几千份报纸和期刊那里。通过迪特里希及其工作人员，在对德国日报和期刊的事件记录的影响上，希特勒比以前所公认的更重要和直接。在宣传和新闻控制领域中，政权展示了协同和效率，即便是在面对内部的个人冲突和组织纠纷时，仍展现出在核心政策目标上的统一战线。用伊恩・克肖的话来说，戈培尔和迪特里希两位都“为希特勒工作”。但 13
是，迪特里希是每天而不是定期接触希特勒，不需要凭经验猜测他想要什么。希特勒直截了当地告诉他。[42]

纳粹宣传的另一重要维度涉及《每周要闻》的墙报内容，其中文字、肖像和图片的混合清晰可见。每周发行几万份，有时几十万份，在图片机械化印制的新时代，它们是纳粹主义视觉攻势最普遍和最具侵入性的一面，不管是黑白还是彩色的。德国墙报是一种新闻社论、政治传单、政治海报及记者文摘的独特结合体，采用现代印制技术，并针对一个日常生活和工作节奏以步行和公共交通为特点的社会。纳粹主义的一些视觉特征——纽伦堡集会、火把游行、通向奥斯维辛的大门、阿尔伯特・施佩尔大楼、《意志的胜利》(莱妮・里芬施塔尔关于纽伦堡集会的纪录片)，还有臭名昭著的反犹主义电影《永恒的犹太人》和《犹太人苏斯》——早已是熟悉的现代观念的图标和纳粹时代的记忆。但是，除了每周的《新闻汇辑》，没有一种纳粹视觉宣传形式能像《每周要闻》那样对政权的当下事件描述作出如此至关重要的贡献。[43]一个人毕竟可以决定不去看电影或《新闻汇辑》，然而一个人无法避开《每周要闻》墙报。从1937年到1943年春天的每一周，大概有12.5万份黑白或彩色的墙报被张贴于日常生活的各个角落和缝隙。《每周要闻》墙报被张贴在德国和奥地利的市场广场、地铁站、公交站、就业办公室、医院候诊室、工厂咖啡厅、酒店、饭店、邮局、火车站、学校和街边电话亭。在人口稠密的德国，人们出行主要依靠步行和公共交通；政治墙报被策略性地放置于大众在任何给定的一天都会集散的节点，是强行侵入无
14 数人视线范围的最有效手段。的确，运用现代广告、机械化和图像式印制技术，以及纳粹党与政权的组织性武器，纳粹宣传家们使得政治墙报在大规模传播政治宣传中成为一个有效的手段。每周，许许多多的纳粹党积极分子，德国劳工阵线的成员，以及酒店旅馆老板、园丁、外科医生、退伍军人和地主的先锋组织在派发和张贴它们。[44]基于领导人的想法和目标与无数德国行人及乘车上下班的人的日常体验之间强有力的联系，这些特别的文字和图像值得从历史写作和思考的边缘移到中心位置。它们加强并详尽说明了受政府控制的如《人民观察家报》之类的报纸所传达的信息。

接下来的证据和观点将详述纳粹政权跟德国人说了什么，而不是“普通”德国人或“大多数”德国人明白了什么。纳粹声明的记录比其在大众意识上更加广泛和具体。纳粹政权评估公共意见的努力，被收集和报告（公共意见）所使用的非典型、非科学的方式所污染。战后证据常遭受记忆和政治利益的扭曲影响。[45]虽然这里所呈现的证据不能解答大多数德国人相信什么的问题，但它确实比以前更加翔实地说明了，希特勒及其同伙在众多场合告诉德国民众他的政府实施消灭和根绝欧洲犹太人政策的程度。如果一个人能懂德语，阅读一份主要报纸，有规律地去收听广播新闻，浏览无所不在的纳粹政治墙报，他或她就会知道这个基本的事实。那个人就会知道，德国政府坚持认为，当前事件只有与国际犹太人的权势、犹太人正在阴谋摧毁纳粹政权和谋杀德国
15 人民联系在一起才能被理解。现存证据似乎表明，一个嵌入纳粹党及其先锋组织之中的狂热但为数并非很少的少数群体相信这些信息是真

的，并且它的成员将这些信息散布于一个反犹主义的温和形式已然稀松平常的社会之中。将关注点从普通德国人是怎么认为的，转移到纳粹专制主义本身的文本和图像，我在本书中将寻求解决那个至今仍未被解答的问题，即为什么在1941年，在欧洲历时最持久的仇恨阴暗史中，反犹主义第一次呈现出前所未有的激进主义，并被用于为欧洲大陆大规模屠杀（屠犹）政策提供正当理由。[46] 16

第二章

构建反犹共识

纳粹在1933年1月的掌权，为将会伴随第二次世界大战和大屠杀的反犹运动带来了两个具有决定性意义的要素。第一，希特勒和他的一些亲密同伙组成了一个经验丰富的反犹宣传核心。第二，纳粹组建了一个庞大的新机构——帝国公共启蒙和宣传部，其德语简写为RMVP。纳粹党自身变成了工具，在整个德国社会中传播着来自党和政府的官方信息。在魏玛时期，纳粹宣传家们学会了如何将基本的意识形态原理转化为一种事件的连续叙述。这种叙述以一个存在严重偏见的善恶故事为特征，故而容易传播到广大受众当中去。[1] 希特勒仍是关键的讲故事人和宣传家。他的演讲被印刷发行，通过电台播放，摘录在成千上万的海报上。虽然反犹主义只是纳粹多种选票力量资源中的一种，但1933年后希特勒将反犹理论家——其中最重要的人物是约瑟夫·戈培尔、奥托·迪特里希和阿尔弗雷德·罗森贝格——放置于关键舆论塑造机构的顶端。在以“领袖主义”为依托的专制体制中，希
17 特勒的反犹信念决定了政策。

塑造大众舆论始于对新闻出版自由的摧毁。1933年1月30日之

后的几周和几个月里，大约有2000名德国记者，包括犹太人、自由主义者、保守主义者、不大关心政治的作家、社会民主主义者以及共产主义者，被解雇、逮捕或流放，有时是并用以上三种措施。绝大多数记者则保留了他们的工作。对新闻出版机构的控制发挥了一石二鸟的作用：一方面驱逐和压制疑似异议者，把工作岗位腾出来给纳粹党成员；另一方面也促使记者投机适应，和新政权下的保守主义精英同流合污。[2] 共计有200种社会民主党的报刊和35种共产党的报刊被关闭了，而它们的总发行量约为200万份。在1933年7月，莫斯出版公司的报刊，包括德国自由主义佼佼者之一的《柏林日报》，屈服于"协调"——纳粹术语，即清洗、合并和控制德国社会、政治、经济和文化的各种机构。[3] 在1933年10月4日，由帝国新闻主管奥托·迪特里希制定的《编辑控制法》，使得所有保留的报纸和期刊编辑处于政府的控制之下，从而结束了新闻出版自由的任何伪装。编辑们必须是"雅利安人"，并且不能与一个非雅利安人结婚。法律由此禁止犹太人以及那些与犹太人通婚的人从事记者职业。所有的编辑被要求成为帝国德语新闻出版联合会的成员，而迪特里希是这一机构的主席。法律建立了由联合会管辖的法庭，它能够惩罚和清除被视为已违反法律要求的编辑。[4] 在1933年12月12日，主要的德国新闻出版服务机构被合并为官方德国通讯社(DNB)，这反过来使其处于宣传部中迪特里希的新闻办公室的监管之下。德国的新闻出版已然变成了一种国家垄断。

纳粹政权也通过购买各种报纸和期刊以获得对新闻出版机构的控制，并经常是以低廉的价格进行收购。在这一过程中，一个关键的参与者是马克斯·阿曼(Max Amann，1891—1957)，一个通过帮助 18
《我的奋斗》获得商业上的成功并帮助希特勒成为一名富人而获得希特勒青睐的出版商。在1933年之后，希特勒任命阿曼为帝国新闻出版

所 (Reich Press Chamber) 的理事长和德国报纸与期刊出版商协会的主席。在他的指导下，纳粹的德国新闻出版机构产权拥有量显著地扩大，从1933年占所有报纸出版社的2.5%，生产约120种日报与周刊，总发行量约为100万份，扩大到1939年的1500家出版社和超过2000种报纸。到了1945年，纳粹控制的新闻出版机构占了总发行量的82.5%。[5] 到了1939年，纳粹控制的弗朗茨·埃尔出版社单独就控制了约200种报纸，且发行量达到1320万份，并建立了世界上最大的出版公司。尽管有2200种报纸仍属私人拥有，但也受制于来自执政当局详细的指令体系。[6]

在1933年1月之后的政权宣传活动中，纳粹党通过它的强大等级制度扮演了核心的角色。在1928年，纳粹党拥有96 918名成员。到了1933年1月，伴随于魏玛共和国的大萧条和政治危机，其成员已翻了近八倍，达到849 009名。1933年之后，成员急剧增长，在1935年达到2 493 890名，1939年达到5 339 567名，1941年达到710万，1943年达到730万，在1945年5月则超过了800万。[7] 希特勒站在纳粹党的顶端，被担任着各种内阁职务的副手和拥护者环绕着，诸如马丁·鲍曼、约瑟夫·戈培尔、奥托·迪特里希、海因里希·希姆莱、罗伯特·莱、汉斯·弗朗克、阿尔弗雷德·罗森贝格。从属于国家领导人的则是纳粹省党部负责人，或称为地区行政长官或地区领导人，负责与德国各州州域相一致的区域；县级领导人负责整个城市或都市地区，社区点领导人和基地领导人或地方领导人则各自负责一部分城市或小城镇。在最基层的是支部领导或单元领导，最后是区块、街道或街区领导。[8] 自1936
19 年起，有33个纳粹省党部、772个专区和21 041个社区点及基地。在1938年奥地利和苏德台地区并入之后，又增加了6个纳粹省党部。[9] 到了1939年，又增设了6个地区办公室。[10] 到了1943年，根据纳粹党的最新组织编制书,数量已经增加到43个纳粹省党部,869个专区,26 103个社区点,106 168个支部和559 020个街道或街区团体,并争取到约8000万的人口。[11] 由于被纳粹政权统治的领土通过德国武装力量而扩大,纳粹党在东欧和西欧设立了新办事处。纳粹省党部的1943年地图说明了,它的扩张进入了被占领的波兰和捷克领土。[12] 与这些官员协作的是安全服务机构 (SD) ,其定期向柏林报告关于对政策和宣传的大众情绪和公众回应。[13] 这个广泛的组织武器对于纳粹信息在德国社会许多领域中的传播扮演了决定性的角色。

在1933年3月,希特勒任命戈培尔为新创建的宣传部的部长。戈培尔是纳粹党的主要宣传家和反犹仇恨的鼓动者。他已从海德堡大学获得德国文学博士学位,并已在魏玛时期作为纳粹周刊《攻击》的编辑而表现突出。[14] 作为宣传部的主管,管理着一个已升至1300人的工作团队,他变成了纳粹宣传的公共面孔。到了1939年,他的部门包括了宣传、国内新闻、海外新闻、期刊出版、电台、电影、作家、剧院、美术、音乐和流行文化等管理分部。[15] 它的预算从1937年到1942年几乎翻了一倍。[16] 每天他都举行会议,以传达命令给纳粹党和政府内的宣传机构。他在1933年3月16日召开的第一次新闻出版会议上讲道,宣传的本质是"简单、力量和集中"。客观性是一个神话,"世界上不存在没有倾向性的事物……没有一件事情是绝对客观的"[17]。只有权力才能解决真理和谬论的问题,并且权力现在集中于纳粹党国之中。 20

戈培尔的权力和职位反映了在纳粹德国中政党与国家的混同。他身兼柏林的行政长官、帝国公共启蒙和宣传部的部长、纳粹党帝国宣传指挥部的主管。帝国宣传指挥部包括了新闻出版、演讲者训练、民众会议、文化、电影、电台和积极宣传办公室等分部,它们配合演讲者,监管小册子的写作和海报生产。这些办公室大多存在于纳粹省党部和专区，在某些情况下，也存在于地方层面。[18] 如果海报需要分发，会议需要组织，希特勒或戈培尔的文章需要引起“民众”的关注，纳粹党和政府的组织武器就做好了准备来执行任务。[19]

戈培尔是多产的。他的私人日记涵盖了从20世纪20年代中期到1945年4月整个时期，超过40卷，每卷600页。虽然在30年代，他的文章在《人民观察家报》的首页定期发表，但戈培尔也寻求拥有一本具有一定水准的政治和文化周刊，以针对德国及海外的知识分子读者。他在《德意志帝国》杂志找到了答案，从1940年5月26日到1945年4月15日每周在其上发表文章。杂志的发行量从1940年10月的50万份到1941年的80万份，最后到1944年超过140万份。[20] 从1941年开始，他几乎每周都在杂志上发表社论，直到1945年的4月，每篇他都获得2000帝国马克（比一个熟练技工年收入的三分之一稍少一点）。[21] 他或者其他人随后在全国电台里朗读它们。[22]《德意志帝国》成为纳粹化的德国政治和智力机构阅读的最重要的杂志。它是纳粹政策的领头羊，并为宣传部长提供了一个周刊平台，在此他能够比那些大众流通报纸更好地联系到忠实的纳粹分子和一群更加精明、政治敏锐的读者。

虽然他在《德意志帝国》上的218篇社论很少专门论及犹太人，但反犹主义动机是普遍存在的。如“模仿”（1941年7月20日）、“犹太人
21 有罪”（1941年11月16日）和“战争和犹太人”（1942年5月9日）等文章，就详尽阐释了关于余下的战争岁月在许多其他文章和广播演说中出现过的更为简略的观点。[23] 这些反犹主题支撑着关键的论点，或者在社论中策略性地出现，以处理英国、美国、苏联、同盟国对德国城市的轰炸、西方与苏联的结盟、战争的起源、“全面战争”中民族团结直到最后的必要性、德国的胜利与失败等问题。受过更多教育的《德意志帝国》的读者，以及电台上戈培尔社论的经常听众，吸收着一个一致的故

事和一系列事件的建构，在这里激进的反犹主义扮演着核心的角色。

纳粹政权反犹叙述中一个不太出名但起决定性作用的人物是奥托·迪特里希（1897—1952），1937年到1945年的帝国新闻主管。在历史学研究中，迪特里希被赋予的角色不能和戈培尔相提并论，与美国诉讼团在1949年结束的所谓“纽伦堡部长审判”中赋予他的意义形成了鲜明对比。那个团队的一个成员亚历山大·哈迪（Alexander Hardy），在涉及宣传方面甚至称他为“迄今为止最重要的”纳粹领导人，当然这也包括戈培尔。[24] 在很大程度上基于战争和大屠杀期间由迪特里希签发的每日新闻指令文件，法庭以战争罪和反人类罪指控他。[25] 法庭的部分判词如下：

> 由此很清楚的是：这一深思熟虑、不断重复和旷日持久的运动，旨在激起德国人民对犹太人的仇恨，它是由新闻部门及其负责人迪特里希培养和指导的。毫无疑问，这部分或那部分可能受到了戈培尔的煽动，但是迪特里希核准和授权了每一次的发布……运动的唯一理由就是钝化人们对于正在被执行的迫害和谋杀运动的敏
> 感度……这些新闻和期刊指令不仅仅是政治论战，它们不是毫无目 22
> 的的反犹表述，也不只是被设计去在战争中团结德国人民……它们清楚和明确的目的是激发德国人对犹太人的愤怒，为已经和将要采取的针对他们的措施而辩护，并压制任何对犹太人所受到的种族迫害措施的正当性产生的质疑。借助它们，迪特里希有意识地实施并通过提供借口和理由，参与了针对犹太人的反人类罪。[26]

戈培尔在很多方面对反犹运动都是至关重要的，但他并没有控制新闻机构，那是迪特里希的任务。指出迪特里希在纳粹宣传攻击的日

常运营中的角色，可以把注意力吸引到对纽伦堡审判中已被曝光但很奇怪未被充分研究的证据上，以及希特勒本人在塑造德国新闻业中所扮演的显著角色上。

随着戈培尔和希特勒的适时死亡，迪特里希的律师试图将戈培尔置于新闻控制的中心位置，并最小化他当事人的牵涉。然而，对迪特里希而言不幸的是，他已留下大量演讲和书籍的书面记录，以歌颂他与希特勒紧密且重要的关系，并详细说明在纳粹主义下新闻的任务。[27] 甚至更具决定性的是，从他的办公室传达到新闻机构的秘密每日指令在对他的战后审判中被曝光。迪特里希通往纳粹政权顶端的道路是一条较为熟悉的途径。在第一次世界大战中服役于德国军队之后，他在慕尼黑大学、法兰克福大学和弗莱堡大学研习政治科学，并获得了一个博士学位。然而自相矛盾的是，他在社会学家格奥尔格·齐美尔那里工作，那是一位德国犹太人。在埃森市商会做研究助理工作之后，他转职做了记者。1928年，他成为保守的《慕尼黑奥格斯堡报》的商业部门主
23 管。1931年，他成为《艾赛尼派国家报》的副编辑。1929年，他加入纳粹党，并成为希特勒的私人新闻顾问和联系鲁尔区煤钢执行主管的一个渠道。希特勒在1931年任命他为纳粹党帝国新闻办公室的主任，一个管理希特勒竞选活动的职位。1932年，他加入了纳粹党卫军，且希特勒在纳粹党内称呼他为“全国领袖”(Reichsleiter)。在1933年，作为帝国新闻出版所的副理事长，他在清除德国政治对手的新闻机构中起了积极的作用。在1937年，希特勒任命他为国务秘书，形式上处于戈培尔的宣传部之下，实质上直接负责处理德国新闻、海外新闻和期刊。从1938年到1945年3月，迪特里希是帝国新闻主管、宣传部中新闻部门的国务秘书以及帝国新闻出版所的理事长。[28]

迪特里希的影响力基于他与希特勒的联系。他每天在希特勒的办

公室里工作，首先是希特勒还在柏林工作时的战前，然后是希特勒迁居东普鲁士的战争期间。每个工作早晨，他递交从外国新闻中挑选的“元首材料”给希特勒。这些每日简报影响着希特勒对海外事件的理解，也是他信任迪特里希判断的证据。根据德国海外办公室的新闻部主管保罗·卡尔·施密特的法庭证词，由迪特里希选取的“元首材料”是“详细宣传指令的基础，希特勒几乎每天让迪特里希在德国媒体进行发布，以及让戈培尔对海外国家进行整体宣传”[29]。迪特里希和他在柏林的工作人员然后将希特勒的建议转化成每日和每周的新闻指令。因此将迪特里希带回纳粹宣传的历史，可以将希特勒再次插入纳粹政权每日、每周告知德国人和世界的那个故事的日常建构当中。

对新闻出版控制的核心机构，是一个由大约150名记者参加的宣
传部每日午间新闻会议。1933年到1945年间，新闻办公室传达超过 24
7.5万份秘密新闻指令，也称之为《每日要闻》，在每个可想到的政治主题上，他们告诉新闻机构哪些故事应该报道，如何来呈现它们，使用哪种语言，什么信息资源要借鉴。从1938年到1945年，迪特里希及其工作人员控制了它们的内容。迪特里希自己偶尔穿着他的党卫军制服，在纳粹礼致敬后指导着新闻会议。不过通常，他的工作人员赫尔穆特·苏德曼、阿尔弗雷德·英格玛·贝恩特或者汉斯·弗里茨会这样去做。[30]对问题的探究是不被允许的。关于对机密材料规则的违反，会被认定是叛国罪并做出相应的处置。紧跟着会议，新闻办公室通过电传打字机将指令发送给纳粹省党部新闻办公室和宣传办公室。他们反过来将指令分发给他们的地区报纸，从而保证它们在新闻出版控制和监视的地方化模式下及时到达。《每日要闻》指令一天分发到超过3000份德国报纸那里。每周，帝国新闻主管的办公室还发布《期刊服务》指令给期刊。它们对日报的编辑也是有效的。[31]期刊收到命令

的数量从4000升到6000，在7000万到9000万读者之间传播。[32] 每日和每周的指令都处于政权反犹宣传运动的中心。以帝国新闻主管的身份，迪特里希处于纳粹省党部、专区和社区点层次的纳粹办公室等级的顶端，将希特勒关于日常事件的宽泛指示扩散给德国的每一份报纸和期刊，其中包括反对犹太人的宣传攻击。

戈培尔对迪特里希控制新闻会议感到不满，并试图控制它，或用他自己那早一小时开的每日部长会议取代它。部分借鉴了对戈培尔以前同事的采访，历史学家杰伊·贝尔德（Jay Baird）推断，“戈培尔与迪特
25 里希之间的关系是极端对立的”[33]。到了1942年的夏季，对新闻指令控制的冲突变得如此紧张，以至于希特勒自己发布“1942年8月23日的元首命令，以确保帝国宣传部和帝国新闻主管之间的合作”。它要求戈培尔只能通过迪特里希来给新闻机构发布指令，并且确认迪特里希和他在柏林每日午间会议的代表，是希特勒召集新闻机构的唯一官方渠道。[34] 在支持迪特里希的特权方面，希特勒是在保卫他自己对政府指示德国媒体的控制权。[35]

《人民观察家报》是纳粹党和政权的全国官方日报，是政权反犹运动的一个关键机构。它那醒目的红与黑大字标题和头版故事传达着从迪特里希新闻会议发出的核心宣传主题。《人民观察家报》在1920年成立。在1923年，被称为纳粹党主要反犹理论家之一的阿尔弗雷德·罗森贝格成为它的编辑。他待在那个职位上直到1938年。他在20世纪30年代的伪学术著作《20世纪的神话》中传达了种族主义、反犹主义和神秘思想的一种交织。在他的领导下，《人民观察家报》的发行量在1933年增长到33万份，1940年超过100万份，在1944年一天就销售了约170万份。[36] 这是一份由纳粹信徒创办并为其服务的报纸，为那些想知道政权的官方政策是什么的任何人。[37] 罗森贝格在《人民观察家

报》的继任者是威廉·魏斯（1892—1950）。他担任《人民观察家报》的编辑直到1945年4月该报停止出版。在那个职位上，他忠实和坚定地将每日新闻指令转化为醒目的红与黑大字标题和头版故事，这些是纳粹政权反犹主义运动以及纳粹意识形态转换到连续反犹事件叙述的核心要素。[38] 反犹主题构成了第二次世界大战期间《人民观察家报》头版头条新闻相当大的比例。从1939年9月到1945年4月，2100多种日报中的84种载有受纳粹政权的激进反犹主义鼓励的头条新闻，其 26
余是谴责和攻击通常所理解的纳粹德国的敌人，以及庆贺纳粹政权的成功。反犹标题以一系列的集中火力出现。1939年有2个反犹标题；1940年没有；1941年有17个；1942年有4个；1943年有50个；1944年有10个；1945年春季有2个。大部分的反犹标题出现在四个时期：1941年7月到8月（7个），1943年4月到7月（26个），1943年10月到11月（13个），1944年5月到6月（9个）。26个反犹标题在战争和大屠杀期间的其他时间出现。

在宣传部的积极宣传办公室里，由埃伯哈德·陶贝特管理的反共产国际办公室制造了很多针对东欧和苏联的反犹宣传。它也提供反犹材料给宣传部、外交部、军事统帅部、被占领土的行政办公室等其他机构。[39] 在1939年11月，随着《苏德互不侵犯条约》的签订和反苏宣传的中止，办公室的预算被削减了30%，以及20名工作人员被解雇了。[40] 但是，它继续制作反犹宣传。在1940年12月，它已经拥有约40名工作人员。[41]

在积极宣传办公室里，第二个反犹宣传家的聚集点是犹太人问题研究所。[42] 阿尔弗雷德·罗森贝格是它的创建人。从1939年开始，他保管着书籍、档案、纳粹所占领欧洲的犹太图书馆和宗教机构里的珍贵物品等，以防有人偷盗。1939年11月，在《苏德互不侵犯条约》签订之后，一个反犹行动办公室设立了，并从陶贝特和罗森贝格的办公室抽调了人员过去。就在这个反犹行动办公室里，一本对反犹主义运动有一定重要性的双周刊《犹太人问题》被编辑和发行。它的1200名订阅者集中在宣传部、纳粹党、反犹思想库、一些大学及报纸和期刊出版社。
27 在柏林时尚的夏尔洛滕贝尔格／威莫斯多夫区的威莫斯多夫大街95号，这本杂志及与其相关的新闻剪辑档案馆和图书馆，为一群反犹知识分子提供了一个宜人且位于中心地带的聚集点，他们负责撰写这本备受关注、发行量小、针对纳粹政权官员和纳粹党成员的杂志。它从1937年到1943年以略有不同的名字被出版发行。[43]

像它第一期所宣称的，杂志将会关注下面的主题：犹太人作为一个种族；犹太人在现代国家经济、政治和文化生活中的国内和国际影响；唤醒“对犹太异族因素的批判否定”，以及在德国和海外舆论制造中培育反犹主义的任务；“在新德国犹太人问题的解决”；犹太人自己通过建立自己的国家努力“解决犹太人问题”。[44] 帝国新闻办公室的指令，定期关注《犹太人问题》上发表的文章和作者，并提供办公室的地址和电话号码，以方便编辑在反犹文章的发表中寻求额外的帮助。在约40位杂志投稿人中大概有9位拥有德国大学的博士学位，这给了它声誉和学术的外衣。

反犹运动所衍生的最后一个核心机构是宣传部积极宣传分部中的办公室，负责政治海报类型的视觉宣传。然而，有效的电影虽然传送着基本的刻板印象和煽动着主要的仇恨，但它们并没有提供一种事件的解释性叙述。每周的《新闻汇辑》有助于那样的努力。[45] 正如在第一章中所提到的，政权的《每周要闻》墙报是1937年到1943年的纳粹德国日常生活中最具侵略性和普遍性的视觉宣传形式。它的图像简直是随处可见。[46] 为了使颜色和制图有效使用，墙报美化了墙面，特别是设

计了玻璃门前的观赏箱和每个可想象的公共场所的电话亭。正如对瓦
尔特·本雅明的一种解释,《每周要闻》墙报在机械复制时代是令人震 28
惊的宣传工作例子。

出于与20世纪30年代和40年代德国运动和空间组织有关的原因,墙报里宣传的视觉呈现是非常重要的。绝大多数的德国人并没有靠私家车外出。实际上,日常出行的主要形式是步行、骑自行车和乘公共交通工具——火车、有轨电车、地铁和公交车。在1939年,每1000个德国人只有25辆机动车,或者40个人有1辆;汽车的拥有者比美国少十分之一(每1000个美国人有227辆汽车,或者每4.4个美国人有1辆)。德国的汽车拥有者比法国要少(每1000个法国人有54辆汽车,或者每18.5个法国人有1辆),也比英国人要少(每1000个英国人有51辆汽车,或者每19.6个英国人有1辆)。[47] 在世界上的最大城市中,只有在伦敦和纽约每天乘坐有轨电车的人比柏林多。[48] 尽管拥有了机械化速度的公众形象和对航空魅力的痴迷,第三帝国主要还是一个步行者的国度。日常生活的节奏将“大众”聚集在主要公共场所,当人们进入和走出各种形式的交通工具,在那里,旁观者能够花上一到两分钟观看绚丽多彩的《每周要闻》的文章。

在1936年,希特勒将绘画艺术家汉斯·施韦策(以“雷神之锤”而闻名)任命到艺术形式创作帝国代表的职位上。他被指将纳粹意识形态转化为“艺术形式”和各种表演场地的独特风格——制服、图章、标记和海报。[49] 施韦策在20世纪20年代作为主要纳粹海报艺术家已建立了名声,以赞美希特勒、描绘德国的经济危机、妖魔化和谴责犹太人的形象而闻名。在那些年,他也已与戈培尔紧密合作,而戈培尔也成为他的仰慕者之一。在1937年10月,他们和其他帝国宣传指挥部的视觉艺术家和记者开始出版和分发《每周要闻》。帝国宣传指挥部的月刊

29 《我们的意志和道路》，对地区和地方官员讲道：“《每周要闻》在任何地方都不能缺席，它是纳粹党的唯一官方墙报。它呈现了帝国宣传指挥部出版的统一标准语言，涉及最为重要的主流政治事件。《每周要闻》必须渗透到国家的每一个社区。”初版在1936年3月16日被派发。到了1941年1月，800万印制件已经被派发，大约为每周12.5万份，每份都标记为《每周要闻》：纳粹党官方墙报。[50]

海报高100厘米、宽212厘米。它们是用大型且醒目的字体来印刷，用意是从几英尺或稍近的距离就能被读出。几个人能同时读一份海报，因此一个小型的、分享型的公共阅读和观看体验就这样被创造出来。海报的设计“不仅放慢了行人的步伐，同时也迫使他去阅读”它们。它们的有效分布对于宣传家们而言是一个重要的任务。每周都有一个新的海报出现。不管纳粹党的官员决定将海报贴在哪里，“最关键的事是，它们应该总是处于行人的视线范围内”，一个帝国宣传指挥部的官员写道。[51]海报的派发和维护成为纳粹政治活动的一种形式。每周，旧海报需要被取下，新的要被换上。他们所陈列的海报框必须保养得很好。如果玻璃破了，就需要换掉。出现了任何涂鸦（尽管这很少），就必须被清除。根据一个时事评论员的说法，这种努力是成功的。他写道，海报包括了“我们每天都听到和读到的”[52]。与20世纪中期欧洲的现代海报美学相比，他们的美学是传统的。然而，其醒目的色彩、大胆的类型和技术的现代性，抓住了德国行人的眼球，他们已被告诫要反对表现主义、包豪斯主义、达达主义，以及其他现代主义美学的“堕落
30 艺术”。在1936年到1940年间，反犹主题是稀少的。在1940年，海报中只有三幅谈起它们。从1941年到1943年的冬季，则约有四分之一的海报包括对犹太人的攻击。[53]《每周要闻》在大屠杀期间是政权反犹宣传一个重要的视觉组成部分。更有甚者，在一个所有的死亡集中营

都已开始全面运行的时期，从1942年1月到同年7月所生产的27幅海报中，有12幅部分或全部被专用于反犹攻击。

1939年9月23日，在希特勒以入侵波兰而发动第二次世界大战的几周之后，戈培尔发了一份题为“纳粹党官方墙报宣传实施指南”的备忘录给所有的地区行政长官和省党部宣传官员。[54] 他写道，纳粹党的政治宣传将会包括集会、演讲和影片。[55] 但是，他在海报上比其他地方投入了更多的空间。帝国宣传指挥部将会派发给地区官员新闻指令，“尤其是《每周要闻》”，来处理当下的事件。“帝国交通密集的任何地方，纳粹党的海报板都会被安装起来。”地方党组织使它们处于一个良好的状态下，将送过来的新海报立即贴上去。“所有的交通工具（火车、有轨电车、地铁、公交等）都会收到海报，且被放置于每节车厢、火车站台、售票窗口，也放置于这些公共交通方式的入口处。如果公共交通（城市公交）正被张贴商业广告，这些也会被相片海报所覆盖。”纳粹党要负责张贴海报，“尤其是在市场广场，也包括在门店的窗口。工厂也会收到海报，被要求张贴于海报板、咖啡厅、走廊和其他等候室。同样地，海报将提供给州、城市、政党、银行、财务室、福利机构、邮局等公共服务办事处，也包括公共服务的其他机构”[56]。

帝国宣传指挥部1940年4月和5月文件中的一份报告，对于将上述宣传与日常经验联系起来提供了更多的洞察。它的内容在图表中总 31
结为“1940年春季／夏季《每周要闻》的认购订单”[57]。它记录了来自各个机构对《每周要闻》的63 121份认购。其中，超过一半的认购即34 635份来自德国劳工阵线的地区和当地办公室，它的领导人罗伯特·莱以其暴力反犹雄辩术而为人所知。另一个显著的认购数目即10 940份来自外科医生组织。5960份认购来自饭店所有者组织，众多的家庭客栈、酒吧及酒店。镇市长、园艺组织、战争退伍军人的纳粹组织也认购了海报。另一个来自帝国宣传指挥部文件的1940年备忘录提及春夏两季对海报的149 422份申请。它们来自镇市长办公室、德国劳工阵线、外科医生、园丁、饭店、客栈经营者、酒店所有者、房屋所有者组织、退伍军人福利组织、商会、纳粹学生联合会，当然也包括纳粹党宣传官员的地区办事处。[58]

为了促进《每周要闻》计划的有效性，纳粹支持了各类魏玛时期政治海报的研究。在1938年和1939年，帝国宣传指挥部出版了欧文·肖克尔的《政治海报：一个心理学上的评定》的第一版和第二版，作为一系列打算仅由纳粹党宣传家们使用的指导手册的第一个。[59]该作品调查了魏玛时期所有主要政党的政治海报。肖克尔赞扬了20世纪20年代汉斯·施韦策的一些作品，包括一个他的早期反犹作品“打倒金融奴役！投票给国家社会主义者！”，注明日期为1924年。在它上面，一个犹太男人，肥胖、秃顶，着正装和戴大礼帽，挥舞着鞭子和手杖，被讽刺为站在一个身材高大、肌肉发达的被困锁着的男人肩上，锁链上标记有
32 “道威斯计划”。身材矮小、不习惯于体力劳动的犹太人与一个被人奴役的男子形成对比；这个男子带着希望和决心，看向海报左上角的纳粹卐字。肖克尔还注意到另一张来自1924年选举的海报“幕后操纵者”。漫画中超重的犹太男人手握着控制下层民众的木偶线。这张背景里带着工厂烟囱的海报，让人想起了描绘得意的资产阶级剥削工人阶级时代的诸多左翼海报。然而，“幕后操纵者”将资本家与工人之间的阶级冲突转换为犹太人与德国民众之间的民族与种族斗争。幕后操纵者的形象将会在战时宣传中被广泛地再生产。肖克尔总结道，关于海报宣传，这里“没有新的理解”：希特勒在《我的奋斗》中已经掌握了可能性。所有继续要做的就是将他的深刻见解转化为广泛的实践活动。[60]

在1941年，弗里德里希·马德巴赫（Friedrich Madebach）的《战斗中的海报：使命、实质和政治海报规则，以奋斗岁月1918—1933年的海报为例》出版了。[61] 马德巴赫明确地表达出，在一个电台、电影和报纸的时代里海报的持续重要性。张贴于道路和公共广场的墙上，“无论一个人是否想看它们”，海报都可被注意到。其他的宣传方式取决于观看者和收听者的决定；但是海报被放置于人们过着他们日常生活的公共空间，迫使他们去面对和回应它的内容。[62] 与报纸形成对照，政治海报以集中的形式表达一个观点。马德巴赫利用《我的奋斗》以得到大众影响的“基本规律”：知识的简化，几个要点的限制，那些要点的重复，聚焦于一个主观立场以排斥其他，诉诸情感，并在善与恶、真理与谎言之间形成鲜明对比，而不是细微差别或灰色阴暗。海报的图像设计应该是简单的，适合于民众的“有限艺术视觉欣赏能力”；与众不同但 33
又不单调；能够唤起情感。“形式和颜色必须符合民众的原始情感”，精炼或调制的颜色使用是不被提倡的，宁愿去优选一些清晰可见的颜色，这将会有一个简单的情感效果（红和白、红和黑、黄和黑，等等）。线条（lines）必须表达一个类似的“简单情感节奏”。[63]

艺术平庸不是问题，扩散是关键。在1940年4月的《我们的意志和道路》上发表的一则呼吁，表达了海报传播的范围和精神。放在两幅海报旁边，一幅声明“在我们的旗帜下取得胜利”，另一个则是“注意，密探，谈话时要小心”，文章呼吁“官员们！宣传家们！你们自己应该找到最佳的地方来张贴这些海报！在道路和广场、酒店大厅、饭店、咖啡厅、电影院、剧院、工厂、商铺、餐厅、火车站、邮局。它们必须在全德国范围内支配街景布置。它们不能失去任何一个地方，不管是在城市还是乡村，它们必须被张贴在容易被看得见的显著位置，以至于它们总是在人民的同志面前去增强他们迈向胜利的意志和提醒他们的义务”[64]。

到了1941年1月，宣传部宣称已生产和派发“超过”700万幅海报、200万份小册子、6000万份期刊和墙报、6700万份传单。纳粹党的宣传家们已经指导了每月大约3万个幻灯片播放和4.5万个电影之夜（！），已经组织了大约20万次集会和示威。超过6万个收音机被派发给军队。1200个幻灯片播放给超过13万士兵，“大约3000万”名士兵已经看了电影，为了放松和娱乐，显然包括重复的入座率。[65]纳粹党宣传官员也发出较为详细的指令，关于宣传工作应该如何执行，直到该如何举办一
34 个有效晚间节目的具体事项。[66]

短文、著作和每周海报来自宣传部，新闻指令出自迪特里希的帝国新闻办公室，《人民观察家报》、希特勒和其他领导人在媒体发表和在电台播放的演讲稿、戈培尔的短文，以及发行量少的反犹期刊和思想库的文章，是反犹运动的核心要素，目标是国内和武装部队中的德国人和奥地利人。的确，尤利乌斯·施特赖歇尔的邪恶反犹报纸《先锋报》也作出了贡献，但与戈培尔和迪特里希的运营相比，其40万份的发行量是逊色的。尽管存在着著名的个人竞争对手和官僚主义的困惑，但在各种各样办公室和个体之间的协调和合作是有效的。一次又一次，纳粹官员关注于对彼此努力的赞赏，因此增强了经由纳粹党的大量组织得以扩散的书籍、短文、文章和视觉图像的影响。

当这个巨大的宣传机器致力于谴责在德国广泛的犹太人权力时，以下关于魏玛共和国60万德国犹太人的社会、经济和政治环境的事实应该被牢记于心。[67]犹太人在德国人口中的比例已经下降了，从1880年仅超过1%的最高点到1933年的0.76%。[68]归因于那个下滑的出生率，德国大学中的犹太人注册登记从1894年到1895年的9.4%下降到1932年到1933年的4.7%。[69]这个少量且又逐渐减少的少数族裔集中于德国那些最大的城市里，以商业和专业工作的形式，给予了它与自身

数量不成比例的社会能见度。在1933年，所有德国犹太人的54.5%生
活在人口50万或更多的城市中。在所有的德国犹太人中，有16万或
32.1%生活在柏林，在1933年前后对于约瑟夫·戈培尔来说是一个相
当重要的事实。几乎四分之三的德国犹太人靠贸易、商业或银行为生，
牢固集中于销售、白领和办公室工作。[70] 反犹主义偏见在1918年之前
使得犹太人在司法机构、行政部门、外交使团和大公司里保持在最低的 35
数量。毫无例外，犹太人在德国大公司的董事会和主要执行职位上没
有影响力。因此，一个不成比例的数量进入了法律和医药领域，两个专
业都对犹太人开放。

纳粹专注于所谓的德国专业领域的犹太人控制，不管与之相冲突的实际情况。在1933年，根据德国的官方统计，犹太人占了德国医生的10.9%和牙医的8.6%，律师的16.3%，法官和地区律师的2.8%，大学教授的2.6%，工程师的0.7%。反犹主义者宣称的被犹太人控制的文化和知识领域，1933年的官方统计显示同样不高的比例。犹太人占了德国音乐家的2.4%，编辑和作家的5.1%，舞蹈者和演员的3%，视觉艺术家的2.4%，摄影师和电影摄像师的1.6%，导演和制片人的5.6%。[71] 在政治代表的中央论坛、帝国议会，犹太人明显地未被充分代表。在1930年9月14日选举产生的577名议员中，17名是犹太人出身，1932年7月31日选举的608名议员中，14名是犹太人出身。[72] 广泛的犹太人权力的阴谋概念没有基本的事实基础，虽然犹太人取得了专业领域内的成就，这在柏林是特别引人注意的。柏林所在的州，且戈培尔作为纳粹党的一位领导人而活跃的地方——普鲁士，在1925年犹太人占了所有律师的26.6%和医生的15.5%。在1930年，2138名医生在柏林执业，占全市所有医生的三分之一到一半。[73] 在1933年，大都市柏林48.5%的律师、法兰克福45.3%的律师、布雷斯劳35.6%的律师是犹太人。[74] 对于

一个在柏林或法兰克福的非犹太人律师或医生，纳粹反犹主义者许诺要消除大量的竞争。

犹太人的经济和社会进步有合理、符合常识、与阴谋无关的解释。
36 纳粹却拒绝那些合理的解释，而站在偏执一边。当阴谋理论家们在魏玛共和国时期已经对犹太人做出谴责的时候，纳粹宣传家们说服他们自己及其追随者们，对进程的常识性解释是具有迷惑性的，并会产生错觉。犹太人的数量少、经济脆弱和缺乏政治影响力，仅仅是表面现象而已。真相是，一群少数且看不见的阴谋家在翅膀的阴影下控制着国家和国际事件的进程。纳粹的反犹立法暴风雪在摧毁德国犹太人经济和社会地位上的迅速和轻而易举，并没有改变纳粹对犹太人权力的看法。[75] 到了1933年底，52.5万中的3.7万名德国犹太人已经离开了这个国家。[76] 对于一个没有被灌输纳粹意识形态的人来说，很显然，纳粹政权已经发动一场迫害少数族裔的运动，而这个少数族裔没有途径获得必要的工具，以向纳粹德国或任何其他民族、国家发动“战争”。

从纳粹党的创立到1945年希特勒在柏林地堡里的咆哮，政权反犹故事情节的关键主题，是对在一个强大且邪恶敌人手里牺牲的义愤、报复的承诺，以及把积极的种族灭绝意图投射到他人身上。希特勒在《我的奋斗》中对犹太人的攻击，以及戈培尔在20世纪20年代末在《攻击》里对犹太人诽谤的核心，并没有专注于种族主义生物学。的确，大量的讽刺对准老一套的犹太人体征；但是，攻击核心所关心的是“犹太人”或“犹太民族”作为一个政治参与者而被认定，据称对德国已罪恶累累、罄竹难书。[77] 在1927年7月，戈培尔写道，德国已经变成“国际犹太人的一个剥削殖民地”，控制着它的铁路、经济和资金。300万德国人由于犹太人发动的对抗“德国人纪律和德国人工作”的凶残经济战争而失业。[78]“犹太人”与资本主义剥削有关，也与共产主义有关。他

们“靠国家的崩溃而生活，不管他们将自己隐蔽为国际资本主义还是 37
布尔什维克的形式”。犹太人是危险的，因为他们寻求“消灭”民族、“毁灭”种族、“使血性同志相互对抗”。纳粹主义是为自由而进行民族斗争，反抗由犹太民族所强加的“奴隶枷锁”[79]。紧接着希特勒，戈培尔将德国人与“犹太人”之间的斗争呈现为一个没有妥协余地的斗争，“要么是犹太人的奴仆，要么是犹太人的敌人”。引用墨索里尼的话，他讲道，使这样的民族“从视线中消失”不是恐怖行为，而是“社会卫生”，正如“一个医生将杆菌排出体外”。[80]

戈培尔在他一篇较为出名的短文中总结了他的犹太仇恨——“为什么我们是犹太人的仇敌”，在1928年7月30日的《攻击》上发表。“犹太人”是“我们被奴役的原因和受益人”，他们撕裂着国家，因此是“大战失败和1918年到1919年战后革命”的真正原因。犹太民族已击碎了德国的权力。“正因为犹太人，我们变成了整个世界中被鄙视的民族。”截至20世纪20年代末，犹太人已经“击败我们和我们的未来”。纳粹作为一个民族主义者是犹太人的敌人，是因为“民族主义是关于血统和种族的学说”，而“犹太人是以血统为基础的团体的敌人和毁灭者，我们种族的故意毁灭者。我们民族荣誉和民族自由的永久敌人”。作为德意志民族的成员，国家社会主义者是犹太人的敌人。“犹太人是我们不幸的最大根源。”犹太人也是“世界的敌人”，因为犹太人控制着“国际高端金融业”。[81]“在面对世界敌人渴望权力的情况下”，只有纳粹党没有接受一个“可耻的投降协议”。[82]当德国处于一个“长期紧急状态下，每一个手段对于击败敌人都是正当的”。虽然纳粹反犹的激进化发生在1939年到1941年间，但是这种歇斯底里的口气，以及与“犹太人”的冲突是一个实在的生死问题，却形成了纳粹反犹主义中的一种常态。

将每一个新反犹措施正当化为对先前犹太人侵略行为一种回应的

模式，是建立在政权的头几个月。虽然希特勒并没有重复他在1920年
38 要谋杀犹太人的公然威胁，但他反复地将“国际犹太人”描述为一个既
存政治力量，对包括第一次世界大战、布尔什维克革命、战后通货膨胀
和大萧条在内的许多灾难负责。[83] 作为总理，希特勒在1933年3月29
日宣称和辩解说，对犹太人商业活动的抵制，是一项“反抗犹太人海外
凶恶宣传的防卫措施……犹太人必须明白，一场对抗德国的犹太人战
争会引发针对德国犹太人的严厉措施”[84]。两天后，戈培尔于1933年
4月1日在柏林的一次演讲中有样学样，呼吁抵制犹太人生意。在德国
电台里播放的“反抗世界犹太人的残暴运动”中，他提及，“国际犹太人
最后的权力，由于已经扩展了范围并在世界范围内传播，因此对新政
权而言意味着一种危险”。犹太人是幼稚可笑的，如果他们真的相信
“他们可以号召一个国际性的世界权力”以增强他们在德国的道德立
场。德国犹太人将会对英国和美国犹太人对德国的批评负责。在没有
具体说明海外犹太人对德国事件所说的是什么的情况下，戈培尔谴责
了“谎言的运动和残暴的故事”。事实上，德国政府在任何犹太人的头
上“没有动过一根头发”，“我们为此所得到的感谢是，在伦敦和纽约他
们（犹太人）发动一场抵制运动并煽动世界新闻机构反对德国”。之前
政府已经“太温和了”，但现在“他们（犹太人）发起挑战并煽动斗争”。
境外的犹太人传达了“一幅错误的德国图景”。如果犹太人的“残暴运
动”停止了，德国人将会回到“正常的环境……但是如果没有，那么抵
制（德国犹太人的商业活动）将被设计成消灭德国犹太人的一种方式
来进行！”[85] 因此，紧张的来源是政权反犹政策的海外批评，而不是政
策本身，其规定犹太人的商业活动应该被抵制，犹太人应该被赶到集中
39 营，犹太人的商店、教堂和会堂的窗户应该被砸碎。[86] 戈培尔的“反抗
世界犹太人的残暴运动”的广播包含了持久的纳粹主题，即将犹太人问

题和战争与和平的大事相联系。纳粹政权坚持认为，它想与所有的国家和平相处；然而，由于“国际犹太人”威胁德国，和平破灭了。犹太人权力的证据就在伦敦和纽约新闻界的抗议和批评社论之中。如果德国的犹太人拒绝告诉他们境外的同伙停止他们的反德活动，德国政府将会护卫自己和“摧毁”国际犹太势力阴谋的德国分支。一旦因果关系和时间顺序的方向被颠覆了，戈培尔就将纳粹党抵制犹太人商业活动的计划，呈现为对犹太人在全世界范围内谎言运动的回应，以及对在内容和形式上仍未详细说明的“残暴故事”的回应。[87]

从1933年起，对所断言的美国特别是纽约市的犹太人权力的攻击上升了。根据《人民观察家报》中的文章，纽约与莫斯科和伦敦一起，是世界“反德”煽动的中心之一。[88] 在1937年纽约市意大利裔天主教徒市长费奥雷罗·拉瓜迪亚发布关于纳粹主义的全球危险的警告之后，《人民观察家报》发表了一篇题为“纽约市犹太人市长是政治流氓”的文章。拉瓜迪亚，根据纳粹政权的说法，是“世界和平与人民相互理解的舍我其谁的敌人”。犹太人拉瓜迪亚同时是“莫斯科的工具”和一个“做死亡生意的人”。“在一个以现代方式管理的国家里，像拉瓜迪亚这样的罪犯将会变得无害。”[89] 对拉瓜迪亚这样的攻击和他是犹太人的声称，反映了纳粹叙述的一个持久方面：政权的敌对者不是犹太人就是被犹太人统治和控制。非犹太人的反对派，或者一个“半犹太人”如意大利裔天主教徒拉瓜迪亚（他的母亲是犹太人），进一步证实犹太人在幕后操控。

戈培尔在“种族问题与世界宣传”中不断重复着在国际舞台上的
无辜及投射的主题，这是他在1933年9月2日的演讲，于纳粹夺权后的 40
第一次纽伦堡纳粹党集会上。在全国电台上播出的演讲中，他将纳粹反犹政策描述为一套防卫措施，反抗一个所谓的“犹太人威胁……犹太人……正试图动员世界来对抗我们，并暗地里孕育着一个希望：它能因此重新占领”由于纳粹自1933年1月以来的政策而“在德国所失去的领土”。[90] 这些努力只会给犹太人带来更多的危险。戈培尔随后提出了一系列关于犹太人已经利用境外影响力淹没德国的知识分子和文化生活，以及支配德国的医药、法律和大学领域程度的完全错误的论断。“任何一个有自尊的人都不会容忍这个可怕的形势哪怕一分钟，逆转它只是德国觉醒的一次行动。”[91]

20世纪30年代的纳粹党纽伦堡集会——在每周的《新闻汇辑》里所展示的，在莱妮·里芬施塔尔导演的纪录片《意志的胜利》里所捕捉的——经常被记住的更多是他们所展现的极权主义和谐的视觉场面，而不是指挥台上演讲的内容。[92] 然而，希特勒和其他纳粹党领导人利用集会以重申和详述纳粹意识形态的观点，并宣布从它那所产生的政策。在1935年的9月15日，在纽伦堡的“针对布尔什维克主义的纳粹党集会”上，希特勒为纽伦堡种族法定了基调。他讲道，它是“完全的犹太人因素造成的，这些因素是作为民族冲突及其内部分化的挑拨者而出现的”。来自美国的抗议和号召抵制德国产品，只能印证国家社会主义反犹政策的正确性和新反犹立法的必要性。[93] 戈培尔的演讲——在题为“没有面具的共产主义”下重印——奠定了纳粹反犹主义里的反布尔什维克主义的基础，并详细说明了由布尔什维克主义和犹太人所造成的威胁。[94] 布尔什维克主义，他讲道，是犹太人反对文化的“战争宣告”。它将会引发西方成就的“完全毁灭”，为了一个“无根的和流浪的阴谋家
41 国际集团”的利益。一小撮犹太阴谋集团已经统治着苏联。[95] 国家社会主义的任务是阻止“世界的布尔什维克化”。事实上，“布尔什维克国际”是“一个犹太人国际”。[96] 根除布尔什维克主义，意味着攻击其所假定的蕴含在犹太人文化中的根源。希特勒已经拯救了德国和欧洲，通

过建立“大坝”以抵抗布尔什维克主义的威胁。他惋惜西欧知识分子在苏联共产主义上“缺乏认识”，由于犹太人“欺骗艺术的精通”而产生的一种愚昧无知。纳粹启蒙相当于撕掉共产主义的面具，以揭露一个由“一小撮恐怖分子，主要是犹太少数民族”统治的苏联。[97]

这一揭露努力对于国家社会主义防止“国际性的世界布尔什维克”的“世界任务”是极为重要的。戈培尔将布尔什维克的威胁形容为一种生死抉择。布尔什维克公开计划“消灭民族和国家”，也包括“毁灭”资本主义社会。在1935年，戈培尔使其听众习惯于把“消灭”和“毁灭”这样的词汇和莫斯科“犹太马克思主义武力统治”的目标联系起来。[98] 宣传部长问“竭力毒害世界的背后人物”是谁。他的答案是布尔什维克国际，“实际上是一个犹太人国际”。布尔什维克唯物主义正开展一场“针对西方文化的斗争”，为了“国际犹太人”的利益。[99] 纳粹正防止西方文化免于“完全毁灭”[100]。在纽伦堡集会上，戈培尔将国家社会主义与欧洲——实际上是整个西方世界——的拯救相联系，而不是毁灭。纳粹德国宣称继承西方世界守卫者的衣钵。

1936年纽伦堡纳粹党集会的主题是“布尔什维克主义的世界威胁”。希特勒在9月9日的演讲中讲道：“我们都知道布尔什维克主义的目标是消灭现有的血统、有机根植的 (organically rooted) 民族领导阶层，并以犹太人外国元素来取代雅利安民族。”这个构成了问题的“国际”维度。希特勒宣称，98%的苏联工农政权领导人是犹太人，他称他 42
们是“过于细化的、寄生的世界知识分子”。而在西班牙，犹太人移民正在寻求“消灭”西班牙的原住民领导人。[101] 戈培尔在他的演讲中重复着这些主题。布尔什维克已经由犹太人创造和管理，他们现在计划“欧洲文明民族”的“消灭”或“毁灭”。紧随消灭的将是“一个国际犹太人世界统治的欧洲”。纳粹的任务是说服他们的德国同胞“这个种族的寄生危险”，打开世界的眼光去看清犹太人和布尔什维克主义的真实本质。因此，纳粹政权将会不厌其烦地公开声明：“犹太人有罪！犹太人有罪！”戈培尔将纳粹德国呈现为一个勇敢地抵抗犹太人权力哥利亚的大卫。由于犹太人的目的在于世界统治，与他们作斗争就是“最真实意义上的一场全球斗争”。德国并不寻求欧洲或世界的统治，而仅仅是忙于一场有正当理由的防卫战，反抗一个已经存在的、寻求共同目标的犹太人运动。的确，希特勒和德国人现在是“最好的欧洲人……欧洲文化的一个前哨站”，“一个更好、可防御、高尚和更幸福欧洲”的捍卫者。[102]

希特勒在1937年9月13日纽伦堡集会的演讲中，又回到了假想的犹太人在政治和经济上占支配地位的影响力。犹太人谋求“一定的经济影响力”，已经引起了“客居民族”的反应。这种“自然的防卫”已经导致犹太民族通过同化以寻求获得一个“直接和政治上的影响力”。另一方面，犹太人组成了“犹太世界革命先锋”。他重复着他的错误断言，即犹太人在苏联占据了“98%的领导职务”。因此，不是无产阶级，而是与大卫星相联的种族，已经变成“所谓的无产阶级国家”的象征。他问道，谁已是巴伐利亚州议会共和国、斯巴达克联盟和德国共产党的领导
43 人？在每一种情况下都是犹太人，尽管新闻界和民主派的领导人不会让他们自己如此公开地承认。犹太人要对引发700万德国人失业，希望能煽动一场革命，并“因此要消灭我们人民的民族知识分子”负责。[103]

面对纳粹独裁体制的巩固和希特勒重整军备及扩张的计划，希特勒的潜在对手却是分裂和优柔寡断的。在1938年3月，纳粹德国吞并了奥地利。在慕尼黑，1938年9月末，对政权的绥靖主义达到顶峰，英、法违背捷克政府的愿望，同意希特勒将苏德台地区移交给第三帝国的要求。希特勒对自身天赋的信念连同大众所接受的一贯正确的形象，

在后慕尼黑政治胜利气氛中增加了。外交政策的胜利使希特勒增强决心，以在国内推进一场逐步升级的反对犹太人运动。1938年11月9—10日夜的全国性反犹屠杀，被展现为对一个被断言的国际犹太人阴谋的报复。在1938年11月7日，赫歇尔·格林斯潘，一个在巴黎的17岁波兰犹太难民，为其苦苦挣扎的家人在德国与波兰边境所受的迫害而寻求复仇，枪击了恩斯特·冯·拉特，一名德国大使馆的职业外交家。在枪手开枪后的几个小时，德国新闻通讯社指示德国编辑对这则消息给予最高的关注。"在你们的评论中，你们要指出，这个犹太人的阴谋必须让犹太人承担最不幸的后果，也包括在德国的外籍犹太人。"[104]在11月8日，地方纳粹党领导人煽动着大屠杀，包括犹太教堂的焚烧、犹太人财产的毁坏和犹太人个人的虐待。11月9日，在纳粹党人聚集在慕尼黑为纪念1923年11月啤酒馆暴动失败的日子，冯·拉特死于枪伤。与他的平日习惯不同，希特勒并没有对聚集在旧市政厅的纳粹党退伍军人讲话，而是在与戈培尔低声交谈之后离开了会场。戈培尔然后通知聚在那里的纳粹党员外交家的死讯，并发表了一份激烈的长篇 44
演说"国际犹太人"。没有明确如此说，但他清晰地表达出纳粹党应该组织和实施"示威"，在全国范围内反对犹太人。[105]戈培尔在他的日记中写道："我来到位于旧市政厅的党接待处。巨大的骚乱。我将此事解释给元首。他决定让示威继续，并撤回警察。犹太人应该至少在这一次感受到人民的愤怒。说的没错。我立即将相应的指示发给警察和党部。然后我简短地跟党的领导讲了话。暴风雨般的掌声。所有的眼泪都直接落到电话上。现在人们将行动起来。"[106]

纳粹党最高法庭随后发表的一份秘密报告显示，戈培尔的演讲被纳粹党的领导人理解为，"从表面上看党不会有挑起示威的表象，而事实上它将要组织和实施它们"[107]。大屠杀的后果是相似的：约100个犹太会堂被捣毁，700个其他建筑被焚烧，至少8000个犹太商铺被毁坏，以及数不清的公寓和房屋被肆意毁坏和拆除。100个左右的犹太人被谋杀，更多的被打伤和虐待。3万名男性犹太人被逮捕并送去达豪、布痕瓦尔德和萨克森豪森集中营。在1938年11月12日《人民观察家报》的一篇文章中，戈培尔否认政府与大屠杀有任何关系，这是一个被激怒民族的一次自发性大爆发。[108] 纳粹党最高法庭的一份秘密报告推断，很显然纳粹党已经实施了这个行动。[109] 戈培尔的否认未能说服已经见证暴力的外国记者。[110] 在11月25日，大屠杀两周之后，戈培尔在柏林歌剧院的欢乐组织 (Joy organization) 上对帝国文化与力量协会的第五次年会发表了演讲。政权已经打碎了犹太人对德国政治、经济和文化的支配。“德国的新闻由犹太人撰写。德国的电影由犹太人制
45 作。一个没有犹太人的剧院是不可思议的。写作只有犹太人作为其主要的代表。音乐创作和音乐评论完全是在国际和境外犹太人的手里。”但是，现在纳粹已经从德国文化生活中消灭了犹太人，它“可以真正兴旺起来了”。[111]

大屠杀之后的那天晚上，希特勒在慕尼黑对出版商和主要编辑发表讲话。借助于解释国际形势的种族分析，他认定对于那些能体会言外之意的人，条件有利于发动被《慕尼黑协定》所推迟的战争。[112] 希特勒已经建立了一个“盲目狂热”追随他的政党。现在是时候把“全体德国人民”带上了。为使这些得以实现，“新闻界盲目地接受元首正确行事的观念”，并“总是强调领导的正确性”是必要的，从而创造一个统一的民族。他那世界政治的种族分析，导致了全球权力平衡的一种乐观评估。希特勒讲道，德国的种族构成是现有国家中最好的。如果将全部美国人口中的德意志人、意大利人、黑人和犹太人去掉，那里只有6000万盎格鲁—撒克逊人。俄罗斯只有5500万或5600万俄罗斯人。

大英帝国只有4600万英国人，而法国只有3700万“真正的法国人”。意大利有超过4000万意大利人，波兰只有1700万波兰人。但在1938年，德国拥有“一个8000万人的种族，并且这8000万几乎生活在我们周围，在人种上真正属于我们。谁不相信这群伟大人类的未来，那他自己就是一个懦弱之辈。我毫无保留地相信这个未来”[113]。如果种族能推动历史的力量，正如希特勒所相信的，那么俄罗斯人、美国人、法国人和英国人将不会有动力去进行对抗他们所假设的在柏林的种族盟友的战争。

然而，富兰克林·罗斯福对希特勒内外政策的反对，在第三帝国最早期的日子里是很明显的。纳粹对罗斯福和美国的态度是从共同利益的可疑认定出发的，在“新政”期间，到成长为敌意，然后随着时间的推 46
移变成狂怒。最初，《人民观察家报》发表文章强调“新政”和国家社会主义之间的共同点。根据纳粹的新闻，两者都是受宠的强势国家，公益超越私利，乃至由一个强势国家领导人的权威统治来克服市场的缺陷。[114]然而在1934年和1935年，德国新闻界却专注于纳粹经济复苏的成功与美国持续的失业和罢工之间的对比。反过来，这些都归因于罗斯福对自由民主的支持，以及由此导致国家权力的式微，而这与希特勒政权形成了鲜明对比。纳粹德国经济的复苏和美国“新政”早期未减轻的失业率，成为纳粹攻击美国民主体制的一个重要元素。纳粹新闻强调自由民主体制被假定的退化和经济劣势。[115]在20世纪20年代，一些德国的保守派就已指出美国作为生产主义者未来的典范，但到了1936年和1937年，《人民观察家报》则将反美文章与警告美国的布尔什维克主义和激进主义交织在一起，并说这些问题在国家社会主义的德国已被消除了。[116]

带着浓厚的反犹色彩，蔑视和轻视美国走在了前头。认同政权的学术和通俗作家区分了一个“坏的”(那是犹太人统治的) 美国和“日耳曼—凯尔特的”大多数的美国。[117] 在罗斯福1937年10月在芝加哥的“隔离侵略者”的演讲之后，德国的宣传对罗斯福和美国采取了一种毫不含糊的敌视语调。德国的宣传家们，也包括大使汉斯·迪克霍夫(Hans Diekhoff) 在内的驻华盛顿的德国外交家们解释道，罗斯福试图将日本、意大利和德国描述为“和平的敌人”，是在转移美国国内经
47 济、社会和政治问题的视线，是在为他通过把矛头指向国外的独裁者进而寻求独裁权力而招致的批评进行辩护。[118] 希特勒在1938年4月28日对帝国议会的演讲中，挖苦地“回答”了罗斯福的请求，他没有攻击欧洲的独立国家。[119] 希特勒将自己呈现为一个和平爱好者，寻求克服《凡尔赛和约》那被假定的不公正。指向门罗主义和罗斯福关于德国对欧洲意图的问题，希特勒宣称他不是试图发动一场战争，而仅是纠正过去的错误和保卫国家利益，正如英国、法国和美国在它们的外交政策中所实施的。欧洲的问题不是德国的侵略，而是德国被潜在对手所包围，反对《凡尔赛和约》领土条款的合理修订。[120] 虽然罗斯福政府并没有将反犹迫害置于它对德政策的中心，但从1938年起反犹主义在纳粹对美国的看法中却变得越来越重要。[121] 一份来自1939年1月德国外交部的备忘录，“犹太人问题在1938年的外交政策中作为一个因素”，将美国描述为“世界犹太人”的“总部”，并断言罗斯福已经使自己被犹太顾问们簇拥着。[122] 在1939年1月4日的《国情咨文》中，罗斯福警告了对和平构成的威胁，以及在面对侵略行为时，民主国家的冷漠和中立所带来的危险。[123] 在1939年的冬季和春季，《人民观察家报》在以下标题下撰写故事：“F. D. 罗斯福的希伯来海报”和“犹太人独裁体制下的美国”。[124] 根据德国的新闻，罗斯福是犹太人的一个仆人，并正在抵抗德国的政策，目的是为了转移国内问题的视线。

希特勒在德国的宣传中总是一个关键的人物，不管是通过他自己
的话，还是通过发给他同伙的消息。在20世纪30年代中期，他使这夸
张的暴力有所控制，因为他试图在国内外将自己呈现为一个和平爱好
者。但从1937年9月的纽伦堡纳粹党集会开始，这种相对节制让位于
回到并逐步升级的反犹威胁。他第一次在一个重要公共场合讲道，“犹 48
太民族”意图“消灭”德国的“民族知识分子”[125]。在1938年纽伦堡
集会上，他控告“犹太世界敌人”企图“消灭雅利安人的国家”。[126]到
了1939年的1月，纳粹政权已经用反犹宣传和立法淹没了第三帝国。
其结果是，一个反犹共识在德国和奥地利社会已变得普遍起来，这有利
于撤销犹太人的公民身份，摧毁他们的经济前景，将他们从专业领域清
除出去，没收他们的财产，使他们屈从于任意的逮捕，并从德国然后是
从欧洲其他地方驱逐出去。根据这个共识，德国和奥地利犹太人的“毁
灭”相当于对他们权力的消除，如果可能的话，驱逐到世界的其他一些
地方。它不是一个支持大屠杀的共识。只是在第二次世界大战之前的
几个月里，希特勒及其纳粹宣传才开始为大规模谋杀提供辩护，如果他
正在计划的战争要开始发生的话。20世纪30年代塑造的反犹共识为
针对犹太人的公开仇恨、轻视和冷漠制造了一个必不可少的蓄水池，使
得第三帝国不断向前，直到“最终解决方案”成为可能。[127]埋葬于那
个共识之内的是另一个更为激进的反犹主义，希特勒在1939年1月30
日将其推到了前沿。 49

第三章

"国际犹太人"与第二次世界大战的起源

在西边绥靖及东边与苏联有着《苏德互不侵犯条约》的时代，希特勒以及其他纳粹核心领导人声称，一个强大的国际犹太人阴谋正在动员反对第三帝国。这是一个糟糕的历史讽刺：20世纪30年代末期是以国际反纳粹力量缺乏团结和犹太人政治软弱为特征的，而恰恰是在这个时期，纳粹的妄想症开始发作。如果国际犹太人已组织了一个有效的反德政治阴谋，为什么它一直没能力对希特勒的计划施加任何有效的威慑？为什么国联一直是如此之羸弱？为什么英、法追求绥靖政策且冷淡对待苏联"反法西斯人民阵线"的建议？为什么美国——纳粹声称它被犹太人所统治——未能在早期更积极地介入欧洲事务以阻止希特勒？已被希特勒和戈培尔描述为一个犹太人独裁体制的纳粹德国的大敌苏联，为什么最终在1939年8月与纳粹政权签订了一份《苏德互不侵犯条约》？难道犹太人是如此之聪明，以至于他们通过绥靖政策来支持和平，以便保存实力为日后作斗争？无论如何，纳粹宣传从未指责"国际犹太人"短期内支持和平以便长期内有利于同盟国取胜。没有事实能够驳斥反犹阴谋理论的断言。

按照希特勒对孤立、无准备的国家发起一场早期攻势的战略，他已决定在1938年到1939年的冬季发动战争，即紧随其在慕尼黑会议上所假定的延迟策略。1939年1月30日，在他对帝国议会的年度演说和他入侵波兰之前的八个月里，他提出了什么会是即将到来的冲突核心的纳粹叙述。他控诉了国际犹太人计划消灭——那是去谋杀——所有的德国人。那时，希特勒处于他的权力之巅，且在德国受到民众的拥戴。知识界、文化界、经济界和工业界的精英都已支持或接受他的统治。他在慕尼黑取得明显成功后，外交和军事机构的最后怀疑者也站在了他这边。政治反对派、新闻自由、独立的司法制度和法治都已被碾碎。以军事开支和巨大公共工程项目为燃料的经济复苏，建立了一个广泛的民众支持基础，这远远超出纳粹党的范围。德国犹太人的一半已被驱逐，留下少数穷困潦倒的人，被一群怀有巨大敌意或冷漠的基督徒多数所包围。警察权力和法律强制的所有工具都在纳粹政权手上，尤其是在希特勒和希姆莱的手上。宣传部歌颂了希特勒的绝对正确。英、法已满足了他吞并苏台德地区的欲望，并已保证如果他不进一步扩张的话，将不会对他宣战。

在两个多小时帝国议会演讲的中间段，希特勒提到“犹太世界敌人”在“德国境内”已经被打败，但是现在要在境外面对付它了。一项关于德国侵略意图的认定是一个“可恶的诽谤”，出于“病态的歇斯底
里……谎言……无良奸商的利益”，“尤其是国际犹太人”，他们希望 51
“满足他们对复仇的欲望和对利润的渴望”。他不断重复着所受遭遇的冗长故事，抓着犹太人要对德国在第一次世界大战中的战败、战后的普遍饥荒，以及20世纪20年代的通货膨胀和经济危机负责不放。[1] 他警告道，如果“犹太民族”利用其手上的“报刊、电影、电台、广告、剧院和著作，再次成功地煽动和驱使民众中的数千万人陷入对他们而言毫无

意义的互斗之中，并且只服务于犹太人的利益”，那么德国对犹太人的政策就会在其他地方产生反响。“人民不再渴望在杀戮的战场上死去，因此这个无根的国际种族就能在战争生意之外捞取经济利益，并满足其《旧约》中的复仇欲望。一个更高的口号将会超越犹太人的语言‘全世界的无产者，团结起来’——那就是：‘全世界的生产者，认出你们共同的敌人！’”紧跟着这个到目前为止为人所熟悉的，德国人在国际犹太人手里所受遭遇的故事，希特勒自1920年以来第一次回到了大规模屠杀的公开威胁。

> 在我的人生当中，我常常是一位预言家并通常被嘲笑。在我为权力而斗争的时候，最初犹太人只会嘲笑我的预言——我终有一天会接管国家及德意志整个民族的领导权，然后在其他事情上也会使犹太人问题得以最终解决。我相信德国犹太人的这个虚伪笑声已深入其骨髓。我今天想要再次成为预言家：如果欧洲内外的犹太国际金融势力成功地将各国再次带入世界战争，其结果将不会是地球的布尔什维克化从而是犹太人的胜利，而是欧洲犹太种族的灭绝！[2]

在至少四次于电台播放并在德国和世界报纸发表的演讲中，希特
52 勒重复着预言。正如早先提到的，他又这么做了两次，1942年2月15日和1943年2月24日，他的讲话在他缺席的情况下向纳粹党官员宣读。[3] 谈到“国际犹太人”，希特勒心里认定一个国际阴谋正在幕后操控并主导着美、苏、英的政府政策。对于那些缺乏由纳粹意识形态提供洞察力的人来说是看不见的，这个阴谋被希特勒及其党羽视为现代历史的驱动力量。当主要大国反对纳粹德国时，他们作为“犹太奴”

(Judenknechte) 而如此做。

希特勒1939年1月30日的“预言”，假定一个被称为“国际犹太人”的现存历史主体，对他和其他纳粹精英是一个真实的威胁，正如对美、苏、英、法这样的民族国家。对于纳粹而言，出现在“欧洲内外”的犹太民族有着消灭德国人民的战争目标。一场战争的开始必定是由于国际犹太人的侵略行为所致。希特勒承诺，无论如何，这样一场战争的结果将会是欧洲犹太种族的灭亡。这个结果将会被实现，因为“非犹太民族所宣传的不设防”是过去的事了，关于犹太人，国家社会主义德国和法西斯意大利现在已有打算和能力来“启蒙”世界了。一个基于阶级的国际主义将会被一个基于由雅利安人以及欧洲和美国社会的生产者所构成的种族所取代。

在1939年3月14日，违反他早先在慕尼黑签署不到六个月的协定，希特勒命令德国武装部队入侵和占领捷克斯洛伐克的剩余领土。结果很明显的是，巴黎和伦敦的领导人已错误假定希特勒的目标限于诸如奥地利和苏德台地区这些讲德语领土的合并。在入侵捷克斯洛伐克之后，英、法声明它们将愿意保卫波兰，如果纳粹德国也要入侵它的 53
话。希特勒的入侵导致了绥靖时期的结束，并增加了丘吉尔以及那些对德国威胁所具有的扩张天性早已发出过警告的人的可信度。

纳粹政权的反犹知识分子相当艰难地解释着对捷克斯洛伐克的入侵。在1939年3月21日出版的《犹太人问题》上，由鲁道夫·乌尔班博士所撰写的题为“中欧的犹太人统治结束了”的头条文章，将侵略归罪于“世界犹太人”和犹太人所支持的布拉格“贝奈斯集团”。德国的介入使犹太人的威胁变成了“一个决定性的犹太人挫败，即把世界犹太民族驱逐出它在中欧的最后基地”。德国不会容忍一个“犹太民族和布尔什维克主义的据点”在其领土之上。受犹太人影响的捷克斯洛伐克政府，在镇压犹太民族和布尔什维克主义的威胁方面已“完全失败”。乌尔班失望地发现，捷克的报纸和期刊表达了对犹太人的支持和同情，捷克政府逮捕了攻击犹太人商业活动和犹太会堂的“反犹组织”成员(实际上就是纳粹先锋组织)。“因此，我们再次看到那些与犹太人接触的人很快就被交给他们了。”捷克人因犹太人而该责备自身的命运。[4]

在一篇德国入侵捷克斯洛伐克十天之后发表的文章“谁想要战争？”中，戈培尔将更广泛战争的前景归咎于在巴黎、伦敦和纽约所形成的一种“战争精神病”。英国和法国的“普通公民”并不关心苏德台地区是否重回德国，甚至都不知道这个地方在哪。对战争的讨论出自“对战争感兴趣的派系和圈子”。广泛的战争精神病，他声称道，也已获得来自美国的强大动力：罗斯福使自己被一大群犹太顾问簇拥着已是“一个公开的秘密”。可以想象，他们在他的耳边嚷嚷着些什么。但是这跟美国人民有什么关系呢？由于并不存在什么原因使得美国去关心德国的边界，因此那里的战争热必定有另一种解释。“一定是有一个巨
54 大的权力正站在所有事情的背后……这跟在魏玛德国战斗时期，我们国家社会主义者所面对的权力是一样的……犹太人有罪！如果在黑暗时期战争有一天将在欧洲爆发，这个哭号一定会在我们整个地球回荡。犹太人有罪！他们想要战争，他们正尽其所能将人民拖进去。他们相信他们不会是这样一场战争的受害者，而是受益者。因此，在整个世界内，他们促成了这场地狱般的战役，政治迫害德国和意大利，呼吁建立一个民主的战斗集团以反对专制国家。”犹太人(和共济会)想要战争，因为这会使他们“在德国和意大利重获旧时权势”[5]。1939年5月20日，在他的题为“圈子”的一篇短文中，戈培尔谴责了在伦敦一个由封建领主、工人阶级领导人、花花公子、肥胖律师、“肮脏”犹太人和“寻求复仇移民”组成的联盟。[6]这个“伦敦圈”说德国的侵略是“不存在和

未被计划的”。接下来的一周，戈培尔将英国人描述为最大的犬儒，他们的虚伪在他们乐意将德国处于苏联专制体制的“包围圈”中是显露无遗的，不管伦敦和莫斯科在世界观和制度方面的巨大差异。[7]

没有一个事件比1939年8月的《苏德互不侵犯条约》能更有力地反驳不管是一个国际犹太人阴谋，还是犹太人统治苏联的概念。在希特勒寻求权力的过程中，似乎没有一样东西更清晰地暗示其犬儒主义的深度或他对意识形态原则的鄙视。事实上，这是他能将战术灵活性和长期意识形态连贯性相结合的一个范例。[8] 斯大林，凭借犬儒主义和意识形态的类似混合，签署了条约。被共产主义正统思想所蒙蔽，他假定“帝国主义”国家将会——正如它们在第一次世界大战中那样——相互耗尽资源，并使欧洲大陆激进化，并为非交战国的苏联打开一个缺口，耐心等待以从中渔利。[9] 因采取这一立场，斯大林给整个欧洲的犹太人带来了毁灭性的打击。他停止了1935年 55
到1939年人民阵线时期的共产主义反法西斯斗争，并使得希特勒发动第二次世界大战而不必担心东西两线同时作战成为可能。更为甚者，斯大林同意签订一个《苏德互不侵犯条约》，是在希特勒第一次公开抛出他那凶残反犹预言仅仅八个月之后。签署条约极好地证明苏联党和政府内犹太人影响力的缺失。这个转折点清晰可见于斯大林替换其犹太外交部长的决定，一个主张以人民阵线来反对法西斯的人——马克西姆·李维诺夫，连同维亚切斯拉夫·莫洛托夫。[10] 正如丘吉尔所说的，李维诺夫是“一位杰出的犹太人，德国敌视的目标，在当时就像一个被折断的工具一样被抛至一旁……李维诺夫的解职标志着一个时期的结束。它见证了克里姆林宫对于和西方列强达成安全协议并组织东方阵线以对抗德国的可能性已放弃一切信心……犹太人李维诺夫走了，希特勒的主要偏见被安抚了”[11]。李维诺夫的解职既是一场戏剧性外交政策转变的一部分，也是开始将犹太官员从苏联外交部及党和政府其他职位上肃清的组成部分。[12]

在《苏德互不侵犯条约》中达到极点的集体安全崩溃，使得希特勒在1939年和1940年发动和快速赢得对波兰、低地国家和法国的战争变得极为容易，而苏联眼睁睁地看着而袖手旁观。如果犹太人是幕后的权力，他们怎会坐视不管？如果是犹太人掌权，为什么他们会相信希特勒坚守《苏德互不侵犯条约》的承诺，让苏联军队如此措手不及，或拒绝听从来自世界各地的警告，关于他们将成为主要目标且即将发生的攻击？[13]纳粹答案的一部分指向犹太人的无能，且仍更坚持的是希
56 特勒的天赋异禀。纳粹没有认识到难以置信的德国好运，它所面临的主要对手原来长期陷于混乱、不团结、疏忽失策并低估了它的力量。相反，纳粹领导人认为他们自己在阻挠国际犹太人的聪明计划方面是绝妙和英勇的。如果希特勒的追随者问为什么“犹太人”已允许希特勒攻击波兰而又不必担心来自苏联的报复，戈培尔将会回答希特勒是一个已经以智取胜犹太人的政治天才。如同犹太人那样强大，他已展示出犹太人并非不可战胜。推卸责任、互不信任、未能阻止德国扩张以及威慑的崩溃，这些现在耳熟能详的故事并不能削弱纳粹对一个强大犹太人阴谋的叙述。[14]犹太人无力阻止帝国新闻办公室把这个协议描述为“这些民族关系中一个极好的转折点”，继续着“德国与俄罗斯政治的传统共性”。[15]

希特勒以一种无端的侵略行为发动第二次世界大战，由政权制造的边界事件的投射与谎言加以支撑。接下来几个月的宣传，把希特勒正计划发动的战争归咎于波兰。希特勒声称，波兰军队已参与对上西里西亚的格莱维茨一个德国电台站的无端军事突袭。事实上，这个捏造的“突袭”是由纳粹党卫军实施的；已被注射致命毒液然后又被枪击

而致死的波兰集中营囚徒的尸体留在了现场。[16]那天晚些时候，希特勒声明道：“昨晚波兰用正规军对我们的领土开枪。从5点45分起，枪击已停止。从现在起，双方将会以投掷炸弹相对抗。”[17]在1939年9月1日，随着德国军队入侵波兰，帝国新闻办公室指令提及“波兰人在波兰袭击德国人”[18]。同样在那天，帝国新闻办公室里的《期刊服务》通知记者，叫他们不要用“战争”这样的词汇去提及德国的入侵。相反，这是德国“对波兰攻击的回应”[19]。迪特里希的工作人员指示媒体，将希特勒在1939年9月1日对帝国议会的演讲，一份把战争的爆发完全归咎于波兰、英国和法国的演讲，作为“当前形势下所有须考虑事情的基础”[20]。在英国对德宣战的两天后，希特勒指示纳粹党成员，“我 57
们的犹太—民主世界敌人成功地煽动英国人民进入与德国交战的状态”[21]。《期刊服务》指令在几周后指示编辑，要坚持认为犹太人因他们的煽动而要对英国的宣战负责。波兰并不是原因，而仅仅是英国对德宣战的借口。“英国人和犹太腓力士人在反对德国领导反抗英国—犹太资本家统治的解放进程方面，有着一个共同的政治和经济利益。”在这场战争的早期，编辑应该避免攻击整个英国人民。德国期刊被要求将英国绥靖政策的反对者，诸如达夫·库珀、安东尼·艾登、莱斯利·霍尔—贝利沙，当然也包括了温斯顿·丘吉尔，与犹太人联系起来。这个所谓的联系，说明了他们其他无法解释的反纳粹主义。[22]指令的语气传达了深层次的确信。

针对纳粹德国各式国家敌人的纳粹种族主义，与针对犹太人的纳粹种族主义之间存在着相似之处。首先，纳粹反波兰宣传强调波兰人的劣等性。在1939年10月23日，《期刊服务》指令声明波兰人对欧洲文化毫无贡献，并指示德国期刊将“波兰人”、“波兰”和“波兰的”这些词汇与讨厌的及粗心大意的行为相联系。“波兰人和犹太人在德国的等同化必须被鼓励。”波兰人是“天生的奴才并应以此而被对待”[23]。两周后，明显是在回应德国士兵和波兰女人之间暧昧的报道，1939年11月3日，指令阐明：“德国人和波兰人的每一次混血都会导致拥有德意志血统的种族数量下降。”杂志应该告知德国的男人、女人和儿童，“任何与波兰出身的人联系”都是危险的。波兰人被视为“与犹太人和吉卜赛人处于同一个层次上”。总的目标是建立一个“德国人和波兰人之间的
58 隔离”[24]。但是，纳粹宣传的确也在波兰人和犹太人之间做了一个区分：这个“相同的层次”并没有扩张到将波兰人或吉卜赛人视为一个强大国际阴谋的一部分。纳粹把那个指控限定在犹太人身上。

在战争的头几年里，纳粹党是宣传家活动的一个蜂巢，即便很多纳粹党的成员已经应召入伍。[25]根据由宣传部提供的数字显示，几乎是可笑的准确，在战争的头十六个月里纳粹党组织了约20万次政治会议。从1939年9月到1940年10月1日，纳粹党宣传指挥部制作了9部幻灯片（包括《我们的元首》、《德国的种族政策》、《财阀和犹太民族》、《世界海盗英格兰》、《走向胜利之路》）。41个纳粹省党部办公室组织了29 674次幻灯片播放晚会，430万的出席人数。每周有900万到1000万的人观看每周的《新闻汇辑》。印制件的生产同样是令人望而生畏。从战争一开始，纳粹党宣传指挥部就生产了190万《我们的意志和道路》的印制件，为纳粹党演讲者的230万信息材料印制件，3250万纳粹党每周引文的印制件，6500万的小册子。文字海报印刷量在40万到50万之间。图片海报可能有30万个（《防空掩护》）、65万个（《我们的旗帜是胜利》），甚至是100万个（《打倒德国的敌人》）。截至1940年底，70万幅希特勒的照片已经被生产和派发；2.3万幅彩色海报被生产以伴随电影《永恒的犹太人》。[26]

在1939年9月3日，奥托·迪特里希通知在柏林被召集的新闻机

构,德国记者的任务随着战争的爆发而改变了。新闻人不再只是“一个报道者……我们是……德国人民的战士。今天我们建立了一道心灵的西部高墙,并构成了现正在波兰东部战斗的我们军队的支撑力量”。他继续道:“报社的任务是将希特勒的意志和决心传达到全国人民当中去。”迪特里希宣布,他将会在希特勒的总部工作,但是会与报社进行 59
定期联系。他期望“德国媒体每天都会有社论和头条文章,这将会以你所知道的论据巩固后方”,国家和纳粹党办公室“会给你们这些非常有用的素材”。他继续道,报社需要改变它对国际新闻的报道。它不能“讨论我们敌人的每一个演讲”,或传达他们的观点,那“相当于是在替敌人做事”。帝国新闻办公室将会发表一个国际政治发展的概述。报社是“让读者感觉他将会[结果是]被告知世界上正发生事件的真实进展”[27]。换言之,报社不是在印刷诸如丘吉尔或罗斯福的演讲、《大西洋宪章》,提供有关德国战争罪行细节的同盟国声明,或者来自卡萨布兰卡、德黑兰和雅尔塔的联合公报。相反,报社要呈现纳粹政权对事件的看法。迪特里希的指令禁止刊发外国领导人的声明,对于压制“最终解决方案”的相关信息起到了关键的作用。新闻指令被秘密保存。它们的丢失或将它们的内容与未被授权的人交流是一种罪行,将被处以失业或监禁宣判的惩罚。总编辑将亲自负责保存指令的秘密,并被要求在收到它们的六个月内烧毁或撕碎。文件销毁的书面记录将予以保留。[28]在不同程度的意识形态认同、机会主义和恐惧中,德国编辑和记者们顺从了。至此,在纳粹德国的新闻里几乎没有真实的报道。

事实上,绥靖政策的提倡者内维尔·张伯伦,在1940年5月仍是英国的首相,而这并没有阻止帝国新闻办公室将反犹主张纳入其反英宣传之中。一个1939年9月的指令陈述道:“我们观点的说服力必须直接针对英国,但不针对英国人民本身,而是反对那些永久的好战者,他们

60 的行动代表着犹太人、国际资本主义、民主国家及财阀统治集团。”正如英国的宣传在它的声明中所寻求的将德国政府与德国人民区分开来，因此德国的媒体应被引导为，它必须“清楚地强调英国政府与被误导和欺骗的英国人民之间的差别”。英国统治集团“想要一个世界战争！”[29] 在关于美国的文章中，新闻要注意避免暗中破坏罗斯福的反对者。1939年9月23日的一个新闻指令，下令在美国国内中立地位的争论上的“最大慎重和保留”。要尽一切努力避免增加对美国孤立主义者是“希特勒代理人”的怀疑。“每一个对我们友好的、代表他们利益的立场，将立即遭到犹太媒体的攻击。”正如它的孤立主义者将会失去1940年的美国大选，“我们不能被视为等同于他们，以免他们的失败会被解释为德国的失败。这种语言规则需要被特别注意”[30]。

在德国攻击波兰之前的紧张时期，哈伊姆·魏茨曼——世界犹太复国组织的主席和一个英国公民——宣称犹太人站在英国和民主这边，并反对纳粹德国。以纳粹政权反犹政策的观点，这显然是任何犹太领导人都会说的话，虽然魏茨曼不能代表全体犹太人说话，但这就是纳粹宣传家们怎么看待他的声明的。由沃尔夫·海因里希斯多夫在1939年9月18日的《犹太人问题》上发表的头条文章“犹太人的决定：犹太人站在英国一边”，视为魏茨曼以及阿尔伯特·爱因斯坦对英国的支持，并作为反犹叙述的确证。“元首关于国际犹太人和财阀犹太人对战争爆发有罪的明确声明已经被证实。在英国参战之后不久，犹太世界组织就已将自身置于支配地位。哈伊姆·魏茨曼认为，再次确保对英国同情和支持‘所有的犹大’是合适和必要的。这个决定并没有使我
61 们感到惊讶。相反，它证实了我们的经验和知识。每个人都有他应得的盟友。英国有犹太人站它这边。我们并不妒忌。”[31] 作者写道，犹太复国主义者已批评过英国在巴勒斯坦的政策，但坚定地支持它参战。

这个决定“不仅是可理解的，而且明显暴露了英国上层阶级的严重犹太化……今天我们知道我们在英国所面对的是谁——世界头号敌人：国际犹太人以及对权力饥渴、充满仇恨的世界犹太民族”[32]。

纳粹对抗英国的反犹弹幕（anti-Semitic barrage）在它的战时宣传攻势中构成了一个重要的章节；然而，重要的是要注意，正如一位历史学家已经注意到的，这里“很少庆祝……1939年至1945年间英国对欧洲犹太人的政策”。英国政府带头阻拦犹太难民逃离欧洲的路线。在《1939年白皮书》的允许下，它允许不超过7.5万名犹太人移民到巴勒斯坦。它并没有在巴勒斯坦以外的广阔大英帝国为犹太难民提供避难所，即使犹太复国主义者愿意合作以转移难民到安全的目的地。虽然英国给了欧洲非犹太人抵抗运动以援助，诸如1944年波兰国内军队在华沙的起义，然而对于犹太人没有一个人是乐于相助的，比如1943年华沙犹太人聚居区的起义。不管丘吉尔如何同情犹太人，英国外交部的官员有时视他们为讨厌的人，鉴于英国担心战争期间阿拉伯对纳粹德国的支持。[33]从未有英国或其他地方的犹太人改变了英国的战时政策。如果犹太人具有纳粹宣传所认为的任何权力和影响力，那么英国对难民的政策可能已被很好地修正，在欧洲的犹太人抵抗可能会更大，集中营以及通向那里的铁路可能已被炸毁。

这一切对纳粹都不重要。重要的是英国与第三帝国交战。以纳粹
政权的反犹观点，这个不可理解之决定的唯一原因是犹太人的过度权 62
力。1939年10月23日帝国新闻办公室关于“英国犹太人”的指令，包括关于反犹主义在英国如何服务于削弱公众支持战争的明确指示。

> 目标：英国人民与英国上层阶级之间的矛盾，受犹太人的影响，并源自他们。犹太人在英国公共生活的指挥所。犹太人作为

> 英国旨在统治世界的政策的鼓吹者和受益人。
>
> 组织：着重点是议会的滥用和犹太人利益的新闻。对犹太人有敌意的声音（集中营里莫斯利的追随者，反对侨居的医生，反对艺术贸易）。英国人（清教徒）和犹太人之间文化上的亲和性。英国—犹太人的利益共同体，尽管存在巴勒斯坦冲突。社会悲剧。
>
> 避免：对犹太血统的声明，如不能明确证明。（在大多数情况下证明非常困难！）攻击英国人民。[34]

这样的指令说明了，反犹观点是从纳粹的思想库扩散到政府然后扩散到媒体的，因此提供了各个政府机构有效协调以支持共同目标的证据。《期刊服务》指令表明，对英国和犹太人的所有这些洞察，全方位展现了一个根深蒂固的反犹知识分子群体：犹太人问题研究所，在所谓的宣传部反犹行动办公室之中；纳粹党犹太人问题研究所，位于法兰克福，由阿尔弗雷德·罗森贝格创立；外交部新闻办公室；以及柏林的政
63 治学院新闻档案馆。他们的地址和电话号码都放在指令里，以帮助那些需要更多资料的编辑，正如许多表面上的学术著作的标题，包括《犹太人与经济生活》，由维尔纳·松巴特撰写，以及他那追溯至第一次世界大战的短文“商人和英雄”；一个由海因里希·赫斯特发表的作品（其真实姓名是赫尔曼·埃里希·塞弗特）《巴勒斯坦：犹太人的国家？》；由沃尔夫·迈耶—克里斯蒂安（Wolf Meyer-Christian）撰写的关于“英国—犹太人联盟”的文章，发表在1939年秋季的《犹太人问题》杂志上。[35]

对犹太人和英国人之间一种选择性亲和的认定，是一个持久的战时主题。一些更为突出的作品要好好提一下，多产的纳粹宣传家彼得·阿尔达格1939年的两卷本作品《犹太人在英国》，包含了《犹太人占领英国》和《犹太人统治英国》。阿尔达格提供了一个英国历史的反

犹解释，用大量的脚注引用表面上看似学术的著作。历史涵盖了古代历史，第一批犹太人移民到英国，1290年犹太人被驱逐和他们的返回，阿尔达格认同奥利弗·克伦威尔与1688年的光荣革命。此后，他察觉出犹太人、英国国教和君主制之间日益紧密的联系，也包括清教主义和犹太教之间在知识和神学上的联系，根植于清教徒认为自己是上帝选民的自我观念。[36]

希特勒在1940年元旦对全国的每年新年讲话中再次声称，战争的爆发和一个消灭德国和德国人的犹太人计划之间的联系。他警告道：“我们所面对的犹太资本主义世界敌人只有一个目标，就是消灭德国和德国人民。”希特勒声称，他已经寻求一个与波兰的和平方案和一个与英国的协议；“然而，在资本主义民主国家里的犹太反动战争贩子等这一刻等了很多年。他们已经为此准备好了，不会愿意放弃他们消灭德国的计划。”[37]虽然德语对“打败”或“征服”有着极好的合适术语，但是希特勒谨慎地选择他的措辞，当他将自己的致命目标投射到敌人身 64
上时。将种族灭绝战争归罪于纳粹德国的敌人，特别是犹太人，仍然是战时宣传的一个核心要素。

麻烦的事实对纳粹宣传并没有什么太大影响。英、法开始所谓的消灭德国的运动，但在1939—1940年秋冬却克制参与任何军事进攻。波兰单独作战，并在六周内被打败。法国仍然躲在他们的防御要塞马其诺防线的背后。英国的努力集中于不顾一切的措施，以保护船只免于德国潜艇的攻击。在希特勒重复着犹太人正密谋消灭德国的同一个月份，张伯伦撤掉了他的犹太裔陆军大臣莱斯利·霍尔—贝利沙。霍尔—贝利沙已在保守党的右翼中树敌，因为他是绥靖政策的一个强烈反对者，反对绥靖政策以及明显同意丘吉尔对德国的评估。帝国新闻办公室1940年1月8日的秘密新闻指令，通过将“犹太裔陆军大臣霍尔—贝利沙的‘辞职’视为一个狡猾欺诈策略，而去扭曲霍尔—贝利沙的故事”。它声称道，他离开的真正理由是“他那犹太—摩洛哥人血统被揭露”，这使得他的留任“无法容忍”。更进一步，“国际犹太人”指望一个短期战争和快速胜利，因此希望有一个犹太人担任陆军大臣。现在英国陷入了一场艰难的战斗之中，“这个犹太民族不再乐意将战争的责任归到一个犹太人手里”。而且，军官集团害怕军队中反犹主义的传播，因此，霍尔—贝利沙离开内阁是“犹太民族的一个狡猾举动”，动机主要是“想要隐藏犹太人的影响力”。事实上，霍尔—贝利沙就生于伦敦。帝国新闻办公室指令，将张伯伦因政策分歧而撤掉犹太裔陆军大臣的决定，说成是犹太势力在幕后操控的一个聪明诡计。霍尔—贝
65 利沙的故事说明了反犹阴谋理论一个至关重要的方面：这是一个封闭的体制，对反驳或证伪免疫。如果霍尔—贝利沙仍是陆军大臣，或者如果马克西姆·李维诺夫仍是苏联的外交部长，纳粹宣传将会指出他们是国际犹太人的例证。[38] 他们被解职是犹太人机智地在幕后操控的证据。事实上，将李维诺夫和霍尔—贝利沙被解职视为犹太人的挫败和对反犹主义的让步是可信的。对于纳粹来说，这样一种解释说明了常识的肤浅，以及它是多么容易被表象所迷惑。只有激进的反犹主义者才能理解潜伏在阴暗处的真相。

虽然英、法在1940年冬春并没有发起进攻，但是他们也拒绝接受以希特勒所开出的条件而进行谈判。一份于1940年2月28日在明斯特发表的演讲中，题为“让我们赞美使我们困难的东西”，戈培尔声称他们拒绝与德国签订和平协议是由于受到犹太人和“财阀”的影响。他讲道，犹太人并没有从1933年在德国降临到他们身上的大灾难中吸取教训。他们已变成“英、法发动反对帝国的财阀战争的知识分子领导者”。他继续抨击道：“财阀……一个在数量上很少的西方统治阶级却

拥有整个地球”，正试图阻止“努力拼搏的年轻人去寻找光明之地”。虽然英国人谈论着人道和文明，但他们实际上是想要打败希特勒主义，“目的是消灭德国人民”，并将国家带回四分五裂和支离破碎的状态，如同在《威斯特伐利亚和约》之后。[39] 没有时间幻想了。“如果英国财阀成功了，它会毫不犹豫地消灭所有德国人民。”[40] 即便是在战争的早期，在英国或法国已发动对德国武装部队的任何攻击或者已经轰炸任何德国城市之前，戈培尔就已使用“消灭”这个动词来描述英国的战争 66
目标。这些战争目标已经被犹太记者所策划，他们已经逃离了纳粹德国，并且现在是“反对德国的财阀战争的知识分子领导者”。但是，英国的犹太人和财阀集团是在浪费他们的时间，因为这里不会再有第二次后方的崩溃，正如他所宣称的在第一次世界大战末已发生的。此外，这个最强硬的反共人士指出，德国现在拥有“世界上人口最多、实力最强的世界强国”在其一边——也就是苏联。因此，它可以专心集中于西线战场。凭借希特勒的英明领导和民族牺牲精神，德国的战争有着光明的前景。[41]

在战争的头几年，甚至在预测1941年夏秋两季莫斯科的“犹太布尔什维克”很快会崩溃之前，反犹主义都是一种必胜自信的基础。在1940年6月16日的电台演讲“时间不能并行”中，戈培尔承诺德国的听众，战争将不会是1914年到1918年间两线作战的重蹈覆辙。[42] 不仅仅是希特勒的外交天赋促成了与苏联的《苏德互不侵犯条约》；通过将纳粹政策在英、美、苏所受到的批评都归咎于犹太人身上，戈培尔希望已有的反犹主义将会削弱它们对对抗第三帝国的支持。将第二次世界大战描述为一场“犹太人战争”，即德国作为一方而国际犹太人为另一方的两者之间的战争，将会——他希望是——扭转各地大多数非犹太人反对第三帝国的战争努力。[43] 1940年4月，在《我们的意志和道路》上的一个放映幻灯片和演讲的公告声明道，“在这场战争中，我们专门对付世界敌人犹大”，希特勒德国的“存在”是为阻止“一个世界性国家和犹太人统治的古老犹太人梦想的实现”。德国并非面对“两个分离的敌人阵营”；相反，“犹太帝国的财阀集团很大程度上等同于那个政治上的犹太民族”。[44] 国际犹太人与同纳粹德国交战的政府的等同化，仍是纳粹战时宣传一个组成部分，就像犹大 (Juda) 这种词汇的使用
67 那样。

对法国的责备在纳粹战时宣传中扮演着一个过分温和的角色，主要是因为法国在六周内就被打败，并被识时务的维希政权所取代。[45] 这里也一样，承认犹太人的破坏作用有助于理解为什么法国被打败了。1940年7月26日的一份《期刊服务》指令声称，法国的战败是不可避免的，因为“法国将其领导权交到犹太人手中”，而他们反过来成为“法国的掘墓人”。[46] 指令列入了一部关于所谓的在19世纪和20世纪犹太人控制法国的压缩版反犹历史，并提及相关作品以支持这一叙述。德国的宣传期望将法国的战败描述为一个“法国疯癫政策的最后结束”，并声称犹太人要对战争负责；然而，德国期刊应该避免攻击“与牧师、教会联系的法国反犹运动”。[47] 紧跟着德国于1940夏季在低地国家和法国的胜利，当犹太人逃离或试图逃离纳粹控制的西方国家时，一份《期刊服务》指令谈到了“欧洲从犹太人的统治中获得解放”[48]。

温斯顿·丘吉尔在1940年5月10日成为英国首相。从那时到战争的结束，戈培尔和迪特里希对他发出了源源不断的辱骂。他们在纳粹反犹叙述中找到了英国敌对的一种解释。希特勒赢得世界大战的战略是，在美国能够有效介入之前，赢得一系列针对政治上孤立的欧洲对手的短期的决定性战斗。[49] 他在1928年未出版的“第二本书”中已经主张，虽然德国建立了一个大陆帝国，但它应该集中于东部的生存空间和

寻求修好与英国的关系。在这里，他写道：“英国对德国的永久敌意是毫无根据的。”如果这样的敌意再度出现，那是因为“世界犹太人……也在英国发挥控制作用”。虽然英国人能克服对德国的“战争精神病”，“但同样确定的是，全世界的犹太人不会为了消除古老的敌意而作 68
出任何贡献”，阻止欧洲的和平，并促进布尔什维克化。他总结道：“一个人不能谈论世界政治，如果没有将这个最为可怕的权力考虑进去的话。”[50] 这个“可怕的权力”在纳粹宣传中变成一个关键的要素，在第二次世界大战期间瞄向英国和丘吉尔。

希特勒的种族思想已然遮蔽的事实是，英国从来都是在反对那些寻求在欧洲大陆建立霸权以及消灭独立国家体制的任何权力。在这个传统中，丘吉尔在他与富兰克林·D.罗斯福的通信中以及他的主要演讲中都认为，如果在短期内战败是可以避免的，那么在长期英国会找到一种赢得战争的途径。如果希特勒对未准备好的和孤立的敌手取得快速胜利的最初战略能够被挫败，那么时代将会属于他的敌人。针对丘吉尔的纳粹宣传如此凶猛，是由希特勒所提供的反犹解释而产生的。戈培尔用尖锐的讥讽发出他对丘吉尔的第一次战时攻击，是1940年6月16日的文章“论英国人的虔诚”，在丘吉尔取代张伯伦的五周之后，以及英法联军撤离敦刻尔克的三周之后。他列出了一系列侮辱和成见的清单。英国财阀对欧洲而言是外国人，一个殖民帝国中势利、无教养、懒于思考的老爷，他们通过狡猾、欺骗、谎言和暴力聚在一起。的确，在他们“残忍、说谎、虔诚的虚伪和虚假信仰”的混杂中，他们是雅利安人中的犹太人，并属于那群在人们希望能好好跟他们说话之前首先要被打掉牙齿的人”[51]。在他对这些“雅利安人中的犹太人”的谴责中，戈培尔将思想库、杂志和大学中工作的政权反犹作家所发出的观点纳入大众宣传之中。英国人那所谓的犹太人身份，变成了纳粹战时宣传的另一个持久主题。

在他的7月24日部长会议中，戈培尔仍在指导宣传部官员去单独
69 攻击“英国财阀……而不是整个英国人民……我们的官方宣传媒体要清楚指出，被财阀统治的英国人与他们毫无共同之处，也不觉得与他们有任何联系”[52]。鉴于犹太人的统治已造成法国的战败，因此对于帝国而言，英国被犹太人统治也是幸运的。但是到了1940年8月，在反英宣传中一个转变发生了。在与英国战斗之中，帝国新闻办公室1940年8月16日的《期刊服务》指令声称，英国“在相当程度上掌握在犹太人手中”。鉴于犹太人承担着大陆人民种族崩溃的罪责和英国已经变成“世界犹太人的中心”，它也因此播下了自身即将崩溃的种子。但是“犹太化”在英国比在法国走得更远。在英国，犹太人已经“渗透到财阀集团”，也渗透到全社会。指令要求编辑不要把对英国政策的责任只归咎于犹太人，以及他们在王室、贵族和官僚内的朋友，“人民也是有罪的”[53]。指令包括了一个由政府出版社出版的书籍和短文的摘要，揭露所谓的犹太人统治着英国的政治、教育、经济、文化和娱乐业。它声称犹太人支配着电影、剧院、音乐、电台和新闻界，连同剑桥、伦敦和伯明翰大学的教学人员。[54]反犹分析现在对于纳粹而言是一种乐观主义的源泉。如果犹太人的主导地位已经在纳粹的狂轰滥炸面前导致了一个又一个国家的倒塌，那么战胜看似更犹太化的英国岂不是一件短时间内就能搞定的事情吗？犹太人给各国抵抗德国扩张的斗争增添负担，而德国成功的前景一片美好，这些难道还需要更多证据吗？

但是，英国人并没有在1940年8月崩溃；他们处于丘吉尔所说的“决胜时刻”。他们为什么会这么顽强呢？这里有一大堆看似合理的
70 理由导致英国的抵抗，与世俗以及不是很世俗的因素有关，比如英吉利海峡、皇家空军装备精良和训练有素，以及普遍认为希特勒确实威胁到

了英国所代表的一切。这个决胜时刻的纳粹与众不同的反犹解释，出现在1940年10月14日的《期刊服务》指令上，关于“英国—犹太人联盟”。它大量取材于一个反犹作家沃尔夫·迈耶—克里斯蒂安的同名文章，提供了迪特里希帝国新闻办公室和戈培尔宣传部内反犹行动办公室之间协调的证据。[55] 这个指令包括了宣传部内反犹行动办公室的地址和电话号码，并要求编辑参考宣传部所青睐的反犹作家的其他作品，包括延斯·罗尔森的《不列颠：世界犹太民族的腹地》和阿尔达格的《犹太人统治英国》和《犹太人占领英国》。[56] 帝国新闻办公室将后一本书看作反英宣传中一个“格外重要的贡献”，对记者而言是一本“杰出的参考书籍”。[57]

10月14日的指令声称，战争起源于英国人和犹太人的“统治圈”，他们寻求“消灭”德国的政治和经济力量。德国期刊要解释“我们的主要敌人 (英国—犹太人联盟) 的真实本质”，以及“英国政治内部的犹太化”。重要的是，要强调“犹太人—英国人的利益共同体”不仅仅是宣传声明。它已经把英国的本质渗透到它的核心。在没有犹太人的影响下，英国作不出重要的决定。英国“世界统治的政策”与犹太民族的利益是交织在一起的。重要的是，编辑要理解1940年奠定于英国历史和文化的英国—犹太人联盟的根源，特别是在英国的清教主义里。和犹太教一样，清教主义依靠的是《旧约》。清教徒的“现世性”以及接受财富作为上帝祝福的印迹，显示了其与犹太人之间的选择性亲和关系。的确，“《旧约》衔接了英国人和犹太人”[58]。在1940年11月8日的《期 71
刊服务》指令中，帝国新闻办公室要求，“评论政治出版物的所有期刊都应该评论迈耶—克里斯蒂安关于英国—犹太人联盟的文章”。指令通知编辑，“该文章展示了英国人和犹太人之间广泛的认同，以及为理解当前战争的深层次原因提供了必要的前提，一个同时是英国的和犹太人的战争”。另外，该文章还提供了一个“与英国—犹太人的世界列强做最后对抗的知识框架”[59]。

迈耶—克里斯蒂安问为什么英国和英国的上层阶级表面上是如此之犹太化。为了回答那个问题，他将英国在1939年对纳粹德国的反对，也包括它对一个犹太人祖国的支持，放置于四个世纪以来英国历史的一种反犹解释的内容当中。英国上层阶级已经宣告：“英国人的就是犹太人的，犹太人的就是英国人的！”然而，德国的犹太人是现状的批评者和反对者，但英国的犹太人是上层阶级“一个不可分割的部分”。欧洲和德国的犹太人问题，只有当“传统英国上层阶级和世界犹太民族的领导阶层的联盟”被“彻底地打碎”才能得到解决。[60]英国—犹太人联盟出现的关键在于“清教主义和基督教的英国特殊形式”。如果没有“两个民族基本情况的相似性，包括资本主义的思维方式和对世界统治的要求”，犹太人和英国上层阶级之间的联盟就不会出现。的确，“没有人比基督教独裁者奥利弗·克伦威尔最先认识到这一点，并使其成为他的政治基础”。他召回先前被驱逐的犹太人回到英国的决定，从而“使得他们帮助建立如今的大英帝国”。“英国上层阶级的退化”不是“爱情的意外结晶”，或粗心大意的个人主义的结果。相反，它是基于犹太人的一种精心策划的努力，从而“使得英国贵族有五分之一是世界犹
72 太人”[61]。

那个努力成功了，因为清教主义和英国的犹太人之间是一种选择性亲和，以及“英国基督教和犹太教之间的紧密联系”。两者都公开声称是“资本主义的宗教。他们认定财富的积累是上帝的旨意。两者都是宗教铰接的利己主义”。两者都“依赖于选民的观念。在犹太人和英国人之间，政治优越感和狂妄是建立在这种宗教之上的”[62]。迈耶—克里斯蒂安连接犹太人和资本主义的解释，直接被引用到维尔

纳·松巴特的《犹太人与经济生活》之中。[63] 英国帝国主义从清教的宗教起源中推导出其权力和无所顾虑，这反过来就是“犹太人的”。在其指向《旧约》的导向中，加尔文教派已经使其自身疏远真正的基督教，并选择了一个现世生活，这与犹太教所规定的教规相吻合。“清教主义和犹太教是完全相同的。”1939年政治上的英国，“没什么比一个现代化的犹太民族更窝藏统治世界的野心”。“因此，对于整个世界而言，迫切的结论必须是敌视犹太人等同化敌视英国。只有这样做，欧洲才能摆脱英国—犹太人联盟。”[64]

英国对犹太复国主义的支持，提供了英国清教主义的斐洛犹太本质的进一步证据。[65] 迈耶—克里斯蒂安认为，英国—犹太人联盟已经导致英国对一个巴勒斯坦犹太国家的支持。[66] 国家社会主义反对一个犹太人的国家，是因为这将只会是“一个凌驾于非犹太种族的国际权力中心，一个公民不居于其内却遍布全球的国家”[67]。这将会是一个“权力中心”和“一个世界犹太人的关键基地”，一个群体享受一个新国家的公民身份，而不用放弃欧洲国家或美国的公民权利。大多数的犹太人将会留在其他国家，并“与伪国家合作有助于犹太民族权力增强为一个世界权力”[68]。迈耶—克里斯蒂安视犹太人在20世纪30年代与 73
英国关于移民到巴勒斯坦的争论，是犹太人正在变成或已经变成一个世界权力的进一步证据。在1940年秋季，对他和帝国新闻办公室的官员而言，英国对纳粹的抵抗以及支持一个巴勒斯坦犹太人国家，似乎证实了他们意识形态观点的正确性。在英国，与“世界犹太人”相衔接的“同一个圈子”，正在发动对德战争和支持犹太复国主义者。在纳粹最早提及“犹太人战争”的一本书中，迈耶—克里斯蒂安写道：“英国人的战争是一场犹太人战争，是英国犹太人的上层阶级针对日渐强势的德国和帝国所仰仗的民族主义发动的预防性战争。对于阿拉伯人而言，德国是英国—犹太人联盟的第二个共同敌人。”[69] 迈耶—克里斯蒂安视哈伊姆·魏茨曼的声明是对英国参战的支持，也包括英国内阁大臣达夫·库珀于1940年1月6日在华盛顿支持巴勒斯坦犹太人的演讲，视为英国—犹太人联盟的进一步证据。

迈耶—克里斯蒂安是多数纳粹公法学者中唯一一个在战争早期公开抨击犹太复国主义的人。在一个层次上，这似乎是反犹观点的一个必然结果。但是，鉴于苏联和阿拉伯国家后来指控纳粹德国和巴勒斯坦犹太复国主义领导人进行战时合作，回顾纳粹德国反对在巴勒斯坦或其他地区建立一个犹太人国家的观点是很重要的。[70] 在1933年到1939年间，六万德国犹太人能够在“转移协议”的条款下移民到巴勒斯坦。虽然它允许犹太人转移一亿帝国马克到巴勒斯坦，但它并不意味着支持建立一个犹太人国家。当战争爆发后协议就结束了。[71] 反对一个犹太人国家的建立，基于相信这只会加剧国际犹太人阴谋控制全球的危险，目的在于消灭德国和德国人。阴谋理论掩盖了巴勒斯坦作为一个德国犹太人可以被驱逐的地方的想法。随着战争的逼近，纳粹德
74 国手中已握有700万犹太人，驱逐出境的问题变得无实际意义。以纳粹的观点，犹太复国主义仍是一个阴谋的内容。希特勒在《我的奋斗》中提出了这个观点的早期版本，他轻蔑地驳斥了犹太复国主义者主要是集中从事在巴勒斯坦为犹太人建立一个定居点的运动这一“谎言”。“当犹太复国主义者使世界上的其他人相信犹太人的国家意识在建立一个巴勒斯坦国家后就会得到满足，那么犹太人再次狡猾地欺骗了默不作声的非犹太人。以生活在那里为目的而在巴勒斯坦建立一个犹太人国家的想法，甚至就没有进入过他们的大脑；所有他们想要的是一个他们的国际性世界骗局的中心组织，赋予其主权权利并远离其他国家的干涉：恶棍无赖的一个避难所和新生骗子的一所大学。”[72] 对于

希特勒和纳粹政权而言，犹太人移民到巴勒斯坦不可能是一个“解决方案”，最终或者说其他欧洲“犹太人问题”解决方案的组成部分。纳粹反对一个犹太人国家是根植于核心意识形态信念：一个在巴勒斯坦的犹太人国家将会变成“国际犹太人”努力控制全球的一个组成部分，或者可能是非常总部。

阿尔弗雷德·罗森贝格虽然也确信存在一个犹太人阴谋，但他在20世纪20年代和30年代的短文中关于犹太复国主义却比希特勒发出较少的警告。[73] 罗森贝格在这一主题上的关键文本是《敌视国家的犹太复国主义》，它在1921年首次出版，并于1938年在主要的纳粹出版社再版发行。在该书中，他认为犹太人缺乏治国能力。如果一个在巴勒斯坦的犹太人国家被建立，它将会崩溃，且犹太人将会再次变成一个“国际民族”。犹太复国主义是“一个无能民族从事生产活动而徒劳无益的努力。多数情况下，它是野心勃勃的投机商人建立新舞台的一个工具，以便获取全球范围内的高额利息”[74]。在第二次世界大战的中期，希特勒对一个犹太人国家将会为国际犹太人阴谋提供另一个基地的看法取代了罗森贝格的轻蔑看法，并形成了反犹主义和反犹太复国主义的一种趋同。[75] 75

吉泽尔赫·维尔辛的《在巴勒斯坦的英国人、犹太人和阿拉伯人》，出版于1939年（四个版本和一万份印刷件），界定了犹太复国主义者的目标：“建立一个世界犹太教廷。建立一个牢固的基地，以便今后几年里犹太世界政策得以休养生息。”[76] 维尔辛认为，一个犹太人国家将会促进巴勒斯坦的犹太人与工作于欧美金融业的业已被同化的犹太人之间的合作，从而增强他们现存的政治和经济权力。[77] 反对犹太复国主义者的目标，使得纳粹宣传家们开始关注他们所认为的阿拉伯情感。1939年6月13日的《期刊服务》指令，指示编辑不要使用“反闪米特主义”这样的术语，因为这样做冒犯了阿拉伯人。描述纳粹政策适当的术语是“防备犹太人”和“敌视犹太人”。[78] 五年后，帝国新闻办公室再次表示担心术语“反闪米特主义……会破坏我们与非犹太闪米特人的关系，也就是说，泛阿拉伯世界对我们很重要”。因此，新闻界要用诸如“反对犹太人”、“敌视犹太人”或“反犹太教”这样的表达来取代“反闪米特主义”这样的词汇，“反闪米特主义”一词具有“对抗犹太人”或“反犹太人”之意。[79]

在1940年的夏秋两季，英国的“决胜时刻”给英国带来了空战的胜利，一个与美国形成的联盟，第一次打败了希特勒赢得短期战争的战略。[80] 这个对希特勒有效抵抗的首次行动，使得纳粹领导人对丘吉尔大为震怒，但对胜利仍是信心十足。在1940年12月12日，在对惺惺相惜的纳粹地方长官的一次演讲中，希特勒自信满满地说：“在军事上，战争几乎等于赢了。”英国被孤立了，并将会被逐渐打败。[81] 但是英国拒绝接受战败——尽管它在大西洋战役中遭受严重挫折，因为德国潜艇使其商船付出惨重的代价。在1941年冬春两季的短文中，戈培尔叫嚷着对丘吉尔的个人辱骂——“死肥犬儒者……犹太人和财阀的狐朋狗
76 友……政治和军事的门外汉……没教养的蠢材”——在希特勒的手掌里他是不可能会取得胜利的。[82] 1941年2月5日《人民观察家报》的头条文章鼓吹道：“丘吉尔将德国作为战利品许诺给了犹太人；世界寄生虫的团结又死灰复燃了。”[83]

在1941年1月30日对帝国议会的演讲中，希特勒提出，他过去的威胁已经导致国际犹太人迫使西方列强对德国采取一种包容的态度。因此，他在1941年那更新的威胁将会导致犹太人迫使英国与德国缔造和平，目的是拯救欧洲的犹太人。一面怀着暴徒心理，一面幻想着犹太人影响英国政策的权力；怀着这种怪异结合，他每年对帝国议会的演讲

中重复着其关于战争和犹太人的预言。仿佛为了在战争和对犹政策之间强调他内心的联系，他错误地把预言的第一句话注明为1939年9月1日，即他下令入侵波兰的那一天。

> 不要忘记我已于1939年的9月1日［实际上是1939年1月30日］在帝国议会所发表的评论，即如果世界被犹太民族拖入一场全面战争，那么欧洲犹太人的整个角色就要结束了……今天，他们［犹太人］可能仍在嘲笑［那个声明］，正如他们早先嘲笑我的预言那样。现在我们的种族知识正在各国当中传播。我希望那些仍反对我们的人有一天会认识到他们更大的国内敌人，然后会与我们联合起来，对抗国际犹太人的剥削和各国的腐败！[84]

整个演讲的文本用德语出版，并在国际的出版社被翻译出版。《纽约时报》编辑随后几天的回应——他们在纳粹领导人的眼里是美国“犹太新闻界”的领导者——说明了，在理解希特勒上，即便是最有经验 77
和见多识广的观察家也会有困难。他们写道：“在德国内外，世界上没有一个人会从阿道夫·希特勒那里得到真相。八年如一日，就像昨天在体育宫通过纳粹党雇用的捧场者们机械式喧嚣那样，他对一个声音被淹没的民族行使绝对权力。在那段时间里，没有一个先例可以验证他要履行诺言或者实施威胁。在他的记录中没有任何保证，事实上，他唯一不会做的事就是他说他要做的事。八年来，他已经成为德国唯一和无可辩驳的发言人——如今德国这个词是毫无价值的。”[85]《纽约时报》的编辑发现，正如他们之前的许多希特勒的敌手一样，很难去想象这样一个技艺高超和愤世嫉俗的骗子也是一个将会实现其威胁的狂热理论家。

两周后，在发表于《德意志帝国》的一篇短文中，戈培尔向他的读者保证，英国没有他们所想象的那样聪明。很多德国人已经错误地夸大德国犹太人的聪明。“[德国]犹太人那出了名的聪明还有什么？”在过去，德国小资产阶级在犹太人面前是一个懦夫。在纳粹着手此事之后，很明显的是，犹太人的“才智优越感只是表面现象，相应的，他们的权力也会土崩瓦解……这也适用于英国人，称他们是雅利安人中的犹太人并非毫无根据”。当要面对英国人时，浮出水面的是，他们只是“一群泥足巨人”。希特勒一直在打“正确的牌”，丘吉尔只能眼睁睁看着他们一个又一个被打败。德国代表着未来，英国已成过去。它的领导人正变成世界的“笑柄”。正如纳粹，面对巨大的胜算，已经“打败了”德国的犹太人，他们也会对英国的犹太人做同样的事。

在《德意志帝国》1941年冬春两季的社论中，戈培尔再三归咎于英国那可怕甚至是种族灭绝的战争目的。如果丘吉尔拥有权力，他在1941年2月23日的一篇短文中写道，他将会“抹掉德国”，并将其拆分
78 成大约四十个由“财阀”统治的小国，跟着他们英国主人的曲调而翩翩起舞。[86]再加上恐怖的情节，“犹太人自然会恢复他们的旧时权力，那就是，他们将再次主宰政治、经济、金融和文化”。议会将会被恢复，给英国统治一个合法的外衣，而德国人将再次被允许写小说、谱写交响乐、绘画、写诗和思考，同时忍受着生活水平被降低到最低限度。[87]在发表于1941年3月30日《德意志帝国》的文章“不列颠尼亚号支配着海浪”中，戈培尔写道：“如果他能够，他[丘吉尔]将会灭绝德国，消灭我们的人民，将帝国夷为平地和化为灰烬。”[88]

纳粹领导人明白，美国援助英国对于保持英国的战斗力是至关重要的。其结果是，他们加强了攻击富兰克林·D.罗斯福的宣传。在20世纪30年代和第二次世界大战期间的美国社会和政界，犹太人是一个

边缘族群，只有微弱的政治影响力，生活在一个仍然被强大的反犹主义所笼罩的社会中。鉴于他们数量较少，因此并不会惊讶于他们对美国外交和军事政策的影响力是如此微不足道。随着四个世纪的移民，480万的美国犹太人占据了美国人口的3.7%。虽然广泛分布于全国，但几乎一半生活在纽约州，大多数在纽约市内或周边。[89] 1940年到1941年间的美国众议院即第76届国会的六个犹太人中，有四个来自纽约州，另两个来自芝加哥和费城。在美国参议院中没有犹太人。纽约州州长赫伯特·雷曼（Herbert Lehman），1932年当选，在1934年和1936年重新当选，是犹太人。[90]

虽然纽约的犹太人是罗斯福最早期和最忠诚的支持者之一，但在罗斯福政府的关键政府部门里却没有犹太人身居高位处理着外交和军事事务。科德尔·赫尔，罗斯福从1933年到1945年的国务卿；1940年到1945年的战争部部长亨利·斯廷森，是声誉良好的盎格鲁—撒克逊 79
白人新教徒成员。没有一个美军参谋联席会议的成员是犹太人。反犹主义在美国军官集团中仍有一定的势力。罗斯福的犹太裔财政部长亨利·摩根索游说扩大犹太人移民到美国，但在国务院的抵制下收效甚微。[91] 的确，引证国内的反犹主义，并展示一些他们自己的，国务院官员力求避免任何对犹太人迫害的关注，以免加剧已经相当大的国内对美国介入欧洲战事的反对。一些犹太领导人也赞同，并担心升级问题将只会增加美国的反犹主义。[92] 虽然富兰克林·D.罗斯福从一开始就鄙视纳粹政权，并认为它的反犹政策是令人厌恶的，但是总统抵抗希特勒德国的公开事例中并没有专注于反犹迫害。相反，他按照传统的理解认为，纳粹德国对美国的国家安全构成了一种威胁。如果希特勒打败英国，控制欧洲大陆，实现在大西洋的海军控制，罗斯福相信德国将会对美国构成直接的威胁。就这一点来说，他表达了一种与美国政治和军事机构所共享的观点，特别是海军的领导层。[93] 政府内外的美国犹太人未能说服政府提升移民配额以援助犹太人逃离德国。

归功于崇尚学习的传统，美国犹太人在专业领域取得了长足进步。当苏兹贝格家族使得《纽约时报》达到全国报纸发行量的最高纪录时，大多数的美国报社仍由保守的出版商控制着，其中一些支持20世纪30年代的孤立主义。[94] 在医药和法律领域以及在大学里，即便是在面对持续的反犹歧视下，一小部分有才华的犹太人还是得以崭露头角。在20年代和30年代，哈佛、耶鲁和普林斯顿制定了配额以限制录取犹太人的数量，配额制度被很好地保留到战后时期。[95] 尽管在法律领域有
80 一些进步，但是收入最高、最具权势和名望的企业及华尔街律所大部分仍然未对犹太人开放。[96] 在企业界，正如《财富》杂志的编辑在1936年所阐明的，“不管怎样对犹太人垄断美国工商业进行暗示，都是没有根据的”。他们对主要银行高管的调查表明，犹太人在金融业的主要机构未被充分代表，而在重工业、交通、电力、通信、农业甚至更少。关于政治，编辑反对“新政就是犹太人政策”的反犹观点。事实上，“犹太人在罗斯福政府里的影响力是微弱的”[97]。

《财富》的编辑把杂志的整期都献给美国犹太人的话题，也是商业机构里反犹持久性的证据，最为显著的反犹主义由汽车巨头亨利·福特所支持和资助。他资助着声名狼藉的反犹伪造物《锡安山长老协议》的出版。他在《迪尔伯恩独立报》上发表的攻击美国犹太人的文章，煽动着美国人生活中反犹主义的火把。他们为纳粹宣传中一种跨大西洋回音提供素材。[98] 在20世纪30年代后期，查尔斯·林德伯格和美国优先委员会的成员认为，是犹太人驱使美国介入欧洲的事务。[99] 舆论研究公司（ORC）从1939年到1941年的四项调查发现，当被问及“这个国家的犹太人是否想要把美国带入欧洲战争”，大约三分之一的美国人回

答说“是的”。战时调查的最惊人发现是，第二次世界大战期间反犹主义实际上在美国社会上升了。根据一项系列民调，它在1944年春季达到高点，即在盟军诺曼底登陆期间。在1938年到1946年的14份民调中，ORC问“你认为犹太人在美国有太多权力了吗？”那些回答“是的”的数量从1938年3月的41%上升到1940年8月的42%，1942年2月的47%，1944年5月的56%。[100] 1940年8月开始，ORC问“这个国家的哪 81
一个民族、宗教或族群对美国是一个威胁？”并收到了明确的回复。从1940年8月到1945年6月的8次民调数据统计中，有6次犹太人被认为是对国家最大的威胁，除了1941年12月，那时是日本人取代了他们，另一次是德国人，在1942年2月（当时德国潜艇击沉大西洋海岸的美国船只）。当美国军队猛攻诺曼底海滩，一定比例的美国人认为犹太人对美国是一种威胁达到了顶峰。[101] 很大程度上由于罗斯福的领导，反犹主义在战前和战争期间被降到了美国政治的边缘。但是，正如已经被很好记录的，官方的中立、美国犹太人的数量少，以及他们逊色的政治影响力、大众的反犹主义和担心反犹主义反弹，这些都致使对迫害然后是大规模屠杀欧洲犹太人的讨论，处于战争期间美国政府政策和公共讨论的边缘。[102]

纳粹理论家和宣传家忽略了这些麻烦的事实，即犹太人在美国社会中处于边缘的政治和经济影响力。在1941年3月28日，犹太人问题研究所在法兰克福设立了。在开幕式上，阿尔弗雷德·罗森贝格发表了一篇题为“犹太人问题是一个世界问题”的演讲，后来播放于电台并发表于第二天的《人民观察家报》及其他主要报纸的头版。[103] 在转向美国犹太人之前，他将抨击第一次世界大战中“犹太人—英国人高端金融的包围圈政策”作为开场白。虽然“犹太人在德国的统治已经破碎”，但是犹太人已经扩大了他们在美国的权力。在这里，罗森贝格在关于犹太人在美国的专业和政治收益上，连接了实际情况和变得越来越有名的夸大之词。的确，菲利克斯·法兰克福特是最高法院的一名法官；
82 萨缪尔·罗森曼已是纽约州最高法院的一名成员，并且是罗斯福总统的顾问；亨利·摩根索是罗斯福政府的财政部长。无论马库斯·洛夫、阿道夫·朱克尔、萨缪尔·戈尔德温和路易斯·迈尔如何成功，美国电影业不能说是“100%都属于犹太人的”。但这并不能阻止罗森贝格，一个在犹太人课题上自我标榜为专家的人，声称“这些人拥有所有的电影制作。这里几乎没有美国人的电影[产业]，而只有犹太人的”[104]。

反犹主张在1941年的纳粹反美宣传中扮演着重要的角色。在1941年4月，随着一系列西奥多·塞贝特(Theodor Seibert)的文章在《人民观察家报》上发表，纳粹党的弗朗茨出版社出版了他的著作《美国谜底：罗斯福时期美国的军事政策》。[105]要解开的谜底是，为什么美国支持英国和反对纳粹德国。塞贝特在富兰克林·罗斯福的性格和犹太人在美国的权力中找到了答案。罗斯福的“内在本质是非美国人、新荷兰人和英国人”。他也是一个纽约人。塞贝特写道，纽约是“美国领土的一个异域”，一个财富聚集、尚未美国化的移民城市，一个哈莱姆的黑人城市，尤其是“大量犹太人聚集的城市，世界上最大的犹太人城市”。在这一点上，它与伦敦和巴黎作为它们各自代表国家的首都形成对比。没有什么地方的犹太人像在纽约的犹太人这样强大。罗斯福的智囊团，包括亨利·摩根索、菲利克斯·法兰克福特和萨缪尔·罗森曼，在纽约就已聚集在他周围，并已经陪同他到华盛顿。[106]那些记得魏玛时期的人，他写道，能大致看到在纽约和美国的东海岸，“希伯来人的数量、金融和政治上的影响力要比纳粹前的德国大上好几倍”[107]。罗斯福“愚蠢的”介入之路只能在提及“一个非常强大的政治和金融
83 权力持有者集团”时才能被解释，他们想要“拯救犹太人和盎格鲁—撒

克逊的民主”。以这样一种对美国外交政策决定因素的分析，塞贝特声称：“罗斯福的政策不再是一个谜。”[108]

在1941年5月的下旬，在他的“来自无限机会的大陆”的短文中，戈培尔将美国介入的主流声音描述为犹太人、资本家、实业家、银行家以及报业主企图用“狡猾和欺骗”来操纵美国。这些集团憎恨纳粹德国，是“因为它拿走了他们种族和宗教同志们的特权”。他们寻求美国介入战争，为的是恢复他们的特权，这个计谋当然“跟美国的利益无关”，并被“一个纯粹的犹太人计划”所代替。[109] 反犹框架解释了为什么清教徒团体的后代，如富兰克林·罗斯福会如此坚定地反对希特勒和纳粹主义。[110] 在1941年5月30日，在“来自美国的消息”一文中，戈培尔反驳了罗斯福关于纳粹计划扩张到大西洋和对整个美洲构成威胁的警告。事实上，戈培尔写道，德国并没有这样的计划，而仅仅是反击英国对海洋的控制。罗斯福的“犹太人顾问”是说服罗斯福武装干涉的一个关键力量。[111] 同一天晚上，戈培尔在日记中透露，虽然“纽约的犹太新闻界试图促使他更进一步”，但是罗斯福在他的中立政策中暂时克制住了自己。[112]

从反犹智囊团以及戈培尔控制的宣传部积极宣传办公室所形成的同一主题，在由迪特里希及其帝国新闻办公室工作人员所签发的每日新闻指令中是非常明显的。1941年5月30日和6月6日的《期刊服务》指令关于“美国犹太人”就特别显著。[113]

> 为什么现在相关：英国最终被犹太人所统治；美国的真实情
> 况也是一样；相应的，英国—北美占领世界的计划服务于背叛者的 84
> 灭绝计划，并以这种方式广泛消灭人类的所有非犹太人。起初是
> 什么让我们无法理解美国对德国的敌视态度，一旦认识到美国非

> 犹太公民已落入煽动战争的犹太人手中的程度，就变得可理解了。
>
> 目标：清楚美国犹太人不惜一切代价摧毁和消灭德国的目标，目的是及时抓住犹太人的危险。
>
> 框架：着重点在美国，甚至比英国多，这里有一个犹太人的平行政府与正式的美国政府一道。后者于是乎变得不重要了，更多的是被从平行政府中挑选出来的犹太人充满着。今天，这个进程被视为已经完成。[114]

文章继续讲道，美国犹太人传播着不真实的德国，并正将美国推入一场报复战争，进而他们可从中牟取经济利益。期刊不应该“因他们明显地接受犹太人的奴役，或者他们在反抗犹太民族及其奴隶上的懦弱，而去伤害或嘲弄非犹太美国公民”。德国期刊也不应该暗示，1941年春季对于反抗美国犹太人的压迫已经“太晚了”[115]。

5月30日的指令吸引人们关注希特勒在《我的奋斗》里的主张，即犹太人要对美国参加第一次世界大战负责。当前的“备战”因此是第二次犹太人反德运动。指令声称，富兰克林·D.罗斯福有“犹太人血统”，可追溯到17世纪荷兰的犹太祖先。然而，纳粹战时宣传更多关注
85 于罗斯福作为犹太人的一名奴仆，而不是作为一名犹太人本身。指令罗列了他那作为银行家的犹太人朋友和顾问伯纳德·巴鲁克；财政部长亨利·摩根索；纽约州州长赫伯特·雷曼；纽约市市长和“半犹太人”费奥雷罗·拉瓜迪亚，被描述为一名“有名的反德煽动者”；“犹太教授”和最高法院的成员菲利克斯·法兰克福特；本杰明·科恩，一位白宫顾问；纽约州最高法院法官萨缪尔·罗森曼；国务卿科德尔·赫尔，他娶了一名犹太女子。在纳粹的战时想象中，这些人仍留在恶棍的核心团体之内，是国际犹太人阴谋美国分支的名字和面孔。但是问题

远不止这么少。指令声称，占绝对优势的清教徒团体后代的政府部门的大多数成员是犹太人。指令提供了在美国争取权力的犹太人的工作地址和个人身份，在一个令人印象深刻的美国犹太人组织的清单中，包括了美国犹太人委员会、美国犹太人代表大会、美国犹太复国组织、美国一希伯来人教会联盟、正统犹太人教会联盟、反纳粹同盟、哈达萨、基督徒和犹太人全国组织。最后一个组织的目标除了“建立犹太人的世界统治”就没其他什么了。[116]

接下来的几周里，更多“美国犹太人”的材料从反犹行动办公室和宣传部的“档案馆”散发出来。再次，为了促进联系，新指令给编辑们提供了部长办公室的地址和电话号码。[117] 广泛借助于《美国犹太人》年刊，它将关于美国犹太人的数量和位置的真实报告，与关于犹太人在大众文化、法律、金融上的影响力的扭曲结合了起来，也包括对犹太人在传统“生产性”产业（煤炭、交通、重工业、林业、建筑）缺失的扭曲。指令告知德国的编辑，在纽约，非犹太人“知道当面对一个犹太人律师时，他们在经济纠纷中几乎是没有任何权利的”。尽管警告不要将非犹 86
太人标签为犹太人，但这个指令告知德国编辑：“如今美国银行业和股票交易的最具权势者是犹太人J. P. 摩根。”摩根肯定不是犹太人，但纳粹在许多权力的高位上都发现了犹太人。

> 美国犹太人在犹太政府的帮助下掌握权力，敲骨吸髓并压制他们……美国犹太人对待［那里的］非犹太人正如《锡安山长老协议》所规定的那样。犹太人正在摧毁和消灭美国的路上，那就是非犹太人的美国。在这一过程中，直到他们的最后胜利，他们使用少量的非犹太人（为更有效地伪装自己）。美国的非犹太居民面临被犹太人消灭的危险。犹太人想加快他们目标的进度，通过试着将

> 美国拖入战争。如果是这样，美国（那就是非犹太人的）人民必须付出巨大的经济、文化和身体上的牺牲，而犹太人得益于巨额战争利益。犹太人也会从整体贫困中获益，因为战争使他们得以在低价位收购非犹太人的财产和生意。[118]

犹太人不仅仅威胁要“消灭”德国人，他们也意图“消灭”非犹太美国人。

这样的指令，促使协议的秘密争论得以更新，被散发到几千份报纸和期刊那里。纳粹宣传家们现在能在公共场所指出犹太人的名字和面孔。以这种方式，1941年5月和6月的新闻指令将激进反犹偏执带到了前沿。他们将一个国际阴谋论的抽象概念转化为适当的名字、地点和组织。这样就可以简单地解释为什么美国给予英国援助和被一个反对纳粹主义的总统领导着。亨利·摩根索和菲利克斯·法兰克福特是罗
87 斯福的好友和政治支持者。作为纽约州曾经的州长，富兰克林·D.罗斯福与城市和州的犹太人社区和选民建立了牢固的联系。纽约的意大利裔天主教徒市长费奥雷罗·拉瓜迪亚，的确是一名强烈和直言不讳的纳粹主义和意大利法西斯反对者。对于任何理解美国政治和种族运作的人而言，这些关系在一个多元的社会里是民主生活完全正常和合法的表达。它们与任何一种阴谋论都扯不上关系。

犹太人在美国政治和政策制定上的脆弱地位是明显的，清晰可见于罗斯福不愿意将欧洲犹太人的被迫害和灭绝作为美国参战的一个主要依据。在珍珠港事件和希特勒对美宣战之前，罗斯福只关注于纳粹德国将会对美国构成的威胁，如果它打败英国然后夺取对大西洋船只的控制。纳粹宣传家们意识到美国社会反犹主义的存在，总是将美国介入欧洲的提倡者与犹太人联系起来，并希望借此削弱对那个政策的

支持。这样做，他们表现出信仰和算计的特有交织。新闻指令表明，纳粹政权的高级官员们相信——或所有迹象使其相信——犹太人正驱使美国卷入欧战。而且，不管是上千份战时备忘录还是更为私人的文件，如戈培尔的日记，确实找到了希特勒、戈培尔、迪特里希或他们的工作人员不相信他们正在写的东西，或者视他们的反犹主张为一个愤世嫉俗的计谋以愚弄易受骗民众的证据。然而，无论这些人如何机智或聪明，却陷入了一种深深扭曲自己对现实理解的妄想之中。他们所想象的犹太人权力的程度和范围，是他们自己权力程度和范围的一种投射而已。

纳粹领导人不明白也不会去领会，犹太人政治上软弱和边缘化的
现实、美国政治的反对意见、各种压力集团在罗斯福政府里工作，以及 88
在美国防卫机构里所形成的大西洋主义者对国家安全的定义。对美、英、苏的意识形态幼稚的认知，加剧了纳粹政权对其第二次世界大战敌手的系列误判和低估。纳粹主义的崛起部分归于其敌人的低估。纳粹意识形态的一大特征是不能把握现实，连同其激进反犹主义，纳粹政权亲手酿成了自己的战败。

戈培尔在1941年4月、5月、6月的日记中说明了他看待美国的真实情况。戈培尔在公开将想法更充分发展之前先在私下里提出来。他在日记中承认，很难在美国成功地传播纳粹宣传。美国人对介入的讨论正在加强。“我们正在尽可能煽动着，但是面对压倒性的犹太人的声音，我们的声音几乎被淹没。”[119] 在美国参战之前，戈培尔想确保，对罗斯福和武装干涉的批评不会与对美国孤立主义倡导者如查尔斯·林德伯格的公开称赞相伴随。他在日记中透露，著名的飞行员是反对美国介入的“一个勇敢少年”！“我们有保留地回应，为的是不伤害林德伯格……罗斯福是有点收敛了。他不能再满怀热情地行动，而必须考虑

到公共舆论。”[120] 戈培尔自信地表示，美国“四年”内不会准备战争。鉴于英国商船在大西洋因德国潜艇而遭受损失，英国将不得不“在即将到来的秋季投降”[121]。他在1941年6月8日的日记中谈到美国媒体的文章。戈培尔写道：“这些犹太人想要战争。总有一天，他们将会因那个愿望窒息而死。”[122] 对于他们的巨大挫折，纳粹不能打败英国或迫使英国谈判，反犹主义的解释是罗斯福及其幕后操控的顾问使得英国
89 免于战败。

在希特勒入侵苏联这一极为重要的战争决定之前几周，戈培尔开始将庞大的宣传机器重新导向他那已惯用的连接反犹主义和反布尔什维克主义的主题，其关注点将会是“斯大林及其背后的犹太人”[123]。戈培尔确信苏联将会被很快打败。“事实上，再没有人会认为对于一场德国的入侵将会有严重的抵抗。”[124] 在1941年6月16日，戈培尔在帝国总理府会晤了希特勒。后者估计胜利将会在他们所预料的四个月内实现。戈培尔认为比这更快。“布尔什维克将会像一个纸牌屋一样倒塌。我们站在一场空前胜利的战役之前。”一个完整的苏联正牵制着西线战场所需的德国150个师。随着苏联的崩溃，英国将会失去在大陆的最后希望，因此会同意与纳粹德国达成一个妥协的和平。[125] 在6月16日的同一个会议，戈培尔听到了德国政府在波兰的首脑汉斯·弗朗克的评论。弗朗克期待“能够铲除犹太人。波兰的犹太人正逐渐分崩离析。这只是煽动人民和鼓动战争的一种惩罚。元首预言这正是要发生在犹太人身上的”[126]。

在他宣布德国于1941年6月22日进攻苏联的《对德国人民宣言书》中，希特勒将他入侵的决定归咎于在莫斯科当权的“犹太布尔什维克”。他们已经卷入一场跟英国一起的“包围圈政策”。一个“犹太人和民主党人、布尔什维克和反动派之间的相似阴谋”已经在国际

层面出现，这概括了魏玛政治的错误路线。它的目标是阻止一个德国
全国政府的出现，一旦那个目标失败了，就改为力使那个国家疲弱无
能。[127] 随着入侵以及苏联与英国之间反希特勒同盟的开始，纳粹宣传
家们有了新的一套要求解释的事件。正如他们之前所做的，他们将反 90
犹框架转为说明“国际犹太人”是怎样组织和领导越来越多地反对第
三帝国的国际战争。在1941年夏秋两季，纳粹宣传关注于所想象的存
在于“国际犹太人”和第二次世界大战之间的领导人环节。宣传如此
做的同时，纳粹政策从迫害时代走向了灭绝时代。 91

第四章

反对布尔什维克主义和财阀之联盟的战争

在《苏德互不侵犯条约》期间的暂停之后，纳粹宣传对“犹太布尔什维克主义”的猛烈攻击在1941年6月22日德国进攻苏联时得以完全恢复。同盟国的迅速溃败，给纳粹正统意识形态提供了一个受欢迎的回归，其核心元素即为反犹主义和反布尔什维克主义的交织。事件的进程似乎再次证实了纳粹种族意识形态的基本假设，即一个国际犹太人阴谋正寻求世界统治。1941年夏季带来了纳粹宣传机器第一次战时反犹口角的猛烈炮火，连同通过海报媒介的反犹视觉宣传不断上升的扩散。1941年夏季也恰逢和促使希特勒对战争的最大误判，那就是苏联是一座纸牌屋并会很快轰然倒塌。义愤填膺的无辜以及依旧愤怒投射的宣传，在虚假和邪恶之上达到了空前的水平。在1941年夏秋两季，纳粹的反犹宣传将其战时角色设定为大规模屠杀的一个公开的正当理由。

带着义愤填膺，希特勒声称入侵是一场自卫战争，并已阻止了一场即将到来的苏联进攻。事实上，巴巴罗萨计划的实施完全出乎斯大林的意料，他坚决拒绝相信来自他自己及外国情报机构准确预测到即将到来的入侵的报告浪潮。从1939年8月到1941年6月22日，苏联已经船运了大量原油和其他战略原材料及农产品给纳粹德国。的确，运载着苏联的原材料和食品开往德国的最后一趟货物列车，在入侵开始前的几个小时穿过了苏联边界。[1] 然而，《苏德互不侵犯条约》是生效的，斯大林终止了所有的反法西斯宣传，并实施着对工作在苏联外交政策机构和媒体的犹太人的大规模解职。由维亚切斯拉夫·莫洛托夫代替犹太人外交部长马克西姆·李维诺夫，标志着苏联支持人民阵线反法西斯的结束。正如苏联历史学家米哈伊尔·海勒（Mikhail Heller）和亚历山大·尼克里奇（Alexander Nekrich）所说，“自苏联政权建立以来，反犹主义第一次变成了官方政策。”[2] 在入侵后的头几周和几个月，苏联武装力量准备得是如此之糟糕，以致截至1941年秋季有超过300万的士兵已经沦为战俘。在德国进攻之前或在1941年夏秋两季的事件进程中，斯大林没有任何行动可以支持纳粹所声称的即将到来的苏联进攻。

这些事实并没有给纳粹政权对事件进程的反犹解释造成任何困扰，且没有阻止希特勒——或从而是戈培尔和迪特里希——重复着纳粹进攻是预防性战争的一个例子的谎言。在1941年6月22日的部长会议上，戈培尔记录道：“国家社会主义是以一种反对布尔什维克主义的斗争运动而开始的。”那场斗争已经被搁置了两年，直到希特勒“揭露了布尔什维克统治者的背叛”。戈培尔讲道：“国家社会主义和德国人民正在恢复起初驱动他们的原则，即为反对财阀和布尔什维克主义而斗争。”虽然希特勒估计东线战争将会持续三个月，而戈培尔却告诉他的工作人员，“这只需要八周”[3]。在东线战争的早期阶段，反犹主张较
少强调犹太人的权力，更多强调的是“犹太布尔什维克”政权那被假定 93
的羸弱无能，它将会在德国军队的猛攻下轰然倒塌。

在德国入侵之前的几周内，来自英国情报机构的报告警告过斯大林一场入侵的逼近。的确，一个统一的反希特勒同盟的缺失，使得希特勒极为容易地在1939年发动战争，然后在1941年6月进攻苏联。然而现在，温斯顿·丘吉尔，布尔什维克的长期严厉批评者，立即提出英国与苏联结盟。[4] 1941年6月22日晚丘吉尔在英国广播公司发表演讲，他将纳粹政权描述为“是与共产主义最糟糕的特征难以区分的”，并补充道，“就残酷无情侵略的程度而言，它胜过人类邪恶的所有形式”。他不会收回任何对共产主义的严厉批评。正当纳粹声称正面对一个统一的国际犹太人阴谋时，丘吉尔也在呼吁结束希特勒的对手之间的不团结。讲到内心对最近的过去的误判，他说：“过去，连同它的罪恶、愚蠢和悲剧，消逝了。”[5] 英国政府，他继续道，“只有一个目标，一个单一且不可撤销的目标。我们决心摧毁希特勒和纳粹政权的所有残余。”英国将永远都不会与希特勒谈判。“任何个人或国家与纳粹帝国的战斗都将会得到我们的援助。任何个人或国家与希特勒勾结都是我们的敌人……这就是我们的政策和我们的宣言。因此，我们将尽一切可能帮助俄罗斯和俄罗斯人民。”丘吉尔注意到，希特勒希望“一个接一个地消灭他的敌人进而使他长期兴旺发达的进程”将会一直持续下去，直到他控制整个西半球。“俄国的危险，因此是我们和美国的危险，正如任何俄罗斯人为他们的家园而战斗的事业，就是全球各地自由人和自由民族的事业。让我们从残酷的经历中吸取教训。让我们加倍努力，齐心
94 协力抵抗到底，而生命与力量生生不息。”[6] 希特勒已从他对手的不团结中受益。这个状态现在必须被一致的抵抗所取代。

在6月24日的部长会议上，戈培尔讲到德国的宣传任务在于“揭露英俄的阴谋”。他视丘吉尔两天前在英国广播公司的演讲为那个阴谋存在的“最佳证明”[7]。第二天，戈培尔告诉他的工作人员，当英、美

表示支持苏联时，“资本主义和布尔什维克主义的旧时知名阵线现在再度出现在外交政策里”[8]。德国的宣传应该利用西欧和美国现有的反共情绪。[9] 在6月25日，一份宣传部给媒体界的秘密指令指示它的读者，德国的入侵不是“孤立的战斗”，而是代表着“团结所有欧洲人民以反对布尔什维克主义”，连同对英战争也应被提到。“犹太财阀与布尔什维克的叛逆合作应该总是被提及。”[10] 他在《德意志帝国》上的社论“老阵线”于1941年6月26日发表，戈培尔专注于英、苏之间反希特勒同盟的形成。“莫斯科—伦敦反对帝国的阴谋现在在财阀和布尔什维克主义之间被捕捉”，为他证实了一个“旧疑问”，即在《苏德互不侵犯条约》时期纳粹从未被遗忘。[11] 他声称，苏联已经利用那段时期以准备一场长期战争，英、苏合作在1941年之前就已存在，纳粹入侵实际上是在面对苏联进攻计划时的一种先发制人。[12]

鉴于纳粹对“犹太布尔什维克主义”的主张，因此关注犹太人在苏联政治生活中的实际角色是重要的。借助收集于苏共每年党代会的数据，历史学家本杰明·平库斯(Benjamin Pinkus)评估了犹太人在苏共权力机构中的数据统计和组织代表性——中央委员会、政治局、秘书处、政府官僚机构。他总结道，声称布尔什维克政权是在为犹太人工作 95
是“没有历史根据的”[13]。在1917年苏共2.3万名成员中，大约1000人或约5%是犹太人。[14] 到了1917年8月，21名中央委员会中有6名是犹太人：列夫·加米涅夫、格里戈里·索克尔尼科夫、雅科夫·斯维尔德洛夫、格里戈里·季诺维也夫、列夫·托洛茨基和莫伊塞伊·乌里茨基。1922年苏共的党员调查显示有19 564名犹太人，占总数的5.21%。到了1927年，49 627名犹太人占所有党员的4.34%。平库斯估计，1940年苏共内犹太人的比例为4.3%或更少。截至1939年，只有10%的中央委员会成员是犹太人。在托洛茨基、加米涅夫和季诺维也夫在1926年退出领导层之后，没有一个犹太人留在政治局里。在20世纪30年代的斯大林时期，拉扎尔·卡冈诺维奇 (Lazar Kaganovich) 是政治局里唯一的犹太人——规则的例外情形。[15] 417名在20世纪20年代中期组成苏联统治精英的人群中 (中央执行委员会、党中央委员会、苏联部长会议、俄罗斯共和国、各部委、执行委员会主席团等成员)，27名或6%是犹太人。比例在30年代全面地下降了，部分是由于大清洗，因其有强烈的反犹色彩。[16] 在大屠杀期间，斯大林政权关于纳粹政策里针对犹太人方面所提甚少。到了1943年秋，或许更早，纳粹死亡集中营处于苏联空军的打击范围之内。但是，斯大林并没有命令它去摧毁毒气室和火葬场。[17] 因此，纳粹关于犹太人统治苏联的宣传在事实上没有根据。这完全是凭空捏造。

迪特里希和戈培尔的工作人员一起工作，让最新的宣传小册子成为媒体的关注点，而这个小册子就是从反犹行动、反共产国际和《犹太人问题》杂志等办公室的联合行动中形成的。1941年6月27日，《期刊服务》指令推荐了小册子《为什么跟斯大林开战？》，由宣传部反共产国
96 际办公室制作。指令阐明："处理犹太人问题是与苏联进行意识形态对抗最好的出发点。"[18] 在1939年之后，它继续讲道，德国政府期待苏联领导层中犹太人影响力的下降，但苏联政府是不愿意"打破或限制苏联的绝对犹太人统治的"。为了确保犹太人被锁定，新闻办公室制定出犹太人如何被命名的明确规定。名字芬克尔斯坦被加在苏联犹太领导人的姓氏之前。因此，马克西姆·李维诺夫变成了"芬克尔斯坦—李维诺夫" (Finkelstein-Litvinov)。指令使用了这个规定，当它声称"芬克尔斯坦—李维诺夫"在1939年被免去外交部长职务并不是政策的改变，因为他继续在中央委员会的外事部门工作之时，"一小撮犹太人消失了，但是最重要的仍留在和占据新的关键职位。由犹太人建立的苏联今天仍

然被犹太人统治着”，包括由“犹太人卡冈诺维奇”所组织的斯大林身边的集团。根据指令，军队被一个“犹太领导集团”及其随从政委统治着。经济、出版、文化和学术生活以及共产国际都已经“犹太化”[19]。在7月14日，另一个对新闻界的指令声称：“犹太人芬克尔斯坦—李维诺夫的再度公开出现———一位为着欺骗的目的而甘居幕后达两年之久的犹太人——提供了一个特别的机会，以指出苏维埃国家的犹太人统治。”[20]在1941年8月1日，《犹太人问题》这一期以头版文章总结了它的论点，并建议订阅人阅读小册子《为什么跟斯大林开战?》。[21]所有相关的媒体和宣传办公室通力合作，从而将对苏联的进攻并入持久的反犹共识当中去。

《为什么跟斯大林开战?》重复着纳粹对苏联的进攻是一场先发制人战争的观点，这对于避免德国、欧洲其余地方乃至整个人类被消灭是至关重要的。它提及一个“犹太人和民主党人、布尔什维克和反动派的
阴谋”所组织的对德国“充满仇恨的围攻”，其目标是使德国陷入“疲 97
弱无力和痛苦不堪”之中。[22]小册子引证了希特勒关于英、苏在1941年6月之前就已形成联盟的断言。它提及“西线和东线战争的共同根源”，并将丘吉尔和罗斯福公开抨击为战争贩子，不管美国当时还没有参战的事实。它直接解答了苏英同盟为何会出现的困惑。

“这怎么可能?”新盟友“不是各自的天敌吗”？这难道不是一个为了便利才形成的联盟，一有机会就会被如释重负地弃置一旁吗？答案是断然否定的。如果同志们能够召回魏玛时期的盟友，那么他们将会知道，“这个联盟是世界上最自然的一个。表面上看，财阀和无产阶级专政是水火不容的，但事实上，他们是一个硬币的两面。他们的公约数是犹太人”[23]。英美的财富，可能是基于对殖民地的剥削，被国家社会主义威胁着。“因此，英美的财阀早在1933年就决定发动对帝国的战

争。”他们发现帝国“已超越了阶级”，因此必须被“摧毁和消灭”，以防止“它的例子在全世界所有被压迫和被剥削的民族中引发一场风暴，这将会摧毁和铲除财阀中的犹太剥削者。这是西方战争的最深层次原因”。[24] 德国正发动一场反对西方侵略的自卫战争的观点，反帝反殖民主义论述的开展，犹太人在反希特勒同盟中是“公约数”的断言，仍是战时宣传的持久特征。

小册子对大清洗和《苏德互不侵犯条约》时期苏联犹太人所承受的苦难毫不在意。苏联体制是一种倒退的财阀统治，制造无数人的奴役和痛苦，其“唯一受益人是犹太权力持有者”。少数在领导岗位上
98 的非犹太人是“广告员，其唯一的任务就在于对外部世界隐藏犹太人主导的彻底性”。李维诺夫在1939年春被撤职，仅仅是一场欺骗行动的一部分，其目的在于模糊苏联侵略欧洲计划的连续性。“一些犹太人消失了”，但是其他的，如拉扎尔·卡冈诺维奇、所罗门·洛索夫斯基（Solomon Losovsky）、苏联驻英国大使伊凡·迈斯基，仍然控制着苏共和国家。小册子然后罗列了在苏共、中央委员会、军队、经济界、出版界、知识界的犹太人的名字，以支持犹太人统治的声称。[25] 的确，它继续道，美英“金融界犹太人”妒忌“他们在苏联信托基金（Soviet trusts）高层的犹太人同行”，因为他们不必与在西方仍然被容忍的工人阶级组织作斗争。犹太人在莫斯科的统治是“犹太人的绝对理想”，寻求“依赖于剥削和恐怖的世界统治”。比起布尔什维克主义的失败，西方财阀的失败也会是“一个犹太人的失败”，一点不少，也一点不多。这就是为什么两个表面上看如此不同的制度会“风雨同舟”，为什么“他们都仇恨同一个敌人”——纳粹德国及其新兴民族共同体。[26] 在宣传和政策里，纳粹主义正回到它的核心信念。

由于对苏联的入侵是一次突然袭击，因此之前并没有进行过反苏

的宣传攻势。在入侵之后，宣传办公室将关于如何呈现东部政策的戏剧性转变的指令发送给全国各地的官员。在1941年7月21日，纳粹党帝国宣传指挥部的启蒙和演讲者信息材料办公室派发了一本题为《德国已经进入与杀人的犹太布尔什维克制度的决战》的小册子，以指导地方纳粹党的演讲者、宣传者和全国各地相关宣传办公室里的官员。[27]宣传者首先要强调布尔什维克“背信弃义的两面手法”和“英国和布尔什维克之间的秘密合作”。一旦帝国摧毁了布尔什维克主义，这也会给英国以沉重的打击。其次，官员和纳粹党的演讲者要将战争呈现为德国“争取自由的伟大斗争”的一部分，而这必须摧毁“犹太民主党人、布尔什维克和反动派之间的一个阴谋”。入侵带来了明朗，“现在我们认 99
出了我们的旧敌——世界犹太人。在德国境内被打败之后，它现在体现为盎格鲁—撒克逊的财阀和布尔什维克国家资本主义，并试图从境外达到它的目标”。在1941年夏季，“德国的社会主义与美、英、苏所主导的世界资本主义”的“最后对抗”近在咫尺了。纳粹党的宣传家们现在已经从《苏德互不侵犯条约》所施加的禁锢中解放，能够回到“我们所熟悉的反布尔什维克宣传”和攻击“世界冲突的犹太布尔什维克煽动者”，他们寻求统治德国和欧洲。希特勒在1941年6月22日对军队宣布的最后判决是特别重要的。入侵的谋划不仅是为了赢得战争，而且是为了“拯救欧洲的文明和文化”。在纳粹省党部、专区和社区点层次纳粹党的演讲者要在会议上传达这些主题，并要通过“口头方式加以宣传”[28]。

巴巴罗萨计划以两种方式表现出对正统的一种回归。它带来了一次更新，即纳粹主义存在已久的仇恨“犹太布尔什维克主义”和它主张一个国际犹太人阴谋密谋反对德国，在正在展开的战争事件中暴露无遗。小册子将布尔什维克主义描述为“一个犹太罪犯及其同伙的制度，其目的在于剥削和奴役人类”[29]。英苏结盟的决定是“财阀与布尔什维克主义完全一致的新证据”。演讲者需要回答这些“经常被提出的问题”——“非常富有的英国财阀和美国的财富王朝怎么可能将会与（所想象的）反资本主义苏联当权者手拉手？因为莫斯科的胜利将意味着这些富有民族和阶层的末日”[30]。纳粹宣传以声明的方式直接回应了这个战争的中心悖论：“财阀和布尔什维克主义有一个共同的主人——犹太人！……这个问题的答案［苏联人、英国人和美国人是同盟者］是在以下这个观点中找到的，即财阀集团和布尔什维克主义都是
100 由一个权力所领导，其代表在三个国家中以同样的方式塑造人民的命运，并使他们屈从它的意志。那个权力就是国际犹太人。这些强大的力量包括，这里仅举几例，名字如下：在美国，希夫、沃伯格、古根海姆、摩根索、戈德曼、巴鲁克、布里特、昂特迈耶等；在英国，霍尔—贝利沙、萨尔蒙、斯特恩、雷丁、格雷、艾萨克斯等；在苏联，卡冈诺维奇、贝尔曼、施韦尔尼克、梅赫里斯、迈斯基等。住在美国的犹太银行家希夫……资助布尔什维克革命以反对沙皇。英国媒体通过消息放风，显示英国人是如何看待苏联犹太人的。这里，你只能说所有的以色列人都抱成一团。”[31]

“犹大想要世界统治”的短语出现在页面的空白处，与之并排的正文下一段是关于一个可能的位于巴勒斯坦的犹太人国家。没有犹太人真的想要去巴勒斯坦：“这些寄生虫不想要工作，而且不需要他们自己的一个民族国家。他们想要世界统治，而他们的生活将牺牲不得不为他们工作的其他人。”[32]由“卡尔·马克思—末底改”创立的布尔什维克主义和马克思主义是犹太人实现这个目标的工具。

> 这个混乱、灭绝和恐怖的体制由犹太人所构想和引领着。这

> 是犹太种族的行动。通过颠覆和宣传，世界犹太人试图将被连根拔起和种族低劣的所有民族聚集起来，为了主导一场灭绝战争，反对积极向上的事物，反对传统习俗和民族，反对宗教和文化，反对秩序和道德。其目标是通过世界革命引入混乱，并在犹太人领导下建立一个犹太人国家。[33]

小册子然后继续采用纳粹宣传一个重要和不断被重复的工具：极为具体的谎言。文件讨论了苏联政权成员中有名声的犹太人的名字，并提及外交部长莫洛托夫的犹太老婆和美国犹太银行家雅各布·希夫 101
之间具体且荒谬绝伦的联系。尽管在20世纪30年代后期的斯大林大清洗中苏共上千名犹太成员被降职和监禁已是众所周知，再加上《苏德互不侵犯条约》本身，作者还是声称苏共领导层、政治局和中央委员会都被犹太人控制着。[34]

冗长且又具体的名字清单是纳粹宣传的一个主打产品。如果对手完全忽视这样的清单，纳粹将沉默不语解释为证实他们陈述的正确性。相反，如果他们试图花时间去反驳它们，争论就会聚焦于纳粹所框定的话题之上，从广泛指控犹太人寻求世界统治，到争论关于莫洛托夫的犹太老婆（斯大林已将其送去古拉格集中营）和雅各布·希夫之间真实或想象的联系的细节。甚至怀疑者不得不承认拉扎尔·卡冈诺维奇是犹太人，丘吉尔与斯大林结盟，罗斯福将要运送军用物资到莫斯科，菲利克斯·法兰克福特是一名最高法院的法官和总统的一位朋友。这还需要知道其他的吗？《每周要闻》系列中反犹谴责的步伐加快，这在1941年7月23日的周版里是明显的。“他们接到了命令！”展示了一张据报道是波罗的海和乌克兰公民的照片，被“犹太布尔什维克制度”所谋杀和被“得胜的德国军队”所发现。它提及“财阀—布尔什维克犹太人和犹太人的奴仆对世界已见证的可怕暴行所共担的责任”[35]。在下一周，即1941年7月30日，《每周要闻》的“那就是犹太布尔什维克主义……”展示了一张尺寸更大的战场上的尸体照片，并宣布“那就是犹太布尔什维克主义连同丘吉尔和英国财阀，正在与德国作战！德国人
102 民要感谢元首，使得他们免于布尔什维克主义的死亡威胁”[36]。

在1941年7月1日，命悬一线的苏联向美国发出了第一个援助请求。在7月4日的对全国讲话中，罗斯福总统谈道：“在专制独裁的沙漠之中，美国绝无可能作为一个既幸福又繁荣的绿洲而存在。”自由因暴政而濒临灭绝，美国人必须准备好，如果需要的话，献出生命来保卫它。[37]到了1941年7月11日，罗斯福以“怀着同情和钦佩的心情观察俄罗斯人民当前在自卫战争中的英勇斗争”这样的用词，来回复苏维埃主席米哈伊尔·卡里宁(Mikhail Kalinin)发来的对独立纪念日的问候。[38]大量美国军用物资被送往苏联稍后就开始了。罗斯福希望美国对英国和苏联的援助将会在不需要美国参战的情况下有效击败纳粹德国，或者至少在美国介入冲突之前阻止纳粹的胜利。他，跟丘吉尔一样，觉得纳粹政权对犹太人的迫害是令人厌恶的；但是，他并没有将这一点作为美国介入欧洲战争的主要依据。罗斯福相信，纳粹控制欧洲所有的自然和经济资源以及打败英国，按照传统看法将会对美国的国家安全构成一个可怕和直接的威胁。[39]

与他作为公共启蒙和宣传部部长的职位相一致，戈培尔给其在1941年7月6日《德意志帝国》上的周社论命名为“面纱被揭开了”。这是纳粹宣传自夸揭示了许多个未解之谜中的一个。戈培尔现在声称它已经解决了关于苏联的问题。[40]他确信，丘吉尔身边的犹太同伴已“使其更为容易地找到通往克里姆林宫的道路”[41]。当纳粹开始在东线的战争，以及特遣部队和治安警察开始在队伍后面进行大规模射杀

时，戈培尔把德国的东线战争描述为“一场整体上对抗灵魂堕落、公德下滑及灵魂、肉体与犯罪恐怖主义的伦理人道主义战争”。德国士兵是 103
“欧洲文化和文明的拯救者，对抗来自一个政治地狱的威胁”[42]。捍卫纳粹德国作为“新欧洲”，他回到了他在纽伦堡纳粹党集会上演说的主题，反对1935年和1936年的布尔什维克主义。[43]

随着德国的入侵，苏联政权回到人民阵线时期的对外政策。斯大林呼吁俄国的爱国主义，并转而寻求俄国东正教的支持。[44]在他1941年7月10日的日记中，戈培尔称这种苏联对宗教的兴趣为一种“欺骗。布尔什维克犹太人，在这种情况下，总是模仿”——那就是，他们使自己适应于变化中的欧洲形势。[45]在斯大林让马克西姆·李维诺夫重新出现在公共场合以寻求英国的援助之后，戈培尔写道：“很明显，他[李维诺夫]只是形式上站在后台，这样他就不会在我们面前充当一个危险信号。现在[苏联]不再需要担心冒犯我们了，他们不再需要将犹太人……放在后台并隐藏他们。他们可以再次在台上公开活动了。自然地，我们要让德国公众对此事引起注意。”[46]纳粹德国的公众启蒙意味着揭示公开外表，以揭露犹太人的背后秘密。1941年7月10日的《人民观察家报》，以“布尔什维克主义暴露了它的犹太人面孔；芬克尔斯坦—李维诺夫从幕后浮现”为头条文章。[47]在他7月11日的日记中，戈培尔指出伦敦电台正在播放苏联的报道，是关于德国特遣部队犯下的暴行。[48]广播还提供了国际犹太人阴谋的进一步证据。“犹太人非凡地在两边活动[东方和西方]。”[49]谈到“犹太人问题”时，他高兴地指出：“在所有被占领土上[在东线]已经特别起作用了。对我而言很重要的是，对犹太人问题的处理不能脱离对政治形势的评估。相反，犹太人在财阀—布尔什维克阵营里的影响力应该被呈现出来。”[50]

对德国暴行的报道，在1941年夏季开始出现在海外媒体中。戈培 104

尔和迪特里希都完全忽视了它们，或者如果他们提到它们的话，只是谴责它们为谎言和犹太人工作的进一步证据。通过绝不提及指控的内容，领导们使它们远离德国的媒体。纳粹官员矢口否认特遣部队正在谋杀东线战场背后数以万计的犹太人。相反，他们讲苏联或英国的媒体正在再次印刷关于德国的谎言——没有提到“谎言”是什么。[51] 在1941年9月17日的日记中，戈培尔提到了苏联外交部的副政委和负责处理西方新闻的苏联情报局副局长所罗门·洛索夫斯基的报告。这些报告虽然聪明，却因“浮夸和确实难以置信的数字”而如此引人注目，以至于“在全世界丧失信用，而只能在国内使用”[52]。在20世纪30年代被纳粹清洗的媒体，使得任何一个可能会问不受欢迎问题的记者都保持沉默，主要是关于来自同盟国首都的未详细说明的“谎言”内容。

在7月14日的一次会议上，希特勒鼓励戈培尔把反犹的火焰烧得更旺些。那个晚上，戈培尔在日记中写道：“布尔什维克主义和财阀之间的阴谋被揭露了。1932年的敌人再次面对我们，如今他们将会失败，正如他们1933年1月在德国境内那样。”希特勒已经提供了一个“清醒和现实的判断”，即“东线的战争基本上已经赢了”。[53] 他们都同意，释放反布尔什维克“怨恨”将再次变得重要起来。[纳粹]党很高兴看到《苏德互不侵犯条约》的“邪恶妥协”结束了。政权的宣传路线现在清晰了：“我们必须再次揭露布尔什维克主义和财阀之间的合作，并始终强调这个阵营的犹太人特征。在接下来几天里，刚开始是缓慢的，反犹运动将会被启动，我确信以这种方式我们能够使得越来越多的世界公共舆论倒向我们这边。”[54]

希特勒想必给了奥托·迪特里希同样的命令。1941年7月18日的
105 《期刊服务》指令阐明了，美、苏、英之间出现合作是由于“同一个主人的命令，即世界犹太人”。在他们的服侍当中，罗斯福、丘吉尔和斯大林

“已经密谋反对欧洲人民，所有人类文化的家园……所有伪装的努力都是无意义的。欧洲认出和正在反抗世界犹太人的两种表面形式——布尔什维克主义和财阀”[55]。与这次运动一致，1941年7月23日《人民观察家报》上的头条文章是“罗斯福是犹太共济会的主要工具；耸人听闻的文件揭示战争贩子与国际集团的勾结；罗斯福的希伯来仇恨德国是从哪里来的”[56]。文章马不停蹄地报道一张罗斯福及其儿子由梅森陪伴的“秘密照片”，这被说成证明了他是“犹太人世界阴谋的一个工具”。照片被认为是确认了《人民观察家报》一直在说的事情，也就是说，罗斯福的政策是对美国人民的一种“背叛”，并只有作为如摩根索、拉瓜迪亚、法兰克福特、昂特迈耶、布鲁姆、科恩和罗森曼等这些人的建议的产物才能被理解。[57]第二天，宣传部发出了一份秘密指令给媒体，是关于“耸人听闻的”照片，以强调罗斯福在共济会中的会员身份不仅就其本身而言的重要性，同时也因为它强调了他的身份是一名“共济会的好战分子”[58]。

一篇题为“模仿”的短文发表于1941年7月20日的《德意志帝国》，这是戈培尔撰写的他对犹太人最重要和最广泛攻击的文章。[59]他提供了1941年夏季政治事件的一种反犹分析。犹太人，他写道，擅长“适应环境而不失本质，他们研习模仿”。一个人唯有成为“犹太人的学生”，方能“揭露他们”，因为“犹太人是撒谎的高手”。[60]犹太人的肆无忌惮已经麻痹了整个人类的智力和情感，从而使其在面对布尔什维克主义时毫无防备，即犹太民族能带给一个民族“最为邪恶的感染”。布尔什维克主义是一种达到“对一个民族进行完全犹太人统治的工具。最粗鲁的财阀利用社会主义以建立最粗鲁的金钱专制
体制”。来自苏联的布尔什维克主义传播将会以“犹太人的世界统治” 106
而结束。国家社会主义一直是“对这一努力的致命打击”，并且会继

续这样做。当“国际犹太人的领导圈”认识到布尔什维克化并不能通过“政治煽动”来实现时，他们便抓住“即将来临的战争的巨大机会”，并寻求使战争“尽可能地”持续下去。他们希望之后可以“攻击欧洲，使其筋疲力尽、被榨干、无力回天，并用暴力和恐怖行为使其布尔什维克化”[61]。

所有阴谋论的特征都在否定历史的偶然性，这在“模仿”一文中充分展示出来。犹太人的阴谋是不会被肤浅的头脑所识别的，他们只能专注于偶发事件和真实事件发生的时间顺序的大杂烩。但是，一旦纳粹揭示了这个阴谋，一切都变得清晰和可解释。莫斯科在战争中的策略，戈培尔继续道，是基于攻击纳粹德国的计划，当它不能促使西线战争快速结束时。1941年6月22日，希特勒决定进攻苏联；这个决定“用德国利剑，将这个谎言和阴谋的细屑扁篮砍成碎片”。直到进攻的那一刻，他继续道，苏联已机智地将犹太领导人，如李维诺夫和卡冈诺维奇，隐藏在台下，“可能是错误地假设［苏联］因此能够欺骗我们”。“犹太人以更为阴险的方式继续在幕后工作，并试图给我们这样一个印象，即莫斯科的犹太布尔什维克与伦敦及华盛顿的犹太财阀是死敌。然而，在背地里他们之间走得非常近，为了让他们想要粉碎我们的包围能力变得更强。当这个恶毒的方案被揭露的那一刻，所有这些都变得清晰可见了，他们之间守望相助。”[62]

虽然戈培尔重申纳粹进攻是一场预防性战争这一观点，但短文的关键主题是他对犹太人的控诉。“最重要的是，他们是同一个犹太人，在两边，不管是公开的或伪装的，他们定调并确定路线。当他们在莫斯
107 科祈祷并在伦敦奏唱国际歌时，他们正在做已经做了许久的事情。他们研习着模仿。”[63]他们适应、隐藏并混入。因此，犹太人自然对纳粹怒不可遏，因纳粹声称“我们揭露了他们”，这个愤怒使得犹太人心理

失衡。[64] 当苏联和西方的媒体发表关于德国暴行的具体文章时，德国的宣传将报道解释成为国际犹太人工作的进一步证据。正如戈培尔所说，“莫斯科犹太人捏造了谎言和暴行故事，伦敦犹太人引用和传播它们。”[65] 德国人不负任何罪责。相反，“‘犹太人有罪！犹太人有罪！’对他们的惩罚将会是毫不手软的。正如一个觉醒德国的拳头曾经猛烈地打在这个垃圾种族上一样，总有一天一个觉醒的欧洲拳头也会这么做。到时犹太人的模仿将会毫无用处……那将是人民正义战胜他们那毁灭和衰败之源的日子。打击将会被实施，没有怜悯和仁慈。世界公敌将会崩溃，欧洲将会迎来它的和平。”

随着“模仿”一文的发表，纳粹领导层在1941年夏季公开宣告，它已经准备好“没有怜悯和仁慈地”对这个“世界公敌”伸张正义。[66] 戈培尔的故事，是犹太人犯罪然后德国对其进行惩罚的故事。在宣告犹太民族对发动然后延宕第二次世界大战负有罪责中，戈培尔详细说明了希特勒的著名预言。随后的宣传运动建立了发动和扩大战争之间一种因果和暂时的联系，以及一个对欧洲犹太人从迫害到大规模屠杀的纳粹政策转变。既然已发现犹太人有罪，戈培尔就为将会导致他们“毁灭和垮台”的打击做了辩护。

除了可怕的威胁，“模仿”一文还提供了战争中不管是可能的成功抑或失败的一种解释。如果苏联是一个纸牌屋，那完全是因为“犹太布尔什维克主义”。苏联抵抗的持久性且英国仍待在战争中，证明了“国际犹太人”的确有纳粹所声称的那样强大。不管哪种情况，“模仿”一 108
文将第二次世界大战的开始与扩大连接到一个“报复犹太民族”的决心当中去。在宣传机器不同部分之间有效协作的另一个展示中，宣传部提供了显著的视觉辅助以详细说明模仿的含义。

在他的反犹照片集《美国犹太人》——42万印制件，由纳粹出版社在1939年和1941年出版——汉斯·迪伯有两张摄影的对比，据称提供了犹太人努力伪装和模仿的视觉证据。[67]第一个对比是在选举胜利之夜，纽约州州长赫伯特·雷曼的一张竞选海报上有一张笑眯眯的雷曼兄弟的照片。[68]迪伯将雷曼的宣传海报描述为一个“犹太民族欺骗花招的典型例子”，因为它显示了雷曼是一个“100%的美国人，就相貌而言，人们可以将其放入最优秀的总统之列”。但是，选举之夜的照片揭露了真实的雷曼，一个笑眯眯的犹太人之中“正统的犹太人”。第二个对比是工业巨头和银行家查尔斯·施瓦布的两张照片。迪伯声称，照片是“犹太人模范的一个有趣的例子”。一张巨大照片上显示了一个笑眯眯的施瓦布，“他的面部显示出……犹太人的元素”；另一张早期拍摄的、位于左下方的照片则显示了“一副完全非犹太人……的美国佬面具”，二者形成鲜明对比。[69]施瓦布不是犹太人。但是，鉴于犹太人如此会伪装，一个人又怎么确定谁是或谁不是犹太人？“国际犹太人”能隐藏在诸如金发、蓝眼、直立姿势或六英尺的身架这些体征之后。谁真的能确信现在臭名昭著的种族体征的刻板印象真的是揭露犹太人的关键？[70]

出现在《每周要闻》墙报系列上的反犹信息的步伐加快了。在1941年夏季或秋季的一个版本，“犹太人想要战争！”专注于英国和犹
109 太人，并从编辑对战争起源的解释中引出了凶残的暗示。用蓝色背景的粗体黄色字体，该文本抛出了引人注目的断言。[71]犹太人想要的不仅是战争。墙报使读者或观察家习惯于这样一个观念，即“世界犹太人”还正通过其代理人指挥反对德国的战争。因此，德国将会指挥一场反对犹太民族的战争，直到它被“消灭”：

> 为了使世界屈从于犹太人的金钱和血的统治，丘吉尔、罗斯福

> 和斯大林，作为世界犹太人的工具，已经选择了战争。他们也已收到战争的回敬！德国军队已对其敌人进行了果断的打击，并直到取得最终胜利及犹太人被消灭才会停止。现在犹太民族所应得的命运将会无情地被实现。它将会根据其自身的律法而灭亡，“以眼还眼，以牙还牙”，连同那些做此生意的人一起。丘吉尔应被归入这一类人当中！[72]

这是墙报系列第一次展示纳粹政权消灭犹太人的意图。

那个夏季，纳粹宣传加强了对富兰克林·D.罗斯福和美国的攻击。反犹主义处于攻击的核心。随着时间的推移，罗斯福与犹太人一同成为纳粹主义的主要仇恨对象。1941年8月19日，《人民观察家报》以“罗斯福的目标是让犹太人统治世界”为头条文章。它的发表是在以下事件之后，即罗斯福和丘吉尔在7月签署《大西洋宪章》，以及罗斯福警告纳粹德国扩大在中南美洲影响力的努力。[73]在1941年7月24日，《人民观察家报》大标题宣布：“一个庞大的犹太人消灭计划；罗斯福要求对德国人民进行绝育手术；德国人可能会在两代人内被消灭。”一本提倡“消灭”德国人民的书籍《德国人必须被消灭！》，其作者是被称为美国和平联盟主席的“犹太人西奥多·考夫曼”。[74]《人民观察家报》继续道，考夫曼是“纽约犹太人萨缪尔·罗森曼的一名亲密伙伴”， 110
而萨缪尔·罗森曼是罗斯福总统的一名顾问。“在纽约的犹太文化圈子里，这是一个公开的秘密……罗斯福他自己授意了该书的主要命题，并私下口述了这本可耻作品的最重要部分。”[75]计划号召使德国的战俘不孕不育，送他们到劳动集中营以帮助其他国家的战后重建，使德国人口的剩余部分不孕不育，从而德国将会在两代人内灭绝，然后在其邻国中间拆分德国的领土。美国的官方政策，就是号召一个“庞大的消灭计划”。这个关于考夫曼书籍的故事在另一些德国报纸上刊载着，诸如《法兰克福报》、《最新消息》和尤利乌斯·施特赖歇尔的《先锋报》，也包括所谓的高格调周刊《德意志帝国》。[76]

虽然考夫曼和他的书确实存在，但他并不是被纳粹宣传所描述的那样有影响力的人物。根据《时代》周刊的一篇文章，《德国人必须被消灭！》在现实中是西奥多·考夫曼的第一本和唯一一本书。没有一个美国出版商想出版它。考夫曼找到了阿盖尔出版社，并通过美国邮政办公室自己来印刷和分发，而不是通过书店。该书只收到一些评论，是高度不表示同情的。虽然销售数量无法获知，但它的分销模式就已表明它们是最低的。没有像美国和平联盟这样的组织，考夫曼也没有卷入任何其他的美国犹太人组织，不管是主要的还是外围的，或者以任何方式与罗斯福政府联系在一起。[77]他是一个独立人士，可理解的非常愤怒的犹太作家，出版他自己的书籍。但是，他的书在美国政界或知识界、在罗斯福政府内外是不受重视的。

然而，戈培尔迫切地抓住这个机会，将又一个名字、面孔和文章分配给国际犹太人阴谋的抽象概念及其宣称消灭德国的计划。在1941
111 年7月24日的日记中，他将考夫曼与美国的政策连接了起来。如此做，他在书本命名上犯了一个明显的错误。“在美国，犹太人考夫曼的书以《德国人必须被消灭！》为名而刚刚出版，书中清晰地预言了威胁是什么……并严肃地建议通过绝育来消灭整个德国人民。像这个计划一样愚蠢和荒谬，它展示了我们敌人的心理。”[78]戈培尔将考夫曼，一名新泽西的独立作家，变成了“敌人”心理的典型代表。在读了考夫曼英文版论著之后，戈培尔在他8月3日的日记中透露：“假如他是受命写书，他真的不可能为我们做得那么好、那么有利。我会把这本书在德国发行数百万册，尤其在前线，并会写一个序言和后记。它将会对每一个德国男人和妇女都具有教育意义，去看看德国人民会发生什么情况，如果同1918年11月一样出现软弱的迹象。”[79]

在1941年8月19日一次与希特勒的谈话中，戈培尔提出德国出版考夫曼书籍片段的想法。希特勒批准了。[80]戈培尔然后指派宣传部电台分部的主管沃尔夫冈·迪威尔格，编辑和评论考夫曼的《德国人必须被消灭！》。[81]他认为迪威尔格的工作是“卓越的”，并为它写了后记。他将会出版500万份印制件。“尤其是，”他写道，“这个小册子最终将会涤除目前温和态度的最后残余。阅读这本小册子，即便是最为愚笨的傻瓜也能指出威胁我们的是什么，如果我们变得软弱的话。”[82]这也是戈培尔和迪特里希每日每周新闻指令努力协调的又一个例子，1941年9月5日的《期刊服务》指令“犹太撒旦的谋杀计划”，提及“犹太人消灭德国的计划”，并一再指责该计划“受到鼓励”，甚至其中一些“关键的部分由罗斯福总统口头授权”。这份指令敦促编辑使读者注意考夫曼书本中的冒犯段落。[83] 112

在1941年9月，宣传部出版了沃尔夫冈·迪威尔格的小册子，以“世界财阀的战争目标：美国和平协会主席著作的文献出版，西奥多·考夫曼，《德国人必须被消灭！》”为标题。[84]封面拼画由汉斯·施韦策自己制作，象征着战争和大屠杀时代其中一个典型的反犹视觉图像。它展示了一个中年男子穿戴着眼镜、背心和领带在打字机旁工作的照片，被假设为考夫曼自己。在右下方是一张富兰克林·D.罗斯福、丘吉尔和军事领导人的照片，也许是纽芬兰会晤时在《大西洋宪章》签署仪式期间高唱“前进吧！基督徒战士”。拼图描绘了一个关键的反犹比喻：犹太人智囊，安全地躲在幕后，谱写着由愚蠢的非犹太挂名负责人吟唱的歌词，英文版著作的歌词（包括带下划线的短语：“德国必须从这个地球上消失！”）在图片的中间和右边是显而易见的。三十二页的小册子穿插引用了带有迪威尔格评语的考夫曼的著作，“透露”书本的信息涉及“对德国人民的消灭：包括妇女和儿童，以及大德意志被其邻国分解”。这项计划以解除德国的武装和实施“所有男人、女人和小孩绝育”而宣布大功告成。[85]鉴于纳粹已经实施了并继续实施的无数强制绝育，故而这是将犯罪者的罪行投射到受害者身上的一个特别怪异的案例。[86]

迪威尔格声称，考夫曼的作品是“纽约、莫斯科和伦敦的世界犹太人在对德国人民实施完全消灭上取得一致意见的进一步证据”[87]。他将考夫曼描述为“犹太人大屠杀”的一个鼓吹者。他已经“公开讲出世界犹太人的愿望和希望：屠杀德国人民”[88]。德国现在面临一个选
113 择：“胜利或毁灭。”到1941年，德国人明白了“国际犹太人”站在“全球范围内的世界财阀和战争贩子”的战争目标的背后。但是，德国决不坐以待毙。“谁应该去死，德国或犹太人？”如果“不是8000万德国人而是2000万犹太人，按照他们同族同志考夫曼的提议被处置，又会怎么样呢？那么和平就有保障了。因为在世界上只有犹太人在制造争端和破坏和平”[89]。戈培尔在其未签名的后记中写道：“你知道你永远的敌人和对手打算对你做什么。这里只有一个方法来反抗他们的消灭计划：胜利！阅读这个犹太谋杀计划将会钢化你，且只会增强你那取胜的意志。”[90]在德国死敌及其他敌人手中大规模死亡的巨大恐惧，仍是纳粹宣传的一个持久主题，并成为它屠犹政策的一个关键的公开正当理由。的确，随着战争形势转为攻击第三帝国，巨大的恐惧加深了。它促成了可怕预言的自我实现，也加剧了德国对同盟国战争努力的抵抗。西奥多·考夫曼变成了纳粹反犹宣传一个熟悉的面孔。一个据说是考夫曼的男人的一张整页照片出现在迪伯的《美国犹太人》里。[91]标题写道：“他呼吁对德国人民的完全消灭。”[92]1941年10月10日的墙报，

也关注于考夫曼。“总是同一个目标：必须消灭德国！”把引自希特勒的话与《伦敦每日邮报》和“犹太人考夫曼，共济会成员罗斯福的一名亲密顾问”中的引用语并列在一起。[93]

来自帝国新闻办公室1941年8月8日的《期刊服务》指令，继续着反犹宣传的攻击。“与世界犹太人战斗！”将第二次世界大战描述为：

> 世界犹太人以不可估量的仇恨来对抗雅利安民族的战斗，
> 诸如反对他们的精神、世界观和文化。在伦敦、纽约，尤其是在莫 114
> 斯科的犹太幕后操纵者，以无耻的煽动运动来计划和准备这场战争……其结果是，各国联合起来反对地球上的雅利安权力。世界犹太人有意扩大战争，希望以雅利安敌手的枯竭作为结果而赢得战争。世界犹太人以三种形式参与这个冷酷无情的战斗：首先作为犹太人；其次作为犹太人出身的财阀；最后作为犹太布尔什维克。雅利安人的抵抗主要集中于轴心国——德国、意大利和日本。世界犹太人谋求什么？千百年来，它除了犹太人的世界统治就别无他求。这个目标早已存在于犹太人的《旧约》中，因宗教而隐蔽但显露无遗。几个世纪以来，犹太人不断地接近其目标，然而一次又一次，雅利安民族阻碍着犹太人的计划。今天犹太民族再次寻求世界统治。英美财阀为一方而布尔什维克为另一方，表面上不同的政治目标却只是犹太人的一种伪装而已。犹太人为着世界统治而奋斗，其目的在于为了自身的排他利益而抢劫和掠夺世界，毫不犹豫或迟疑半刻。[94]

德国期刊编辑的责任是阐明战争的依据，解释如何认识“犹太人精神”，说服其他欧洲人，德国和意大利在战争中的战斗也是为他们的利益。报纸要强调，犹太人不管是以丘吉尔周围的财阀、莫斯科的共产主义者或者像共济会成员罗斯福这样的帝国主义战争贩子等形式出现，都是不相干的。雅利安人在任何情况下都会予以反击。[95]

戈培尔在他的日记中留下暗示，即至少希特勒一直都在告知他，对犹太人的大规模屠杀正在进行之中。戈培尔在1941年8月19日的日记
115 中写道："元首相信他过去在帝国议会所说的预言正在被证实，如果犹太人再次成功发动一场世界大战，它会以犹太人被消灭而结束。在近几周或几个月，这种观点带着奇异的确定性出现了。在东线，犹太人正为此付出代价。在德国，他们已经部分付出代价，在未来他们将会付出更多。"犹太人将会对"即将来临的世界笑不出口"。受前一天与希特勒谈话的鼓舞，戈培尔很高兴希特勒批准了为犹太人引进黄色大卫星、将他们驱赶出市中心，并将犹太人从柏林驱逐出去的建议。"柏林，"他继续道，"必须成为一个没有犹太人的城市……我们要解决这个问题，不要有感情用事的时候。"一个人需要想象，假如犹太人有了权力，他们会怎么对待我们，才能知道在我们有权力的时候该做什么。[96] 以上条目说明，希特勒和戈培尔已在对欧洲犹太人大屠杀和第二次世界大战扩张之间建立了一个因果关系。希特勒告诉戈培尔，在他们都理解的术语中，大规模屠杀随着德国对苏联的入侵就已开始了。

戈培尔对"最终解决方案"的主要贡献在于为大规模屠杀提供了意识形态上的正当理由。但是，他在柏林犹太人的被驱逐中也扮演了实际操作的角色，犹太人在战时的存在使其"难以忍受"[97]。在1941年9月下旬，戈培尔会晤了莱因哈德·海德里希，希姆莱在帝国安全总部（正在实施"最终解决方案"的官僚机构）的主要副手，以讨论"关于犹太人问题的一些重要事情"。"尽快把犹太人从柏林驱逐出去……我们尽快解决在东线的军事问题。他们最终应该被送到布尔什维克所建

造的集中营里去。”[98]在1941年10月19日异常轻率的日记中，戈培尔提及了“在乌克兰对犹太人大规模射杀的报告”。戈培尔的回答是增加在被占领土的反犹宣传。“布尔什维克主义已经渐渐地弱化了苏联人民的反犹本能。可以这么说，我们必须从头开始。”[99]在10月下旬， 116
他写道，政权已经开始驱逐犹太人，从柏林到“东线”。“目前在更广阔的世界面前讨论这个问题是有点不大合适”，但要点是柏林将摆脱犹太人的束缚，他“直到这个目标被完全实现才会心里踏实”。[100]让人难以置信的是，即便是政治敏锐的、被意识形态驱使的、如戈培尔和迪特里希这般与希特勒亲密的官员们，也无法推知对犹太人的大屠杀已经在1941夏季伊始在东部发生了。他们已经认定，在反对第三帝国的战争中犹太人是关键的参与者，作为政策正当理由的所有纳粹反犹宣传超越了对犹太人发动“战争”的迫害。

虽然美国尚未参加欧洲的战争，纳粹领导人明白，罗斯福对英国然后对苏联的支持，对于挫败纳粹希望早日获胜是起决定性作用的。在力求利用美国现存反犹主义中，纳粹宣传力图将罗斯福、他那所谓的犹太智囊团及幕后的权力、纽约的权力（较小程度上的好莱坞），与“真实的”即非犹太美国人进行对比。查尔斯·林德伯格表达了他对希特勒德国的仰慕以及对美国参加欧战的反对，在戈培尔看来，他是“一个了不起的人”。林德伯格对我们很有用，最重要的是，我们对他在我们媒体界的活动不要过多关注，如此他就更具独立性，且不必面对他是第五纵队的一名成员的反对声。[101]

尽管林德伯格尽了最大的努力，但戈培尔担心孤立主义者将无法阻止罗斯福的介入。罗斯福，戈培尔在1941年9月14日的日记中写道，“是一个真正延长战争的人，如果他不在那里，英国可能很早就屈服了”。不幸的是，他写道，反干涉主义缺乏一个“强有力的领导！林德伯格有一个很好的品质，表现也好，并提出很好的观点。但是他在面对犹太人、商人和腐败财阀的红色合唱时，在智力上显然是不对等的”[102]。
117 到了1941年9月，戈培尔——想必希特勒也一样——认为美国参战仅是时间的问题。“如果我们不能阻止罗斯福将美国拖入战争，在任何情况下，我们都要阻止他把责任推给我们。”[103]如果欧洲战争变成一场世界战争，那么罗斯福而不是希特勒，将会对此负责。随着与日俱增的愤怒、挫败和仇恨，纳粹的宣传谴责丘吉尔、罗斯福，以及据称控制他们的犹太人，阻止了纳粹德国赢得曾经似乎唾手可得的早日胜利。

在1941年10月下旬，在罗斯福警告纳粹德国已经计划从欧洲扩张到中南美洲之后，迪特里希的每日新闻指令命令德国媒体，“将罗斯福的演讲谴责为一个撒谎和伪造者的演讲，是犹太人散布谣言和歇斯底里地煽动战争的产品”[104]。虽然纳粹宣传一般不会声称罗斯福本身是犹太人，但这个指令提及他为“犹太人血统的罗斯福”。“以这个傻瓜的演讲内容而进行严肃的政治辩论是毫无意义的。”相反，媒体要用“所有我们易于争辩的方法”去“面对罗斯福从而是犹太人伪造的精神，罗斯福的身份必须如此被确定”。[105]同样在那一周，与宣传部里戈培尔和迪特里希派系对罗斯福的协同攻击相一致，彼得·阿尔达格在《犹太人问题》上发表文章，把“世界统治计划”归到了罗斯福头上。根据阿尔达格的说法，罗斯福对欧洲的政策是起因于献身于《旧约》的“一小撮团体”的建议，更感兴趣“国际犹太人的利益”，以及他们自身的经济回报，而不是那些美国人。[106]

随着夏季攻势的巨大胜利，以及超过300万苏联战士被俘获，希特勒和他的将军们相信东线的战争已经赢了。奥托·迪特里希自己，穿着党卫军制服，在10月的一次媒体会议上传达了这个消息。在1942年10月10日，一篇用红与黑粗体字母的《人民观察家报》首页头条新

闻宣布："布尔什维克主义的军事完结，东线战役已经决定了……战略 118
上无可比拟的妙举。"文章声称闪电战已实现其目标，已对苏联实施了"致命的打击"，从而使其"永无翻身之日"。[107] 由于德国在东线的成功，纳粹德国现在能够获得安全的石油供应，并从东线撤离大部分空军以装备对英国的战争。现在大西洋的夜晚正变得更长，德国潜艇在击沉盟国船只中将会更为成功。即便是美国真的参战了，也已回天乏力。得益于纳粹对东部工农业部门的控制，德国能免疫于英、美的海上封锁。英、美公共舆论的紧张形势正在增加，而罗斯福发表对苏联的支持是造成其国内政治困境的原因。

1941年10月15日《犹太人问题》上的头条文章"犹太人的战争罪责"，重复着与日俱增的熟悉指控，并提供了纳粹宣传者如何使用证据以支持指控的一个典型范例。[108] 这位未署名的作者将一些犹太领导人及鼓吹者在30年代中后期号召与德国斗争的语录串联在一起。他将它们视为"国际犹太人"正发动对欧洲战争的证据。一个犹太人的一篇演讲或一个貌似显赫的犹太人物足以论断所有的犹太人。作为非犹太政治领导人的"幕后操控者"，作者列出了一张熟悉的姓氏名单："苏联的芬克尔斯坦—李维诺夫和卡冈诺维奇；英国的霍尔—贝利沙、萨缪尔勋爵、梅尔切特勋爵、罗斯柴尔德勋爵；法国的莱昂·布鲁姆、乔治·曼德尔；北美的巴鲁克、法兰克福特、摩根索、拉比怀斯"。作者对年代的把握并不令人满意。他将法国总理莱昂·布鲁姆、英国陆军大臣莱斯利·霍尔—贝利沙和苏联外交部长马克西姆·李维诺夫所创建的反希特勒同盟，记为1941年6月苏联被纳粹入侵之后而出现。而这
是一件不可能的事。爱德华·达拉第作为法国总理在1938年已经取代 119
莱昂·布鲁姆。张伯伦在1940年1月已撤销了霍尔—贝利沙陆军大臣的职务。斯大林在1939年5月撤了李维诺夫外交部长一职，即在《苏

德互不侵犯条约》协商期间。未被破坏其核心论点的事实和年表所吓倒，作者强调犹太人及其盟友已然疲于奔命。法国已经被打败和占领。“布尔什维克主义的权力已经倒塌。英国焦灼地思考着它的命运。北美的犹太人能够最终实现犹太人的目标吗？”作者最后引用希特勒在1939年1月30日的预言威胁，即“欧洲犹太种族将会被消灭”，如果“国际犹太金融势力”发动另一场战争的话。在他1941年10月9日的日记中，戈培尔驳斥了美国对纳粹宣传的反驳，即犹太人的权力基于服务于罗斯福政府的少数犹太人。“犹太人，”他写道，“并不需要待在政府里去建立和维护他们的权力地位。他们留在后台以便在那里拉扯着使木偶翩翩起舞的线弦。”[109] 不管是犹太人在场或缺席，戈培尔在反犹诉状中都得出了完全一致的结论。

在他1941年11月的周年演说中——对在慕尼黑纪念啤酒馆暴动的纳粹党成员的讲话——希特勒发表了一份如今很熟悉的谴责，将犹太人谴责为第二次世界大战的煽动者、英苏联盟的创建人。[110] 他强调“国际犹太人”是“所有世界事件背后真正的纵火者和教唆犯”。得益于种族问题的科学分析，他“首先知道犹太人是事件背后的驱动力”。犹太人总是能找到“准备好为他们工作的稻草人，部分是因为没有个性，部分被买通了，或者是想做生意；这些人每当有流血事件发生，就跃跃欲试要做生意”。他告诉他的同志，“这个敌人”在魏玛时期就已驱
120 动力量反对纳粹，且纳粹在德国境内已打败了他们的敌人。“随着在德国境内的失败，同样的敌人自然会在境外与我们对峙。他们［犹太人］是世界联盟反对德国人民和第三帝国的鼓动者。一旦他们利用了波兰，之后就会迫使法国、荷兰和挪威也为其服务。从一开始，英国就是一个驱动力。很显然，列强终有一天会向我们发起进攻，由犹太精神最为明显地主导着：因为犹太民族最大的奴仆是苏联。”[111] 一些人想知

道，他继续道，苏联的“民族倾向”是否胜过犹太政委的“巨大组织”。事实上，国家的领导人“除了是全能犹太民族手中的一个工具之外就什么都不是了。当斯大林站在台上或幕前，他的背后站着卡冈诺维奇以及无数犹太人从上到下领导着这个强大的政府”[112]。在这个演讲中，希特勒自信地表示他自20年代所采用的对事件的解释，仍是解开1941年国际事件复杂性的关键之所在。他以极其地方化的方式，把被意识形态扭曲了的对过去的解释适用于战争年代的事件，这种状况一直持续到纳粹政权终结。

到了1941年的早秋，希特勒已命令希姆莱将东线大规模射杀犹太人的行动扩大为谋杀所有欧洲犹太人的一个大陆计划。[113] 在10月下旬，戈培尔走访了东线战场及维也纳的犹太人区。他的情绪表达在1941年11月2日的日记中，传达了在纳粹政权高层已形成的种族灭绝共识。[114]“这里，”他写道，“犹太人互相蹲伏，不忍直视，更不用说接触了……犹太人是文明人类的虱子。他们要以某种方式被消灭；否则，他们将会再次扮演让人折磨和讨厌的角色。只有当人们用必要的暴力对付他们的时候，我们才能跟他们有个了断。当你饶恕他们时，你随后就会成为他们的受害者。”[115] 在他《德意志帝国》和德国电台上的重要短文“犹太人有罪”之中，戈培尔的反犹仇恨和他对大规模屠杀的公 121
开支持比在1941年11月16日的“模仿”一文里喷发得更为详细。[116] 短文第一次记录了纳粹政权的一个主要官员宣布“消灭”欧洲犹太人的内容已经转移了，从包括希特勒著名预言在内的假想概念或威胁转移到进行中的行动。在日本偷袭珍珠港之前的三周，戈培尔讲道：“世界犹太人对这次战争爆发和扩大的历史罪责已经充分说明没有必要在此事上浪费唇舌。犹太人想要他们的战争，现在他们已经得逞了。”[117] 戈培尔描绘了一个活跃的主体，“国际犹太人”对一个无辜、受害的德国的攻击。纳粹德国正在发动一场国家防卫战争，其强度和残酷性正不断增长，以回应犹太人可能发动的对德战争。

> 但是，犹太人在释放这场战争中已然失算，世界犹太人对其所支配的力量完全误判了。现在它正承受一个逐渐被消灭的过程，而这本是欲施加于我们身上的，如果它有能力如此做的话，那么它将会毫不犹疑地对我们实施。它现在因其自身的律法而遭受灭绝：以眼还眼，以牙还牙……在这个历史争端中，每一个犹太人都是我们的敌人，不管他是在波兰犹太人区过单调呆板的生活，还是在柏林或汉堡享受寄生生活，或者在纽约或华盛顿吹响战争的号角。由于他们的出生和种族，所有的犹太人都属于一个反对国家社会主义德国的国际阴谋。他们希望德国的失败和毁灭，并竭尽全力来实现它。[118]

"犹太人有罪"一文的发表结束了威胁时期。犹太人已经发动战争。他们现在正承受着一个"逐渐被消灭的过程"，一个他们起初欲施加给德国的。戈培尔以对犹太人的十点控诉而作出总结。他们已经发
122 动战争并想要"消灭"德意志帝国和人民。所有的犹太人，毫无例外，是德国人民"不共戴天的敌人"。每一个德国士兵的死亡"都作为欠债记到犹太人头上。但他们觉得心安理得，因此必须付出代价"。由于犹太人承担了发动战争的罪责，所以德国给予他们的处理并非不公正。"他们是罪有应得"，因此，彻底解决犹太人问题是政府的既定政策。[119]

"犹太人有罪"一文是纳粹反犹宣传的一个范例。它对于一般性政策直言不讳、毫不委婉，但是这种极端主义话语对于这个大屠杀何地、何时以及如何发生的细节却讳莫如深。这是非常特别的语言，嵌入

一个较为普通的战争叙述中。它是如此之怪异，以至于许多与戈培尔同时代的人都很难相信这跟德国专制体制的实际政策有关。[120] 短文同时展示了言语上的粗暴和故意模糊。毕竟，除了大屠杀外，提及一个“逐渐被消灭的过程”究竟意味着什么？这里有足够的德语名词来表示贫困、歧视、驱逐出境和疾病；但是戈培尔和希特勒不断提及“消灭”。怀疑者注意到，戈培尔是一个成功的撒谎者，毕竟他是宣传部长。对此他也在撒谎吗？人们有充足的理由对戈培尔的评论作出最为激进的解释，但他的阐述也留有足够的不确定性和细节空缺，以便在漠不关心或者半信半疑的广大受众之间促成貌似合理的推诿逃脱。那个晚上，宣传部长在他的秘密日记中重复着他所传达给广大受众的是什么。“犹太人目前所遭受的命运并不是一个不公正。相反，这仅仅是以彼之道还施彼身。我的犹太短文在全世界的新闻中被引用……反犹主义正在欧洲增长，战争持续的时间越长，它将会变得越强大。”[121] 随着第二次世界大战的持续，胜利被证明是困难的，军事伤亡不断增加，德国城市忍受着同盟国的轰炸。纳粹希望和期待犹太人对发动和拖延战争的罪 123
责，将会导致战争中所有国家反犹主义的上升。德国领导人试图将第二次世界大战呈现为“犹太人的战争”，希望这样做可以激怒被纳粹所占领的欧洲内外的大众舆论，支撑着德国人的战斗意志，同时侵蚀敌人继续战斗的意志。

作为海德堡大学的博士，戈培尔先生更喜欢其他人以这个头衔来称呼他，因为这非常有利于传达纳粹的宣传给德国的精英。1941 年 12 月 1 日对德国学术界所作的一次正式讲座，在柏林弗里德里希 · 威廉大学新的主报告大厅中，他详细说明了他在夏秋两季已提出的反犹主题。帝国新闻办公室的指令那天指示编辑们将此讲座文本作为首页故事加以发表。[122] 第二天，柏林的《德国全民报》在其头条文章中描述道："大批将军和其他官员，包括许多荣誉奖章的获得者、其他官员、纳粹党及其办事处的主要负责人，警察和德国劳工服务机构的成员，也包括许多外交家及其夫人，德国学术、艺术、经济及国内国际媒体的主要人物"都参加了这次讲座。[123]

戈培尔采用一副学者的腔调，承诺会提出超越日常政治争论的"基本原则和命题"[124]。他表示出对战争的信心，并再次将其说成是必要的，鉴于苏联要"无情地消灭帝国"这一迫在眉睫的威胁。[125]"很明显"，他继续道，苏联的"首要任务"将会是对"民族知识分子和文化领导阶层的消灭"。[126]东线战争因此是事关国家存亡的大事。然而，他认为整个战争形势还是进展不错的。德国潜艇正在击沉大量出入英
124 国的船只。同盟国对德国的海上封锁威胁已经被突破。英国回归大陆"以目前的形势来看，似乎完全是痴人说梦"。美国的援助不是惊慌的理由。"苏联的攻击力量……被粉碎了"，英国"正在被打败的路上"。与丘吉尔的观点不同，胜利在纳粹德国这边。[127]即便是罗斯福有能力使英国保持战斗，戈培尔自信地认为，美国武器和物资将会很难穿过危险的大西洋抵达英国。相反，德国已经在整个欧洲建立了通信和交通的安全内部线路网。更为甚者，反德国联盟是基于愤世嫉俗的机会主义，从而导致资本主义和共产主义之间的一个协定，而纳粹德国和意大利法西斯的联盟是基于共同的"世界观和道德"。

戈培尔然后转到战争的起源和"犹太人问题"：

> 世界犹太人对这次战争爆发和扩大的历史罪责被如此充分地证明，以至于我们不需要浪费任何唇舌在其之上。犹太人想要他们的战争，现在他们得逞了。但是元首于1939年1月30日在帝国议会所明示的预言现在也被证明是真实的——那就是，如果国际

> 犹太金融势力将要驱使各民族再次进入一个世界大战，其结果将不会是地球的布尔什维克化从而是犹太民族的胜利，而是欧洲犹太种族的灭绝。
>
> 我们现在正经历这个预言的实施过程。犹太民族因此正忍受一个艰难但更是应得的命运。同情甚或悲叹是完全不合适的。世界犹太人在释放这场战争中完全错误地评估了其所能支配的力量。故而现在正遭受一个被消灭的渐进过程，这本是它欲施加在我们的头上的，如果它有能力如此做的话，它会毫不犹豫地将其实施。它 125
> 现在正因自身的律法而遭受灭亡：“以牙还牙，以眼还眼。”[128]

戈培尔的用词并非模棱两可，在他提及不管是“消灭”抑或“灭绝”的“一个渐进的过程”时。当戈培尔为对苏联的突然袭击辩护时，他使用名词“消灭”以提及苏联将会对德国做什么，如果希特勒不先发制人的话。在那种情况下，他的意思是苏联将会谋杀德国的“民族知识分子”。几分钟之后，他用同样的词汇来表达同样的事情，关于德国对犹太人的政策。可能他的一些受众认为在“消灭过程”之前加上形容词“渐进的”可能意味着缓慢饥饿而死的曝光，一种德国版本的苏联集中营，而不是在一个尚未充分运行的死亡集中营里被射击或投毒而突然死亡。然而，文本和内容两者都提示戈培尔的意思是纳粹政权当时正在执行希特勒的“预言”——那就是，它正在实施对“欧洲犹太种族”的大屠杀。这不是委婉、官僚主义避责或陈词滥调的语言，这是异乎寻常和直率的话语。戈培尔正在告诉那群精于世故和心思缜密的受众，以他们能理解的语言，德国政府已经开始实施对欧洲犹太人的屠杀。

戈培尔重复着他已在“犹太人有罪”一文中所提出的控诉。他讲道：“在这个历史争端中，每一个犹太人都是我们的敌人，不管他是在波兰犹太人区过单调呆板的生活，还是在柏林或汉堡享受寄生生活，或者在纽约或华盛顿吹响战争的号角。由于他们的出生和种族，所有的犹太人都属于一个反对国家社会主义德国的国际阴谋。他们希望德国的失败和毁灭，并竭尽全力来实现它。”[129] 在德国一个著名大学的主报
126 告厅里，他进一步加重了他那些词汇的可怕解释。最有效的措施要求“无情和冷酷地反对我们民族的腐蚀者，反对这场战争的煽动者……犹太人对导致这场战争是有罪的。因此，他们并没有因我们所施加的惩罚而遭受不公正。他们是罪有应得。对犹太人问题的最终解决将会成为未来一段时间内首要和最为重要的任务”。欧洲将不会有和平，直到这被完全阐明，以及犹太人对欧洲大陆“统治”的终结。[130] 唯恐他的受众不能从他那残忍的声明中清楚地得出杀人的结论，戈培尔使用了各种各样的可怕动词去描述大灾难将会降临到德国，如果犹太人赢得战争的话。德国的敌人一致认为德国“必须被消灭、灭绝和歼灭”[131]。战败将会比第二个《凡尔赛和约》更为糟糕。胜利者将会释放“《旧约》复仇幻想”。他们“赤裸裸的毁灭意志”将产生一个“地狱”。面对这一可能的大灾难，对基本生存的需求要求德国人团结在希特勒和纳粹政权周围，以避免自身被消灭和灭绝。接下来的四年正是如此，制造恐惧与反犹叙述紧密地结合在了一起。这是其必要组成部分之一。

这是戈培尔描述对犹太人发动先发制人打击理由的必要组成部分之一——的确，作为一种防卫行动——说明了对大屠杀各方面的否认是这个行动本身的必要组成部分。它的行凶者将大屠杀呈现为德国正在从事的战争的一个典型和共有特征——的确，作为它的大敌正欲强加给德国的一个政策。为大屠杀进行辩护和对细节保持沉默的平衡，是纳粹宣传在大屠杀期间的特点。那个晚上，戈培尔在日记中写道：“他（希特勒）非常满意我对柏林知识分子的呼吁。”[132] 第二天晚上，他

补充道，德国学术机构已经为他和宣传部提供了“一个巨大的讲台，在那我们能够对国内外的知识界发表谈话”[133]。 127

在日本偷袭珍珠港之后，希特勒随着事态的发展而表达了对戈培尔的满意。他认为美国的精力将会被牵制在太平洋，从而远离欧洲战区。[134] 1941年12月7日的帝国新闻办公室指令，声明“东亚”的战争实际上是“战争贩子和世界罪犯罗斯福的杰作，他是仅次于丘吉尔的犹太走狗，一直在不停地发动战争。他最终在远东实现了目标”。[135] 媒体最为重要的任务就是去描述“美国总统所铺设的可怕道路”，从而使“每一个读者都会对这个时代最大的伪君子及其帝国主义政策充满厌恶”。媒体将罗斯福作为“一个战争贩子”并与“犹太财阀”对接起来加以描述。[136]

在1941年12月10日，即希特勒宣布对美战争的前一天，宣传部发送了其日常的12.5万份《每周要闻》印制件，以张贴于熟悉的黄金地段，从而在全国引起最大的视觉冲击。“犹太人阴谋”提供了一张详细的甚至是错综复杂的图表，其中列有“犹太幕后操纵者”及其参与了国际犹太人阴谋的“傀儡和共犯”的名字和影响力渠道。[137] 这里，以黑与黄为主色调，巨大的阴谋被描绘得所有人都能看见。海报对特定个体的人名及其之间所谓联系和影响的貌似精准，是激进反犹宣传的妄想狂版本的一个范例。在黑色背景下出现黄色（一个与纳粹宣传中犹太人相联系的颜色），墙报把文字和图像结合起来，首先将目光转向一个反犹漫画，一张耳朵、鼻子和嘴唇过大，头发鬈曲、眉毛很重、胡子小的男性面孔——在图画的中心就是犹太人。耀眼的黄色宽箭头，显示出影响力的方向，由两颗大卫星而出，并以国际阴谋中的两位重要人物而命名：美国的伯纳德·巴鲁克，以及“摩西之孙”——讽刺地提及苏 128
联政治局成员拉扎尔·卡冈诺维奇。巴鲁克对非犹太人罗斯福和丘吉尔发挥了直接的影响，同时对犹太银行家希夫、沃伯格、卡恩、卡普也一样，这些名字被刻在两颗大卫星之间。巴鲁克与“罗斯福的密友和主要顾问”也有直接的联系，被认定为“犹太人！”：亨利·摩根索、菲利克斯·法兰克福特、纽约州州长赫伯特·雷曼、费奥雷罗·拉瓜迪亚、索尔·布鲁姆（国会外交委员会主席）和一个未被认定的科恩。影响力的箭头源于“摩西之孙”卡冈诺维奇直至“芬克尔斯坦—瓦拉赫”——那就是前任苏联外交部长马克西姆·李维诺夫。[138]“摩西之孙”卡冈诺维奇影响了非犹太人斯大林。影响力圈子是由连接罗斯福、丘吉尔和斯大林的一条黄线所完成的。

一旦行人的好奇心被这些醒目的颜色、箭头、漫画及熟悉的犹太人名字所吸引，看客的注意力就会转向海报的文字，其显示了这个巨大且强大阴谋的秘密。在左边，文本认定巴鲁克、莫塞森、希夫、芬克尔斯坦和迈斯基为犹太人，并声称他们与非犹太人罗斯福、丘吉尔和斯大林结盟。在下面，关于犹太“幕后操纵者”的文字介绍了识别图像以及它们之间联系的四个要点：例如，“犹太人……巴鲁克”是“最大的战争贩子之一和世界战争［第一次世界大战］的获益者，《凡尔赛和约》的制定者，共济会犹太人雇员罗斯福的密友和顾问，与丘吉尔是私人朋友，如今被称为美国的非正式总统”。拉瓜迪亚、摩根索、布鲁姆、法兰克福特、雷曼、科恩和考夫曼是“罗斯福的密友和伙伴”。卡冈诺维奇，或“拉撒路（Lazarus），摩西·卡冈诺维奇的儿子”，是“斯大林唯一信任的助手，最为亲密的顾问、副手和岳父”。马克西姆·李维诺夫和伊凡·迈斯基同时被提到，也正如活跃在英国政坛的犹太人莱斯利·霍尔—贝利沙和罗斯柴尔德勋爵。

在1941年12月的第二周，路过这些墙报的无数德国人之中，那些
129 停留很长时间去阅读文字的人可能并不知道罗斯福是否真的是一名共

济会成员，丘吉尔是否是一个犹太人的岳父，斯大林是否娶了卡冈诺维奇的女儿。他们只能略知谁是巴鲁克、卡冈诺维奇以及其他人；然而，特别是在12月11日希特勒对美宣战之后，他们确实知道苏、英、美三国正在跟德国打仗。墙报的图像和文字提供了犹太人如何在数量如此之少的情况下成功地密谋反对德国的一个貌似令人信服的解释。也许路人就会对具体的名字和影响力箭头的图解印象深刻，更不用说它提及的专家鉴定了。对于那些全神贯注纳粹文章的人，它也传达了一个复杂、充分研究和令人信服的因果解释的印象，关于为什么世界上三个最具权势的国家会跟德国打仗。肯定不是所有的名字都是虚构的。显然，这个阴谋的某些部分是存在的。宣传部并非无中生有地将伯纳德·巴鲁克和拉扎尔·卡冈诺维奇牵扯进来。当然，对于纳粹德国之外的人来说，墙报看上去就像今天看上去一样是怪诞离奇的现实主义；它建立在精神错乱、政治幻想、无厘头仇恨、错得可悲的因果联系和臆测的结合基础上，这一切构成了病态荒诞的弄虚作假。但是，德国人在那个短暂、寒冷、大多数时间天空灰蒙的十二月天里注视这个墙报，却在纳粹主义的预料之中，因此没有其他办法可以解释政治决定是如何在莫斯科、伦敦和华盛顿作出的，以及犹太人如何或是否对他们有影响。数量未知的一些行人带着厌恶和愤怒离开了墙报，对执掌他们政府的罪犯的歪曲事实感到震惊。但是，一群数量同样未知但规模更大的行人却很可能相信
“犹太人阴谋”给他们讲了许多关于真实世界的故事。正如我们将要看 130
到的，在接下来的一年里，纳粹宣传家利用图片在媒体的大规模印制，从而将面孔添加于具有影响力的名字和箭头上，装饰无所不在的、在1941年12月那重大的第二周所张贴的墙报。在这一过程中，国际犹太人阴谋变得不再抽象，而是一群现实当中实实在在的人。

在1941年12月11日，希特勒宣布对美战争的一次对帝国议会的

演讲，在德国电台里播放并在德国媒体全文印发。[139] 他讲了近90分钟，并在攻击富兰克林·D. 罗斯福及其周围的犹太人上达到了仇恨的高潮。他的核心观点是，“一个光棍”罗斯福“和操纵他的力量”是第二次世界大战的罪魁祸首。[140] “美国新总统必须为其服务的智囊团由在德国与我们为敌的同一拨人组成，作为人类的一种寄生外貌，且我们开始将其驱赶出（德国）的公共生活。”[141] 罗斯福，希特勒继续道，试图通过外交政策来转移“他那整个经济纸牌屋坍塌”的视线。“围绕他周围的犹太人圈子”鼓励了他的外交政策积极性。他们“被《旧约》的贪心所驱动”，且他是一个“完全邪恶不忠”的人。这个转移视线的策略是罗斯福干涉欧洲事务的一个关键原因。[142]

反犹主义处于希特勒攻击罗斯福的中心位置。“我们知道什么权力站在罗斯福的背后。永恒的犹太人认为，现在是时候让我们遭受在苏联害怕看到和必须经历的了。”他继续道：“这是富兰克林·罗斯福和犹太人摧毁一个又一个国家的图谋。”[143] 战争是各国“生存或灭亡”的大事。如果一有机会，罗斯福和犹太人将立即“消灭国家社会主义德国”[144]。罗斯福统治下的美国正谋求“无限的世界统治权”，并拒绝德
131 国、意大利和日本国家存在的必要性。对于“国家社会主义者”而言，他继续道，“并不惊讶于盎格鲁—撒克逊犹太资本主义世界［发现］自己与布尔什维克主义站在统一战线上。”这是魏玛时期的反纳粹联盟扩展到世界舞台之上。[145]

罗斯福和美国在战争起初就已激怒了希特勒，就在美国参战之前。他确信如果罗斯福不支持丘吉尔，英国早已同意谈判解决，随着德国1939年和1940年的胜利。在1941年的夏季，罗斯福提供援助给苏联的决定，挫败了德国在东线快速取胜的愿望。到了1941年12月，除了中立国和他的盟友外，希特勒已入侵和占领欧洲大陆大多数国家，并将战

争归咎于大西洋彼岸一个国家的总统。他和他的宣传家们将纳粹德国呈现为其他人侵略扩张的无辜受害者。希特勒对他单方发动和扩大的战争从未接受过任何责任。

希特勒在12月12日的一次纳粹领导人的集会上发表讲话。[146] 戈培尔报告道："关于犹太人问题，元首决心将其彻底解决。他预言过如果犹太人再次引发战争，他们将会经历他们的灭绝。这不是一句空话。战争正在发生。灭绝犹太人必须是必然的结果。对这个问题不能感情用事。我们在这里不能表达对犹太人的同情，而只能表达对我们德国人民的同情。因为德国人又一次在东线战争中牺牲了16万名战士，所以这场冲突的发起人必须为此付出生命的代价[为那些牺牲者]。"[147] 希特勒再次赋予战争以因果和必然性，而不是意外或偶然性，用他那消灭犹太人的意图连接着。随着德国战士在战斗中的死亡人数和德国平民在同盟国轰炸中的死亡人数不断增加，纳粹领导层越是强调所谓的一个国际犹太人阴谋、英苏美反希特勒同盟、德国人民的死亡和痛苦， 132
以及贯彻希特勒预言的必要性之间的关联。纳粹宣传把控告指向犹太人，作为德国每一个死亡和受伤者的犯罪当事人。如此做，宣传为"报复"犹太人提供了一个私人理由。以这种方式，对于千百万德国人而言，"犹太人有罪"的抽象口号则具有直接的情感意义。对于那些接受这个逻辑的人，对犹太人的仇恨将会加深，随着德国人被杀害和受伤数量的增加。纳粹宣传的偏执投射似乎在现实经历中出现了。同盟国越是扭转局势以攻击德国军队，纳粹宣传越是声称犹太人是有罪的，并将会为此付出代价。

可以理解的是，日本和太平洋战争并不是反犹叙述最为突出的方面。然而，他们以新奇的方式使之适应故事。由"Gü"撰写的"日本与世界犹太人的斗争"一文，于1941年12月24日作为头条文章发表在《犹太人问题》上，在亚洲事务上对纳粹党和政府宣传家提供启迪作用。[148] 自从日本在亚洲寻求生存空间和领导权，他写道，它不得不面对来自“两个比邻犹太人国家……犹太—布尔什维克苏联”和“犹太—财阀美国”的敌视，也包括来自英国的。它们都支持蒋介石的中国。虽然“德国在欧洲的胜利”已经减轻了苏联的威胁，但来自美英“犹太财阀”及其“包围圈”政策的威胁却变得更加严峻了。没有提及对珍珠港的偷袭，“Gü ”写道，日本已经“履行了防卫的责任”，以反抗“国际犹太人政治上的代表”，他们认为自己能够粉碎日本。现在日本已经进入“年轻人自由抗争的时期，这对于打败财阀世界统治是必要的”。然而，日本并没有对美、英构成威胁，它决心打败“犹太金融资本”和想要开
133 发中国经济潜力的美英犹太人圈子。

日本已经“认出”罗斯福是犹太人的一个工具，他的政府是一个“犹太人政府”，是由国际犹太人和共济会所控制的好战帝国主义。虽然犹太人在日本的威胁目前并不“严重”，但是犹太人在中国的影响力却是“无限的”。根据《犹太人问题》的说法，蒋介石也是一名共济会成员，他从犹太金融和工业集团那里获得支持。西方民主国家的犹太势力得以在中国喘息，在一个坚定且果断的犹太民族那里——那就是在中国的3.7万名犹太人，大多数在上海，从纳粹控制的欧洲地区逃离过来的。[149] 日本在亚洲的经济领导权将会破坏“犹太人在中国的霸权”。日本人认识到，“在丘吉尔尤其是罗斯福的帝国主义中，他们正面对国际犹太人对统治权癫狂般地追求”。文章写道，1938年出版的《犹太人对日本的攻击》一书已经指出，“犹太金融资本在中国的影响力是中日冲突的主要原因之一”[150]。这看起来似乎没有什么是反犹框架所不能解释的。

到了1941年末，反犹和反美的交织先在《每周要闻》里出现，并在

希特勒的演讲和德国媒体的文章中受到强调，它在纳粹出版社发行的沿着相同路线的大量材料中发现了一个较为安静的回声。《罗斯福背后的权力》，由多产的反犹作家约翰·冯·莱尔斯撰写，到1942年已出版到第三版，印刷了2.8万份。[151] 冯·莱尔斯提供了美国的一个反犹历史，专注于自19世纪90年代之后犹太移民的增长和犹太人力图将美国带入战争。“犹太人的报纸，阿道夫·奥克斯的《纽约时报》，是这场煽动的前沿阵地。”冯·莱尔斯将一篇1925年奥克斯对犹太人在美国享受的“权力和特权”表示感激的演讲解释为新获权力的证据。“那同一个犹太人”，曾谈到过与欧洲民主国家的联系。像其他的纳粹宣传家一样，冯·莱尔斯着迷于夫妻一方有可能是犹太人身份。他找了大量的 134
证据去证明美国国务卿科德尔·赫尔的妻子是犹太人，尽管赫尔没有提出纳粹迫害犹太人的问题。美国介入欧洲事务是站在法国前总理莱昂·布鲁姆、苏联前外交部长马克西姆·李维诺夫、英国前陆军大臣莱斯利·霍尔—贝利沙这边，“以色列的三个儿子”构成了一个“非雅利安三人团”，一致对抗纳粹德国并试图“毁灭欧洲！”[152]

冯·莱尔斯专注于那些如今很熟悉的疑犯：财政部长亨利·摩根索；金融家伯纳德·巴鲁克；最高法院法官菲利克斯·法兰克福特，以及在新政（冯·莱尔斯称之为犹太人新政）里因他帮忙而获得职位的一些青年律师；工会领导人西德尼·希尔曼；萨缪尔·J.罗森曼，在罗斯福圈子里崛起的犹太人中最为危险的一个，且是罗斯福的亲密顾问。冯·莱尔斯总结道，犹太人控制了美国的财政和劳工部门，并在国务院有相当大的影响力。J.埃德加·胡佛，联邦调查局的主管，是第32级的共济会成员。虽然胡佛不是犹太人，但是他连接着一个与犹太人有关的阴险国际组织。费奥雷罗·拉瓜迪亚是一个“西西里岛半犹太人”。对于冯·莱尔斯而言，早在1933年犹太人新年时，罗斯福对美国犹太人的友好表示就在争论上赢得胜利。在1933年，罗斯福“对那些在美国有犹太教信仰的所有人发出了热情的问候：我们感谢犹太人许多伟大的思想，它们丰富了我们的国家和世界。愿我们的犹太同胞在接下来的一年里幸福和兴旺发达”[153]。冯·莱尔斯以这个引用结束了一章，好像不需要进一步的评论。罗斯福亲切的话语结束了这个例子。

冯·莱尔斯呼吁“真正的”美国，而不是纽约、华盛顿的新政或者好莱坞的电影。相反，正是广泛的非犹太中心地带，将会结束罗斯福政府非美国政策的地方。冯·莱尔斯并不是一个疯狂的街头演说家，而
135 是工作于主要纳粹出版社的反犹知识分子中的一员。他和他的老板不明白或者简单地拒绝承认，30年代和40年代的美国军事和外交机构里的绝大多数仍然是白人盎格鲁—撒克逊新教徒。如果纳粹宣传家能够找到来自国务院或军事部门的犹太人面孔以粘贴于《每周要闻》的书页上，他们肯定会将他们放上去。纳粹不明白或不相信美国的政治、外交和军事领导层有理由来反对纳粹的统治和扩张，且与欧洲犹太人的命运毫无关系。

美国参战和美苏英反希特勒同盟的巩固，似乎为反犹解释的正确性和犹太民族是反希特勒同盟的驱动力提供了进一步的证据。在1941年12月31日的日记中，戈培尔表示：“发达资本主义和布尔什维克主义之间的合作现在是显而易见的。自然地，国际犹太人聪明地玩着牌并确信他们现在能够在后台使出王牌。”[154]反犹框架推卸了纳粹政权把一群不大可能的伙伴组成敌对联盟的责任，与此同时也为原则如此不同的政权为何可以结盟提供了一种解释。到了1941年末，一个统一且协调的事件叙述在希特勒的演讲、戈培尔的社论和演讲、几千份报纸和期刊的头条新闻和头条文章、充满色彩和无所不在的《每周要闻》墙

报、来自纳粹出版社的书籍和小册子，以及由纳粹宣传家和官员发表的
在地区和地方层面的上千份会议讲话中出现了。在广大纳粹组织领导
人及其追随者的心目中，美苏英反希特勒同盟的出现最有力地证明了，
一个专注于国际犹太人阴谋存在的反犹解释说明了事件的实际进程。 136
如果不是犹太阴谋者的幕后演习，为什么其他如此奇怪的伙伴会共同
对付第三帝国？是不是很明显，多亏了希特勒的重整军备，不然罗斯福
及其背后和周围的犹太势力早已站在那看似非常诱人的早日胜利之路
上？最为可怕的是，国际犹太人已经组织了一个巨大国际联盟，根据
希特勒、戈培尔以及德国媒体的文章，正在意图“消灭”——那就是谋
杀——所有的德国人。到了1941年后期，纳粹宣传已经将反犹的古老
仇恨转化为大规模屠杀的一个公开正当理由。在1942年，纳粹宣传反
复强调这几点，重复着犹太人将会付出代价，因他们过去和现在的罪恶
和错误而被消灭和根绝。 137

第五章

死亡集中营阴影下的宣传

在1942年冬春两季，六个主要的纳粹死亡集中营都已经开始运作。它们的毒气室和焚尸炉满负荷运行。希特勒在报刊印刷及电台播放的几个重要演讲中，重复着他那“消灭”和“灭绝”欧洲犹太人的决心。同时，德国媒体里反犹头条新闻和文章的数量下降了。然而，在1941年6月到1942年12月所派发的每周墙报中，它们则在继续，甚至被加强了。[1]《每周要闻》深入德国社会的日常生活中，但它在德国境外的影响力并不是那么明显。在1942年冬春两季，普通的德国媒体对第二次世界大战的战斗作了更为传统的系列报道，它们一般是扭曲的、不完整的且错误百出的描述。1942年1月7日来自迪特里希帝国新闻办公室的每日新闻指令，命令不得报道“东部被占领土的犹太人问题”[2]。事实上，从“最终解决方案”的最初到最后，奥托·迪特里希、帝国新闻办公室的工作人员，以及被清洗和恐吓的德国“新闻业”如此之精诚合作，以至于没有一个关于种族灭绝的事实出现在德国报纸和期刊的页面之上。

如果德国的新闻业是名副其实的话，那么媒体将被欧洲20世纪最令人震惊的故事填满。在1941年10月和11月，19 827名犹太人被12辆火车从德国运到波兰的罗兹犹太人区。[3] 在1941年12月，第一个死亡集中营在波兰的切姆诺开始运行。到了1943年4月，15万到30万名犹太人已在那里被毒杀和射杀。在1942年1月20日，在万湖会议上，莱因哈德·海德里希提出，谋杀700万欧洲犹太人的计划需要政府各部门官员之间的通力合作。没有任何信息被透露给媒体——如果有的话，也不会被印刷出来。

在1942年3月，随着波兰贝尔泽克死亡集中营的开工，纳粹官员在大屠杀工厂化中打开一个更为广阔的章节。几乎所有的贝尔泽克受害者都是犹太人。不像配备了移动杀人装置的切姆诺集中营，贝尔泽克配备了永久性毒气室——这是第一个拥有它们的集中营。这些毒气室有能力一天杀死1.5万人。到了1942年11月，60万名犹太人在那里被杀害。他们的尸体被埋葬在露天万人坑里。在1942年5月，波兰索比堡的死亡集中营开始了它的杀人运作。到了1943年10月，20万到25万名犹太人在那里被杀害。在1942年8月和9月，两个临时毒气室被添加到波兰马伊达内克的死亡集中营。到了1942年10月，三个永久毒气室处于运行状态。在1941年10月开始运行的马伊达内克的集中营，纳粹党卫军杀害了无数的苏联战俘。从1942年7月到1943年秋，50个民族的30万名囚犯中有23.5万名被杀害，其中大约12万名是犹太人。在1942年7月，波兰特雷布林卡的死亡集中营开始运行。从那时直到1943年的秋季，来自波兰中部、德国、奥地利、捷克斯洛伐克、荷兰、比利时和希腊的75万到80万名犹太人被毒杀，且他们的尸体在大量的柴堆上焚烧。在1942年的春季，运载着犹太人的火车开始从欧洲各地到达奥斯维辛集中营——最大的死亡集中营。从那时直到1945年，100万 139
到150万人——其中90%是犹太人——在它的毒气室被杀害，且他们的尸体在其庞大的火葬场里被火化。在1942年7月中旬，海因里希·希姆莱命令波兰犹太人区的整个犹太人口在年底要被杀死。华沙犹太人区35万名居民中的大多数，在7月22日到9月12日间被杀害在特雷布林卡死亡集中营里。[4]总之，纳粹以惊人的速度进行着谋杀。截至1943年秋末，200万到250万名犹太人在6个死亡工厂里被杀害，其中5个完成了它们的任务并被关闭。奥斯维辛集中营的毒气室和火葬场，到1942春季开始满负荷运作，继续发挥作用。[5]

德国媒体对涉及几百万受害者的死亡集中营和大规模射杀只字不提，几百名高级官员、数以万计的罪犯、数量未知的旁观者在整个时期都是见证人。这种对"最终解决方案"事件的无任何报道，必须被认为是迪特里希也包括戈培尔的纳粹领导的主要"成就"之一。相反，打气和煽动则以希特勒不时的演讲、戈培尔在《德意志帝国》的社论，以及《每周要闻》墙报中几乎每周一剂的反犹仇恨的形式出现。[6]纳粹政权不但掩盖对几百万平民的大屠杀，而且也压制关于德国军队损失程度的真相。在1941年12月，希特勒报告给帝国议会，自1941年6月以来已有16万名德国士兵在东线战场牺牲，这使得议会大为震惊。根据一份重要的最新研究，到11月末实际数字为282 330名。到了1941年12月底，自巴巴罗萨行动以来的八个月死亡人数已升至324 528名。德国国内受众从未听过这些数字：1942年是57.2万，1943年是81.2万，1944年是180.2万，1945年1月到8月是154万。[7]在1942年3月6日的日记中，戈培尔提供了东线战场在1941年6月22日至1942年2月20日
140 期间的以下伤亡数字：199 448人死亡，708 351人受伤，44 342人失踪。这些数字在计数中虽代表了一定的意义，但他在日记中写道："现在将这些数字公之于众并不合适。我们会等一个更为有利的时机。当我们能够展示新的军事胜利时，它们的公布才会更有效。"[8]对于戈培尔在

后方保持士气的计划，沉默和误报显然是很重要的。

在1942年元旦，戈培尔在国家电台宣读了希特勒对德国人民和国防军的“新年问候”。希特勒自信地表示，轴心国及其新盟友日本将会成功地抵制“盎格鲁—撒克逊列强”。他为日本攻击珍珠港作了辩护。“这对于我们而言是可理解的，日本终于厌倦了有史以来最疯狂的战争贩子［富兰克林·D.罗斯福］一直以来的讹诈和明目张胆的威胁，并转而采取自我防卫。其结果是，现在存在着一个从英吉利海峡到远东地区的民族国家的强大阵线，以反抗犹太—资本主义—布尔什维克的世界阴谋。”[9] 提及在东线的德国战争，希特勒写道，1941年已收获了“人类历史上最伟大的胜利”之一，并承认它所带来的牺牲。然而，德国人“并不知道可怕的灾难将会发生在德国和欧洲，如果犹太—布尔什维克及其与丘吉尔和罗斯福的联盟赢得胜利的话。因为丘吉尔和罗斯福将会把欧洲交付给斯大林！”关于犹太人，他放弃了假设性的声明：“犹太人将不会消灭欧洲的人民。相反，他们将成为他们自己攻击的牺牲品。”[10] 希特勒的新年声明向公众提供了一个他早在12月就已对纳粹领导层表达得较为详细的简短版本。美国站在英国和苏联一边参战，使得国际犹太人的“世界阴谋”公之于世。希特勒现在将会报复“犹太人”。

报复犹太人并不意味着让他们那些傀儡得以脱身。在1942年1月
11日《德意志帝国》的社论“我们搭建了一座桥梁”中，戈培尔抨击了 141
英、美与苏联的结盟。接下来段落的个人侮辱和谩骂直指丘吉尔和罗斯福，他声明德国及其盟友是“反抗正威胁欧洲的蒙古风暴的最后一道墙”。英国已经“背叛”了欧洲，因为它“将自己卖给了莫斯科”。[11] 在1月14日的《每周要闻》中，“他们想要战争！！”一文攻击“罗斯福及其犹太煽动倡导者”，因为他们想要和制造战争。随着他跨越大西洋竭尽

全力补给英国，以及他公然挑战美国的中立法案，罗斯福已然驱使美国进入战争。在丘吉尔之后，他是头号“战争贩子”[12]。在1942年1月20日与戈培尔的会谈中，希特勒将丘吉尔描述为“这场战争的主要战犯”[13]。戈培尔在1942年1月25日的《德意志帝国》的社论中继续加以描述，他谴责“幕后人物”指挥着丘吉尔和罗斯福，他们再三表达出所谓的“消灭德国人民的意志”。[14]

接下来一周的《每周要闻》详细说明了什么仍是纳粹宣传的关键主题：“丘吉尔对欧洲的背叛”[15]。它特别引述了丘吉尔在1920年强烈反对俄罗斯“世界革命狂热者”的原话。文章断言：“从那时起”，布尔什维克已经布局“对欧洲的血腥屠杀”，斯大林已经将俄国人转变为“一群庞大且堕落的奴隶，针对欧洲文化国家进行一场犹太—布尔什维克灭绝战”。它继续道：“犹太人卡冈诺维奇那嗜血的女婿已经残忍地杀害了3000多万人，通过枪杀、饥饿和放逐。”在1941年，面对“第二个成吉思汗”的欧洲正为其生存而战，以及丘吉尔正领导着英国人民，“这个战犯［丘吉尔］把欧洲出卖给布尔什维克谋杀者，并运送武器给他们”。“欧洲的年轻国家”将永远都不会忘记“这个烂醉如泥的丘吉尔”的背叛，并将会继续从事“一个唯一的目标：消灭布尔什维克怪兽，消
142 灭那些肆无忌惮地煽动反对欧洲的人：丘吉尔及其同伙！！”[16]当丘吉尔让左翼政治人物如斯塔福德·克里普斯进入他的联合政府时，戈培尔告诉他的工作人员这是英国布尔什维克化的证据。[17]他将伦敦及华盛顿出现一定程度的联合政府，解释为共产主义和犹太人影响力的进一步证据。在每一种情况下，纳粹宣传都将反希特勒同盟呈现为一个无以类比的阴谋，虽隐而不见但积极活跃的主体，真正的指挥权仍握在“国际犹太人”手中。到了1942年8月，戈培尔称丘吉尔为“克里姆林宫的囚徒”，他已抛弃了反共信念，因政治利益而不得不“跟着苏联的

曲调翩翩起舞”。[18]宣传部出版了海报“犹太人阴谋反对欧洲”，1941年夏季所形成的英苏联盟之起源的一个鲜明多彩的视觉描述。它展示了一名苏联政委与一名英国肥胖资本家握手的老套形象。他们站在一张地图旁，并把他们的握手直接放在德国的上空。当苏联人和英国人在合谋时，那从高空俯视大地、安全远离地上行动的，是一个带着满意微笑的漫画式的犹太人脑袋。那个男性人物有胡子、鼻子和嘴唇，用以唤起老套和空洞的犹太人形象。[19]

虽然希特勒的公开现身变得罕见，但他们仍保持着纳粹宣传的关键议程设置文件。在1943年冬春两季，希特勒在德国电台对犹太人进行了三次恶毒的广播攻击。第一次且最为广泛记录的是他在1942年1月30日纪念他上台执政的对帝国议会的周年讲话。他勃然大怒，辱骂着丘吉尔和英国，并放弃了对英国统治阶级和普通平民之间的区分。他现在认定英国为“势不两立的敌人”。希特勒继续道：“他们仇恨我们，因此我们必须仇恨他们。”然后把注意力转移到了犹太人身上，他说： 143

> 我们很清楚，战争只会以雅利安人或欧洲犹太人其中一方被消灭而结束。1939年9月1日［事实上是1939年1月30日］，在德意志帝国议会里，我已经声明——我并没有发出过早的预言——这场战争不会以犹太人所想象的那样发展，即欧洲的雅利安人会被消灭。相反，战争的结果会是犹太民族的灭绝。第一次，真实的古老犹太律法将会应验：以眼还眼，以牙还牙！斗争越是扩大，反犹主义越是传播……它会在每一个战俘集中营、每一个最终明白到痛苦根源的家庭里找到支持。过去几千年最邪恶之世界敌人被消灭的时刻将会到来。[20]

希特勒再次以无数个人传记链接了雅利安欧洲与国际犹太人之间战争的宏大历史叙述。战争的持续将会传播反犹主义，因为无数个人和家庭会把他们的个人痛苦和损失归咎于犹太人。这种责备归因有助于解释，当欧洲的犹太人正被谋杀时，为什么反犹主义在德国和纳粹占领的欧洲实际上变得更加致命了。戈培尔认为，随着早日胜利的希望破灭，希特勒的演讲对于维持战争支持度是极有用的。[21]

两周后，希特勒在一次与宣传部长一对一的会谈中发表了反犹的长篇大论。布尔什维克主义是“一种邪恶学说……这个犹太恐怖主义在欧洲必须被斩草除根。这是我们的历史任务”。他向戈培尔宣布他“决心毫不手软地铲除欧洲的犹太人”。这里“不存在感情用事的冲动”。犹太人应承受“他们正经历的灾难。随着我们的敌人被消灭，他们也会经历他们自己被消灭。我们必须冷酷无情地逐步升级这个进
144 程。如此做，是为了那些已经忍受犹太人几千年迫害的受苦受难的人，我们正在履行一项规模难以估量的服务。这个清晰的反犹立场也必须传达和灌输给我们人民当中那些不情愿听的人”[22]。这次在柏林的会面之后，希特勒回到了东普鲁士的军事总部。戈培尔对希特勒的离开表示遗憾。他希望希特勒能够留在柏林，“因为与他进行的这些对话是永远不断更新的力量源泉和内在安全”[23]。在传达这些反犹信息给戈培尔中，希特勒知道它们将会在戈培尔的控制下出现在媒体上，例如《每周要闻》和《德意志帝国》，而迪特里希办公室发布的每日新闻指令将会暂时不进行反犹运动，由于死亡集中营已开始全面运作。或许在他那前所未有的种族灭绝事业进入高速发展的时期，希特勒不希望在德国媒体出现任何有关纳粹犹太政策的讨论。

1942年2月11日的《每周要闻》提供了由纳粹党帝国宣传指挥部所发动的反犹攻势持续加强的一个显著例子，还有一个例子就是政权

有能力扭曲文件内容，从而使得无法阅读原件的人们识别不出。[24] 在1941年5月20日，《华盛顿邮报》报道称，吉尔伯特·雷德芬 (Gilbert Redfern) ——一位与美国前总统赫伯特·胡佛一起工作，以政府外的力量来减少战乱欧洲所面临饥饿的美国官员——声称，在拒绝胡佛总统为比利时贫困儿童和成人提供粮食的建议上，英国“已铸成大错”。结果是，普通的比利时人都指责美国“试图通过瘟疫和饥荒而赢得战争”[25]。《每周要闻》视雷德芬为罗斯福的“煽动者”之一，以下完全虚构的陈述，谎称在《华盛顿邮报》的文章中出现过：“这场战争的目的不是去营救民主体制，而是通过美国政府所参与的封锁，将德国及其盟友置于被虱子、老鼠、疾病和饥饿的征服之下。”[26] 墙报随后声称：“欧洲 145
文明世界对于一名昭然若揭的职业煽动者所策划的犹太财阀战争目标会摇头表示不信。”雷德芬，它继续道，已暴露了罗斯福和丘吉尔意图把欧洲交给布尔什维克主义的后果，以满足“世界犹太人虐待狂般的统治欲望!!”[27] 墙报将一段描述纳粹宣传的英国战争目标的引用语，转变成了罗斯福本人的一个“代理人”据说倡导那些目标。不管如何处理，有一点是清晰可见的，即战败将意味着德国人大祸临头。

戈培尔一年大约写了300万字，包括给《德意志帝国》的每周社论、许多演讲，以及他日记中一晚最多能写的1.5万字。但是，他从未记录关于“最终解决方案”的任何具体细节——虽然毫无疑问他想要欧洲的犹太人通通死掉。在看完帝国保卫处报告的关于东线游击战情况之后，他于1942年3月6日写道：“犹太人作为教唆犯和煽动者可谓是到处滋事。这就是为什么他们必须为他们的活动付出生命的代价是可理解的。总之，我认为在这场战争中犹太人被清理得越多，战后局势就越巩固。我们不能允许任何错误的感情用事。犹太人是欧洲的祸害。不管怎样，他们必须被消灭，否则我们就有被他们消灭的危险。”[28] 在第二天的日记中，戈培尔写道，读了从帝国保卫处那里得来的关于“犹太人问题最终解决方案”的大量备忘录。备忘录提及欧洲“超过1100万的犹太人必须首先被集中到东部”，最终“在战后送到一个岛上”，例如马达加斯加岛。欧洲将永无宁日，除非犹太人被“驱逐出欧洲的领土”。即便涉及半犹太人、亲戚和配偶这样的“微妙问题”，它记录道：“现在的形势已经为提出一个犹太人问题的最终解决方案做好准备。后代将不会有充沛的精力和本能的警觉去做这件事。因此，
146 我们彻彻底底地加以推进就显得尤为重要。今天我们所承受的负担将会是我们子孙后代的有利条件和幸福之源。”[29] 戈培尔早已声明，在1941年秋季犹太人正在经历一个“被逐渐灭绝的过程”。几乎可以肯定的是，他已被告知关于1942年1月20日万湖会议所传达的决定。因此，他提及“战后”时期和马达加斯加岛明显是为了子孙后代而撒谎。到了1942年3月，马达加斯加计划已经被欧洲的“最终解决方案”所取代。

希特勒于1942年3月15日在柏林所发表的15分钟演讲中再次攻击了犹太人，那是一个纪念军队英雄的场合。[30] 他把德国第一次世界大战之后所遇困难的责任推到英、法、美身上。这些“犹太—资本主义”国家已证明在大萧条中不能降低失业率。不去学习纳粹的经济和社会政策，这些“本质上由犹太分子所掌控的”、第一次世界大战时德国前敌国的领导人，在纳粹“刚一”掌权之后就开始了对它的攻击。“今天我们知道，早在1935年和1936年的英、法特别是美国，发动新战争的决定就已由真正唯一起决定性作用的犹太人圈子及隶属于他们的政治统治集团作出……而我们今天才认识到敌人的全部准备工作。今天我们看到世界范围内犹太幕后操纵者的合作在扩散。他们把民主国家和布尔什维克主义团结成一个利益共同体，参与了由一个希望能够消灭欧洲

的阴谋所发起的共同攻击。”德国战胜“这个犹太马克思主义和资本主义之间的联盟”，靠的是英雄们的纪律和勇气，他们经受住了过去一年的艰苦考验。[31]

事实上，纳粹在执政之后不久就已受到欧美的批评，因为它摧毁了德国的民主，囚禁政治反对者，破坏新闻自由，以及迫害德国犹太人。希特勒其余的声明都是子虚乌有。远非像他所说的决定发动对德战争，其实英、法已姑息他很久，美国一直保持中立并专注于国内， 147
而苏联对西方民主国家的不信任如此之深，以至于它与希特勒签订了《苏德互不侵犯条约》。的确，希特勒意识到，其敌人的不团结和准备不足，是他希望能够迅速战胜孤立的和军事上稍逊的对手的一个关键因素。其实，没有一个地方是犹太人能够迫使其政府卷入战争的。但对其信徒而言，希特勒的反犹观点合理地解释了为什么一个矛盾对立的联盟——资本主义民主国家和共产主义专制国家——联合起来反对德国。正是那些普遍存在的犹太幕后操纵者悄悄地组织了这个国际阴谋，并统一了这个多元化的联盟及其目标。

次日，在另一次含蓄地提及东线正在开展的大屠杀中，戈培尔在日记中暗指帝国保卫处报告所提到的被占东部领土的游击队，其领导人是共产党政治委员，“尤其是犹太人”。他总结道：“因此射杀犹太人就尤为必要。只要犹太人仍然活跃，这些领土就不会有秩序。”他再次写道，“感情用事”是放错了地方。[32] 将对基本人权的尊重等同于“感情用事”，是戈培尔喜爱的用语之一。1942年3月20日，在普鲁士总部与希特勒交谈后，戈培尔记录道，关于犹太人，“元首仍然是毫不手软的。如果必要的话，犹太人必须用最残忍的手段被从欧洲驱赶出去”[33]。随着所有主要死亡集中营开始运作，说犹太人正被“驱逐出欧洲”显然是在撒谎——那就是去另一个地方。相反，他们被阻止离开欧洲并被杀害在那里。用机关枪杀人仍在继续，但现在被工厂化的大规模屠杀所淹没；并且大规模屠杀与东线的游击战毫无关系。纳粹对犹太人的政策不是对他们作了什么回应，而是希特勒和他的同伙所想象
148 的犹太人正在做什么。因此，在东线对犹太人的大规模射杀并不是战争行为。

在1942年3月27日的日记中，戈培尔尽可能地在纸张上记录他所知道和感受到的关于毒气室和焚尸炉的细节。

> 始于卢布林，犹太人正被船运到东部军政府［波兰］那里。一个相当野蛮的程序被采用了，其细节我不会过多描述。犹太人没有多少被留下来。共计60%的犹太人必须被清理，而只有40%可以被用于劳作。前任维也纳长官，正以谨慎小心的态度和不引人注意的方式指挥此次行动。惩罚正施加于犹太人身上，虽然确实是野蛮，但他们完全是罪有应得的。元首对于如果他们带来一场新的世界大战而给他们的预言，正开始以一种更为可怕的方式被实现着。在此事上，任何人不能感情用事。如果我们不能以对抗他们的方式来保卫自己，那么犹太人就会消灭我们。这是雅利安民族与犹太寄生虫之间生与死的斗争。没有其他政府和政权能够聚集力量来完全解决这个问题。这就像其他情况一样，元首仍然是一个激进解决方案的坚定捍卫者和代言人；这既是形势所需，也是无可避免的。感谢神，在战争期间我们拥有了在和平时期将会对我们关闭的一系列机会。因此，我们需要好好把它们利用起来。［犹太人］已被清理的军政府城市中的犹太人区，又会被帝国所驱逐的犹太人充斥着，在那里过不了多久，程序就会被重复。犹太民
> 149 族没有什么可以去嘲笑的了。由于犹太人如今在英、美的代表正

> 组织和扩大对德战争，那么他们在欧洲的代表必须为此付出高昂的代价，一个实际上必须被视为公正的代价。[34]

对犹太人区的驱逐、清理和再次充斥这一重复过程的提及，显示出戈培尔意识到犹太人区并不是犹太人痛苦的终点。在他的日记隐私中，他重复着因为犹太人是美、英对外战争的驱动力，因此欧洲犹太人必须为此付出生命的代价。这个政策，远不是正常政府官僚机构崩溃的结果，而是希特勒自己赞同和实施的“激进解决方案”。60%被杀的数字是虚假的，在死亡集中营那些被杀的百分比经常是接近100%。即便在个人反思中，戈培尔也已掌握了处理最微妙话题的技巧。两天后，他写道，犹太人正以每周约1000名的人数从柏林撤离，然后被送往东部。他们“除了承受痛苦之外，就没有其他什么命运可言了。关于继续走他们当前的道路，我们已经多次发出警告，但他们对我们的警告置之不理，现在他们不得不为他们正在做的事情付出代价”[35]。8月，戈培尔在华沙短暂停留，与党卫军官员谈论华沙的犹太人区。他的日记提供了进一步的隐秘证据，以证明他知道“最终解决方案”正在进行中。“犹太人被大量驱逐并被送到东部。这在更大范围内发生着。在那里，犹太人问题正被得当地处理，没有感情用事……这是犹太人问题得以解决的唯一途径。”[36]戈培尔在1942年4月24日的日记中评论道，关于战争，“不管从哪个角度看，国际犹太人都是幕后操纵的力量”[37]。那位骗子大师和愤世嫉俗的操作者提供了充分的证据，以表明他实际上相信一个国际犹太阴谋的存在，且是敌人联盟背后的驱动力量。

这些个人反思所强调的中心点是，激进反犹意识形态为欧洲犹太族群的大规模屠杀辩护，并与之形影相随。它首先和首要的是一种政 150

治上偏执而非生物学意义上的信念和叙事。纳粹种族灭绝政策不是基于这样一种反犹认知，即犹太人的耳鼻过大，或身姿和外形被他们认为是柔弱的，或其性欲对德国妇女和“雅利安种族”构成威胁。诚然，尤利乌斯·施特赖歇尔对犹太人身体和犹太人性欲的色情式痴迷，连同纳粹种族科学的荒谬，导致了可怕的后果。这些偏见、恐惧和着迷，是迫害、强制绝育及不人道医学实验等纳粹政策极其重要的正当理由。它们在德国和纳粹占领的欧洲必然导致了对犹太人的普遍仇恨，并为理想化的雅利安人体征提供了一个可以与之对比的形象；然而，与激进反犹政治叙事的效能相比，这些陈述是造成种族灭绝的次要因素。[38]希特勒在《我的奋斗》中对东欧犹太人所谓身体特征的令人厌恶的攻击变得举世闻名。

但是，纳粹政权强迫所有的犹太人佩戴大卫星，正是因为它的主要官员不能严格根据外表体征来区分谁是或不是犹太人。他们想要阻止犹太人混入非犹太人当中，或者以他们的术语，通过研习模仿。(1942年7月1日的《每周要闻》以图文结合的方式描绘了政策。在黄色大卫星的旁边，以粗体字在中间印着“犹大”，海报声明：“每个人都知道谁佩戴这个［黄色大卫星］就是我们人民的敌人。”)[39]希特勒及其同伙决定谋杀欧洲所有的犹太人，是因为他们相信“国际犹太人”做了什么，远不止因为犹太人的样子。以纳粹的观点，是犹太人的行为，而不是他们的身体，为大屠杀提供了正当性。正如戈培尔在多个场合所说的，如果所有的犹太人因种族原因而都是一个发动对德战争的国际阴谋的成
151 员从而是德国的敌人，那么犹太人身份与行为之间的区分就没有意义了。种族灭绝是纳粹对国际犹太人的回应，他们被视为统一和历史性的活跃分子，尤其在发动对德战争的政治事件上。以纳粹的观点，如果犹太人听从了希特勒的警告，他们就不会发动第二次世界大战。但是

他们拒绝了，犯了战略上的错误，发动了战争，他们因此正受到应得的惩罚：死亡。这主要不是厌恶犹太人的身体或恐惧犹太人的性欲，而是所谓的犹太人正发动针对德国的战争，这站在大屠杀逻辑链条的中心。因为激进反犹主义首先和最重要的是一种政治狂热主义的学说，一个将隶属犹太教的人群描述为一个被称作犹太种族的族群，且他们具有非凡的操控能力。该学说提出了种族灭绝。纳粹将犹太人视为一个真实存在的政治主体，并且比反希特勒同盟的各政府都要强大得多。在希特勒于1942年4月对犹太人的第三次主要口炮中，这种将犹太人作为一个政治主体的攻击完全显露出来。这是他对帝国议会最后一场会议的讲话。它的最后行动就是使希特勒的意志变成法律，一致通过而无须讨论。[40]

在电台全文播报的演讲，部分在《犹太人问题》的首页上被引用。希特勒声称："由于国家社会主义专注于种族问题的本质，因此我们已经找到了许多进程的解释，而就它们本身而言，从表面上来看是会出现让人费解的情形。"这一揭露产生了以下对近代历史的解释。[41]

> 驱使英国在1914年卷入第一次世界大战的背后力量是犹太人。在那场战争中，麻痹我们并最终迫使我们屈服的力量是犹太人的一种，它的标语写着德国人不再能扛着胜利的旗帜回家。犹太人煽动了革命[1918—1919]，从而剥夺了我们进一步抵抗的能
> 力。自1939年以来，犹太人已用计使得英帝国陷入最大的危机当 152
> 中。犹太人是曾经威胁要灭绝欧洲的布尔什维克病毒的携带者。然而在同一时间，他们也是财阀当中的战争贩子。一个犹太人圈子，只会从犹太—资本主义的角度采取行动，已驱使美国参战，反对它自身的所有真正利益。罗斯福总统，为了证明自己的能力不

> 足，组建了一个智囊团，其主要人物我不必提及他们的名字：他们只会由犹太人组成。[42]

威尔逊总统身边的犹太人，已经对美国介入第一次世界大战负责。[43]犹太人认同了无产阶级专政和“对国家领导人和民族知识分子的消灭”[44]，希特勒继续讲道，反犹主义解释了什么是当初看起来“让人费解的”，那就是，苏联与西方民主国家之间的联盟。“犹太资本主义”已与由犹太人统治的布尔什维克国家联合起来，以反对像德、日这种只寻求自由和独立的国家。[45]

1942年5月27日的墙报，题为“幕后操纵者：他们只会是犹太人！”，转载了希特勒4月26日关于罗斯福、美国犹太人和英国“隐藏力量”的讲话。[46]“幕后操纵者”放在上面，“只会是犹太人”放在下面，在常用的黄色背景上配以黑色粗体文字。犹太人和“罗斯福”以黑体字出现。《每周要闻》将犹太人描述为“幕后操纵者”，自20世纪20年代中期以来已是纳粹反犹视觉图像的组成部分。这个最新版本的意义在于摄影技术的应用。国际犹太人不再停留于艺术家的漫画，或者仅仅在海报上列出名字。最终，敌人的真实面孔，国际阴谋的主要人物，展示给所有过路人看到。在右边，以黑体字导入“犹太人”，是莱斯
153 利·霍尔—贝利沙的照片，前英国陆军大臣；瓦尔特·拉特瑙，魏玛共和国前外交部长；库尔特·艾斯纳（Kurt Eisner），1918年至1919年革命期间巴伐利亚苏维埃的领导人，他像拉特瑙一样被右翼刺客所刺杀。左边是“犹太人”伯纳德·巴鲁克、菲利克斯·法兰克福特和马克西姆·李维诺夫的照片。[47]墙报肯定是增强了对纳粹党的忠诚及同路人的信念，同时也让怀疑者们停顿了下来。毕竟，巴鲁克、法兰克福特、拉特瑙及其他人并不是凭空捏造的。他们都是犹太人。可能一个有技术

能力派发12.5万份海报印制件到德国几乎每个显著视觉位置的政权,知道这个世界是如何运作的,以及这些犹太人都在干什么。不管怎样,没有其他替代解释能有效回答为什么德国与东西部的敌人再次交战。

德国劳工阵线的主席罗伯特·莱是另一位激进反犹主义的公开鼓动者。[48]这个粗鲁且野蛮的男人在战争早些年对乐于接受的听众的多场演讲中表达了对犹太人的仇恨,并利用他所控制的德国劳工阵线以帮助纳粹宣传的派发。1939年9月5日,在奥地利因斯布鲁克的一次地方纳粹官员会议上,他讲道:“犹太人不能只在我们国家被消灭。相反,犹太人只有在全世界范围内被灭绝,我们才能得到安宁。”[49] 1939年12月在波兰罗兹市,那时被德国占领,莱警告道,如果英国赢得战争,“德国人民,男人、妇女和儿童都将会被消灭……犹太人将会蹚过鲜血。火葬柴堆将会建在犹太人要焚烧我们的地方”。犹太人将会以神的名字来做此事,但是“我们想要阻止它。因此,应该是犹太人被饿死、烧死、油煎和消灭。德国人将会生存下去。这就是我们的口号[热烈的掌声,胜利的呼喊]”[50]。1941年9月3日,在向妇女颁发战争服务奖章的仪式上,莱讲道,战争是一场生与死的斗争,且最终不会有《凡尔赛和 154
约》。如果德国被打败了,“德国人民将会被斩草除根,你和我,每一个人,男人和妻子、小孩,未出生的婴儿也会被杀掉。犹太人毫无仁慈和怜悯之心”。德国的许多城市将会变成“沙漠”。[51]

1942年2月2日,在柏林体育宫对西门子公司员工发表的演讲中,莱声称,犹太人意图消灭和灭绝德国人,“不管年轻或年老的,富有或贫穷的”。但多亏希特勒的领导,德国人已经见到“人类的敌人……犹太人将会且必须被灭绝。这是我们神圣的任务[鼓掌]。这就是这场战争的意味”。[52] 1942年5月,在阿姆斯特丹和海牙,莱发表了三篇关于犹太人的演讲。5月10日对在阿姆斯特丹的德国和荷兰工人的一次会议上的演讲，在德国电台上播放，他将战争描述为通过种族联合起来的人民为一边而犹太人为另一边的一种战争。演讲快结束时经常被掌声和笑声所打断，他说了下面的话："同志们，相信我。我并非危言耸听。我很痛苦，真的很痛苦。犹太人是人类最大的威胁。如果我们不能成功地消灭他们，那么我们将会输掉战争。把他们送到某个地方是不够的。那就好像一个人想把虱子锁在笼子里[大笑声]，它会找到出路，然后又从下面出来且让你又痒痒[大笑声]。你不得不消灭他们，你不得不灭绝他们，[因为]他们对人类所做的一切……[被持续的掌声所打断]。"[53]莱的阿姆斯特丹演讲在公开场合要比大多数纳粹领导人走得更远，通过声称把犹太人从一个地方送到另一个地方是不够的。演讲抄本传达了莱谋杀犹太人的号召，以及听众对此的理解和认同。在这些声明中没有委婉的暗示，听众是能够理解且欢呼雀跃的。

1942年的春季，在新任命的空军元帅阿瑟·哈里斯的指挥下，英
155 国加强了对德国工业中心进行轰炸的行动，目标锁定于工厂和交通，也包括相互比邻且人口稠密的劳工社区。通过迫使德国空军力量集中飞机用于领空防卫，未来两年半的德国上空空战明显降低了德国空军在东西线的作战能力，从而为同盟国的胜利作出了意义重大的贡献。[54]它也造成了估计50万名德国平民的死亡，不成比例地在妇女和儿童之间。轰炸成为戈培尔的一个关键话题。[55]他在1942年6月14日《德意志帝国》的一篇社论中首先发表了评论，题为"空战和神经质的战争"。该社论谴责了丘吉尔和英国的轰炸行动，声称："恐怖行为不会挫败德国的士气。"

接近该社论的结尾，戈培尔把他的关注点从丘吉尔和英国政府转移到犹太人身上。他们"在这场战争中玩了一个该受天谴的游戏，他们将会为此付出代价，以他们欧洲甚或超出欧洲范围的种族被消灭"[56]。

1942年10月21日的《每周要闻》，题为“发明轰炸战争以针对平民的人”，援引希特勒攻击丘吉尔、同盟国的轰炸活动以及罗斯福，并扬言德国将会报复的演讲。戈培尔对“这次战争的两个主要战犯及其背后的犹太人”撂下狠话，“英国的后果将会比开始时更为惨不忍睹！！！”[57]墙报也像戈培尔的社论，将反犹信息嵌入抗击同盟国空战的长篇大论中，主题所产生的反响远超过纳粹党的各个阶层。

6月13日，《华盛顿邮报》在第12版刊发了一篇题为“纳粹杀害犹太人以报复英国空袭”的文章。该篇报道称，德国电台播放了短文的完整版，关于戈培尔“威胁要消灭犹太人以报复英国对德国的空袭”。在同一天，《纽约时报》在第7版刊发了一篇题为“纳粹将大轰炸归罪于犹
太人；戈培尔说‘全欧洲甚至更大范围内的灭绝行动’将会发生”的文 156
章。两篇文章同时援引戈培尔的演讲，以例证纳粹意图消灭欧洲犹太人。[58]这些文章虽然准确报道了纳粹的谋杀意图，但可以被解读为暗指德国的威胁出于对同盟国战争措施的回应，停止这些将会阻止其所宣布的“消灭”。但是，在希特勒和戈培尔关于犹太人和战争的所有声明文本中，对戈培尔评论的适当解读更多的是犹太人要对整个战争负责，而空战只是其中的一部分。对犹太人的大屠杀在1941年6月22日就已开始，远早于同盟国对德国的空袭。虽然如此，在德国上空的空战现在在纳粹反犹宣传中也被假定有一个专门的位置。德国被摧毁的城市和平民的死亡成为一个主要的证据，以力挺犹太人的确试图消灭德国人的官方声明。

可能是因为反苏情绪已深深地根植于德国人当中，戈培尔的反苏社论要比对西方的攻击少很多。不过，他和他的部门都没有忽视反苏宣传。《每周要闻》从1942年1月到7月的八个版包含了对俄罗斯的攻击，还有两个版是在秋天。1942年7月，宣传部举办了一个展会——

"苏维埃天堂"，在很多德国城市进行了巡展，大概是揭示天堂幻觉背后的真相。在1942年7月19日，戈培尔的文章"所谓的俄罗斯精神"发表了，在这里，他将苏联描述为一个犹太人大脑和非犹太人身体的结合体。"毫无疑问，"他写道，"以东部人类的沉默和顺从来看，国际犹太人是我们所面对的最危险敌手。"[59]"来自东部的风暴"是一个特别的威胁，因为它与"犹太知识阶层连接着，无情地追求着他们的地狱目标"。它构成了对德国和"西方文化"的"死亡威胁"，因为犹太人仅仅在利用"东方普罗大众的动手能力"。目的是创造和利用"苏维埃系统中军
157 队的巨大风暴以反对德国和欧洲"。在东部前线生死斗争中的战败，将会"导致国际犹太人对欧洲的绝对统治"。德国人民将会"被交付给一个既粗鲁又残忍的落后种族[俄罗斯]，同时[德国人民]最珍贵的东西也将会被摧毁"。虽然他有信心"优等种族"将会得胜，但他也相信"欧洲将会迷失"，如果轴心国未能保护它的话。[60]

1942年夏季，北非变成轴心国和同盟国之间的一个主要战场，也是纳粹宣传的一个更大关注点。5月下旬，埃尔温·隆美尔将军的德意志非洲军团从利比亚向东推进到埃及边境，在托布鲁克（利比亚港口）打败了英国的第八军，并俘获2.8万名英军士兵。到了6月底，德国军队已入侵埃及并离亚历山大港不到60英里。在托布鲁克溃败之后，英国更换了军事领导人，美国加速运送新式谢尔曼坦克到前线。7月，在阿拉曼出现战争的僵局，伯纳德·蒙哥马利将军被任命为第八军的指挥官，并于9月初成功击退了隆美尔的攻击。1942年10月，英国第八军粉碎了德意志非洲军团并迫使其撤回到的黎波里。纳粹对巴勒斯坦犹太人的威胁被挫败了。[61]然而，它并没有改变英国在《1939年白皮书》中所确立的政策，且这个政策在整个战争期间保持不变。该白皮书颠覆了宣称英国支持犹太人在巴勒斯坦建立一个民族国家的1917年《贝尔

福宣言》。相反，它变成英国政府不支持犹太人在巴勒斯坦建国，以及将犹太移民限制在每年1万人以内——相当于不超过巴勒斯坦人口三分之一的政策。虽然丘吉尔赞同犹太复国主义者的愿望，以及大屠杀的消息在1942秋季获得英国公众的了解，但是这些限制在整个战争和大屠杀时期仍保持不变。[62]

在此形势下，纳粹对阿拉伯世界的宣传，从针对德国和欧洲受众的关于英国和中东的伪学术论文，转移到了对北非和中东的阿拉伯人 158
和穆斯林的直接呼吁。在1942年1月，宣传部将其反闪米特行动办公室改名为反犹行动办公室。如此做是要符合一般语言学上的努力，避免“反闪米特”这一用词触及阿拉伯和伊斯兰的敏感神经。错误地认为该白皮书允许所有的犹太人在《贝尔福宣言》的支持下都可以移民到巴勒斯坦，戈培尔在他1942年5月28日的日记中写道：“英国人正在做一些愚蠢的事情，他们把巴勒斯坦许诺给犹太人。”他认为：“这对我们而言是极好的消息。我们可以在针对阿拉伯的宣传中好好利用此事。”[63] 事实上，一个基于共同对抗英国和犹太复国主义者的联盟，以及共同的反犹意识形态，自1937年以来已经出现在纳粹与耶路撒冷的大穆夫提阿明·侯赛尼之间。这在整个第二次世界大战和大屠杀期间是一个牢固的纽带。[64] 在柏林——他因逃离拘捕而流浪的地方，在20世纪30年代巴勒斯坦和1941年伊拉克的暴力活动之后——大穆夫提发表广播讲话，以支持纳粹政权进入阿拉伯世界。1942年7月2日，他发表了题为“埃及人民”的讲话。他讲道，隆美尔在北非的最初胜利“让整个东方的阿拉伯人无不欢欣鼓舞”，因为轴心国有“共同的敌人——英国人和犹太人”，并在共同抵抗着布尔什维克的威胁。带着德国占领埃及的前景，阿明·侯赛尼连接了他所说的埃及人民反抗英国帝国主义的斗争与巴勒斯坦人反抗“聚集的英国力量及其与犹太人的联盟”[65]的斗争。正如他在1942年8月8日的日记中所记录的，戈培尔意识到英国关心犹太人移民到巴勒斯坦将会引起阿拉伯人的反抗。他评论道，在伦敦存在着“对穆斯林的相当大的恐惧，这一事实对于我们非常重要，我们可以广泛用于针对世界的宣传之中”[66]。

宣传部扩大了对阿拉伯人乃至所有穆斯林的呼吁。在北非激烈
159 的战斗中，每周《期刊服务》指令强调更深理解“伊斯兰世界作为一个文化因素”[67]的必要性。服务指令警告低估东方文化贡献的“危险”。“肤浅的探讨”源于阿拉伯和犹太人在语言上的相似性，进而导致二者被混为一谈。在德国很多伊斯兰的讨论要么已经过时，要么受教堂辩论的启发。德国期刊编辑需要“加强和深化[纳粹]现有的对伊斯兰世界的同情。我们必须利用这个巨大的文化力量，其本质是尖锐地反布尔什维克和反犹，以向我们靠近。通过一种友好而不是迎合的陈述，我们必须说服全世界的穆斯林，他们没有比德国人更好的朋友。在这个主题的处理中，‘闪米特主义’和‘反闪米特主义’的词汇必须避免使用”[68]。正如早前指令所解释的，纳粹政策应该被描述为对犹太人有敌意而不是反闪米特，使用后一个术语会削弱寻求阿拉伯世界支持的努力。

到了1942年8月，戈培尔与迪特里希及其各自工作人员之间的紧张关系，已经严重到足以要希特勒的介入。在控制每日和每周新闻指令进而控制媒体的权力的争议上，希特勒支持了迪特里希，因此他被保证负责和控制宣传部的所有新闻分部，包括德国新闻、海外新闻以及期刊的办公室。[69]这场争论并没有表现出任何重大的意识形态分歧。相反，它说明了希特勒决心把每日每周给新闻界的指令整合到他所制定的军事战略当中去。对此，最好的办法就是指令由迪特里希来传达，因为他每天都在希特勒的总部工作，并直接从希特勒那里收到命令或意见。每一

个早上，迪特里希递交给希特勒国际新闻的简报。不管希特勒和戈培尔在基本看法上如何一致，他们并没有每天见面，而且并不在同一个地方工作；而迪特里希却能做到这些，他因此成为希特勒的意愿、暗示和意见 160
被传送和细化成新闻指令的渠道。在一份8月的备忘录中，希特勒写道，迪特里希将会把“元首关于新闻界定位的指令”通过电报或电话传达给他及戈培尔所辖的各分部和工作人员。他是要让戈培尔知道希特勒对宣传部所关注事宜的看法。戈培尔并不被允许直接发布指令给新闻界，但是可以“通过帝国新闻主管”或其代表来转发它们。他们之间存在意见分歧时，迪特里希直接与戈培尔进行讨论，然而这并没有延迟对希特勒指令的下达。这就是说，戈培尔不能否决迪特里希的决定，因为他们都要服从希特勒的命令。希特勒消除了由迪特里希控制每日新闻会议的任何质疑。“在新闻界代表例会面前，帝国新闻主管代表政府。”[70]

然而，戈培尔仍然控制着《每周要闻》，并用它制作出那个夏季源源不断的反犹文本和图像。8月8日那周的“一个有远见的英国人”提供了反犹和反美主题的一个交织。海报复制了由一个不知名英国艺术家所画的系列漫画，据说是在1909年完成的，提供了美国历史的一个版本。漫画中一个山姆大叔走到一个站在悬崖边上的土著美洲人背后，然后把这个印第安人推下悬崖。而后，隐藏在岩石背后的犹太人出现了，把山姆大叔也推下了悬崖，并站在那里得意扬扬。美国已把原始居民推到一边，而如今19世纪后期和20世纪初期的犹太移民潮已使美国充斥着犹太人，且他们已取代了传统的美国。海报引用了19世纪的犹太历史学家海因里希·格雷茨（Heinrich Graetz）的话，大意是，犹太人将会在“自由和平等的土地”上兴旺发达，以及“一个强大的犹太民族将会在20世纪出现”。用粗大且醒目的字体，海报断言道：“这正 161
是所发生的事情！犹太人已在美国实现了他们的目标。犹太人和犹太人的同志是美国真正的统治者。他们把美国人民拖入战争，为的是把他们的权力延伸至欧洲和世界其他地方。我们已经拿起武器抵抗他们！我们不会放下武器直到犹太人及其同伙被打败，以及它的影响力最终被摧毁。犹太人的统治将会被终结！”[71]

接下来的一周，1942年8月19日的《每周要闻》，在再次唤起声名狼藉的西奥多·内森·考夫曼中继续着另一个反犹主题。题为“犹太人考夫曼胜利了！”的海报展示了一张照片，“犹太人西奥多·内森·考夫曼”在他的打字机旁。这与被装饰在《世界财阀的战争目标》一书封面上的是同一张照片。《布宜诺斯艾利斯先驱报》被用红色字母写在上面。其右边是一个引述，缺少日期和作者，表面上引自阿根廷布宜诺斯艾利斯的“英国人报纸”。正文把以下几点情绪转嫁给《布宜诺斯艾利斯先驱报》：“德国人是残暴的野兽。他们必须像恶魔一样被对待。处理这些生物以区分国家社会主义和所谓的德国人将会是愚蠢的行为。唯一好的德国人就是死了的德国人。因此，我们的座右铭必须是：德国人必须被消灭！”文章回顾了考夫曼关于在德国通过绝育来消灭德国人的计划！“长久以来，我们都知道犹太人和财阀所欲强加给我们的命运是什么。这就是为什么我们如此坚决地反抗以获得这次强加给我们的战争的胜利。”[72]一个来自新泽西的犹太作家和布宜诺斯艾利斯一家报纸的社论有什么关系？为什么阿根廷的一家报纸会宣扬遥远欧洲一场战争的情绪？如果一个人接受了海报所暗含的假设，即一个团结起来的被称为犹太人与“财阀”联盟的国际主体已经从美国和英国扩张到南美洲，那么秘密就这样被解开了。再次，公共启蒙和宣传
162 部解释了表面现象背后的更深层次真相。因此，内森·考夫曼，一名不能在所谓的犹太人统治的纽约得到任何出版商支持以出版《德国人必须被消灭！》的犹太人，继续充当纳粹德国的主要海报人物之一，以展

示国际犹太人阴谋及其消灭德国和德国人的计划。

在死亡集中营运行的头几个月，德国媒体在其对犹太人攻击中仍然保持着克制。但在1942年9月13日，《人民观察家报》上的头版标题又回到了反犹主题，它宣告："罗斯福和他的犹太人：巴鲁克成为美国经济的独裁者。"文章声称，罗斯福已经任命伯纳德·巴鲁克以指挥所有的美国军工生产。根据《人民观察家报》所述，随着巴鲁克的"任命"，美国的犹太人已经最终实现了它的目标："攫取美国的所有权力"。它声称巴鲁克是"罗斯福圈子中整个经济帝国主义取向"[73]的中心。文章根本上曲解了事实。在1942年的夏季，罗斯福总统已经任命了巴鲁克，连同哈佛大学校长詹姆斯·B.柯南特、麻省理工学院校长卡尔·康普顿，以共同领导一个技术人员和工程师委员会（后来被称为巴鲁克委员会），负责为战时可能出现的橡胶短缺问题提供解决方案。在1942年9月11日，经过一个多月的考察之后，巴鲁克委员会发布了它的推荐方案。在声明美国面临"不适或失败"的选择之后，该报告建议在全国范围内实施汽油定量配给和限制汽车的驾驶（包括每小时35英里的速度限制），以避免"民用和军事上的崩溃"。[74]在珍珠港被偷袭后，美国橡胶供应的90%被切断，因此迫切需要资源保护与合成橡胶的生产。巴鲁克委员会并不处理与犹太人相关的问题。巴鲁克自己在公共生活中是一个有影响力且备受尊敬的人物，而除了哈佛大学和麻省理工学院的校长之外就没其他人了。《人民观察家报》文章的言外之意是，柯南特和康普顿是盎格鲁—撒克逊白人清教徒集团中的两根支柱， 163
也是让犹太人控制美国的阴谋中的一部分；他们不理解或关心自己正在被魔鬼般聪明的巴鲁克及其犹太人同胞所利用，并因为他们把犹太人的利益摆在那些"真正"的美国利益之先而成为叛徒。

这样的声称，不管它们在纳粹领导人及其追随者那里多么貌似有理，但当它们出现在非犹太同盟国领导人和英美公众面前时，却呈现出一个显著的缺点：它们构成了一个持久的侮辱，暗示同盟国缺乏头脑或自我意志。正如我们已看到的，纳粹反犹宣传的一个核心主题是那个无以类比的阴谋。宣传赋予犹太人最高的自治权，而否认将这些归于他们的同伙、木偶和仆人——在这个案例中，包括美国两个最具名望学府的校长，当然也包括美国总统自己。根据这个推论，詹姆斯·柯南特和卡尔·康普顿没有同意每小时35英里的速度限制和汽油定量配给，因为他们懂一些现代科学、技术和经济，并想要为美国的战争努力作出贡献。然而，他们以及25名为他们工作的工程师，已为帮助犹太人的夺权计划而牺牲了自己的职业操守。纳粹关于罗斯福、丘吉尔、斯大林或任何其他人是犹太人工具的指控都有同样的含义。傀儡没有自己的思想，除了犹太人所指示的，他们就没有什么其他动机去行动了。

美、苏、英三国政府并没有将纳粹的灭绝政策置于他们反对德国独裁体制的根本依据的核心位置。[75] 希特勒的敌人不遗余力地强调国家参战的传统原因，即《大西洋宪章》的四项自由、航海自由、侵略和领土扩张的威胁、珍珠港事件后德国攻击美英的船只、纳粹政权本身的邪
164 恶，以及在德国入侵之后苏联的当下生存问题。纳粹宣传声称，其中没有一个是同盟国政策的真正理由，它们的领导人都是撒谎者和伪君子。在这些领导人得到民众支持的程度上，纳粹宣传对它所指控的民主国家的公民构成了持续的侮辱。它先是含蓄，后是明确指控他们往好的说是幼稚，往坏的说是被一小撮聪明的犹太人所愚弄。不管调查如何显示战争期间美国反犹主义的上升，纳粹都未能破坏民众对战争努力的支持。[76]

1942年9月30日的《每周要闻》，紧跟着《人民观察家报》上关于巴鲁克的文章，推出了“面具掉下来了！”的海报。[77] 它错误地声称，

美国的报纸已报道罗斯福任命了一个被称为智囊团的新私人顾问委员会。海报在伯纳德·巴鲁克、亨利·摩根索、菲利克斯·法兰克福特，以及被误认为是一名参议员的众议院议员索尔·布鲁姆的照片下方标着粗体字“犹太人”这个词。(布鲁姆是国会外交关系委员会的主席。)“半个犹太人”出现在费奥雷罗·拉瓜迪亚照片的下方。国务卿科德尔·赫尔据说“娶了一个犹太女人”。以粗体黑字对黄色背景，它宣布道：“这些是美国真正的统治者！”正文内容如下：

> 我们长久以来所知道的事情如今已被证实了！在为他的幕后犹太人服务中，罗斯福鼓动了战争并最终驱使美国人民卷入这场无望的战争中。在为世界犹太人的服务中，“民主的捍卫者”现在要求无限制的独裁权力。将犹太人巴鲁克任命为美国经济事务负责人，表明道路正通向哪里……在犹太人罗斯福的奴役之下。随着这个稻草人站在顶端，以色列想要建立一个犹太人的世界统治。欧洲的年轻人，联合他们日本的盟友，将会击败这个计划。直到人类的敌人被消灭，他们才会放下武器。[78] 165

就像5月下旬的墙报“幕后操纵者”一样，“面具掉下来了！”再次利用摄影技术和它的大规模印制，使得那些不再是秘密或无名的现已声名狼藉的幕后犹太人露出真容。对于纳粹党忠实的信徒和同路人，对美国政策知之甚少和没有其他新闻来源的德国受众，除了被关于国际犹太人阴谋声明的不断轰炸之外，犹太人名字和面孔的绝对数量将大大增加纳粹核心主题的分量。

应戈培尔渴望见到和听到他对国民发表演讲的请求，希特勒于1942年9月30日在柏林体育宫对一群惺惺相惜的听众发表了1小时10

分钟的讲话。演讲在全国电台和军队里播放，在德国媒体里被突出地报道。他自信地表示，德国将会导致“这个资本主义、财阀和布尔什维克主义国际阴谋右臂的折断，它是德国人民所面对的最大危险”[79]。德国的军事力量使人畏惧，其盟友引人注目。它现在拥有被占领土上的大量原材料和农业资源。[80]当希特勒谈到需要对同盟国的轰炸行动进行报复时，他对于第一次说出有关犹太人的预言又提供了一个错误的日期。他不断地重复着，好像对犹太人的灭绝是报复同盟国的轰炸行动。下面这段话引起了集合起来的听众的极大热情。

> 1939年9月1日，在帝国议会的会议中，我说了两件事情。首先，在我们被迫参战后，不管是武器装备还是时间因素都会击败我
> 166 们；其次，如果犹太人为了灭绝欧洲的雅利安人而释放一场世界大战，那么这将不会是雅利安人而是犹太人被灭绝[长时间的鼓掌]。白宫里精神错乱的幕后操纵者拽着一个又一个民族进入战争。然而，在同样程度上，反犹浪潮淹没了各国人民。它会进一步采取行动，迫使一个又一个国家参战。每一个国家总有一天都会成为反犹国家。德国的犹太人曾经嘲笑我的预言。我不知道他们如今是否还在嘲笑，或者嘲笑已在他们中间消失。我只能许诺一件事。他们会在任何地方都笑不出来。关于这个预言，我会被证明是正确的[听众大声地叫喊着表示同意]。[81]

听众在体育宫的反应说明了，纳粹的忠实信徒是知道希特勒用他们熟悉的语言来告诉他们纳粹政权当时正在屠杀犹太人的。此外，名词“灭绝”和动词“使灭绝”的清晰含义，希特勒重复它们的政治和时代背景，以及他对自己是一个预言家的坚持，都表明他已经命令，然后

纳粹竞选海报，汉斯·施韦策，1924，引自 Erwin Schockel, *Das politische Plakat: Eine psychologische Betrachtung* (Munich, Zentralverlag der NSDAP, 1939)。

竞选海报，1924，引自 Friedrich Arnold, *Anschläge: 220 politische Plakate als Dokumente der deutschen Geschichte, 1900–1980* (Ebenhausen: Langewiesche-Brandt, 1985)。

„Es gibt ein Volk in Amerika, das niemand wirklich kennt, — das ist das jüdische."

Der Jude Dr. S. Margoshes Hauptschriftleiter des „Jewish National Day" NY.

Ein bezeichnendes Beispiel für die Tarnungsmanöver des Judentums: das Plakat für die Wahl zum Gouverneur des Staates Neuyork zeigt einen 100prozentigen Amerikaner, den man physiognomisch unter die besten Präsidenten reihen könnte . . .

. . . Wenn man sich aber diesen Gouverneur, der ein enger Freund des Präsidenten Roosevelt ist, einmal bei Lichte besieht, so findet man einen über seinen Wahlsieg triumphierend grinsenden Juden mit Schnurrbart in den Nasenlöchern. Die orchideengeschmückte Sarah lächelt . . . Gouverneur Herbert H. Lehman, orthodoxer Jude, hat dank seiner Macht in zahlreichen Fällen Gangster begnadigt.

赫伯特 · H. 雷曼的照片，引自 Hans Diebow, *Juden in USA* (Berlin: Franz Eher Verlag, 1941)，该书宣称揭露了犹太人“模仿”的范例。

"犹太人想要战争！"，帝国公共启蒙和宣传部，1941年秋 (Bundesarchiv Koblenz, Koblenz, Germany, no. 003-020-023)。

“世界财阀的战争目标”，汉斯·施韦策作形象设计，沃尔夫冈·迪威尔格提供文本，约瑟夫·戈培尔作编后记，帝国公共启蒙和宣传部，柏林，1941 (Berlin: Franz Eher Verlag, 1941)。

Er fordert völlige Ausrottung des deutschen Volkes

Theodor Kaufman, Präsident der amerikanischen Friedensliga und engster Mitarbeiter des Rooseveltberaters Samuel Roseman (s. S. 13), hat ein Buch geschrieben, das unter dem Titel „Deutschland muß sterben" in großer Auflage herausgebracht worden ist. In jüdischen Literatenkreisen von Neuyork wird erzählt, daß Roosevelt die Hauptpunkte dieses Buches angeregt und wichtigste Teile selbst diktiert habe. In diesem Buch wird das Vernichtungsprogramm des deutschen Volkes entwickelt: „1. Die deutsche Wehrmacht wird gefangengenommen (!), sterilisiert und in Arbeitskommandos . . . verteilt. 2. Die deutsche Bevölkerung, und zwar Männer unter 60 Jahren und Frauen unter 45 Jahren, wird sterilisiert. Somit ist das Aussterben des deutschen Volkes innerhalb von 2 Generationen sichergestellt."

内森·考夫曼的照片，引自 Hans Diebow, *Juden in USA* (Berlin: Franz Eher Verlag, 1941)。

In seiner Rede vom 30. Januar dieses Jahres sagte der Führer:

„Diese Koalition von plutokratischen Interessen einerseits, jüdischen Haßinstinkten und den Rachegelüsten der Emigranten andererseits hat es fertiggebracht, immer mehr die Welt zu umnebeln, mit Phrasen zu umgarnen und gegen das heutige Deutsche Reich genau so aufzuputschen, wie einst gegen das Reich vor uns. Damals hatten sie etwas gegen das kaiserliche Deutschland. Jetzt gegen das nationalsozialistische Deutschland. In Wirklichkeit also gegen das jeweilige Deutschland!"

„Deutschland muss vernichtet werden!"

Jetzt hat die Londoner Zeitung „Daily Mail" dieses Wort des Führers buchstäblich bestätigt. Sie schrieb kürzlich:

„Wir sind im Kriege mit Deutschland und nicht nur mit den Nationalsozialisten. Der Krieg mit dem deutschen Volke wird fortgesetzt ohne Rücksicht auf seine Führung. Deutschlands militärische Stärke muß gebrochen werden, ganz gleich, ob Deutschland nationalsozialistisch, konservativ, demokratisch oder sozialistisch ist, sonst kämpfen wir vergebens. Deutschland muß außerstande gesetzt werden, je wieder sich militärisch behaupten zu können, welches Regierungssystem auch immer es hat."

Und folgendes schrieb jüngst der Jude Kaufmann, einer der engen Berater des Freimaurers Roosevelt:

„Der heutige Krieg ist nicht ein Krieg gegen Adolf Hitler. Er ist auch kein Krieg gegen die Nazis. Deutschland muß für immer untergehen!"

Deutschland wird den plutokratisch-jüdischen Kriegshetzern und ihren bolschewistischen Trabanten die gebührende Antwort zu geben wissen. Nicht ihr Haßgeschrei, sondern die harte Sprache der deutschen Waffen entscheidet darüber, wer für immer untergehen muß!

“总是同一个目标：德国人必须被消灭！”，《每周要闻》，1941 年 10 月 10 日，纳粹党帝国宣传指挥部 (Landeshauptarchiv Koblenz, Koblenz, Germany, no. 1717)。

Der Präsident des Zionistischen Aktionskomitees, der Jude Schertik, prahlte kürzlich:

„In der britisch-sowjetischen Allianz ist erstmalig ein großer Erfolg des Weltjudentums errungen worden; denn **seit Monaten haben maßgebliche jüdische Kreise in Großbritannien, USA. und der Sowjetunion am Zustandekommen dieser Allianz gearbeitet.**"

Diese „maßgeblichen Kreise" sind auf dem nebenstehenden Schaubild aufgezeigt.

I. Die jüdischen Drahtzieher:

a) Jud Bernard Manasse Baruch, einer der größten Hetzer und Kriegsgewinnler des Weltkrieges, Erfinder der Versailler Tributklauseln, engster Freund und Berater des freimaurerischen Judensöldlings Roosevelt, persönlich befreundet mit Churchill, heute von den Amerikanern als der „inoffizielle Präsident der USA." bezeichnet;

b) die übrigen Vertrauten und Mitarbeiter Roosevelts: die Laguardia, Morgenthau, Bloom, Frankfurter, Lehmann, Cohen, Kauffman usw.;

c) Lazarus Mosessohn Kaganowitsch, einziger Vertrauter, intimster Berater, Stellvertreter und Schwiegervater Stalins. Dazu: 406 Juden als Mitglieder der sogenannten Sowjetregierung und die sowjetischen Verbindungsjuden Maisky in London, Finckelstein-Wallach in Washington. Ferner: die Frau Molotows, genannt Schemtschuchina geb. Karp; sie hält die Verbindung mit den amerikanischen Börsenjuden Karp, Kahn, Schiff und Warburg aufrecht, die bereits 1916 die Sowjetrevolte finanzierten und heute zu den Vertrauten Baruchs zählen;

d) die Voll- und Halbjuden im britischen Unterhaus, Kriegsminister a. D. Hore Belisha, die „Lords" Melchett (alias Mond), Cassel, Rothschild usw.

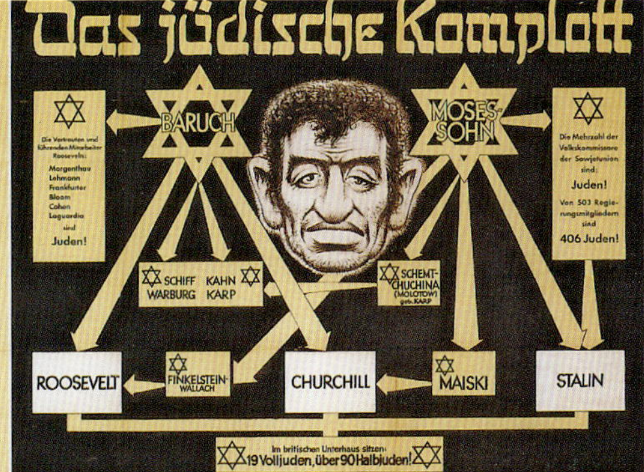

II. Die Handlanger:

a) Der Judenstämmling und Hochgradfreimaurer Roosevelt;

b) der Judenfreund und Judenschwiegervater Churchill. (Seine Tochter Sarah: verheiratet mit dem Filmjuden Vic Oliver; sein Bruder: Compagnon eines Londoner Börsenjuden.)

c) Der Judenschwiegersohn Stalin, verheiratet mit Mosessohns Tochter Roisa.

Den Bolschewismus vernichten heißt: die jüdische Verschwörung gegen das Leben des deutschen Volkes endgültig zuschanden machen. Deutschland kennt nur eine Parole: SIEG!!

“犹太人阴谋”，《每周要闻》，1941 年 12 月 10 日，纳粹党帝国宣传指挥部 (Landeshauptarchiv Koblenz, no. 1709)。

“犹太人反对欧洲的阴谋”，帝国公共启蒙和宣传部，1941 年夏 (Imperial War Museum, London, PST 8395)。

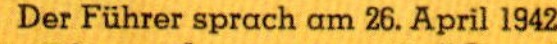

“牵线者：他们就是犹太人！”，《每周要闻》，1942年5月27日，纳粹党帝国宣传指挥部 (Landeshauptarchiv Koblenz, no. 1800)。

“有远见的英国人……犹太人的统治将被终结!”,《每周要闻》,1942年8月8日,纳粹党帝国宣传指挥部(Landeshauptarchiv Koblenz, Koblenz, Germany, no. 1722)。

"犹太人考夫曼不甘示弱！"，《每周要闻》，1942年8月19日，纳粹党帝国宣传指挥部(Landeshauptarchiv Koblenz, Koblenz, Germany, no. 1758)。

Wie amerikanische Blätter berichten, hat Präsident Roosevelt einen neuen Ausschuß zu seiner persönlichen Beratung gebildet. Diesem Ausschuß, der hochtrabend „Gehirntrust" genannt wird, gehören an:

Bernard M. Baruch

Jude

Henry Morgenthau

Jude

Felix Frankfurter

Jude

Sol Bloom

Jude

La Guardia

Halbjude

Cordel Hull

Jüdin

Das sind die wahren Herren in USA.!

Was wir längst wußten, ist nun eindeutig bestätigt! Im Auftrage seiner jüdischen Hintermänner hat Roosevelt seit Jahren zum Kriege gehetzt und schließlich auch das amerikanische Volk in diesen für es aussichtslosen Krieg hineingetrieben. Im Auftrage des Weltjudentums fordert der „Verteidiger der Demokratie" jetzt unumschränkte diktatorische Vollmachten. Wohin der Weg geht, das zeigt die Ernennung des Juden Baruch zum Wirtschaftsdirektor der USA. und die Forderung des früheren kanadischen Gesandten William Herridge nach Vereinigung und Unterstellung aller englisch sprechenden Völker unter den Judenknecht Roosevelt. Mit diesem Strohmann an der Spitze will Israel die jüdische Weltherrschaft errichten.

Die jungen Völker Europas, vereint mit ihrem japanischen Bundesgenossen, werden diesen Plan zerschlagen. Sie werden die Waffen nicht eher niederlegen, bis der Feind der Menschheit vernichtet ist!

"面具落下！他们是美国真正的统治者！"，《每周要闻》，1942年9月30日，纳粹党帝国宣传指挥部(Landeshauptarchiv Koblenz, no. 1787)。

"他们将停止嘲笑!!!"，《每周要闻》，1942年11月/12月，纳粹党帝国宣传指挥部(Hoover Institution Archives, GE 3848)。

“谁将承担战争罪责？罗斯福、丘吉尔和斯大林将在历史之眼中承担战争责任。站在他们背后的则是犹太人”，《每周要闻》，1942年11月18日，纳粹党帝国宣传指挥部（Institut für Zeitungsforschung der Stadt Dortmund, Dortmund, Germany, Parole der Woche, Folge 47）。

“敌人权力的背后：犹太人”，帝国公共启蒙和宣传部，1943年春/夏（Bundesarchiv Koblenz, Koblenz, Germany, no. 003-020-021）。

“他承担战争罪责!”，汉斯·施韦策创作，帝国公共启蒙和宣传部，1943年春/夏 (Bundesarchiv Koblenz, Koblenz, Germany, no. 003-020-020)。

“犹太人：战争煽动者，战争延长者”，汉斯·施韦策创作，帝国公共启蒙和宣传部，1943年春/夏 (Bundesarchiv Koblenz, Koblenz, Germany, no. 003-020-022)。

实施了对犹太人的屠杀。尽管他拒绝使用第一人称代词,但他提及自己的预言表明,希特勒当时正忙于对犹太人的屠杀。任何对于犹太人"再也笑不出来"的善意解释都是令人难以置信的。任何将政治声明视为用来掩盖真实意图的欺骗,而非词意合一的主张之倾向,都是理解希特勒本意的障碍。他在柏林的听众似乎没有受到这种障碍的折磨。可能一些人想知道,希特勒将"任何地方"加进他那结束犹太人嘲笑的承诺到底是什么。可能他们会认为,既然犹太人阴谋是国际性的,那么他就正在寻求将欧洲犹太人问题的"最终解决方案"扩大到一个对犹太人的全球种族灭绝行动。总之,他听众的掌声可谓是排山倒海。 167

六周后,早先从希特勒9月30日的演说中再版的引用语,出现在了大约12.5万份的1942年11月底的《每周要闻》上:"他们会停止嘲笑!!!"以黑色背景下的大白色字母出现。文字采用粗体字,并以常用的警示性黄色为背景。在指向灭绝犹太人的关键句里,"犹太教"一词以特大号出现,随后标的是一个惊叹号。在左边,"罗斯福身边的犹太人"的上面,是一个开怀大笑的富兰克林·罗斯福和一群穿戴着大衣和软呢帽的人的照片。在底端,"他们会在任何地方都笑不出来!"以更大的白色字体出现。[82] 我们不知道当读者和听众读到或听到它时都说了些什么,或者当它被分发和变成德国日常生活组成部分时,人们对于这六周后所看到的图文是怎么想的;然而,我们确实知道一周内有数百万人经过这个墙报,34个其他或多或少刊有明显攻击犹太人文章的《每周要闻》同样也被展示出来。我们知道,如果人们不听广播或者不阅读1942年9月30日的报纸,他们有第二次机会从希特勒的演讲中听到这篇关键文章。

这里没有可靠的证据,不管是警察报告还是回忆录的形式,来告诉我们有多少人有好奇心、政治头脑和道德勇气去推断这张墙报是一个大规模谋杀的公告。然而，我们有信心推断的是，在1942年11月下旬，“他们会停止嘲笑！！！”的海报变成行走于纳粹德国乡村、城镇和主要城市，有识字能力和有意识的数千万行人日常生活经历中无可避免且非比寻常的一部分。

在1942年10月4日，四年计划的负责人，纳粹德国空军元帅，在1934年被指定为希特勒的继任者，并被认为是纳粹政权二号人物的赫尔曼·戈林，证明他自己也能叙述幕后操纵者和牵线木偶的纳粹故事。
168 在柏林体育宫，他警告道：“如果我们输掉了战争，你们[德国人]将会被消灭。”战争不是第一次世界大战的重演。它是“一个巨大的种族战争……关于德国和雅利安人是否得以生存或者犹太人是否会统治世界……这是为什么我们要在境外作战[鼓掌]。我们知道犹太人！你们可以确信丘吉尔和罗斯福……都是可笑的小木偶，喝醉和精神错乱的人，被吊在犹太人的木偶线上。犹太人可能躲在不同面孔的背后，但是他们那像黄瓜一样的鼻子还在那里。犹太人在任何事情的背后，是他们宣称要斗争到底，直到我们被消灭”[83]。他补充道，德国人不应该自欺欺人地以为犹太人会在不同的德国人之间做出区分，还会饶恕那些不是纳粹的人。他们“对复仇的渴望覆盖了整个德国人民”，他们想要“消灭一切与德国人和种族纯洁性有关的东西”。[84]因此，即便是在希特勒自信地表示战争进展得很好的岁月里，戈林依然在人群中煽动着绝对且无情的恐怖行为的火焰，渲染德国人落入犹太人之手而遭受大规模谋杀的前景。随着战争的形势转为进攻德国，国际犹太人那所谓的要消灭所有德国人的计划的幽灵，仍然是纳粹宣传的一个频繁要素。

在1942年11月8日，希特勒在慕尼黑向纳粹老兵发表了年度演说，以纪念1923年啤酒馆暴动。它被放在电台里播放，并在第二天被报刊印刷。1942年的第三次，他重复着他那著名的预言。1942年的敌人同魏玛时期的那班人是同一批人，除了他们现在处于国际层面上，从“这个国际共济会会员集会地的首领、半犹太人罗斯福及其犹太人智囊团，到在马列主义俄国中最纯粹的犹太人”。“绝非偶然，同样是这个国家［美国］，过去因为一波谎言宣传而相信它能够打败德国，现在则让一个以同样使命自居的人走向前台。过去他叫威尔逊，今天则叫罗斯福。”旧德国——指第二帝国——“关于犹太人问题所造成的麻烦以及 169
犹太人权力的影响没有进行过任何启蒙”，因此它“沦为［美国人］攻击的受害者”。

另一个群体，曾经在德国非常之强大，已经认识到：“国家社会主义预言并非是在放空炮。这个群体就是我们所有不幸根源的关键力量：国际犹太人。你会回想起我在帝国议会中所陈述的话，如果犹太人想象它自己能够主导一场世界战争以消灭欧洲的种族，那么其结果将不会是欧洲种族被消灭，而是欧洲的犹太人被消灭！［掌声］犹太人总是嘲笑我作为一个预言家。那些嘲笑的人将再也笑不出来了。那些仍在嘲笑的人在短时间内或许也不再会笑了……［掌声］。”[85]威尔逊和犹太人能够打败德国，是由于当时未得到反犹主义的启蒙，“半犹太人罗斯福”将会被打败，正如纳粹在魏玛时期打败了他们的对手一样。再次，希特勒话语的含义是明确的。犹太人已意图“灭绝”——那就是杀掉——欧洲人。相反，为再一次避免第一人称和主动动词清晰地连接主语和宾语，希特勒又让他的听众知道纳粹政权正在处于实施灭绝的进程中，那就是杀掉犹太人。对犹太人不会再嘲笑的评论的最合理解释是，一些灾难性事件将会降临到他们身上。对他的评论表示欢迎的掌声表明，这批听众赞同它是对德国最大敌人的正当报复。

紧接着希特勒在慕尼黑的演讲，迪特里希下令在报纸和期刊中强化反犹主题。1942年11月13日的《期刊服务》将编辑的注意力吸引到希特勒的慕尼黑演讲上，是关于罗斯福总统的“流氓本质”。仅次于丘吉尔，罗斯福是“这次战争的主要战犯”，并“代表国际犹太人的利益”
170 进行活动。由于其国内经济计划的失败，罗斯福已尖锐化德国与波兰的冲突，与“英国战争当事方”合作，给法国空头援助承诺，从而将欧洲带入战争。[86] 这些指控是一个半真半假的混合物。在一定程度上是有道理的，考虑到中立法案的限制、一个不大情愿的国会、1940年的总统大选，罗斯福已支持欧洲的反纳粹力量，并在1939年开始命令美国海军保护大西洋上的船只，以避免德国潜艇的攻击。他如此做的目的在于，阻止希特勒发动战争，防止英国的战败，以及阻挠希特勒想要在1942年取得快速和决定性胜利的愿望。罗斯福鼓励法国政府要挺住。在珍珠港事件后，当然美国对英国的援助明显扩大了。从这个意义上讲，战争得以在欧洲延续，部分原因在于罗斯福在阻止希特勒以快速取胜来结束这场战争中扮演了一个关键的角色。在1942年10月下旬和11月上旬，蒙哥马利的第八军打败了隆美尔的非洲军团。此后不久，美英部队就登陆了摩洛哥和阿尔及利亚。在地中海地区，至少同盟国已经掌握了主动权并致使轴心国处于守势。[87] 帝国新闻办公室加强了它的反美宣传。1942年11月20日的《期刊服务》指令，包括了一个关于“美国犹太人的强盗行为”的记录。它提及罗斯福的“歹徒行径”及其与“有组织犯罪的紧密联系”，并声称犹太人是美国有组织犯罪“最重要的”原因。[88]

在1942年11月18日那周的《每周要闻》，“谁该承担战争罪责?”一文提供了反犹宣传强化的进一步证据。[89] 罗斯福、丘吉尔和斯大林的一张拼图是非常醒目的，因为罗斯福的图像最大，其次是丘吉尔和斯大林。即便苏联当时正承受战争的最大冲击，文章也把最大的责任推

给了罗斯福，超过了犹太人的责任： 171

> 在为战争贩子头目罗斯福的服务中，英国煽动波兰反对德国，迫使法国采用英国对德战争的宣言，然后把挪威、荷兰、比利时、希腊和南斯拉夫拖入战争，并最终与具有彻底破坏性的布尔什维克主义结盟。丘吉尔[对这次战争]负有巨大的罪责。罗斯福、丘吉尔和斯大林从历史的角度来看，要对这场战争承担责任。然而，他们身后都站着犹太人。国际犹太人想要这场战争，以实现他们统治世界的目标。罗斯福、丘吉尔和斯大林是犹太人意志的工具。这场战争的犯罪当事人，给各国带来痛苦和苦难的是犹太人。[90]

这些文字颠倒了因果联系。海报将第二次世界大战呈现为美、英为服务幕后的“犹太人”权势而发动侵略的结果，而不是由纳粹德国发动的一系列侵略战争，作为回应欧洲其他国家为了自卫而与英国结盟。关于纳粹德国在第二次世界大战的爆发和升级所扮演的角色，或将自身的责任投射到其他国家中，纳粹宣传从未放弃或丝毫修饰它那完全无辜的立场。

在1942年11月26日，耶路撒冷的大穆夫提再次通过德国电台用阿拉伯语从柏林对北非听众进行广播讲话。阿明·侯赛尼的演讲，在美国登陆后抨击着美国，是将纳粹宣传转化为阿拉伯世界习惯用语的一个显著例子：

> 在这场战争中，犹太人在美国的影响力明显地增强了。犹太人和资本家已迫使美国扩大战争，为的是扩大他们在新财富地区的影响力。北非人民非常清楚地知道犹太人所带给他们的不幸

> 172 是什么。他们知道犹太人是帝国主义的先锋战士且长期虐待北非。他们［北非人民］也知道犹太人在帝国主义中充当间谍和代理人的程度，以及他们如何攫取北非领土的能源以扩大他们的财富……美国对北非的干涉增强了犹太人的权力，提升了他们的影响力，累加了他们的罪行。美国是犹太人的最大代理，犹太人在美国是统治者。[91]

两周后，在1942年12月11日，阿明·侯赛尼再次通过德国电台对“阿拉伯人”讲话，这次是关于殉道的价值。在第二次世界大战爆发之前，阿拉伯人已经反抗“英国人以及总是藏在他们背后的犹太人”达二十年之久。[92] 阿拉伯人民已经为自由和巴勒斯坦、埃及、叙利亚及阿拉伯半岛的独立抛洒出“高贵的热血”。“殉道者洒下的鲜血是生命之水。它复苏了阿拉伯的英雄主义，正如活水让干涸之地复苏。殉道者的死是保护之树，在其阴影之下奇妙的植物再次绽放。”[93]“英国—犹太人的政策”目标是分裂巴勒斯坦并统治阿拉伯其余国家。“我们阿拉伯人”，阿明·侯赛尼继续道，那些已与英国作战的人，“应该明确加入轴心国以及它们的盟友当中，来反抗共同的敌人。对我们来说，这样做意味着我们过去二十年单打独斗的延续。如今我们敌人的强大敌人站在我们这边。”[94] 但是，如果英国及其盟友——“上帝禁地”(God forbid)——赢得战争，“以色列将会统治整个世界，阿拉伯人的祖国将会受到邪恶的打击，阿拉伯国家将会被撕碎并变成犹太人的殖民地”。如果英国及其盟友被打败，“犹太人对阿拉伯国家的威胁”将会解除。千百万阿拉伯人将会获得自由，数以千万计的穆斯林将会得救。苏联的战败也会解放更多受苏联统治的穆斯林。美国由于“受制于犹太人
173 的意志”[95]，什么也没有向阿拉伯人提供过。对于阿明·侯赛尼而言，

与共同敌人有关的短期战术考虑和长期意识形态亲密关系都要求阿拉伯去支持纳粹。

自1941年夏季以来，德国对欧洲犹太人实施暴行的大量报道已慢慢地传到同盟国政府那里。在1942年12月，同盟国政府最终大声和明确地谴责当时正在进行中的对欧洲犹太人的消灭。在12月4日，美国63名参议员和181名众议员通过一项国会联合决议，宣布纳粹反犹政策企图“消灭整个人类”。这项决议表达了对美国“业已声明和一贯政策”的支持，支持犹太人在巴勒斯坦建国。纽约州的罗伯特·瓦格纳参议员宣布：“在这一时刻，我们要不断重申这一立场，因为有关欧洲犹太人被大规模屠杀的恐怖报道不断涌现出来。”[96] 这些报道也不断涌入到其他执政的和流亡的同盟国政府里面。在1942年12月17日，美国、比利时、捷克斯洛伐克、希腊、荷兰、挪威、波兰、苏联、英国以及南斯拉夫的政府，连同法国在伦敦的全国委员会，共同发表了一个联合声明。关于这些政府的关注点，它声称道：

> 从来自欧洲的无数报道中注意到，德国当局不满足于在其野蛮统治所及的全部版图内拒绝给予犹太种族个体最基本的人权，并且现在正实施希特勒那经常重复的要灭绝欧洲犹太人的意图。
>
> 从所有被占领的国家，犹太人正被以骇人听闻的恐怖和残忍的状况被运到东欧。在已变成主要纳粹屠宰场的波兰，德国侵略者所建立的犹太人区的所有犹太人正被系统地清除掉，除了一些 174
> 因战争工业所需且技术熟练的工人之外。所有被带走的都再无音讯。体格健壮的在劳动集中营中被慢慢地活活累死。那些体弱的就被遗弃，以致被冻死、饿死，或者在大屠杀中被蓄意屠杀。这些血淋淋的残暴行为受害者也包括数十万完全无辜的男人、女人和

> 儿童在内。
>
> 以上所提到的政府和法国全国委员会以最严厉的措辞谴责了这一野蛮的冷血灭绝政策。他们宣布这些事件只会激励所有爱和平的人们的决心，去推翻残暴的希特勒暴政。他们重申了庄严的决议：确保所有为这些罪行负责的人不会逃脱惩罚，并采取必要的实际行动不断实现这个目标。[97]

同盟国宣言是一个了不起的声明。十一国政府正严肃对待希特勒对犹太人的威胁。它们的声明中包含相当数量的关于驱逐的准确信息，波兰作为大屠杀的现场，曝光、饥饿和大规模处决，以及对“成千上万”无辜者已经被杀害的一个估计。它并没有包括毒气室里大规模屠杀的细节，但是关于进行中的纳粹大规模屠杀政策，其关键点是正确的。而且，同盟国政府不希望看到同盟国内的反犹主义阻碍对纳粹德国种族灭绝政策的道德谴责。相反，对犹太人暴行的报道加强了同盟国打败纳粹政权的决心。

在同一天，英国下议院议员起立默哀以悼念被纳粹杀害的犹太人，
175 抗议被其中一名议员称之为“令人厌恶的野蛮行为”。外交大臣安东尼·艾登告诉议会，那些负有责任的人将会被绳之以法，虽然目前英国几乎无能为力。罗斯柴尔德讲道，很多英国人“如果不是因为上帝的恩典，很可能自己已经成为纳粹当前暴政的受害者，他们可能已经在那些犹太人区、集中营、屠宰场里”。此时，下议院里“鸦雀无声”。他希望美国的声明将会“渗透到被德国滋扰的国家，并给那些被侮辱、折磨和降格的不幸受害者以微弱的希望和鼓励”。[98] 自战争爆发以来第一次，负责对纳粹德国进行宣传战的英国政治战执行官，在其12月10日和24日的每周指令中使得纳粹对犹太人的迫害成为英国对欧洲宣传的一个

核心主题。[99]

1942年12月在第二次世界大战宣传战中是一个意义重大的转折点。只要关于真实大屠杀的事实仍被隐藏或否认，纳粹反犹宣传就会通过诉诸反犹主义，威胁削弱基督教社会居多的同盟国政府。在大屠杀成为同盟国宣传的一个公共主题之后，所看到的不管是定期的还是不定期的主题，纳粹的野蛮行为而不是所谓的犹太人的邪恶，变成了同盟国和被占领国人们议论纷纷的话题。在同盟国中传统的反犹主义并不是一个“种族灭绝的正当理由”。同盟国愿意公开强调大屠杀问题揭示了传统反犹主义的限制，而这一限制也慢慢不再对纳粹政权有利。对“最终解决方案”的报道强调了纳粹德国及其盟友与同盟国之间的明显道德分裂，它们加强了同盟国的信念，即这是一场自由与暴政、良善与邪恶、文明与野蛮之间的战争。 176

戈培尔对同盟国声明的回应是，把它们当作虚假的“暴行故事”。他、迪特里希，或者其他纳粹官员或宣传家，从未提到过这些指控的内容，而只是否认它们的真实性。可能在回应12月4日的（美国）国会决议中，戈培尔在他12月9日的日记中写道：“全世界的犹太人正动员起来反对我们。他们报道说我们在波兰对犹太种族犯下了惨无人道的暴行，并威胁说在战争结束后将参与者绳之以法。这些报道和警告不能阻止我们对犹太人问题实施一个激进的解决方案。而且，这件事将会取决于这些威胁。欧洲的犹太人可能再也没有什么特别要报道的了。”[100] 在12月12日，他写道：“关于波兰和犹太人问题的残暴运动的报道，在另一边正形成一个巨大的规模。我担心随着时间的推移，我们不能对这些问题默不作声。我们不得不有一些回应……最好的办法是转守为攻，去谈论英国在印度和中东所犯下的暴行。也许这可以让英国闭上臭嘴。在任何情况下，如此做，我们可以改变话题并提出另一个问题。”[101] 那天的早些时候，在他的每日部长会议上，他通知官员“是时候做一些有关英国宣传运动的事情了”，关于“所声称的东方反犹太人暴行”。这个题目“相当微妙”。最好是“不争论，而是给予英国在印度、伊朗和埃及的暴行特别突出的关注。我们反抗这场宣传运动最好的武器就是继续进攻”，并让德国媒体去报道这些故事。[102]

在12月14日的日记中，戈培尔写道：“英国人和美国人很高兴我们清除了犹太暴民，但是犹太人会施压给英国和美国的媒体。我们并不想在公共场合谈论此事。相反，我正命令开始一场反对英国的宣传运
177 动，关于他们如何对待殖民地人民……我希望以这种方式能成功地迫使英国回应我们的攻击。如此，我们便做到了攻守兼备。”[103] 在对个人信念和公共宣传统一性的一个引人注目的重申上，他讲道，犹太人的反抗“只会是无谓的挣扎。犹太种族准备了这场战争。这是世界上发生的所有不幸的智力根源。犹太人必须为这一犯罪行为付出欧洲甚或是全世界的犹太种族被消灭的代价，正如元首在他对帝国议会的演讲中所预言的”[104]。无论何时，不管是在公开场合还是私下里，戈培尔都否认纳粹政权正在谋杀欧洲的犹太人。相反，他将指控称之为未详细说明的暴行故事，为他和迪特里希能够隐瞒的细节提供了正当理由，然后是转移要讨论的话题。

在12月14日的部长会议上，戈培尔再次抨击了“世界范围内犹太人反对德国的宣传运动”。他讲道：“这个行动……必须不惜任何代价地由德国的反制措施来加以反对。对反犹暴行的指控进行彻底或实际的驳斥是毫无疑问的，但这只是一场德国的运动，涉及英、美在全球范围内的暴行。因此，这里必须有关于印度、伊朗、北非以及英美普遍实施的残暴行为的报道，且这些广泛的报道应被反复和着重强调。”这些报道，他补充道，必须在国内外传播。[105] 他在12月16日的部长会议上

说，制造一个“关于[同盟国]暴行的沸沸扬扬的讨论，会是我们摆脱那令人尴尬的犹太人话题的最佳机会。事情总是这样，每一个政党都会指控其他政党实施暴行。广泛的争吵将会最终导致这个话题从议程中消失”[106]。正如前面所说的，对大屠杀独特性的否认，与其他战时“暴行故事”混为一谈，是与之相伴随的宣传的必要组成部分。

虽然德国人民不能听到安东尼·艾登于12月17日在下议院发表的声明，但是戈培尔能听到。那个晚上，他在日记中回应说，犹太人再 178
次谈论了“所谓的波兰暴行”。他视艾登的演讲为“犹太人在英国公共舆论中巨大影响力”的证据，但没什么可担心的：“我们手里有那么多犹太人作为人质，世界犹太人会小心翼翼地不开展行动，因为他们知道这会激怒我们。”[107]他写道，在下议院中“罗斯柴尔德含泪哀叹波兰犹太人的命运”，议会全体成员站起身来默哀片刻。他补充道，这个行为恰如其分地说明了，“议会实际上是一个犹太证券交易所。英国人真的是雅利安人中的犹太人。飘香四溢的英国外交大臣在这些犹太人物中崭露头角。他的整个教育及其整个关系，都可以指明他是一个彻彻底底的犹太人”[108]。

同盟国关于欧洲犹太人被谋杀的声明，发表在柏林伊斯兰协会成立的前一天。大穆夫提阿明·侯赛尼在活动中发表讲话，他主张阿拉伯人——应该是所有的穆斯林——都要支持纳粹事业。那时，他已经与希特勒和希姆莱举行了私人会议，并已与外交部长约阿希姆·里宾特洛甫(Joachim von Ribbentrop)通过信。在戈培尔的出席下，阿明·侯赛尼读了一篇已经过里宾特洛甫审批的文章。[109]在活动开始前，阿明·侯赛尼已写信给希特勒，以表达他对“希特勒和德国人民的友谊和慰问”。“我们坚信，在世界上数以千万计的穆斯林与德国及其盟友的紧密合作以对抗共同的敌人——犹太人、布尔什维克、盎格鲁—

撒克逊人，在上帝的帮助下，将会实现轴心国对这场战争的最终胜利。这个胜利将会给轴心国、穆斯林和所有的人类带来幸福和好运。”[110]

他的演讲包括了对犹太人的广泛攻击。[111]“犹太人是穆斯林的死敌。他们总是用狡诈和欺骗来表达他们的敌意。每一个穆斯林都
179 知道，从孩提时期就开始，犹太人如何攻击他们以及他们的信仰，仇恨……诡计……密谋”，犹太人都用在穆斯林身上。《古兰经》，他继续道，充满着犹太人缺乏个性、撒谎和诡诈的故事。正如他们在先知时代充满对穆斯林的仇恨一样，他们在现代时期也是如此。在巴勒斯坦，他们试图建立一个“基地，以扩大其对邻国各伊斯兰国家的权力”[112]。犹太人是“地球上的破坏性元素”，他们发动了战争，并使各国彼此为战。他们的“本质”是使世界处于动荡之中。阿明·侯赛尼然后曲解了哈伊姆·魏茨曼所说的第二次世界大战是“犹太人战争”。犹太人统治着英、美，是“无神论共产主义”背后的力量。犹太人“驱使各国进入这场消耗战争”，并主导着英国的政策。与同盟国一起，犹太人是“穆斯林”的死敌。阿明·侯赛尼补充道，盟军在1942年秋对北非的进攻说明，犹太人、美国人、英国人和布尔什维克都是“伊斯兰势不两立的敌人”，并已经“压迫和迫害了4000万穆斯林……这场由世界犹太人所释放的战争”。他继续道：“为穆斯林从压迫和迫害的现实中解放自己提供了最佳的机会。”[113]他以对穆斯林的宗教呼吁来结束讲话：如果他们表现出足够的牺牲意愿，神会帮助他们取得胜利。12月18日帝国新闻办公室的指令指示要广泛报道大穆夫提的讲话。[114]

《犹太人问题》的编辑加入了这次协同运动，12月15日的期刊发表了以“犹太复国主义者的战后计划”为题的头条文章，它遗憾地写道，对建立一个犹太民族国家的支持在美国和英国上升了。正如《犹太人问题》所说的，“在财阀国家的帮助下，世界犹太人正准备独占巴勒斯

坦，从而在将来建立一个世界霸权的地位”，这会“对阿拉伯人民实施恐怖统治”。[115] 更值得注意的是，同一期的一篇短文“犹太教和伊斯兰教是死对头”，由现在的约翰·冯·莱尔斯教授所撰写。[116] 冯·莱 180
尔斯，一位之前在伊斯兰历史上并没有表现出突出专业知识的人，现在将阿拉伯和伊斯兰世界的犹太人历史呈现为存在已久的伊斯兰对犹太人的敌视。他写道，《古兰经》把犹太人称为恶魔。阿拉伯的政治领袖“麻痹了”犹太人的活动，因此犹太人开始憎恨伊斯兰。即使是基督教的十字军东征也“相当大程度地由犹太人煽动所释放出来”。莱尔斯称赞自己所描述的伊斯兰反犹情绪和行动的悠久历史。“无疑，穆罕默德敌视犹太人的结果之一就是，东方的犹太人被伊斯兰教彻底地麻痹了。犹太人的抵抗破碎了。东方的犹太人根本无法参与犹太人在过去两个世纪里的争权夺利。”由于法律上的制裁歧视，被轻视的犹太人在狭窄的城市街道“过着单调呆板的生活”。与欧洲相反，那里犹太人被允许获得特权或从事偷盗，阿拉伯和伊斯兰世界使犹太人处于恐惧的状态。“如果世界的其他地方也采用同样的政策，那么我们现在也不会有犹太人问题。”因此，莱尔斯庆祝了“伊斯兰教的不朽功业”，它阻止了犹太人对阿拉伯的统治威胁。如此做，伊斯兰教“开辟了通往更高文化的道路，并赋予其信徒一种教育和人的形式，这仍然使今天的穆斯林认真地看待他的信仰，这个混乱和嘈杂的世界中最高贵的品质之一”[117]。除了1942年夏秋两季北非战役的战略和短期战术之外，冯·莱尔斯在第三帝国与激进化的阿拉伯人和穆斯林极端主义者之间指出了明显的智识和道德基础。

在1942年的最后一晚，面对着来自斯大林格勒的糟糕消息，戈培尔在日记中写道，未来几周的主要任务将是准备大后方的“全面战争”[118]。随着1943年初斯大林格勒战役形势的逆转，希特勒发出了整

181 个第二次世界大战和大屠杀期间反犹广播、新闻头条和报刊文章最为
激烈和持久的弹幕。从1941年6月到1942年底，反犹仇恨持续上涨的
河流伴随着纳粹军队的成功和扩张，特遣部队和治安警察的谋杀，以及
死亡集中营全面运行的开始。1943年，迪特里希、戈培尔和他们的工作
182 人员齐心协力，让那条河流泛滥成灾。

第六章

“犹太人对一切都有罪”

激进反犹宣传的洪流始于1943年冬末。这股急流在两次激烈的涌动中持续着，一次是4月到7月，一次在10月和11月。在1939年1月到1945年4月间，发表于《人民观察家报》上的84个反犹标题，其中50%到60%出现在1943年。在1942年，戈培尔、任职于《每周要闻》的图像艺术家施韦策，以及为《犹太人问题》撰稿的反犹知识分子，都已竭尽全力去维护纳粹党和政权的宣传机器，发动对犹太人的最新攻击。在1943年，他们的努力比得上，有时是超过了奥托·迪特里希及其在帝国新闻办公室的工作人员所付出的努力。带着希特勒的日常命令，他们发布新闻指令，要求印刷空前数量的反犹宣传，于成千上万个受帝国新闻办公室控制的德国报纸和期刊之上。

正如迪特里希在1939年所声称的，媒体已成为国家的左膀右臂。它们只印刷政府认为适合印刷的新闻。它们那些作为和不作为的罪责在“最终解决方案”的历史上是一篇重要的章节。在1943年，德国媒体没有报道的故事包括：那个在1942年11月被关闭的切诺姆死亡集中营，那里约有15万到30万的犹太人被杀害；其他主要的死亡集中营——马伊达内克、索比堡、贝尔泽克、特雷布林卡和奥斯维辛——在1943年冬春两季满负荷运作（在贝尔泽克一天就有1.5万人被杀害）；1943年2月驱逐柏林、汉堡、科隆和慕尼黑的犹太人；去往奥斯维辛、特雷布林卡和索比堡等地的火车运输；在加利西亚省东部、巴尔干半岛、希腊的萨洛尼卡以及波兰许多小城镇所发生的驱逐和大规模枪杀；更不要说在某地发生的反抗纳粹占领的第一次武装起义、华沙犹太人区的起义及其（纳粹）在1943年4月和5月的镇压，也不适合在受纳粹控制的媒体中报道。[1]

希特勒在1943年元旦对国民所发表的新年贺词为如何报道定了基调。当前战争对于德国人而言是一件“生死存亡”的大事。德国人将不会再犯相信美、英好意的错误，正如他们在第一次世界大战后那样。“因此，当英、美犹太人宣布同盟国的目的是从德国民众中带走孩子、屠杀上百万青年、拆分德国，以及在资本主义或布尔什维克的支持下使它永久处于一个毫无缚鸡之力的状态下而进行剥削时，他们不必告诉我们，因为我们已经知道了。”国家社会主义德国将绝不投降或屈服那样的命运。[2] 在他把信息传给武装部队的同一天，希特勒谈到了德国人在东线和“从挪威到西班牙边界”的进攻。一个从西线对欧洲大陆的入侵将会导致敌人的“快速消灭”，现在法国已被完全占领。对于在北非的战斗，德国和意大利正以某种方式处于一种上升的态势。在大西洋，德国潜艇正在摧毁同盟国的船只。同盟国对德国城市的轰炸已加剧了（德国人）对他们的仇恨。1943年这一年将会是困难的，但
184 不能跟过去一年或1941年冬相比。欧洲不再需要忍受“每20年或25年犹太资本主义豺狼的多番努力去破坏和平，尤其是对一个新世界的社会结构的破坏”[3]。

1943年元旦发行的《犹太人问题》包含了一篇由定期投稿人霍斯
特·希曼所撰写的文章“罗斯福反对欧洲”。文章重复提醒着标准付
费的读者，并表达了对最近事件的一种反犹观点。它提出了惯常的指
控，即“世界犹太人”发动战争以恢复它在欧洲的地位，并最终“建立一
个犹太人的世界统治”。支撑这一声明的证据是一场由美国“犹太财
阀”于20世纪30年代在麦迪逊广场公园集会上挑起的“煽动运动和暴
行指控”，也包括1937年10月罗斯福的“隔离侵略者”演讲。“若非罗
斯福犹太人智囊团的早期保证，英国断不会发动一场战争。”很明显，
“北美帝国主义”及相关联的经济利益驱使美国进入战争。希曼在柏
林伊斯兰文化协会的开幕式上带着好感提到了大穆夫提的最新演讲，
在这个演讲中，大穆夫提已警告法属北非正变成“美国犹太人中心和
巴勒斯坦犹太人中心这两者之间的桥头堡”。每份由犹太组织和作家
表示支持美、苏的声明中，他都找到了证据以证明世界犹太人的普遍影
响力及其“消灭”德国的决心，通过把它（德国）移交给布尔什维克主
义。他回顾了考夫曼的《德国人必须被消灭！》及其欲使德国人绝育的
威胁。他重复着一个当作事实的谎言，即丘吉尔已批准了一个将所有
2岁到6岁的儿童从他们母亲身边带走的计划。没有提及1942年12月
同盟国对德国暴行进行谴责的细节，希曼只讲了“美、英、苏在英国下议
院发表了地狱般充满仇恨的宣言以取悦世界犹太人”[4]。一个月后，在
1943年2月1日发行的《犹太人问题》上，编辑刊发了他们的另一篇犹
太人领袖传记概略“萨缪尔·欧文·罗森曼，美国的真正总统”，文章 185
基于瓦尔特·弗罗因德1942年的著作《美国外交政策的伟大无名者》。
弗罗因德“揭露了犹太世界政府”，其“最重要的分支”是圣约之子会、
美国犹太人代表大会以及美国犹太人委员会，在其顶端站立着“统治世
界”的三百人。他们其中一个是纽约法官萨缪尔·罗森曼，他也是罗斯

福的顾问和演讲撰稿人。[5]

在1月的第三周，罗斯福和丘吉尔在卡萨布兰卡的一次战争会议上相聚。他们发布了一个联合声明作为会议成果，该声明认为，“只有通过消除德国和日本的战争力量”，和平才有可能。这要求“德国和日本无条件投降……无条件投降不意味着对德国和日本平民的毁灭，但确实意味着一种基于征服其他民族的德日哲学思想的毁灭”[6]。两位领导人决意第二次世界大战与第一次世界大战相比将会有一个明确的结局。他们想确保德国军队这次将会明白在战场上它已被打败，因此不会再出现背后捅一刀的情形。卡萨布兰卡声明也意味着让苏联放心，西方盟国并没有打算与德国构建一个单方面的和平，并且希望维护反纳粹同盟的团结。虽然同盟国寻求区分纳粹政权和德国民众，但纳粹宣传者压制了这些内容并声称情况正好相反，那就是，同盟国并没有做这样的区分。

与此同时，纳粹领导人的注意力集中到了斯大林格勒所呈现的灾难上。[7] 希特勒已拒绝陆军元帅弗里德里希·保卢斯请求被允许向周围的苏联军队投降。从1942年11月他们被围困到1943年2月初的战败投降之间，德国第六军团25万人中的大多数人由于枪伤、冻伤或饥
186 饿而死亡。对苏联以及全世界来说，苏联在斯大林格勒的胜利被看作战争的转折点，如果不是这一决定性的战役，也就不能打消德国军队不可战胜的气焰。国内的德国人，一群被乐观报告和呼吁英雄主义这些来源稳定的精神食粮所喂养着的人，被新闻以及灾难的程度所惊呆。[8]

在斯大林格勒战役的最后几天，希特勒仍待在他的东普鲁士总部里，并让戈培尔宣读了他每年1月30日对全国的讲话。在讲话中，希特勒再次声称他和纳粹已避免德国毁于犹太人之手，英、法在1939年无端对德宣战，以及在1941年6月对苏联的进攻已使欧洲免于一场“来自

东方野蛮部落”的毁灭性入侵。战争是拒绝希特勒和平提议的“挑拨者”的作品。“国际资本主义和布尔什维克主义的阴谋并不完全是一种矛盾或荒谬的现象。相反，这是一件很自然的事情，因为内嵌于二者的驱动力是几千年来被其仇恨所驱使的人们，一次又一次地屠戮、分裂、经济上剥削、政治上毁灭人性。如今，国际犹太人是民族和国家分解的发酵剂，正如它在古代时那样。只要人们没有找到摆脱这种病毒的力量，它就会一直存在下去。”[9] 要么德国及其盟友将会胜利，他继续道，要么欧洲将会被来自东方的一场风暴所摧毁。国家社会主义德国将会“狂热地”继续战争，因为“在这场战争中不会有胜利者和战败者，而只有那些活下来的和被消灭的”。这次战争，根据希特勒的说法，已成为德国和“国际犹太人”之间一场到死方休的战斗。

在同一天，戈培尔在柏林体育宫向全国发表讲话。战争中当前的战斗路线重现了魏玛政治的那些情形。“正如[在魏玛共和国里]为权力而斗争，犹太人现在也一样，正从一个巨大包围圈的两边围困我们。布尔什维克派出了大规模军队，而财阀则释放出一连串的谎言和诽谤 187
宣传，且狠狠地砸到我们头上。”不仅德国的未来，而且全欧洲“甚至整个西方文明”的未来，都岌岌可危。[10] 正如纳粹在魏玛时期已打败一个由财阀和布尔什维克发动的所谓钳形攻势一样，我们将会在国际层面上击败那个联盟的摹本。不管是戈培尔、希特勒还是其他纳粹，都没有提到他们的对手那个时候已尽人皆知的过失——从当时对希特勒的低估，到1933年前后未能形成统一抵抗。一点不令人意外的是，戈培尔既已误叛了过去纳粹政治成功的根源，在其所有关于现实主义和艰难现实的讲话中，对战争的结局提供了源源不断却并无理由的乐观主义。对于斯大林格勒的灾难，在希特勒这边非但没有促进重新评估，反而促使他和戈培尔去强调纳粹党的意识形态根源，并将挫败归咎于军事领导层。

德国媒体以一种军队英雄主义的召唤来回应斯大林格勒的灾难，没有提供死亡、受伤以及失踪人数的数据。[11]《人民观察家报》在第一页提供了少许事实和一个救赎标题——“第六军团在斯大林格勒的战斗结束了；因他们的牺牲德国才能得以存活”。[12] 1943年2月5日的《期刊服务》对春季的宣传攻势定了基调。“斯大林格勒战役勇士的不朽英雄品质”将会形成一种确保胜利的精神和力量。“在未来几个月里，这里只是一句话给编辑：与布尔什维克主义和犹太人战斗！”读者必须被告知，德国和其余欧洲国家“如果成为布尔什维克的牺牲品”还能期望什么。“布尔什维克就是犹太人的走狗。”这个后果将包括“美国犹太人考夫曼的绝育计划”、领土分裂以及布尔什维克化。但现在“国际犹太人已把它的面具摘下”。美、英都没有能力和意愿使欧洲免于布尔什维克主义。这里“只有一种保护力量在反抗犹太布尔什维克主义
188 的消灭意志……德国军队”。它保卫着“欧洲大陆的文化和生存”。

> 在东部[斯大林格勒战役]重大决定已作出之后，全部德国期刊的最重要任务是加强和巩固德国人民及其盟友的防卫和取胜的意志。布尔什维克危险的本质必须再三地被置于读者面前。一次又一次，媒体必须展现出布尔什维克主义将意味着不是灭亡就是终身的奴役之苦……如果由犹太当权者所领导的苏联布尔什维克主义成功地打破了德国国防军在东线的防卫屏障，以及德国后方众志成城的铜墙铁壁。这将会在更大程度上重现在苏联已经发生的毁灭、奴役以及人民的贫困化。基于《德国每周服务》[也是来自帝国新闻办公室]的资料而写成的所有文章，必须采用凶残犹太—布尔什维克危险的主题。它必须表明危险只会削弱弱者。在准备拯救

> 自身生命和保护自身最高价值的人们当中，恰恰是这个危险激发了需要克服巨大阻力的力量。我们希望期刊将这些新要求考虑进去，不仅仅是在一篇文章里，而是在整体方向和布局上。[13]

在这同一个《期刊服务》指令中，帝国新闻办公室包含了进一步的反犹指令。“当犹太人当权时”一文忽略了罗斯福和丘吉尔已在卡萨布兰卡声明中所发布的关于纳粹政权和德国民众之间的区分。加强德国的抵抗力需要强调犹太人当权的后果。越多德国人相信“犹太人消灭所有德国人的坚定意图”，并接受那个战争将只会是“生存或被消灭”的结局，正如希特勒最近已声称的，那么支持战争的德国人就会越多。[14] 犹太人反对“欧洲人民”的“战争宣言”，已导致纳粹采取“积 189
极措施”来反对犹太人。期刊被要求去将反犹措施描述为一种“自保行为”。[15]

媒体反犹运动的加剧在1月份是明显的。在1943年1月14日，《人民观察家报》以“他们因自己的好战而将不能逃脱惩罚：美国犹太人必然指望一波不宽容的浪潮”为头条，并且在1月16日以“罗森曼站在罗斯福身后：美国王座上一个带王冠的犹太人”为头条。罗斯福是“犹太高端金融的一个工具”[16]。犹太人，《人民观察家报》写道，正从幕后出来以暴露“政治和经济上的非犹太稻草人只能在犹太人所控制的木偶线上跳舞”。一场美国的胜利将会意味着一场“犹太世界统治计划的胜利……罗森曼通过罗斯福来说话；世界犹太人则通过美国总统来说话”。在1943年2月7日，《人民观察家报》以“华莱士暴露了罗斯福对未来的梦想；整个世界将会成为一块犹太—美国掠夺者的场地。那些不服从美国命令的人将会被无情地轰炸”为头条。华莱士关于在战后扩大世界各地商旅航空服务的提议，进一步暴露了“犹太—美国帝国主义罗斯福式的世界统治和掠夺计划”[17]。

希特勒在愈演愈烈的反犹宣传攻势背后调动着人马。1943年2月8日，对聚集于东普鲁士总部的党政领导人的一场长时演讲中，他提出了对战争的一种审视。他指出，由苏联所造成的损失程度与在英、美之间的非常不同。根据戈培尔日记中的记录，希特勒讲道：“敌人具有优势，是因为它们被国际犹太人整合在了一起。犹太人在所有敌国里都是驱动元素。在这一点上我们真的是望尘莫及。”因此，犹太人不仅必须被驱除出德国，而且“必须从所有欧洲国家里被消灭”[18]。希特勒给
190 领导人的信息是冷酷无情的。要么德国将会统治欧洲，要么它将会经历“灭顶之灾”。战败将只可能是因为“人民的软弱”。如果德国人变软弱了，那么他们“将得不到任何东西，除了被消灭”。如果那真的发生了，他不会“对他们抱以怜悯或同情”[19]。希特勒把所有的挫折归咎于每个人和一切事物，最后也包括德国人，但除了他自己。

在战争期间的英、美，对共产主义和斯大林专政的公开严厉批评已经结束。[20]俄罗斯是正承受战争冲击的战时盟友。戈培尔将同盟国反共的停止归因于犹太人的努力，通过淡化威胁以使共产主义在欧洲蔓延，从而削弱欧洲的抵抗力量。[21]在2月11日，《人民观察家报》的头条文章标题为“犹太人仇恨的最新爆发：他们想在文化和肉体上消灭德国人民；然而，我们将会把财阀和布尔什维克的虐待狂们打倒在地”。[22]这篇头条文章提到了在伦敦和华盛顿的“犹太顾问”，他们不仅想“毁掉德国的工业……而且敦促德国人民必须被消灭在这个词的字面意义上”。这篇文章提到了在战后解雇所有德国教师和教授，同时用犹太人替代他们并长期关闭大学的计划。[23]

在2月12日的部长会议上，戈培尔告诉他的工作人员：“我们反对布尔什维克主义的斗争，现在必须主导所有的宣传媒体，作为伟大且

普及的宣传主题。”[24] 2月12日，罗斯福总统在一次全国广播讲话中宣布，盟军把纳粹赶出突尼斯的行动即将开始，随后是进攻欧洲以摧毁纳粹主义和法西斯主义。在描述即将到来的战斗将会付出高昂的代价时，罗斯福评论道：“在东线，令人惊叹的俄国军队已经实施了压倒性的打击；在西线我们也应同样如此。”[25] 次日，在《人民观察家报》的首页文章是“罗斯福把欧洲作为战利品抛给布尔什维克主义；犹太人的稻草人屈服于莫斯科；我们将会给他应得的答案”。[26] 因为卡萨布兰 191
卡声明已明确表示，罗斯福和丘吉尔为了打败纳粹德国已决心维持与苏联的同盟关系。苏联军队将向西挺进，主要是由于希特勒入侵苏联的结果。1943年形势逆转后，一场英、美从西线的进攻，为一个完全由苏联控制的欧洲提供了唯一现实的选择。戈培尔看待事情的方式非常不同。在2月17日的部长会议上，他强调德国的宣传应该重复并强调“英美对欧洲的背叛”[27]。来自宣传部及其帝国新闻办公室的那些信息是相互协调和相互促进的。

以上所有的主题都呈现于戈培尔最著名的战争演讲之中，题为“你想要全面战争吗？”的三个小时演讲，于1943年2月18日在柏林体育宫发表，并通过德国电台向全国广播。到1943年9月，纳粹党宣传机器已经向所有地区党部办公室派发了1400万份演讲稿。[28] 戈培尔在那些“至关重要”的几周里，从“内心深处……带着火热的激情……和神圣的严肃性”发表着演说。[29] 他讲道，鉴于对“西方”的危险，纽伦堡纳粹党集会上反对布尔什维克主义的主题是及时的，因为“它超过所有之前的威胁”。他提供了三个“命题”。第一，如果德国军队被打败，德国和欧洲其他国家将会开始布尔什维克化。布尔什维克主义的目的是“犹太人的世界革命”，从而给欧洲带来“混乱”的时代，随之而来的是一场“国际资本主义伪装的布尔什维克专政”。德国的布尔什维克化将会涉及“对我们知识分子和整个领导阶层的清算，且其结果是劳苦大众被交付给布尔什维克犹太人的奴隶制度”[30]。欧洲——真正的作为整体的西方——身陷危险之中。苏联政府部门的背后站着“犹太清算突击队……两千年的西方人文建设处于危险之中”。以它的名字来
192 称呼这个威胁是必要的：“国际犹太人”[31]。

他的第二个命题是，只有德国及其盟友才能应对布尔什维克的危险。美、英当然不会阻挡欧洲的布尔什维克化：

> 犹太人在智识和政治上已渗透到盎格鲁—撒克逊国家，以至于他们甚至不再去观察或想要识别危险。在苏联，他们把自己伪装为布尔什维克，而在盎格鲁—撒克逊国家，他们则以财阀和资本家的面目出现。犹太人非常熟悉模仿之道。多年来，他们一直试图哄骗他们的主人入睡，从而麻痹他们抵御致命危险的能力……早些时候，我们对这个问题的洞察使我们明白，国际财阀和国际布尔什维克主义之间的合作并不完全是荒谬或矛盾的。相反，它有着一个很深且因果联系的意义。横跨我国，表面上文明化的西欧犹太人与东欧犹太人区的犹太人彼此手拉手。这就是为什么欧洲的生灵处于危险之中。[32]

他的第三个命题是危险即将来临。西欧民主国家中的“麻痹迹象”是“令人心碎的”。犹太人正尽其所能去培养这一意志的麻痹，正如魏玛时期的犹太报纸所做的，他声称道，寻求最小化共产主义的威胁。在1943年，犹太人再次证明了他们是“邪恶的化身”。但是纳粹不会被阻吓：“即便我们境外的敌人在我们的反犹措施上举起虚伪的抗议和流下鳄鱼的泪水，他们也不会阻止我们做必要的事。”德国将

不会“在犹太人威胁面前低头”，相反，它将会“立即面对它，当完全和最激进地去消灭及驱逐犹太人成为必要时”。手稿记录了“热烈的喝彩，狂野的欢呼，狂笑”[33]。当演讲者和听众之间的互动变得更为紧密时，戈培尔声明道：“我们将不会允许全世界的国际犹太人在那里 193
叫嚣，并在这场与世界害虫的巨大斗争中使我们远离勇敢和正义的延续。它能且必须只能在胜利中结束！”手稿记录了呼喊“希特勒万岁，暴风般的欢呼，呼喊的合唱，‘德国男人去打仗！德国女人去工作！’更多的喝彩、欢呼、欢笑”[34]。在这骚乱当中，戈培尔呼吁结束“错误的希望和幻想”，并直面斯大林格勒之后令人不快的事实。东线战争是残酷的。正如希特勒在1月30日所说的，它将“不会以胜利者和失败者而结束，而只能以生存者和被消灭者而结束”[35]。更多的“希特勒万岁”的欢呼和喝彩，戈培尔声明：“全面战争是时代的要求”；这是因为欧洲的未来现在取决于“我们在东线的斗争”[36]。现在为国家牺牲的时刻到了，全国人民在战争中要深入参与，“所有人要过一种斯巴达式的生活，无论高矮胖瘦、贫穷或富贵”，并且要增加妇女参加劳动的数量。[37]

演讲者和听众之间发狂般的互动达到了高潮，当戈培尔抛出如下十个夸张问题时：

> 与元首和我们在一起，你们是否相信德国武装的必然和全面胜利？……你们是否准备好与元首一起，作为支持战斗着的国防军的后方阵营，以狂野的决心并且毫无动摇地继续这场斗争，超越所有命运的曲折直到胜利在我们手中？……你们是否准备好工作10个小时、12个小时，如果必要的话，每天14和16个小时……以取得胜利？你们是否想要全面战争，如果需要的话，甚至比我们今

> 天所想象的更为全面和激进的战争？……你们相信元首吗？你们是否已准备就绪以所有他的方式跟随他，尽一切所能来赢得这场绝对和无限的战争？你们现在是否已准备好投入你们所有的精力以支持东线战争、我们战斗中的父兄，以及他们所需要的人员和武器，为了打败布尔什维克主义？……你们是否向前线发过神圣的
> 194 誓言，即后方将以更为强大、不可动摇的斗志支持前线，并为胜利而付出一切？你们是否，特别是你们妇女，想要政府确保每一份劳动力，包括那些妇女，被置于战争[努力]的服务之中……总之那些妇女，在任何可能的情况下都将会加入，以便男人可以自由地在前线服务？……你们是否支持最为激进的措施以对付一小撮偷懒者和奸商，他们想要在战争期间耍滑头，并利用人民的痛苦来达到自己的目的？……你们是否同意那些寻求逃避战争的人应该掉脑袋？……你们是否同意，后方应该团结一致背负起最沉重的战争负担，并且应该平等地去承受，无论高矮胖瘦、贫穷或富贵？[38]

在每个问题之后，听众都疯狂地回应“我愿意”，因重复回应而变得更为狂热。戈培尔以一个隐喻和字面的恳求结束演讲：“现在，同胞们，站起来，任凭暴风雨来临吧！”这个训词得到热烈掌声以及呼喊“希特勒万岁”和“胜利万岁”的回应，紧接着齐唱“德意志之歌”。整个场面在德国电台上播放——不断重播——并且包括放在下一周的《新闻汇辑》上，戈培尔协助编辑过每周的《新闻汇辑》。[39]在他次日晚上的日记中，戈培尔写道，当他的演讲结束时，体育宫“从未见过如此混乱的场景”。被全体内阁和许多纳粹党领导人所包围，他认为这次演讲等同于“一场全面的文化动员”[40]。希特勒非常之高兴。[41]戈培尔已强调犹太人正发动一场反对德国至死方休的战争，并且德国人将会实施“最

激进措施”作为回应的声明。听众在体育宫的回应毫无疑问地显示，政
权对实现希特勒预言的决心在纳粹信徒中仍然很受欢迎。几周后，经
过长谈，戈培尔和戈林都赞同在犹太人问题上已经走得太远，纳粹德国 195
已别无选择。然而，这是一件好事，因为“一场运动、一个民族一旦破
釜沉舟，就会比还有退路可选的国家战斗得更凶猛”[42]。一个国家之
所以被团结在一起，部分要归功于犯罪共谋和畏惧报复而产生的歹徒
心态。

在1943年2月24日，随着第六军团在斯大林格勒的战败，希特勒谢绝了参加在慕尼黑举行的纳粹党成立周年庆。但他发送了一份声明，其中包含了陈词滥调的对纳粹党光辉岁月故事的复述。两天后，文本被整合到《人民观察家报》首页的头条文章当中。[43] 希特勒对犹太人阴谋叙述的重复，使他一再强调一个大规模屠杀政策的必要性。没有提供关于他计划怎么做的细节，他向聚集起来的信徒保证：“我们将打散并摧毁犹太世界联盟。”他再次向他的旧同志保证：“这场战斗将不会以雅利安人的毁灭而结束，而是以欧洲犹太人的灭亡而终结。”[44] 随着战争的继续，国家社会主义意识形态将蔓延到其他国家。正如那些在20世纪20年代试图打败纳粹的人，见证了“一场国家社会主义意识形态在全体德国人民当中的急速扩张”，因此在1943年，国际犹太人将不得不面对世界各地反犹主义的增长。战争“使得财阀和布尔什维克主义的一致性和相似性变得清晰明了……同样的联盟我们曾经在法兰克福证券交易所和柏林的红旗之间看过，昔日我们共同的敌人，如今他们再次出现在纽约的犹太人银行、伦敦的犹太—财阀机构和莫斯科克里姆林宫的犹太人之中”。正如德国人民已明白的，进而成功地在国内与犹太敌人作斗争，因此在这次战争进程中，其他民族也将会醒悟过来，并“最终形成一个统一阵线，以反对那个企图消灭他们所有人的种族”[45]。

对希特勒和纳粹忠实信徒来说，战争进程正在证实激进反犹太主义的
196 正确性。挫折和战败，非但没有引起痛苦的重估或反思，反而加深了对最初偏执构想的信念。

接下来的一周，在他2月28日《德意志帝国》上的社论“欧洲的危机”中，戈培尔又回到了一个求解难题的知识分子的论调。他开始写道：“为了理解当前一系列战争，理解犹太人问题是必要的。”文章解释了西方政府和克里姆林宫之间联盟的“谜题”[46]。他们之间只是一种表面和肤浅的不同。如果一个人看看幕后，就会很快发现，“国际犹太人是整个情绪和智识混乱的精神领袖，国家和民族分解的发酵剂”[47]。“财阀和布尔什维克主义”的不同，仅仅是“在风格和表面上，而不是在本质上”。一个是“另一个更激进的兄弟”。他们的联盟是“模仿、伪装和欺诈艺术”的一个范例，它被犹太人精炼了。它正在削弱欧洲为保卫自己而反抗布尔什维克主义的意志。[48]

在下一期的《德意志帝国》中，戈培尔一再强调“国际犹太人”在反希特勒同盟里所扮演的主导角色。在伦敦庆祝红军25周年纪念日，以及盟军对红军胜利的希望表达，确认了犹太人在幕后操纵。[49]在他几周后的日记评论中，戈培尔提供了进一步的证据，表明他真的相信犹太阴谋在幕后策划事件的真实性，且他有能力将此阴谋论与策略常识结合起来。纳粹应该置身于英、美的布尔什维克主义争论之外，因为加入他们将会制造“危险，即布尔什维克幕后的犹太人连同盎格鲁—撒克逊国家，能够把我们当作证据去抹黑英、美的反布尔什维克言论”[50]。

那年春季，帝国新闻办公室的指令变得更为集中于反犹宣传攻势
197 上。1943年2月26日发布的《期刊服务》告知编辑，美国在伊拉克、叙利亚和沙特阿拉伯的影响力在增加，以及“在美国领导下在巴勒斯坦建

立一个大犹太人国家的计划”。编辑被要求牢记美国（相比较于英国，其关注的是在印度殖民地的穆斯林）“不必考虑穆斯林的问题”。美国人“因此专门代表亚洲犹太人的利益”。美国人想剥削这个地区的财富和“奴役本土居民，一个符合他们将伊斯兰作为一个宗教的敌视政策……加强美国对穆斯林的敌意，这是犹太人统治的一个结果，我们必须避免给人留下这样的印象，即英国在近东的统治会更好”[51]。

在1943年3月19日和20日《人民观察家报》的头版，这个给伊斯兰信徒的纳粹序曲是明显的。在19日，大穆提夫在柏林一个清真寺发表演讲。次日，在《人民观察家报》首页的顶端，刊发了这篇题为“大穆提夫反对伊斯兰死敌的呼吁——阿拉伯人将会站在轴心国这边为他们的自由而战”的文章。[52] 阿明·侯赛尼谴责了“敌方压迫者”用掠夺的“资本主义手段”去占领伊斯兰或阿拉伯国家。“所有穆斯林”的职责是与那些“在犹太人的帮助下”旨在“完全统治圣地”的人战斗。阿拉伯人和其他穆斯林有“责任去粉碎犹太人的贪得无厌”。他讲道，最终审判日即将到来，那时穆斯林将获自由。《人民观察家报》报道称，阿明·侯赛尼为“伊斯兰世界杰出人物之一，他已领导阿拉伯人民反抗犹太人的进攻很多年”[53]。

尽管迪特里希是希特勒对新闻界施加日常影响的渠道，但希特勒还是定期与戈培尔进行直接的对话。在3月31日，希特勒告诉他，德国媒体应该“比以前更有力地强调，犹太人是这次战争的罪恶鼓动者”。的确，“我们的媒体必须每天不断提到它”，希特勒补充道，“犹太人问题”需要在针对英国的纳粹宣传中被更多地强调，他认为那里有 198
“对未来充满希望”的反犹趋势。反犹主义，戈培尔指出，是“一个特别有效的宣传手段”，符合“我们全方位形势的政治目的和需要”[54]。希特勒给迪特里希下达了同样的命令。4月2日帝国新闻办公室的

《期刊服务》声称："媒体必须时刻关注这样一个事实，即犹太人不仅在苏联，而且在英、美都是绝对的主宰。犹太人对政治和媒体的影响力使得把犹太幕后操控者从阴影中拖出，并清楚地指出和识别他们变得必不可少。在评论和新闻文章中都应该这样做。"在吓人的语调中，编辑们被进一步指示去强调："犹太人作为一个整体是罪恶的根源……所有国家的罪犯都说一种技术语言，其最重要的成分是希伯来语。犹太人被灭绝对人类来说不是一种损失。"相反，这对于国家来说是很有益的，因为死刑或监禁本来就是用来对付罪犯的。[55]在这份秘密备忘录里，没有夸大其词和无端威胁的理由，帝国新闻办公室通知期刊编辑们，在那时犹太人正被杀害，这对人类来说并"不是一种损失"[56]。受控的媒体不会去调查看看这些预兆词汇的内涵是什么。

媒体运动瞄准那些在西方将苏联政权描绘为一个美好图景的人，例如美苏友好全国委员会里的那些人。它的主席是科里斯·拉蒙特 (Corliss Lamont)，托马斯·拉蒙特 (Thomas Lamont) 的左翼儿子，而托马斯本人是卫理公会牧师的儿子和哈佛大学的毕业生。托马斯·拉蒙特长期担任J.P.摩根银行的高级执行官，率先在第一次世界大战中为协约国提供银行融资。在摩根死后，他成为董事会主席，于1943年3月开始任职。[57]因此在1943年，科里斯·拉蒙特站在白人盎格鲁—撒克逊新教徒团体的顶端。在1943年4月8日，《人民观察家报》将托马斯·拉蒙特描述为"幕后的黑暗人物之一，就是他将摇摆不定的威尔逊推入第一次世界大战的深渊"，从而为J.P.摩根银行带来巨
199 额利润。年轻的科里斯在罗斯福的助手哈罗德·艾克斯和参议员克劳德·佩珀帮助下到访过莫斯科，而其中的参议员克劳德·佩珀"长久以来就是一名为世界犹太人的全球统治而奋斗的战士"[58]。《人民观察家报》然后继续将这种犹太人和美国新教徒后裔的邪恶交织描述如下：

> 非犹太人和美国老外交官在那里给了新财阀—布尔什维克公司一个迷人的外表和体面的代表。然而，这个企业以爱因斯坦、斯托科夫斯基、卓别林这些名字为鲜明的特征。犹太移民伪哲学家与令人厌恶的电影业犹太人联合起来，后者到目前为止已在好莱坞的沼泽中蓬勃发展。在纽约，卓别林和爱因斯坦追随爱森斯坦和艾伦伯格，尤其是莫斯科的卡冈诺维奇兄弟。犹太人正在一起工作，并希望把权力的杠杆掌握在他们的手里。美国人民既送钱又送武器，而苏联则出人，因为人类生命的蓄水池能为犹太人的战争做出牺牲，其储备几乎跟摩根银行的黄金供应一样取之不尽、用之不竭，且它通过拉蒙特来为世界犹太人战争做动员。在战争爆发之前几年就已开始的罗斯福战争政策，其意义和目的从来没有比通过［美苏友好全国委员会］的建立更厚颜无耻地暴露给世界公共舆论。的确，这必须被标记为世界犹太人团结及其世界统治意志的一个经典事例。[59]

这篇文章是关于阴谋心态的杰作，它为一连串美国和苏联著名犹太人名字之间的虚假联系提供了表面上的合理性，然后和一个熟知的非犹太人名字拉蒙特相联系。这篇文章没有提供任何证据，以证明美国清教徒团体后裔的当权者在为犹太人服务，或者这些人中的任何一 200
名在操控事件。然而，纳粹宣传家将美国清教徒后裔团体所主导的美苏友好全国委员会视为戈培尔已谴责的“模仿”的一个完美例子。毕竟，如果不是因为在幕后指挥行动的“世界犹太人”的指示，为什么富有的银行家会倡导与共产主义者的友好？虽然纳粹宣传家很乐意摆出这种引导性的问题，但他们不会问为什么美国当权者中富有的非犹太成员会甘愿屈服于犹太人，当在科里斯·拉蒙特的母校哈佛大学，犹太人仍然受到入学名额限制之时？如果美国犹太人不能消除犹太人在哈佛大学的名额限制，那么他们去哪里找实施美国外交政策的权力？为什么娴熟老练的政治家如富兰克林·罗斯福，或者见识广博的银行家如托马斯·拉蒙特和他的儿子科里斯都突然变成了犹太人的奴仆，而他们（犹太人）的利益，纳粹却坚持认为与那些非犹太裔美国人相冲突？到1943年，由于记者团体内的意识形态赞同和职业机会主义，以及纳粹的清洗和恐怖战术，受纳粹控制的新闻界的编辑和记者都没有报道这些问题，至少没有印发。

1943年4月12日，德国媒体报道了一个重大暴行故事，也就是在俄罗斯卡廷森林万人坑里，发现他们所声称的1万具波兰军官尸体。实际上，有4000名军官失踪，只发现了1700具尸体。虽然英、美很多领导人起初都认为是纳粹杀了他们，但后来证明俄罗斯人确实要对此负责。[60]纳粹宣传强调卡廷故事以攻击苏联，并以此削弱英、美对它的支持。此外，它成为战争中一个最致命公开反犹运动的理由。纳粹媒体声称，“犹太政委”实施了谋杀。帝国新闻办公室的指令声称，谋杀证明了“欧洲各民族的灭绝”现在是一个“犹太人的战争目的”。指令继续讲道，犹太人自己将会被追究责任，且“最终不是欧洲而是犹太人将会被
201 灭绝”[61]。4月13日帝国新闻办公室的指令指示编辑，他们必须“强烈地展示”波兰军官万人坑那“耸人听闻的发现”，它声称他们是在1940年3月到5月期间被苏联人枪杀的。这条新闻应该被列为“人类历史上最恐怖的事件之一”[62]。

1943年4月14日，新闻指令升格了宣传运动的反犹色彩。“关于GPU（苏联国家政治保卫局）谋杀突击队是由犹太政委构成的耸人听闻的证词应该刊登在报纸的头版上，并附以尖锐的评语。”卡廷屠杀及其“由犹太人实施的事实，没有比这更能证实这个犹太仇恨圣歌”。德

国将会注意到它，而且公众应该得到保证：“犹太人自己终有一天会被追究责任，最终不是欧洲而是犹太人将会被灭绝。”[63]一场关于卡廷大屠杀的激烈纳粹宣传运动紧随其后，它不仅强调苏联人的责任，同时也强调犹太人或“犹太政委”是行凶者。[64]

4月16日的《每日要闻》指令依旧是直言不讳的。

> 在一些情况下，对犹太—布尔什维克在卡廷所犯罪行的处理，尚未与关于犹太世界性犯罪的必要澄清相伴随。犹太人的强大地位，使其支配布尔什维克主义及资本主义成为可能，这必须在每一个适当的机会中尽可能清晰地向世界强调。这也尤其适用于新闻报道的规划和标题。密谋策划这场战争并在各国当中播撒和培育仇恨种子的犹太世界阴谋，必须在世界公共舆论的意识中强有力地展现出来。这里我们必须通过持续不断的强调，以向世界解释我们那令人信服的论点。[65] 202

就在同一天，《人民观察家报》在其头条文章里再次把美国驻莫斯科大使约瑟夫·戴维斯变成了一个犹太人：“犹太人戴维斯：‘我们可以信任苏联。’卡廷，这是犹大打击欧洲的一个例子。”它将杀害波兰军官的杀手描述为“犹太突击队”，他们提供了“世界犹太人”及其财阀和苏联“代理人”已为他人做好准备的一个例子。文章引用了西方记者不愿批评苏联的言论，作为“世界犹太人怎样完全统治华盛顿和伦敦”的证据。《人民观察家报》的文章不断重复着基本的纳粹指控。犹太人已释放战争，“去报复那些已阻挡其奴役世界的计划和已认识到犹太人是我们时代最大威胁的人”。幸运的是，德国军队正保护欧洲，根据希特勒那“犹太人在这个战争中将会从欧洲消失，且是犹太民族而不是西方国家将会被毁灭”的宣告。犹太人将不得不为沾满双手的罪恶“赎罪”，且一些犹太人使得罪恶变得更加深重，诸如伊利亚·艾伦伯格和内森·考夫曼，因为他们号召“消灭所有的敌人”。[66]

戈培尔将最初国外对卡廷事件的怀疑解释为犹太人权力的进一步证据。他写道：“人们真的可以将美国描述为一个犹太人国家。”他将会强化反犹宣传，从而使得敌国的领导人不会支持犹太人，“这样他们就不会立即被自己的人民怀疑为是犹太人的奴仆”。他将瑞典媒体对卡廷事件的怀疑归因于犹太人的影响。[67]《期刊服务》指示政治杂志的编辑们要去强调卡廷事件，因为它向世界展现了“布尔什维克主义那沾满鲜血的脸庞，及其在为犹太人世界阴谋服务中的消灭意志。尤其是，它有利于清楚地阐述犹太人对这些谋杀行为的责任”。不是利用卡廷事件来试图分裂反希特勒同盟，德国媒体的关注点应该是指出犹太人是同盟
203 幕后的驱动力，及其得以团结的黏合剂。在面对一个所谓的冷酷无情的国际敌人时，这反过来将会加强国内德国人对战争的支持。[68]

《期刊服务》的同一期还包括一篇题为“犹大想要谋杀欧洲人民”的短文。在卡廷对波兰军官的谋杀“并不是犹太人仇恨波兰的唯一一次爆发”，而是“犹太人反对所有非犹太人政策的一次有意延续”。如果布尔什维克主义没有被打败，那么这些波兰军官的命运将会“毫无例外地在所有欧洲人民身上重演”。卡廷大屠杀表明：“犹太人消灭……所有非犹太人的计划并不是犹太人的敌人的一种幻想。相反，它们[计划]是真实存在的。犹太人在哪里拥有权力，他们就在哪里努力实现他们的计划。”媒体要强调“全世界的犹太人要对在卡廷所犯的罪行负责”。此外，指令也指示编辑们，“犹太人的人祭”并不是“犹太人反对者所编造的故事”，而是一个“虽困难但仍可证实的事实”。[69]

4月19日，华沙犹太人区的犹太人对被占欧洲区域的纳粹德国发

动了第一次武装反抗。对于起义，德国媒体却只字未提。相反，英、美对德空袭却占据了头条新闻。1943年4月23日，《纽约时报》发表了第一篇关于犹太人区起义的文章。[70] 在4月25日的日记中，戈培尔表示他知道犹太人区的战斗。《人民观察家报》加大对卡廷大屠杀宣传活动的力度。[71]《人民观察家报》在1943年5月6日发表了以“在世界犹太人指挥下的美英：财阀等同于犹太—布尔什维克谋杀者”为标题的头条文章。[72] 同一天，《纽约时报》报道了关于犹太人区起义的第二个故事。报道称，据波兰的信息源，一场战斗已激烈地持续了“17天”[73]。但仍然没有任何信息出现在德国媒体中。在4月23日和24日，《纽约时报》发表了两篇关于“卡廷事件”的文章，报道称红十字会将会调查德国对此事的指控。[74]

纳粹政权所开展的运动带有组织协调性，目的是使卡廷事件持续出现在新闻中，这在奥托·迪特里希1943年4月28日的指令中是很 204
明显的。“尽管在每日指令中存在着重复和紧急的指示，”他明显愤怒地指出，“犹太人对卡廷屠杀负责的事实，在相关新闻报道的文字和标题中一直表达得苍白无力。我们要提醒大家注意这个事实，即编辑们现在有责任注意到，在每种情况下，报道和标题都要符合所要求的程序。”[75] 次日，迪特里希，一位继续与在东普鲁士总部的希特勒进行日常接触的人，发布了以下长篇指令，命令德国报纸要专注于卡廷惨案中的“犹太人面孔”。

> 和卡廷大屠杀相联系，标题和插图说明必须不断指向犹太—布尔什维克的谋杀和纵火。这不仅仅要在今天和明天去做。相反，世界的死敌必须不断地被暴露和谴责。媒体将从德国新闻机构获得……关于犹太人的资料，而它必须被适当地运用。此外，从

> 现在起，媒体有义务以更大的力度将犹太人问题作为其永久义务。当报纸写着“伦敦隐藏着犹太—布尔什维克谋杀者”，而不是“伦敦隐藏着布尔什维克谋杀者”时，这并不是反犹主义。当报纸写后一个标题时，他们在呈现犹太人的作者身份方面做得不够。相反，现在的重点是在所有的评论和文章中构建起反犹主义。很明显，人们不可能平白无故地汲取反犹主义，而必须为此有一定的基础，一种其他事物都能加以采用的主题。为此，报纸每天都会收到一个犹太主题，而这不应该会导致思想僵化和想象力缺乏，只是作为一种灵感。在这里，报纸有着广阔的领域且它们自己也能找到需要的主题。例如，这里有无数把犹太人描绘成犯罪分子的耸人听
> 205 闻的故事，在这里就可以被用上。尤其是美国的国内政治为这些故事提供了一个取之不竭的蓄水池。如果报纸让它们的工作人员在这上面工作，那么我们就有机会看到真实的面貌、真实的行为，以及每天以新颖多样的形式被描绘出来的真正犹太人。此外，德国媒体中的犹太人自然也要作为一个政治行动者而被呈现出来。在任何情况下，必须被确立的是犹太人应该受到责备！犹太人想要战争！在世界各地，犹太人都在准备对德战争！犹太人加剧了战争！犹太人从战争中获利！并一再强调：犹太人有罪！

迪特里希看到了一个“无限大的机会”去“展现犹太人的真实品质”。“在报纸上没有一行是不能做到这一点的，”他再次强调，“参与上述反犹行动是整个德国媒体的职责。”[76] 次日，《人民观察家报》的首页头条标题写道：“卡廷惨案再次揭露了世界犹太人，欧洲认出了财阀和苏联犹太人之间的密谋，英、美为掩盖真相而做了可悲的尝试。”[77]

如果谈及“伦敦的犹太—布尔什维克谋杀者”是“非反犹主义”的

话，那么紧接着的是，迪特里希认为好的新闻报道以这种术语去描述英国政府是真实准确的。按照他的逻辑，反犹攻击的缺失将会是糟糕的新闻报道，因为以迪特里希的观点（反映了希特勒的），战争的核心故事是犹太人是导致对德战争的根源。如前所述，针对犹太人的核心指控并不是关于外貌、性欲或犹太人身体，尽管在施特赖歇尔的《先锋报》上这样的攻击持续着。相反，要让“国际犹太人”对第二次世界大战负责仍然是主要的政治指控。它因此充当了大规模屠杀犹太“敌人”的关键正当理由。 206

《人民观察家报》将西方怀疑主义的源头追溯到了“财阀和布尔什维克犹太阴谋那肆无忌惮的驱动”。“欧洲没有人再会被犹太幕后操纵者所欺骗，不管他们的傀儡是在莫斯科，还是在伦敦和华盛顿。”1943年5月1日，《犹太人问题》这期加入了一篇关于卡廷惨案的重要文章“犹太—布尔什维克的血债”。[78] 在5月3日，纳粹党的帝国宣传指挥部向纳粹党的地方官员发送了规则，以用于关于卡廷惨案的演讲之中。演说者要强调卡廷故事提供了如果布尔什维克得胜，德国和欧洲其他国家将面临危险的“有力证明”，以及因与苏联的政治安排，“美、英可耻背叛欧洲”的证据。根据指挥部的说法，卡廷惨案揭示了“布尔什维克谋杀体制”的不变本质，而此时此刻苏联正试图将自己向西方展示为一个基督教和民主国家。“卡廷惨案将会一直象征着犹太—布尔什维克的大规模屠杀。”指令创造了一个新词“卡廷化”。就如断头台与“带有犹太人血统的第一次革命”的谋杀者相关联一样，“卡廷化将会成为犹太—布尔什维克杀人狂的一个世界性概念”。[79] 演说者应该不断重复“犹太人伊利亚·艾伦伯格”已号召“消灭3.7亿”欧洲人。纳粹党的任务就是强调犹太人在苏联的角色，并利用一切机会“反复地强调犹太人对战争及其可怕后果负有罪责”。卡廷惨案，“对于欧洲和世界而言，是一个令人尖叫且惊恐不已的警告”，关于“一个体制的暴虐……这些行为只会出自其犹太煽动者和奴隶驱赶者的犯罪本能”[80]。

1943年5月5日，纳粹党的帝国宣传指挥部，通过纳粹省党部、专区、社区点这样的广泛组织网络，给地区和当地的纳粹党领导人和演说家发送了另一项指令——“犹太人问题作为国内外政策的武器”。该指
207 令声称，问题已“在德国被解决”之后，允许犹太人问题从公众意识中消失是“既危险又错误的”，因为它在境外变得更强大了。[81]“这是一场犹太人针对德国及其盟友的战争。就像国内斗争以德国的反犹革命而结束一样，这场战争必定以一场反犹世界革命而结束。”指令继续写道：

> 在德国，我们使得全民族进行反犹。我们不停地用手指指着犹太人，即使在他们试图伪装自己的时候。一次又一次，我们从他们脸上撕下面具。犹太人经常试图转移公众对我们活动的关注，从而把视线放在其他事情上，因为他们对我们那令人印象深刻的宣传非常不舒服。因此，坚持立场并坚定不移地继续这一宣传就显得尤为重要了。在不久的将来，[由纳粹党组织的]集会浪潮中，犹太人问题现在必须是所有演讲的不变关键点。每个德国人都必须知道，他或她所承受的一切——如不安、受限制、加班加点、对妇女和儿童的血腥恐吓，以及战场上的流血牺牲——都能追溯到犹太人。在每次集会上，以下几点必须被提到：国际犹太人想要这场战争，在所有敌对的民族和国家中占据最重要的经济职位，以及无情地利用他们的权力将各国推入战争；即使在今天，他们在敌国中形成公共舆论，拥有报刊、电台和电影，并将它们当作人民的声音。不过，关于犹太人本质的认识已站稳脚跟且正在发展壮大；没有一个犯罪是犹太人不参与的，而且现今在国外，正如德国早期那样，

> 超过半数的所有经济犯罪、骗子、黑市商人及股票交易投机商都是
> 犹太人；犹太人自身并不持有权力，但他们收买公共人物，作为依 208
> 赖和奴性的工具，替犹太人做事。犹太人能从战争中获利，故而对
> 长期战争感兴趣。然而，几乎没有一个犹太人扛起过武器或通过
> 双手劳作来获得收入；正如德国早期的情况那样，犹太人把战争和
> 劳动留给其他人；犹太人释放这场战争，是要维护他们的世界权
> 力，并打倒那些认出他们及其图谋的人的一种最后尝试；这场战争
> 将会以反犹世界革命和全世界犹太人的灭绝而结束，这两者都是
> 一个持久和平的前提条件。核心句是这样表述的：犹太人对一切
> 都有罪！

“犹太人问题作为国内外政策的武器”指令最后把接受者的注意力吸引到戈培尔的短文“战争和犹太人”上而结束，并告知他们印制件将会提供给帝国宣传指挥部的“所有演讲者”。[82] 在5月6日，《人民观察家报》首页以“世界犹太人指挥下的英美，财阀等同于犹太—布尔什维克谋杀者”为头条文章。[83] 在英国，“谈论卡廷事件是被禁止的”，并且将斯大林作为一名伟大人物和民主主义者来歌颂是必要的。伦敦的财阀和莫斯科的布尔什维克已经变得亲密无间。“一个是谋杀者，而另一个则袒护谋杀者。”美国人和英国人都“处于世界犹太人的独裁统治之下”，并参与同样的犯罪。[84]

在这场致命的反犹运动中，戈培尔已经开始写作整个战争中一篇
最为重要的反犹短文及广播演讲。正如他在日记中所写的，他正在写
“战争和犹太人”，以“有效地解释犹太人在这场战争的开始及其延宕
中所扮演的可怕角色”。[85] 短文作为标准头版社论发表在1943年5月 209
9日的《德意志帝国》上，也在那个星期的电台中广播。[86] 戈培尔对于

一些人“仍然太天真地”去理解战争，以及犹太人问题在其中所扮演的角色，表示出愤怒和惊讶。“犹太种族”及其“帮手”正在发动对“雅利安人以及西方文化和文明”的战争。他重复着先前的声称，即“犹太人想要这场战争。无论你从哪个角度去看敌人的阵营，财阀那边或是布尔什维克那边，你发现犹太人作为鼓动者和煽动者，在那些站在敌人军事领导层前台的倡导者背后工作着。他们[犹太人]组织了敌人的战争经济，制订了针对轴心国的消灭和灭绝计划”，并且“[形成了]将敌人联盟团结在一起的凝聚力”。犹太人的“报刊和电台广播中的《旧约》报复威胁”并不“仅仅是政治著作。如果[犹太人]有权力这么做，他们就会满足这些欲望到最后一刻”。犹太人，除了消灭和灭绝我们人民就没有其他的目的了。纳粹德国是犹太人通往世界统治道路上的唯一障碍，也是保护欧洲免于“犹太—布尔什维克危险”的“大坝”。[87]希特勒所有的“预言性话语”都没有“以如此的确定性和必然性”被证实过：“如果犹太人成功地挑起了第二次世界大战，那么它将不会以雅利安人的灭绝而结束，而会以犹太种族的灭绝而结束。”这是一个“需要时间，但不再会被停止”的过程。犹太人不仅要在德国“为他们危害人类幸福与和平的无数罪行付出代价”，也要“在全世界范围内”为此付出代价。[88]如果德国输掉这场战争，那么“我们自己国家及其他欧洲国家的无数人……将会被交付出去，在对这个邪恶种族的仇恨及其消灭意志毫无防御的情况下”[89]。戈培尔向成千上万的读者和电台听众保证：

> 我们正在向前进。对于实施1939年被犹太人所嘲笑的元首预
> 210 言，将会一直持续到我们行动过程的终点。即使在德国，当我们第
> 一次起来反对犹太人时，他们就在那里嘲笑。他们中的嘲笑者如

> 今已成过去。他们选择向我们发动战争。但现在犹太人明白，战争已变成了一场针对他们的战争。当犹太人设想完全消灭德国人民的计划时，它因此也就是在写自己的死刑判决。这种情况下如其他一样，世界历史也将变成一个世界法庭。[90]

短文重复和详细说明了纳粹宣传的基本投射机制：一个被称为“国际犹太人”的历史行动者已发动第二次世界大战来消灭德国人。相反，德国人扭转了局面，并正在实现希特勒的预言，那就是他们正在消灭犹太人。在这个和其他文本中，戈培尔结合了大谎言或一些谎言——所谓的“国际犹太人”正在指挥一场针对德国的战争；德国并没有发动战争；同盟国是一个隐藏但全能的国际阴谋的走狗——带着纳粹德国当时正在谋杀欧洲犹太人的真实声明。不是愤慨地否认同盟国关于纳粹反犹暴行的指控，戈培尔根据希特勒的指示，将纳粹对犹太人的攻击呈现为一种自卫、反击、报复的正当行为，以回应犹太人所造成的不幸和当时对德国造成的伤害。[91] 他对国内外对这篇文章的反应感到高兴。他确信“在布尔什维克主义问题之后”，犹太人问题是“我们宣传马厩里最好的马”。反犹文章应该“每隔一天”就出现在媒体中，德国期刊应该展现“一个反犹面孔”，这两个目标都将通过更年轻且思想可靠的编辑来实现。[92]

在5月8日对纳粹地方长官的一次演讲中，希特勒强调反犹主义必须再次——就如在纳粹党的早年一样——成为纳粹“文化攻势”的核 211
心。他希望这会在英国蔓延，尤其在保守党里。他重复着他的观点，即犹太人同时控制了布尔什维克主义和西方财阀，且这场战争是一件“消灭或被消灭”的大事。[93] 在5月9日，《人民观察家报》发表了以“对犹太人越来越敌视的迹象，犹太人在英国的恐惧……贪财土狼要求滥用国家权力”为标题的头条文章。它视对抗反犹主义的一次伦敦会议为其发展的证据，《人民观察家报》将这归因于犹太人与战争的联系。[94]希特勒告诉戈培尔，他对德国反犹宣传的加强感到满意。戈培尔告诉他，现在它已占到德国对外广播的“70%到80%”的比例。[95]5月12日，当德国人正在镇压华沙犹太人区起义时，《人民观察家报》的头版头条宣称，“莫斯科将会变成世界犹太人的官方中心”；一个巴勒斯坦犹太人国家将构成“苏联控制地中海的基石”。文章声称，苏联已经成为犹太复国主义的支援，因为它符合克里姆林宫在地中海的未来计划。[96]5月18日，纳粹党的帝国宣传指挥部向政府官员和纳粹党宣传机构发送了“全世界犹太人的黄昏”一文。[97]它引用了戈培尔在“战争和犹太人”一文中对希特勒预言的重复，并宣布反犹主义正蔓延到包括英国和美国在内的敌对国家。这种发展源于一种对“这场战争的所有苦难、贫困和剥夺完全都因为犹太人，战争本身就是犹大的杰作”的不断理解。[98]

在这段时间里，德国媒体对华沙犹太人区起义及其被残酷镇压只字未提，而只关心所谓的其他人的罪行。在纳粹德国反犹宣传泛滥之中，《纽约时报》报道称，源自世界犹太人大会的一个代表，“在华沙犹太人区所有犹太人都已被清理掉”，也就是说，最初45万人剩下的4万
212 人在最后的战斗中被杀，同时有60名纳粹分子死亡。[99]5月22日，《泰晤士报》报道说，在华沙犹太人区起义的最后几周里，大约有1000名德国人被杀或受伤。1943年6月20日（第34页），它报道称，波兰驻美国大使扬·切察诺夫斯基在谈到犹太人区时，已经告诉卡内基音乐厅的3000位观众：“在有记录的人类历史上从未记录过如此连续、如此井然、如此邪恶、如此野蛮、如此不人道的一种残酷和大规模消灭制度。”[100]与此同时，《人民观察家报》在首页发表了“犹太世界政治”和“犹太—美国帝国主义”的文章予以谴责。作为后者的证据，它援引了

“犹太人沃尔特·李普曼”对美苏战后合作可能性的研究。《人民观察家报》将李普曼的建议描述为努力建立“华尔街和克里姆林宫犹太世界专制统治”的进一步证明。[101]

1943年5月13日，戈培尔与希特勒进行了一次漫长且较为引人注目的对话。大部分是希特勒关于《锡安山长老协议》的个人独白。戈培尔最近重读了这份协议并得出结论，与他之前的观点相反，它们实际上适合于“当代的宣传”。它在1943年春“像第一次出版的那样具有现代性”。为展现犹太人为统治世界而奋斗，它采用了极其显著彻底的方式，他对此感到“震惊”。“如果犹太复国主义协议不是真实的，那么它就是由当时一个杰出的批评家所创造的。”他补充道，希特勒对沙皇政治警察所写的无耻伪造文件的起源毫不怀疑。“元首认为犹太复国主义协议是绝对真实的。”希特勒说：“没有人能像犹太人自己那样出色地描述犹太人为统治世界而奋斗。”他继续道，犹太人并不是“按照预定计划工作，而是根据他们种族天性而任意妄为……现代人别无选择而只能消灭犹太人”。奇怪的是，戈培尔自20世纪20年代中期以后就已听过希特勒在那里整天唠叨着国际犹太人阴谋，却觉得希特勒的评论极其有趣，也许是因为在私下里听到它们凸显了希特勒对这个话题所持看法的强烈程度。[102] 213

次日晚上，在得知德国在突尼斯战败之后，戈培尔写道：“反犹宣传必须是我们所有新闻活动的核心内容。犹太人问题必须比过去更加突出地被讨论。”[103] 在4月和5月的北非战役中，英国、美国以及一些法国军队打败了隆美尔的军队，并俘虏了27.5万名德国和意大利士兵，只逃出了800人。除了保住北非部分地区的据点外，轴心国已失去两支军队、大量的物质，以及无数的船只和飞机。包括夏尔·戴高乐将军所领导的军队在内的同盟国之间的团结加强了，而意大利的士气在失去其非洲版图最后一部分后一落千丈。[104] 次日，戈培尔在日记中写道：“突尼斯战斗的结局是非常令人沮丧的。”在1943年的前五个月，“敌人占据了上风”，对德空袭中实施了明显的打击，在东线造成了“巨大创伤”，并且在北非导致挫败。德国在大西洋的潜艇战并没有达到预期的效果。东线的成功对德国的事业至关重要，但不管何时它都无法很快实现。他指出，宣传部有关民众情绪的报告注意到了一种“相当压抑的心情”，由于斯大林格勒以及现在北非战败的共同作用。[105] 在1941年夏秋的军事胜利和狂欢中，反犹宣传得到了蓬勃发展，德国在1942年的扩张达到了高潮，而在1943年春天斯大林格勒战役之后，形势发生了逆转。现在，随着战争形势转而进攻纳粹政权，反犹叙述继续提供了一个看似令人信服的解释。同盟国的团结持续越久，盟军对德国军队造成的打击越大，纳粹领导人越是看到一个强大的国际犹太人阴谋确实存在的证据，以及它的行动解释了为什么德国在战争中会遭遇逆转。以纳粹领导人的观点，反犹宣传不是对残酷现实的转移，而是对事件实际进程的一个恰当
214 回应。因为关于第二次世界大战的核心纳粹意识形态，假设这是一场犹太人发动的对德战争，紧随其后的逻辑是，随着战争形势转而进攻纳粹政权，反犹宣传应该在1943年的春夏秋三季得到加强。

5月17日，帝国新闻办公室下令报纸的文化政治部应该比过去更强烈地由一种反犹观点所引导。[106] 几天后，它指示编辑们，除了报道日常事件之外，重要的是要提出关于“战争的意义和使命”的讨论。这些首先在于“国际犹太人的战争罪行，通过其布尔什维克和财阀卫星组织迫使各民族和国家进入战争，为的是摧毁他们的生存能力，从而建立起犹太人的世界统治”。相反，轴心国的战争目的是在欧洲和世界范围内建立和平并推动经济发展，当“世界列强”——同盟国和犹太人——出现经济失败而被搁置在一旁之时。[107]

戈培尔仍然深入地参与反犹宣传攻势。他在1943年5月16日《德意志帝国》的社论上，解释了英国关于苏联对卡廷谋杀负有责任的怀疑，这是犹太人努力降低布尔什维克主义危险的结果。[108] 1943年6月5日在柏林体育宫，在向纳粹忠实信徒发表的演讲中，他专注于谴责英国对德国城市的空袭。他声称“犹太人尤其想要侵入欧洲”；但他们不会参与。在他们的地方，英、美的士兵——那是非犹太人——将会付出代价。尽管这样一种入侵要付出可怕的代价，犹太人还是在推动它。“丘吉尔和罗斯福只不过是他们的执行机构。”为了回应那些怀疑他那“世界阴谋集团”正在驱动敌人联盟的观点的人，戈培尔反问道，怎么可能去解释自由拥护者与波兰军官的刽子手、宗教拥护者与无神论者，以及布尔什维克和资本家之间的团结一致，除了指出一群“骗子正在争取世界统治，及其欲使欧洲屈服于犹太人的世界权力争夺”。事实上，没 215
有理由向德国发动战争，除了摧毁这个“最后堡垒”以对抗他们那“背信弃义的犹太—财阀—布尔什维克”计划。敌人的联盟是一个“罪恶的世界阴谋”，除非德国先摧毁它，不然它将会摧毁“既正派又富有创造力的人类”。[109] 在他的日记中，戈培尔将同盟国轰炸袭击德国城市的精确性归咎于移民到英国的德国犹太人，以及将战争仍未结束的事实归咎于“伦敦城里的犹太人”。一场短期战争，他写道，将对事业不利。纳粹需要做更多工作去激化英国的反犹主义。那部关于苏联的不加批判的好莱坞电影，是基于大使约瑟夫·戴维斯的《我在莫斯科的使命》拍摄而成，它也是“一个犹太混合物”[110]。

1943年5月21日，迪特里希的办公室向报纸和期刊的编辑们发送了一个指令——“针对犹太人的专题：目标：一个反犹期刊出版社”，它构成了纳粹政权在那年春夏两季反犹新闻和宣传运动的一大亮点。[111]

> 德国期刊现在有一个绝佳的机会去坚决地领导全球的反抗斗争。由于犹太人在世界各国政治、经济、文化生活的各个领域都取得影响力，因此每个期刊都可以在各自的专业领域内处理这个主题。我们再次重申，德国人民已经对犹太人知根知底故而不需要对这个问题进行进一步启发的这一不同意见是毫无根据的。即使在德国内的宣传工作，这个论点仍然是正确的，即只有通过经常不断地强调一个被公认的真理，全体人民才能理解并在这个真理上行动……然而，现在［这种宣传］要实现的效果在国外甚至比国内更重要。[112]

该指令指出，如果他们与同事、朋友和家人分享，或者将其放入寄到国外的信件之中，那么期刊的文章就可以到达外国读者那里。这种
216 “亲密宣传”的可信度是相当大的。对许多人来说，他们的父兄或朋友写信给法国人、比利时人、丹麦人、挪威人和乌克兰人所说的，都是真相本身。这些意见可以进入外国媒体，并在那里促进反犹主义。只有“所有的德国报纸和期刊在一起，同时在几个月的时间里，从各个角度强调揭露犹太人的危险及消灭它的必要性”，反犹宣传才会奏效。指令让记者注意《期刊服务》和《德国每周服务》的前三期，它们讨论了这些话题，分别为“当犹太人上台时”、“犹太人是罪犯”，以及“犹太人想谋杀欧洲人民”。特刊包含了以前已被提到过的“最重要的反犹主题”，同时也提到了“反犹著作”，编辑们可以“在德国的每个地区图书馆”找到它们。[113]

这个指令的语气显得很急促。特别的反犹期刊“不可能在你阅读一次之后就被束之高阁。相反，在未来几个月内，总编辑必须每天把它拿出来读一读。它应该持续地影响他规划下一期刊物的思考。在未来

几个月内我们必须做到这么一点，即期刊的每一页都要以这样或那样的方式提及犹太人问题”。编辑们要把读者吸引到犹太政治领导人、经济学家、科学家、艺术家、银行家、企业家及犹太人所有的公司和银行之上。指令包含了清晰的词汇参考指南。当提及如马克西姆·李维诺夫、拉扎尔·卡冈诺维奇或瓦尔特·拉特瑙这样的人物，或者如罗斯柴尔德银行、莫斯出版社或《纽约时报》这样的企业时，“文本必须写有：犹太人李维诺夫、犹太人卡冈诺维奇、犹太人拉特瑙、犹太人的罗斯柴尔德银行、犹太人的莫斯出版社、犹太人的报纸《纽约时报》”[114]。

对于政治期刊而言，要吸引对“美国政治领导人”如菲利克斯·法兰克福特和萨缪尔·罗森曼，以及苏联“官僚机构犹太化”的注意力。 217
它提到了过去的问题，其中包含犹太人在GPU（苏联国家政治保卫局）、战争工业、农业和军队犹太政委等信息。[115]英、美的反犹主义增长会得到加强，通过期刊关注于犹太人逃避兵役，以及犹太人参与黑市交易和不公平的商业行为等这样的主题。“期刊必须指出，英美犹太人正扮演着幕后操纵者的角色”，他们总是反对“主体民族并支持他的种族同志”。这个专题提供了大量关于美国、英国以及苏联的材料，这些将足够好几个月时间让你的期刊完全充斥着反犹精神，而现在媒体领导必须让每个出版物都需要这种精神。对于这周宣传指令的成果，我们再次给予特别重视，必须在我们所出版的每份期刊上表现出来：德国媒体必须成为一个反犹媒体。[116]这个议题包括一个名为“犹太人有罪”的部分，其声称“所有期刊的使命”是驳斥“对犹太人的所有感情用事”，并强调“每个犹太人，无论在哪里和做什么，都是串通一气的”。没有一个是无辜的；犹太人只是或多或少地伪装了。[117]

在这个被称为“与世界犹太人斗争”的议题中，纳粹主义的核心指控在指令中得以具体化。

> 战争的进程已清楚地表明，这是一场由世界犹太人对雅利安人的极大仇恨所驱动的斗争，反对着他们的精神、世界观和文化。伦敦、纽约，尤其是莫斯科的犹太幕后操纵者筹备了这场战争，通过无耻的煽动活动把各民族推入战争，以至于他们拿起武器对抗地球上的雅利安权力。世界犹太人故意扩大这场战争，并希望以雅利安敌手的衰竭作为胜利果实。世界犹太人以三种形式进入了
> 218 这场冷酷无情的战争：首先，作为犹太人；其次，作为有犹太血统的财阀；最后，作为犹太布尔什维克。

它的目标是“犹太人的世界统治”，而这在《旧约》中就显露无遗。只是“雅利安民族”的努力阻止了犹太人实现他们的目标。“今天犹太人再次寻求世界统治”，一方面通过英美财阀这样的工具，另一面依靠布尔什维克。他们表面上看似不同的政治目标伪装了犹太人的影响力。“这场巨大斗争的真实背景”，也就是第二次世界大战，是一场“世界犹太人与雅利安人类之间的种族、意识形态、政治和文化的斗争”。犹太人不管表现为“丘吉尔周围的伦敦财阀，犹太人主导的苏联政府，还是以第1级共济会成员罗斯福帝国主义形式的一名好战者……雅利安人”都会提防犹太人。雅利安人都能够认出“世界的头号敌人——无论它以什么样的形式出现——及其有偿和被接纳的傀儡”。[118]

1943年5月18日，45个国家的代表齐聚弗吉尼亚州温泉城，出席一场关于食品和农业的联合国会议。这次会议的召开是为了促进战后世界食品产量的增加，并消除贸易、运输和内部分配的堡垒。[119] 这与犹太人议题丝毫没有关系。然而，在5月21日，《人民观察家报》以“它可能会变成这样，欧洲将被交给谷物犹太人；轴心国为各民族人民的工作和

面包而战斗”为题在首页上发表。不是为了实施在温泉城明确阐述的自由贸易原则，《人民观察家报》继续坚持认为，这次会议的真正目的是将“全球食品供应处于美、英、苏以及中国的控制之下，并根据配给制度定额分配给他们”。因此，罗斯福在世界各地消除饥饿的计划，实际上是“在全世界范围内对华尔街犹太人政治独裁统治的一种锚定”。[120] 219

5月25日，《人民观察家报》在首页头条文章中再次抨击了温泉城会议：“国际食品银行：犹太人剥削世界的计划：人民正成为证券交易投机的对象。”[121]《人民观察家报》将创建一个国际食品银行以帮助各国免受干旱和食品短缺的一个英国提议，描述为“《旧约》中关于大高利贷者约瑟夫的故事的忠实复制”。在著名的《圣经》（《创世记》第41章）故事中，约瑟夫将法老的梦解读为“上帝将要做的事，他会让法老看见”；因此，法老必须在丰收的七年里储存粮食，为接下来的七年饥荒做准备。为了感激和认可约瑟夫的远见，法老对约瑟夫说：“你将成为我家的一员！对你的命令我的人民要服从。”在饥荒年代，埃及人由于丰收七年里存储的粮食而能幸存。这是一个关于未雨绸缪意义的寓言，也是欧洲新教徒中的《旧约》读者所熟悉的一个。[122] 因此，当德国人在《人民观察家报》首页上读到约瑟夫故事的这种解读时，可能有点惊讶：

> 在其犹太狂妄和经济残暴不加掩饰的骄傲感中，这个希伯来民族英雄，正如《圣经》所示的，囤积可供应七年的谷物，然后在接下来几年的干旱和收成欠佳里，不仅经济上扼杀了埃及人民，而且也扼杀了邻国人民。只有他占据着运输和销售的供应。他决定了价格，并确保所有的钱都揣进他的兜里。然后，饥饿的人们不得不交出他们所有的牲畜。第二年，他索要所有的农田。最后，他还让他们因饥饿而陷入奴役，并使他们背负上永远的上贡义务。[123]

《人民观察家报》将《圣经》故事描述为温泉城会议上关于创建一
220 个世界食品银行的提议的“序言”[124]。《人民观察家报》对《圣经》故事的叙述与它关于温泉城会议的报道一样都是错误的。原始文件都不支持以上两点。但这种圣经时代与第二次世界大战时期的扭曲比较，包含了一个当前为人所熟知的纳粹宣传主题：在古埃及，就像在20世纪的美国，犹太人是幕后人物和操纵者。在古埃及是约瑟夫，在1943年春是伯纳德·巴鲁克或菲利克斯·法兰克福特。每个人都获得了非犹太政治领导人的信任，并利用他们隐藏得很好的力量而让非犹太世界陷入挨饿和被奴役之中。也许《人民观察家报》的一些读者会记得原文与纳粹读本是不一致的，但到那时，许多其他人将会熟悉纳粹沿着这些路线对《圣经》所做出的“诠释”[125]。

在6月2日，《人民观察家报》的首页特载了一篇题为“饥饿与混乱，犹太人世界统治阶段，罗斯福集团的战后幻想”的文章，它的第三个小标题提到了同盟国的战后计划。[126]根据《人民观察家报》的这篇文章，美国犹太人正公开宣称他们的目标是统治世界。这种声称的证据是一篇由记者阿瑟·克罗克和雷蒙德·克拉珀在“犹太人的纽约周刊《观望》”上所发表的文章，设想了一个由美、英、苏控制的“世界政府”的计划。“华盛顿和莫斯科的犹太人”将会处于其核心位置。《人民观察家报》的作者向读者保证，这个计划并不是“两个寻求一个轰动故事的记者的幻想”。相反，“克罗克和克拉珀是在为罗斯福及其幕后操纵者的服务中制订了这个计划”。证据就是美国副国务卿萨姆纳·威尔斯已宣布了“完全相同的计划”。事实上，威尔斯曾呼吁建立一个国际法院和一支国际警察部队，以防止另一场世界战争，促进各国间的战后经济合作，并承认国家间的主权平等原则及人权平等。[127]然而，对于《人民观察家报》而言，威尔斯的计划和温泉城会议实际上都是被设计为促

进“饥饿、混乱和普遍的无政府状态，这样犹太人就有机会……去建立 221
他们的统治”[128]。除了克罗克、克拉珀和威尔斯所说的战后计划，以及在温泉城举行了关于战后食品供应的会议这些事实之外，《人民观察家报》文章的其他内容都是子虚乌有。然而，这些少许的适当名字和具体事件足够以一种方式让纳粹的广泛阴谋论里充斥着行动者和行动。

1943年5月5日，随着战争需要对财政的压力以及号召更多纳粹党员加入军队，在柏林的纳粹党帝国宣传指挥部通知各地区的宣传办公室，《每周要闻》的墙报系列将会结束。[129]然而，那年春季宣传部派发了一些战争岁月最具视觉冲击力的反犹海报。这些图像因为青睐简单的信息和醒目的颜色，就省掉了惯用的多行文字。与《每周要闻》相反，这些海报并未标注日期，使其与特定周或月份或者特定系列事件不相关联，因而不会过时。因为它们如此少的文字的特点，所以它们在德国占领的欧洲也能很容易地被翻译从而被派发。“敌人力量的背后：犹太人”是纳粹阴谋论一个非凡的视觉综合，它描绘了反希特勒同盟。它展现了一个穿着平民服装的肥胖、刻板的犹太男人，佩戴的金链上挂着金色的大卫星，并且从由美、苏、英的国旗所组成的帷幕后向外看。他置身于美、苏国旗之间，凸显了纳粹关于犹太人连接这两大列强的观点。再次，“犹大”这个词又以黄色字体出现了。[130]

另外两幅图像由汉斯·施韦策本人完成。“他对战争负有罪责！”海报提供了核心纳粹信息的同样引人注目的升华。一个强劲的指责之手指向下指着一个正畏缩着的刻板犹太男人。他穿着平民的衣服并弯
着腰，好像正试图掩藏，或者至少是避开这指责之手指。在他左边翻领 222
的黄色大卫星清晰地表明了他的犹太人身份。[131]施韦策在这个时期的第二个醒目反犹图像是“犹太人：战争的煽动者，战争的拖延者”，在图中一名看似邪恶的犹太男子从一幅幕帘后面望出去，但被一只强壮

的手臂拽到一边。[132]一副表达愤怒和反抗的双拳组合呈现在下面，而两拳之间出现了一幅燃烧着的景象。这幅图像简明地传达了纳粹德国力图拉开帷幕以揭露驱动事件的力量。这三张海报都值得关注，因为它们摒弃了任何关于同伙和帮凶的描述，只专注于一个犹太人物漫画。和这些海报所表达的犹太人权力形象相反，德国和被占欧洲的犹太种族处于完全无权和无助状态，很难想象比二者更大的断层。虽然发行量并不清楚，但取决于其形式，施韦策在同一时间散发的其他海报版本在10.7万和37万份之间。[133]成千上万的人看到了这些海报。

1943年5月，苏联宣布它正在解散共产国际。历史学家已经证明，正式的解散并不意味着苏联战时间谍活动的结束。[134]1943年5月22日的帝国新闻办公室指令，将该声明视为另一个熟悉阴谋的证据。"'第三国际所谓的被解散'……是犹太—布尔什维克对各国最新和最无耻的欺骗和愚弄。面对所有国家反犹和反布尔什维克意识不断增强的压力，罗斯福和丘吉尔作为资本主义犹太人的拥护者给斯大林提建议，让他采取这种真正的犹太人欺骗策略。"他们这样做了，显然是为了让布尔什维克主义披上"羊皮"，从而让斯大林放手去处理欧洲。为什么罗斯福和丘吉尔会给予斯大林在欧洲完全的行动自由，或者使布尔什维克主义看上去并无恶意，这仍然是一个谜，而这也只能以因犹太幕后操
223 纵者的解围才可以解释。这一指令在为标题提供以下建议时几乎没有什么想象力："最新的犹太骗局"；"虚伪的布尔什维克主义"；"戴着新面具的布尔什维克主义"；"最新犹太骗局的布尔什维克伪装"；"新犹太人诡计"；"最大的犹太骗局"；"罗斯福的阴谋"；"丘吉尔—斯大林，新的犹太解放策略"；还有"穿羊皮外衣的布尔什维克主义"。[135]第二天晚上，戈培尔在日记中声称，共产国际解体是一个"犹太人的骗局"，它源于罗斯福和丘吉尔正努力使布尔什维克主义显得无害的压力。[136]

“犹太人战争”这一词组在纳粹宣传中偶尔出现，最值得注意的是，它在反犹宣传家西奥多·塞贝特在1943年6月2日《人民观察家报》上发表的头版文章里出现。[137]塞贝特关心的是如何将反犹主义传承给纳粹下一代的问题。大多数年长的国家社会主义者，他写道，已加入到“主要是出于厌恶犹太人”的运动。然而，到1943年，大量已成年的年轻人既没有经历过魏玛时期的经济危机，“也没有任何与犹太人接触的个人和直接经历”。帝国在1933年后的“清洗运动”将犹太人赶出公众视野是如此之突然，以至于“在掌权仅仅一年之后，人们要绞尽脑汁才能回忆起一幅德国生活完全犹太化的清晰画面”。这是一个问题，因为“在1933年1月，国内外的犹太人，已开始有意识地准备第二次世界大战，一场消灭德国的战争”，而德国是第一个打破“犹太人统治”的国家。在1941年，“当罗斯福——即便在最无恶意的欧洲人看来，犹太人对他的奴役也是显而易见的——最终得到了他想要的战争时”，塞贝特声称，这是犹太人在美国外交政策中所起作用的有力证明。

塞贝特呈现了以下“犹太人战争”的历史。它始于“由英、美、法犹太移民”所煽动的“虚假暴行运动”。恩斯特·托勒、阿诺德·泽维格、库尔特·图霍尔斯基以及阿尔伯特·爱因斯坦等，“以关于我们革命的无休止谎言来淹没财阀国家的报纸、杂志和图书出版者，早在《纽伦堡法》之前，早在德国犹太人毫发无损之前”。在西方，犹太人是那些“毒 224
害”公众以反对“新德国”的组织的领导人。并不是英国人组织了第一次针对德国的大规模示威游行；相反，它是“伦敦犹太人和在纽约的东欧犹太人”所组织的。并不是“真正的英、美、法公民”组织了反德委员会、收集签名以及筹措资金。他继续道，这是一个“历史事实”，即最初英、美、法的大多数人对国家社会主义并没有任何厌恶。他声称，英国人对于德国在1936年收复莱茵兰地区表现出完全的理解，并且《慕尼黑协议》于1938年在英国也“非常愉悦”地签署了。正是(由于)“这些要么被犹太化，要么依靠犹太人广告生意的盎格鲁—美国媒体，以及英美政府(针对纳粹德国)长年累月、乐此不疲的邪恶煽动和诽谤”，才在德国入侵波兰之后创造了对反德战争的支持。他并没有提到美国没有参加欧洲战争，直到希特勒在1941年对美宣战。[138]

塞贝特将丘吉尔反对纳粹德国归因于他与伦敦的罗斯柴尔德、纽约的伯纳德·巴鲁克以及其他“犹太金融支持者和密友”的“亲密个人”联系。丘吉尔曾“利用他那跨大西洋的与犹太人的关系，以华盛顿的愤怒来威胁英国人民”，如果他们拒绝支持对德战争的话。在战前和战争期间，丘吉尔与“罗斯福白宫的犹太人大本营”的联系变得更加紧密。带着明显的恼怒，他写道，“不再需要提供证据”以证明罗斯福的政策不是为了美国人的利益，而是支持“纯粹的犹太人利益”。虽然美国人民对欧战没有兴趣，但是通过“犹太人对欧洲的复仇战争”，“美帝国主义的目标”将会得到最大的提升，而这个目标是罗斯福“强加给美国
225 人民”的。创立反纳粹同盟一直是斯大林的苏维埃犹太人李维诺夫、迈斯基、卡冈诺维奇、洛索夫斯基等人的工作，他们搭建了一座从犹太化的克里姆林宫到依赖犹太人的唐宁街，再到犹太人白宫的桥梁。只有莫斯科、伦敦和华盛顿犹太人的合作才能带来“苏联与资本主义民主国家之间的反常同盟”。“在苏联国家政治保卫局和英美航空匪徒大规模屠杀和文化毁灭中”，这个同盟的精神本质是昭然若揭的。在未来的几年里，历史学家将会得出这么一种结论，即“如果国际犹太人不希望它发生，且不在世界历史性罪犯丘吉尔和罗斯福的帮助下多年系统地准备并最终宣战的话，第二次世界大战就不会爆发”。正如华尔街犹太人对第一次世界大战的血腥杀戮负有责任已被证明的那样，“犹太人像被打入地狱般的恐惧而出现在法庭之上的日子”将会到来，当然除非犹

太人成功地“摧毁并焚烧”了欧洲。他们现在要为他们的“自大傲慢和优越感”付出“高昂的代价”，而这最终使得中欧除了战斗就没有其他的选择余地，以避免奴役、屈服以及“永远贫困和民族蒙羞的一种生活”。[139]塞贝特的故事并没有在反对同盟国的战争和反对犹太人的战争之间做出区分。和纳粹领导人的想法一样，在他的脑海里这都是“犹太人战争”。

随着战争的展开，反犹棱镜给了纳粹领导人时间站在他们这边的希望。这是希特勒旨在快速战胜孤立、无准备敌人之最初战略的一次逆转。在5月和6月初，戈培尔在他的日记中透露，战争持续的时间越长，越多的人就会为他们的苦难寻找替罪羊。“在这种情况下，被怀疑是替罪羊的和实际的是同一个。”犹太人担心：“如果战争持续很长时间，他们在敌国的地位将会受到严重的削弱。”[140]他心里所想的是英国和美国。在6月6日《德意志帝国》上的社论“装甲师”中，戈培尔详细说 226
明了战争的延续与反犹主义之间的联系。[141]正如纳粹所声称的，如果犹太人对战争负有责任，那么战争持续的时间越长，世界各地的反犹主义会越增加，就完全合理了。“战争并没有被压碎，而是确认了我们对世界的看法。”[142]由于“被怀疑”和“实际”的替罪羊都是同一个，因此反犹主义既是一个实用的宣传工具，也是对事件的一种准确解释。

1943年春，德国外交部出版了《罗斯福的战争之路：美国总统战争政策的秘密文件》。[143]这本小册子涵盖的时间从罗斯福在1937年的“隔离侵略者”演讲到他在1941年12月8日的宣战。它把世界大战的责任直接算到罗斯福的头上。所谓的文件发现只不过是罗斯福从1937年以来为了阻止希特勒发动战争而支持抵制纳粹政策的公开努力。对纳粹政权而言，这本小册子的价值在于对战争起源给予了一个明显的专家解读，即罗斯福渴望美国的世界统治权。它包括了“犹太人影响力”的熟悉指控，例如菲利克斯·法兰克福特、财政部长亨利·摩根索以及纽约州州长赫伯特·雷曼等人施加在罗斯福总统身上的。当战争爆发时，犹太人已经“实现了他们的目标”。[144] 在7月2日的新闻指令中，帝国新闻办公室告诉德国的记者，外交部的小册子证明了罗斯福“对战争起源负有的个人责任”，以及“犹太人在美国政治上占有主导影响力”。[145]《人民观察家报》在7月4日这期的头版文章专题介绍了外交部关于罗斯福战争之路的文章：“新文件强化了判断：罗斯福的战争罪行被牢固确立了——‘世界总统’，作为犹太战争贩子的稻草人。”[146]

1943年的夏季传来了噩耗。墨索里尼已被推翻和囚禁，而后只能
227 通过德国伞兵去解救。盟军于7月登陆西西里岛。苏联红军处于迫使德军西撤的早期阶段。8月13日，迪特里希发布了一份值得注意的新闻指令。

> 来自帝国新闻主管的1943年8月9日《每日要闻》再次清楚地指出，布尔什维克主义和资本主义是同一个犹太世界骗局，只是以不同的名义运作而已。然而，在对布尔什维克主题的处理上，报纸一再屈服于这样的错觉，即资本主义和布尔什维克主义是两种不同和敌对的观点。特别是在对共产主义的煽动给予不断地宣扬上，媒体如此认真地对待布尔什维克的声明，就好像布尔什维克真的想要摧毁资本主义一样。事实上，这两个犹太体制彼此是在相互合作。现在，德国媒体必须终结这种错误和危险的倾向，因为这破坏了我们的政策路线。那些违反《每日要闻》的编辑将会为此负上个人责任。[147]

在他的战后描述中，迪特里希的助手赫尔穆特·苏德曼认为，迪特

里希的指令力图反驳德国公众中的这样一种印象，即在苏维埃与西方之间有着根本的区别，因此寻求与一方或另一方单方面和平是可能且可取的。正如苏德曼所指出的，对其守旧意识形态一致性值得注意的一份战后声明中，“犹太人是在所有［盟国］中都有影响力的元素”。因此，以德国战争宣传的观点去将他们置于讨论的中心是很重要的，作为敌人阵线的统一发酵剂。[148] 戈培尔在8月8日的日记中承认，莫斯科和西方列强之间存在着紧张关系。然而，跟迪特里希一样，他加强了反犹宣传，以希望减少英国和美国犹太人那所谓的权力。[149] 228

在6月和7月，《人民观察家报》的头版持续着反犹的鼓噪。6月5日，报纸以头条新闻标题，声明“犹太奴”已决定“利用黑人团伙作为对意大利的恐怖传单”。[150] 6月18日，它谴责了被认定为“犹太人亨利·凯泽”的造船商，作为在罗斯福政府中战争牟利的一个例子。[151] 6月22日，它记录了入侵苏联的第二次周年纪念日。纳粹德国及其东线军队构建了“西方保护墙”，它使得德国和其他欧洲国家免受布尔什维克主义和“世界犹太人”的统治。[152] 6月23日，《人民观察家报》发表了一篇阿尔弗雷德·罗森贝格关于“我们时代的世界斗争和世界革命”的演讲稿，其中包括了以“世界历史上最大的危险，强盗主义与布尔什维克主义之间的联盟”为首页标题的一连串反美陈词滥调。[153] 7月4日，《人民观察家报》专题介绍了外交办公室的小册子《罗斯福的战争之路》，并以“罗斯福的战争罪行最终被证实；世界总统是犹太战争贩子的稻草人”为标题进行重点报道。[154] 7月20日，在英国轰炸罗马之后，《人民观察家报》以“犹太人对人类文化遗产毫无尊重，恐怖轰炸罗马，英美航空匪徒所犯的新罪”为标题进行重点报道。空袭展示了“这场战争的犹太特征”，导致正如他们做过的那样，要毁灭“始终并将永远与犹太人格格不入的一切”。[155]

1943年8月，一份来自纳粹党帝国宣传指挥部的备忘录向纳粹党官员和演讲者提供了一份冷静的评估。纳粹党需要克服一种普遍的沮丧情绪。它应该强调三点。首先，“犹太人的消灭意志”存在于财阀和布尔什维克主义的联盟之中，它“迫使我们进行无条件的斗争直到胜利”。这场战争不可能以谈判而结束。其次，“天才”德国的领导阶层，其对欧洲核心地带的占领，其士兵和军备的优越性，及其农业供应的安全，这些都是长期保持信心的基础。第三，“对于胜券在握，我们如此自
229 信的理由之中……最强劲的部分是元首本人。”[156]然而，一份来自纳粹党帝国宣传指挥部的9月初指令显示，对战败后果的巨大恐惧正变成纳粹宣传中一个更为突出的主题。纳粹党的官员收到严格命令，不得透露因盟军轰炸而造成的损失和破坏程度。相反，他们应该指出，“成千上万人死在犹太—财阀敌人炸弹谋杀之下”将会变成“千百万人处于犹太—布尔什维克敌人的统治之下”。“由于犹太仇恨和布尔什维克恐怖行为”，工人、农民、儿童和婴儿将会“像野生动物一样被捕杀”。只有德国的胜利才能阻止敌人实现他们的目标，即“消灭德国”，连同它的社会成就、经济和文化。[157]

纳粹宣传家将战争形势的逆转，呈现为希特勒和戈培尔对犹太人将企图“消灭”德国人的警告的正确性。将对种族灭绝战争目标的恐惧投射到犹太人身上，已是纳粹政权从希特勒1939年1月30日所作演讲时就已开始的战时宣传的一个主打产品。在斯大林格勒和北非的战败、墨索里尼倒台，以及同盟国对德国城市的轰炸行动之后，纳粹宣传现在声称希特勒关于德国被灭绝之预言的真实性可以在汉堡和科隆的废墟，以及德国军队被越来越强大的红军大规模摧毁中被证实。现实似乎给意识形态以信任。同盟国已经宣布他们正在与纳粹政权、纳粹党以及军队作战，而不是全体德国人民，但纳粹政权竭力说服德国同胞

情况恰恰相反，他们生存的唯一希望是继续战斗，以防止被犹太人的凶残之手所消灭。激进反犹主义和培育大众恐惧，仍然是把纳粹德国团结在一起直到纳粹政权被摧毁的信息元素。正如希特勒反复警告过的，战争所留下的只会是幸存者或者被消灭的人。 230

第七章

“胜利或毁灭”

在1943年夏秋两季，纳粹德国在战争中遭受了更大的挫败。意大
利在1943年9月9日向同盟国投降。在东线的库尔斯克，军事史上最
大的坦克对抗战以苏联的胜利而结束。库尔斯克战役标志着德国在东
线进攻行动的终结，并预示着红军要向德国挺进。不太引起注意但非
常重要的是苏联空军力量的增长。闪电战的失败开始摧毁德国在东线
的国防军。东西两线的战略互动给德国军队以重创。东线的战斗阻止
了德国把军事力量转移到西线，而保卫德国城市以免受美、英轰炸的需
要则限制了空军力量的有效使用以对抗红军。[1] 德国的空军实力明显
地下降了，而同盟国在东西两线的空军实力却增强了。德国武装力量
中的死亡人数是令人震惊的。在斯大林格勒战役之前，德国在1942年
231 的战斗死亡人数每月平均是大约3.5万人。从1942年12月到1943年3
月的四个月里，有近40万士兵死亡。从4月到6月每月平均死亡人数是
2.5万人。从1943年库尔斯克战役直到1944年5月，德国战斗死亡人
数平均是每月7万，那就是一天超过2000人。[2] 虽然单个家庭知道他
们的损失，但是帝国新闻办公室——真正的是整个宣传部——对逐渐

上升的死亡人数的消息却成功地进行了封锁。

同时，纳粹政权也封锁了“最终解决方案”的细节。从1943年夏季到1944年春季，德国媒体并没有关于里沃夫犹太人聚居区被摧毁的报道，或者事实上波兰的任何一个犹太人聚居区，或者关于奥斯维辛集中营第五火葬场在1943年6月下旬的完工，它能在24小时内焚烧4756具尸体。对于特雷布林卡囚犯在1943年8月的起义，4.3万名犹太人中的最后一些人在1943年8月从希腊的萨洛尼卡被驱逐到奥斯维辛集中营，明斯克和维尔纳犹太人聚居区在1943年9月被摧毁，埋葬于巴比亚尔的10万具尸体的挖掘和焚烧以掩盖大屠杀的痕迹等也是只字未提。没有提及明斯克的特遣部队抹掉了谋杀4万多人以及索比堡囚犯1943年10月起义的一切痕迹。纳粹媒体无视1943年10月20日联合国家战争罪行委员会的成立，也没有报道11月3日“收获节行动”(Operation Harvest Festival)的启动，该行动导致马伊达内克4万名犹太人被杀——单独一天就杀了1.8万名；在佛罗伦萨、米兰和威尼斯对犹太人进行逮捕并驱赶到奥斯维辛集中营；阿姆斯特丹犹太人社区的剩余者在1944年2月18日被驱赶到奥斯维辛集中营；或者454 551名奥地利犹太人在1944年4月到7月间用147辆火车被驱逐出境，他们中的大多数在到达奥斯维辛集中营之后就被毒杀。[3] 对这些事件的完全沉默，是帝国新闻办公室和宣传部的最大“成就”之一。纳粹宣传机器使得德国军队所遭受灾难的程度，也包括“最终解决方案”的细节和范围， 232
完全脱离公众的视线。由前线回来的士兵所传播的传言和报告，并不能代替只有自由和善于刨根问底的新闻界以及其他独立媒体才能提供的准确的当下叙述。新闻自由的缺失是实施“最终解决方案”一个至关重要的前提条件。

迪特里希和戈培尔都没有留下书面记录，以显示他们对于不管是“最终解决方案”抑或德国人在战场上伤亡人数的真实数字的具体了解情况。戈培尔在1943年10月7日的日记，包括了在波兹南纳粹地区长官一次会议上的一份报告，罗伯特·莱、阿尔伯特·施佩尔、卡尔·邓尼茨和马克斯·阿曼等也出席了这次会议。在会议上，希姆莱告诉那些集合起来的人：“我们能够在今年年底解决全欧洲的犹太人问题。”他为最激进的解决方案作了辩护，那就是“彻底消灭犹太人”。在该日记中，戈培尔认同了希姆莱的讲话，并写道：“在我们的时代，我们必须负起责任来做这件事”，后代人不会有纳粹的“勇气和执着”来实现它。[4]

截至1943年10月，200万到250万犹太人已经在6个死亡集中营里被杀害。特遣部队在苏联已经杀害了超过60万的犹太人。在波兰和东欧其他地方的村庄和城镇里，成千上万的犹太人被治安警察所杀害。6个集中营中的5个已经完成了任务。奥斯维辛集中营是唯一一个留下来继续运作的。很可能戈培尔所说的“朴实无华的画面”就是希姆莱后来声名狼藉的关于“消灭犹太人”的演讲，该演讲早在三天前就已对波兰波兹南的党卫军军官这一规模更大的听众发表过。[5]但即使在那时，希姆莱也只是提及特遣部队的早期谋杀方式，而对于死亡集中营、毒气室和火葬场却是只字未提。已被我们核验过的证据显示，宣传部及其帝国新闻办公室的高级官员早在1941年秋季就已知道，德国政府实施了一个针对欧洲犹太人的大规模谋杀计划，且他们赞成那个政策。
233 他们利用手中所控制的新闻、广播以及其他媒体煽动着对犹太人的仇恨，为屠杀犹太人提供再三强调的正当理由，阻止任何关于种族灭绝的真实细节出现在新闻中。他们变成了反人类罪行的积极从犯。

从1943年9月底到11月，《人民观察家报》——在另一个集中的反犹宣传运动中——发表了13篇攻击犹太人及其所谓的战争角色的头版文章。头版文章持续着纳粹叙述，将纳粹自身的狂热仇恨和谋杀意图投射到同盟国和犹太幕后操纵者身上（见附录）。

《人民观察家报》对富兰克林·罗斯福在1943年9月犹太新年时表达出对美国犹太人的美好祝愿的回应，说明了编辑们是如何把一些看似无恶意的事情放置在一个邪恶的框架里的。“在过去一年不屈不挠走向胜利的征程中，我们同胞中这一忠诚团队已为国家的成就作出贡献”，罗斯福对此表达了个人敬意。[6]《人民观察家报》以“罗斯福再次声明他与犹太民族的团结”为头版文章来回应。《人民观察家报》认为，它“不是证明了犹太人对战争的贡献。相反，[罗斯福的赞扬]证明了美国人民对犹太人战争的贡献”。“犹太人战争”这一短语已经从塞贝特在春季署名的编辑专栏转移到了秋季的新闻专栏里。罗斯福在犹太新年期间的友好问候证实了他是“一个不折不扣的犹太奴”，以及华盛顿和莫斯科争夺世界统治这一“黑暗力量”的一个工具。[7]《人民观察家报》编辑回避了单纯和真实的解释，那就是富兰克林·罗斯福是一位政治家，他是在向他最忠诚的选民之一和信仰宗教自由的人们表示他的友好。

受控制的新闻界使得纳粹政权阻止德国人阅读反希特勒同盟领导人关于德国暴行的公开声明成为可能。从1943年10月18日到11月1日，同盟国三位外交部长科德尔·赫尔、安东尼·艾登和维亚切斯拉夫·莫洛托夫，第一次在莫斯科齐聚一堂。他们讨论了军事合作及 234
战后安排。随着德军的退败，盟军也收集了关于德国战争罪行的更多证据。主要会议公告包括了“一个严重的警告：在批准和任何德国政府的停战协议时，那些与德国军队的暴行和处决有任何关联的德国官员、人员和纳粹党成员，将会被带到他们犯下令人发指的罪行的所在国家，按照那些国家的法律接受指控和惩罚”[8]。值得注意的是关于“德国暴行声明”的一个附件，由丘吉尔撰写且只在莫斯科稍事修改，提到了各种犯罪，诸如那些在苏联犯下的；枪杀意大利军官；对法国人、荷兰人和比利人、挪威人质以及克里特岛农民实行死刑；对波兰人的屠杀。[9] 然而，尽管到了1943年秋季有许多关于犹太人大屠杀的新闻报道，但这一声明根本没有提到它们，也许是为了不让纳粹的反犹宣传有可乘之机。[10]

如果是这样，那么这种沉默就跟纳粹宣传家没什么区别了。在1943年11月2日，帝国新闻办公室发布了一份14页的指令，关于新闻界应该如何回应同盟国的莫斯科公告。它声称，德国敌人的团结在于渴望“消灭德国人民”，且被描述为“盎格鲁—美国对欧洲的背叛以及对莫斯科的投降”。关于“暴行宣传没有什么新的东西”，大概也没有什么事实。莫斯科公告意味着美、英并没有设置障碍以阻止欧洲的布尔什维克化。[11] 德国士兵是“反击布尔什维克主义的堡垒”和“西方文化和文明”的捍卫者，他们寻求从“盎格鲁—美国金融—犹太人的影响下”解放出来。[12] 即便是莫斯科公告没有提到犹太人，1943年11月5日的《期刊服务》指令还是声称：“莫斯科会议的整个精神完全是犹太
235 人的。那里代表着犹太人的利益。”因此，“反抗犹太人对于德国期刊记者而言是一个更加明确和需要无条件服从的要求”[13]。

新闻界并没有告知德国读者同盟国在莫斯科已经提到了许多纳粹德国的受害者，虽然没提犹太人。相反，《人民观察家报》宣称：“财阀机器在替斯大林工作：莫斯科扩大了它对权力的要求，苏联成功地煽动着美英。”它声称，“伦敦和华盛顿街上的人们”并不明白斯大林利用西方同盟国的方式，因为普通人“不能清楚地意识到由莫斯科和华盛顿犹太人所保障的资本主义—布尔什维克政策的同一性”，其目标是实现“欧洲的布尔什维克化”。即便是“财阀机器”，包括英国的保守媒体，也都

在“替斯大林工作”。很多英国人仍不明白“美英世界资本主义和莫斯科布尔什维克主义是同一回事”。[14]

对于《人民观察家报》而言，莫斯科会议的结果给了“资本主义和布尔什维克的消灭计划”的同一性，以及同盟国企图将欧洲交付于布尔什维克主义一个正式的表述：“这是已在莫斯科获胜的国际犹太人的精神。”美国国务卿科德尔·赫尔和英国外交大臣安东尼·艾登已是“统治着克里姆林宫和华盛顿的世界犹太人的代理人”[15]。在针对民主国家的宣传中，纳粹连接了反资本主义和反犹主义。“犹太资本”，《人民观察家报》宣布道，“谋害着人民”。它拖延战争为的是获得更大的分红和收益，而轴心国正在为“劳苦大众”斗争。“谋杀国家的资本主义受益人”正拖延着战争，为的是获得更多的战争利益。华尔街金融投机者和犹太财阀正在与真诚的雅利安劳动人民交战。[16] 在1943年11月30日对2万名青年官员候选人的一次讲话中，希特勒讲道，德国只有一个选择，即“胜利或无情地被消灭”。在这种罕见的公开露面中，希特勒重复着“站在英国政治背后且与苏联结盟来释放这场战争的犹太人权 236
力，其目标在于消灭德国从而把欧洲交到布尔什维克主义手里”。德国人民和德国军队是由犹太仇恨所支配的“我们敌人”消灭［德国］计划的唯一障碍。[17]

丘吉尔、罗斯福和斯大林三人之间的第二次主要同盟国战时会议于1943年12月6日在德黑兰结束。会议公告强调了他们“关于计划摧毁德国武装力量的协定……关于从东部、西部和南部采取行动之范围和时机的协定”。它自信地表示：“地球上没有力量能够阻止我们通过海陆空三路来摧毁德国军队。我们的攻击将会是毫不留情和不停息的。”[18] 美、英同意在1944年进攻西欧，而斯大林同意在德国被打败后参加太平洋战争以对抗日本。跟莫斯科声明一样，德黑兰会议的公告对欧洲犹太人只字未提。虽然如此，1943年12月22日的《期刊服务》指令，以反犹谩骂和现代欧洲反犹历史的冗长演绎作为回应。指令错误地声称，罗斯福已经邀请蒋介石参加德黑兰会议。事实上，罗斯福和丘吉尔刚刚在开罗会晤了蒋介石，就在他们两人在德黑兰与斯大林单独会面之前。[19] 虽然那里没有“四巨头”的会晤，指令把所谓的蒋介石出席德黑兰会议描述为国际犹太人阴谋扩展到亚洲的证据。“被世界犹太人任命的四个人”——丘吉尔、罗斯福（犹太血统和第1级共济会成员）、斯大林和蒋介石会晤于德黑兰，并开启他们为犹太人世界统治而做出的努力。指出这点很重要，因为“战争持续的时间越长，我们与犹太人的斗争就必须越被强化，从而人民就能识别出这场战争真正有罪的是谁”，以及欧洲的犹太人在短暂的自立之后又如何让“整个世界燃
237 烧起来”。[20]

在1943年12月12日的日记中，戈培尔再次表达了希望通过传播反犹主义来瓦解同盟国的联合。[21] 也许西方犹太人的实力将会被削弱，随着红军的幽灵笼罩着欧洲的未来。打着“犹太布尔什维克”的威胁，以及所谓的罗斯福计划“清算德意志优等种族”的牌，仍是戈培尔在民主国家中煽动反犹主义和挑拨离间同盟国的联合那不成功的努力，以及他在国内较为成功地维持对政权支持努力的一个关键主题。[22] 随着一年的结束，这位宣传部长把1943年视为“一次又一次的厄运”，并认为这是“多次被打击，几乎没有成功”的“噩梦”。[23] 德国潜艇正被驱赶出大西洋。东线的军队正遭受红军的攻击。德意志非洲军团已被迫撤离北非。墨索里尼已经被赶下台，意大利已经向同盟国投降。美、英空军现正轰炸德国的工业和城市，并逐步击落德国空军的飞机。反犹宣传在分裂反希特勒同盟或破坏对英国、美国或苏联战争的支持中已然失败。相反，关于德国对犹太人施暴以及其他新闻越多

地出现在世界媒体里，同盟国就越坚决地争取无条件投降。然而，在德国国内，对德国人将被“世界犹太人灭绝”的预期，直到最后都是纳粹宣传的关键部分。培养绝对的恐惧是激进反犹主义的必然逻辑结果。战争形势越有利于同盟国，纳粹宣传家越是说犹太人拥有巨大的权力并企图消灭德国人是正确无疑的。

在1944年初，尽管所有的证据都走向了反面，希特勒和戈培尔仍说服他们自己胜利是属于他们的，如果欧洲团结在纳粹德国周围以面对苏联军队的向西推进。戈培尔在1944年1月22日的日记中写道：“布尔什维克主义越是靠近，我们就越能赢得朋友。”[24] 几天后，他在日记 238
中写道，希特勒相信德国军队在东线的挫败是“政治上的胜利”，因为红军向西推进将会“开启西方民主国家和苏联之间的矛盾冲突”。当然，“英国政治中的理性分子”不太容易证明他们有道理，因为“犹太人和丘吉尔的朋友——这通常是同一回事——手里掌握着新闻媒体，特别是报纸”。“若没有以最激烈和侮辱性的方式被攻击的危险”，反对者就不可能发声。[25] 到了2月下旬，戈培尔在日记里写下了他一厢情愿的想法：“敌营的和谐已经降至冰点。”[26]

在1944年1月30日，希特勒发表了对国民的周年讲话，以纪念纳粹执政的周年纪念日。他在东普鲁士战地指挥部对外讲话，而不是出现在柏林的公开场合，他对英国和犹太人进行了惯常的攻击。英国在欧洲大陆的作用已经结束了。德国或苏联将赢得这场战争，如果是后者，德国将会“被摧毁”。在苏联取胜的情况下，英国将不能阻止欧洲的布尔什维克化，因为英国已经屈从于犹太人的“瘟疫”。苏联的胜利将会带来“德意志民族的彻底消灭……这个目标是在公开宣布国际犹太人的意图”！“这些目标的犹太提倡者是否坐在英国或美国，或者他们直接来源于莫斯科的总部”，都已不重要。德国的战败将会意味着欧洲几千年“音乐和物质文化”的结束。犹太人将会在“被摧毁的欧洲领土上庆祝第二个胜利的普林节”。这场灾难由于德国而被阻止了，自1933年1月30日以来已消除了“犹太人的感染”，并从内部粉碎了布尔什维克的危险，因此强大到足以阻止布尔什维克的威胁。虽然犹太人
239 在德国失去了权力，但它能释放一场战争来对抗德国，而这无意地帮助了国家社会主义的思想传播到其他国家。“1939年开始的世界大战将会载入史册，作为1924年对［纳粹］党审判的一次巨大重演。”正如早期试图打败（纳粹）党的努力已经导致了纳粹思想在德国的传播，当前的战争将会“使人们看清楚犹太人问题，并使得对于解决问题所需的国家社会主义答案和措施看上去明显正确并值得仿效”[27]。紧跟希特勒的提示，帝国新闻办公室发射了另一个反犹弹幕。

战争期间，苏联试图向西方展示自己是一个真正的民主国家，并试图在国外寻找支持者来赞美自己。[28] 1944年2月3日，来自帝国新闻主管办公室的每日指令同时回应了两件事：一是苏联声称自己现在是一个共和联邦，二是“全世界的犹太新闻界”对苏联努力把自己展现为一个民主国家而“给予的掌声”。西方国家的反应“让我们认识到犹太人的巨大国际阴谋。德国媒体的任务在于呈现和描述这个阴谋”。[29] 苏联努力掩盖其专制本质和否认是卡廷事件的元凶，相当于就是一个“巨大的……犹太人诡计。全世界犹太报纸欢迎这种发展的事实，让我们清楚地认识到我们正在与一个巨大的犹太人阴谋作斗争，一个国际层面上的犹太人阴谋”。然而，有苏联这样的一个盟友或许是美、英的利益，但不是苏维埃加盟共和国以及其他盟友伙伴的利益，西方国家对苏联宣告的极大热情“再次使得犹太人问题是理解世界历史的关键这一论断变得清晰起来”[30]。

1944年2月15日，帝国新闻办公室指令继续着反犹攻击。“这场战

争的煽动者、支持者和领导者现在是，将来还会继续是，国际犹太人［原
文如此］，现在的犯罪种族，正如过去几个世纪一样，应对世界各国彼
此为战负责。只有当这个世界害虫被彻底灭绝时，人们才能指望世界 240
各国之间取得谅解。”[31] 在3月2日，每日指令规定：“反犹运动作为世界斗争中的重要宣传因素，必须被放置在更为突出的位置上……在每一次机会中，反对主体民族利益的世界犹太人的背后驱动力，都应该被明确下来……证明真实犹太人消灭意图的所有声音都应该被抨击和谴责。德国记者必须建立目标，以保持德国人民感知犹太世界危险的活力。此外更重要的是，他们应该在海外形成这样的讨论……德国在海外的通讯员有一个特别重要的任务。”[32]

迪特里希继续强化着反犹宣传，3月2日的新闻指令强调：“反犹运动作为世界斗争中的重要宣传因素，必须被放置在更为突出的位置上。因此，在每一次机会中，新闻界都应该专注于幕后世界犹太人的努力，他们反对着主体民族的利益。此外，表达真实犹太人消灭意图的所有声音应该被记录”和谴责。德国新闻界必须“维持德国人民对犹太世界威胁的意识”。德国海外通讯员应该在培养境外的反犹主义中扮演重要的角色；例如，在回应伦敦《每日邮报》的一则报道中，要讲英国对布尔什维克主义危险的意识已经下降了。戈培尔写道：“德国媒体必须强调这［未能把握布尔什维克主义的危险］是多年以来持续不断的犹太颠覆工作的结果。犹太人有意识地把人民置于一种麻醉的阴霾之中并减少面对他们的危险，这样他们就能更容易地支配和利用他们了。”[33] 第二天，戈培尔和希特勒一致认为，“犹太人问题在英、美已经
变成了毒瘤”。他们推测对犹太人开始进行公开讨论是“犹太人统治
结束的开始”。[34] 241

在1944年3月，来自阿道夫·艾希曼办公室的党卫军官员抵达布

达佩斯，以准备把匈牙利的犹太人驱逐到奥斯维辛集中营。他们及其在侵略和占领匈牙利后所设置的政府，开始了迫害的惯用程序。1944年4月27日的帝国新闻办公室指令，命令在匈牙利关于“反犹措施”的报道应该总是伴随着“详细介绍犹太人犯下的罪行，而反犹措施是他们的后果”。它应该不断重申犹太人“有罪”。它不但要讨论“新匈牙利政府”已采取的反犹措施，同时也要描述“先前匈牙利的犹太化”，这已压制了真实的匈牙利并使得布尔什维克的发展成为可能。“报纸也必须说明犹太人是匈牙利的不幸，其已抑制了匈牙利真正的民族性格，犹太人单独要对今天布尔什维克站在匈牙利的家门口负责……如果对普遍的犹太人罪行进行彻底的讨论，那么匈牙利政府的新反犹措施就可以被提到。”[35] 这些指令是纳粹政权内部有效协作的例子，这次是在帝国安全总部和宣传部帝国新闻办公室之间。

在1944年4月1日，戈培尔发表了“欧洲的昏迷状态”一文，作为他在《德意志帝国》上的每周社论。纳粹党的宣传指挥部将其派发给纳粹党和政府的地方领导人。他写道，布尔什维克威胁的急迫性将会导致德国人和其他欧洲人重新燃起抵抗的意志，如果犹太人想使欧洲陷入精神恍惚的努力可以被挫败的话。只有德国及其军队才能阻止一个布尔什维克欧洲的发展，一个正被美、英政策所促成的结果。欧洲太多人忽视了这个即将发生的灾难。戈培尔在一个熟悉的资源中找到了这一盲区的根源。“犹太人是这一欧洲昏迷状态的主要根源，且正传播
242 于我们这一地区的各个民族。他们想让危险变得如此之大，以至于无法抵御它。”他们寻求将“公众”放置于“瘫痪而无力抵抗的状态”，以至于它将会被动地屈服于事态的发展。“我们这里正在处理一个影响公共舆论的世界级阴谋”，它正在欧洲各大首都城市被有系统地推行。抗议者被齐声喝止，继而陷于沉默。其结果是，欧洲人“仿佛被催眠了一

样眼睁睁地看着危险”[36]。

纳粹的“历史性任务”在于打破这种沉默，以及欧洲对即将到来的布尔什维克危险的麻痹大意。纳粹已经将德国从1933年之前的昏迷状态中唤醒。现在轮到德国把犹太人对布尔什维克威胁的自鸣得意甩到一边去。东边的危险能够产生一个共同的欧洲意志，这反过来将会是“拯救的开始”[37]。希望在于英美国家反犹主义和反布尔什维克主义的交织。他希望这会导致一个“英美国家的政治危机”，因害怕“克里姆林宫的扩张”而产生。[38]在向纳粹官员表达信心的演说中，尽管敌人在数量上占优势，希特勒讲道：“[纳粹]宣传的任务必须是分裂敌人的联盟。”[39]戈培尔自信地表示：“我们的这些宣传——[国家]社会主义、反布尔什维克主义和反犹主义——虽缓慢但扎实地参透到敌营里。有一天它会从其内部打碎它。”[40]如果它未能如此做，那么纳粹领导层就有一个现成的解释。

1944年，在思量敌人联盟的裂隙时，戈培尔、里宾特洛甫和希姆莱考虑了耶路撒冷的大穆夫提在他们眼前晃悠的前景，其中包括在纳粹联盟中增加来自阿拉伯和伊斯兰世界的支持。大穆夫提与纳粹的合作延伸到发表演讲之外。他催促外交部长，也包括阿道夫·艾希曼，不要让保加利亚、罗马尼亚和匈牙利的犹太人逃到巴勒斯坦，而是送他们去波兰。他与希姆莱合作建立了波斯尼亚的穆斯林党卫军分部，呼吁德 243
国轰炸特拉维夫和耶路撒冷，在那些年从纳粹政权获得资金支持。[41]他同时也获得宣传部长的“良好印象”。在与阿明·侯赛尼长时间会晤后，戈培尔在他1944年4月26日的日记中写道，关于他的“绝对日耳曼外貌”，并认为“阿拉伯—伊斯兰人民”与纳粹德国之间没有“利益冲突”。如果我们能够进行正确的宣传，并为阿明·侯赛尼在报纸和杂志上提供必要的版面，那么4亿伊斯兰—阿拉伯人一定能被争取到我们这边来。[42]

在1944年7月27日，大穆夫提写信给希姆莱，敦促他“尽一切可能阻止犹太人流浪到巴勒斯坦”。这样做将会是“结盟的一个实际例子”，以及德国对阿拉伯人和伊斯兰教徒的一种友好姿态。[43] 在1944年10月4日，对与波斯尼亚穆斯林党卫军分部有关的官员和阿訇的一次演讲中，阿明·侯赛尼强调，国家社会主义和伊斯兰之间的“相似性”越来越靠近了。这些包括：一神教，被定义为服从一种精神、政治和军事权威；对服从和纪律的强调；庆祝战斗和劳动。“至于对付犹太人，伊斯兰和国家社会主义已经彼此走得很近了。”在第二次世界大战中，“同盟国的胜利意味着犹太人的胜利，从而对广大伊斯兰教徒构成巨大的威胁……4亿穆斯林与他们真正的朋友德国人合作，将会对战争产生巨大的影响。这对两者都很有利”[44]。纳粹政权不但强烈反对在巴勒斯坦建立一个犹太人国家，并支持反犹太复国主义的阿拉伯人，同时也通过积极接待阿明·侯赛尼促成了纳粹和早期伊斯兰极端主义之间的和睦。

当开始将匈牙利犹太人驱逐到奥斯维辛集中营的时候，迪特里希1944年4月27日的新闻指令再次提出犹太人要对斯大林专制体制的
244 所有罪行负责。文件强调布尔什维克主义强加于东欧的“恐怖残暴政权”。反犹观点应该仍然是“德国媒体的基本主题之一”。关于匈牙利“反犹措施”的报道必须“伴随着对犹太人所犯罪行的广泛陈述，其后果是现行措施”。[45] 媒体要呈现“布尔什维克主义的真实面孔”以及“犹太政委”的角色。关于布尔什维克攻击牧师、工人被驱逐和“奴役”、“知识分子被清算”、被发配到西伯利亚而与妻儿分离的人的报道，应该“一次又一次地”提请注意“犹太政委”的背景。在关于“匈牙利政府”所采取的当前反犹措施的报道中，媒体应该调查“匈牙利之

前的犹太化情况，这[已经]导致了反犹措施的实施”。德国报纸“因此必须确立犹太人是匈牙利的不幸，他们使那真正的、民族的匈牙利居于次要地位。犹太人要独自对如今布尔什维克打到家门口的事实负责……只有当犹太人罪行在媒体被全面和深入地讨论之后，匈牙利政府的新反犹措施才能被提及”[46]。随着驱逐的继续，迪特里希5月4日的指令警告道：“目前德国媒体不值得一提的是，布达佩斯的犹太人正在从遭受轰炸袭击的城市社区中被驱逐出去。”[47]

反犹和反布尔什维克主义的联合，在1944年5月12日发行的《人民观察家报》头版文章中获得了表达：“与世界革命总部联合起来，莫斯科变成了世界犹太人的官方中心，巴勒斯坦地区的犹太人国家变成了苏联控制地中海地区的基地。”[48]文章评论了拉比斯蒂芬·怀斯对建立一个犹太人国家的支持，他是美国犹太教改革派的领军人物以及纳粹的公开敌人。由于他发声抨击纳粹对犹太人的迫害，怀斯自1933年 245
以来一直是纳粹宣传的攻击目标。他支持建立一个犹太人国家以回应纳粹的迫害。[49]虽然没有证据表明怀斯受到苏联官员的影响或与其有任何接触，但《人民观察家报》模仿“里斯本可靠的政治圈子”编造了故事，苏联驻美国大使已建议纽约的拉比斯蒂芬·怀斯“把世界犹太人的总部从纽约搬到莫斯科”。克里姆林宫已表示对犹太复国主义感兴趣，因为它与苏联在地中海地区的目标相一致。“世界犹太人的领导圈子”对“苏联的诱人提议”感兴趣有以下几点原因：他们认为美国在战争中的前景是不容乐观的。如果入侵欧洲失败了，他们“担心会引起美国反犹主义的巨大浪潮”，且会蔓延到英国以及“到目前为止对犹太人友好的国家”。他们也认为，在地中海地区只有苏联有能力在巴勒斯坦建立一个犹太人国家。由于犹太复国主义者迁至莫斯科，“世界犹太人总部和世界革命总部……这世界毁灭的两大中心”之间的和睦形成了

“一个巨大的权力”，“属于当前真实背景下最具启示的报警信号”。这一“地中海地区的布尔什维克化”是“世界布尔什维克化的一个初步阶段”。[50] 到了1944年6月，当欧洲犹太人权力的缺失和无助是那么显而易见时，这样的断言凸显了纳粹意识形态的虚构本质。

随着德国军队在东线节节败退，以及德国城市在同盟国的轰炸下沦为残砖碎瓦，戈培尔强调了逆境中的团结。在诺曼底登陆的前两天，他在纽伦堡的纳粹领导人集会上发表了讲话。他讲道：“我们只是为了生存而战斗，为我们民族和我们自己生命的生存。”[51] 以一种通俗和同志式的语气，他为纳粹政权拒绝提供取胜计划相关细节给出了一个有趣的理由。

> 如果在夺取政权之前，我们就完全与犹太人开展辩论并透
> 246 露我们意图对他们做什么，那就太不聪明了。这真的很好，这真的很好且很有用，至少有一部分犹太人认为事情不会真的那么糟糕。他们[纳粹党人]谈了很多，但是我们将会看到他们真正要去做什么。他们[犹太人]并没有把[纳粹党]当一回事，这真是太好了。其他政党——德国人民党、面包大师德雷维茨的经济学党(the Economics Party)和民主党——偷偷地纵容这个希望：真是太好了，如果我们真的不能避免与纳粹党人合作，他们也会自食其力……但是如果非要我们对他们说，“你们将在两三周或两三个月被解散；你不能说任何话；我们将用白板拍你们，我们打算单独执政并解散其他政党”——如果当时我们这样说了，比起他们实际做的，各党很可能会建立起更加坚固的防卫。[52]

简言之，对手已经低估了纳粹的意图及其意识形态的严肃性，这

“真是太好了”。到了1944年6月，纳粹德国对于在执政中会做什么事已经没有什么可以隐瞒的了。但是正如纳粹宣传所提示的，历史正在莫斯科、伦敦和华盛顿的幕后运作，因此戈培尔通过暗示政权有尚不能透露的取胜秘密计划，以寻求安抚纳粹党的忠实信徒。敌人，当然陷入了“犹太人的诡计”之中，并试图使德国人对即将到来的入侵感到焦虑不安。但是英国人，而不是德国人，正遭受“侵略”之苦，一个引起听众笑声的巧妙术语。[53] 戈培尔自诩过去对战争的现实主义态度。“我并没有对自己在1939年、1940年、1941年、1942年和1943年所说和所写的感到羞愧。”他对困难并不沉默，但是自信有理由感到乐观，因为希特勒本人的存在。如果纳粹党和人民“坚信胜利的话，政权将走出当前的危机并最终取得胜利！这不仅是勇敢的心和我们心灵深处的决绝！这 247
是无条件地服从和忠诚于我们的元首！”人群以热烈的掌声回应并高喊“希特勒万岁”。[54]

在5月14、15、18日的《人民观察家报》上，由苏德曼撰写的专题文章“斯大林和犹太人”发表了。[55] 他问道，像斯大林这样一个显然很普通的人是如何成为苏联和布尔什维克党的领导人的。苏德曼在他所声称的统治了这个党的犹太人的欲望之中找到了答案。他们意识到俄罗斯社会中浓厚的反犹主义，因此他们找到了一个像斯大林这样的人，少有的能讲工人阶级语言的知识分子。在20世纪20年代的新经济政策时期，布尔什维克找到了一种途径去“掩饰布尔什维克国家并不是无产阶级专政，而是国际犹太人的独裁这一事实”。当列夫·托洛茨基快要成为列宁的继任者时，党内的犹太人明白，如果其领导人是一个犹太人如托洛茨基的话，那就会破坏刚成立不久的政府。斯大林，正好由于与托洛茨基的冲突，对于党和政府内成千上万的“莫斯科犹太人”而言，似乎是领导职位的合适人选。“为了犹太人和苏联国家的利益……一个绝对的犹太人不能成为俄罗斯人的偶像。列宁的继任者需要像列宁那样为犹太人服务，但他自己不能是明显被认出是犹太人的人！”这是为什么加米涅夫、季诺维也夫和卡冈诺维奇支持斯大林为列宁的继任者。在苏联政治的复杂阴谋诡计中，“只有一件事是确定的：在许多犹太人被枪杀的岁月里，犹太人对斯大林的影响，犹太人在党和国家机关所有部门的权力，仍然是无可争辩的”。即便是他送“最亲密的朋友们”去死，斯大林仍然是犹太人的忠实工具。[56]

对于纳粹政权而言，1944年6月6日的诺曼底登陆是国际犹太人阴
248 谋在工作的另一个例子。编辑们于1944年6月22日，即德国入侵苏联的第三周年纪念日，在《人民观察家报》头版上表达了这一观点。头条标题是“元首伟大的决定——犹太布尔什维克世界阴谋是如何被挫败的；入侵——通往莫斯科目的地的道路”。[57]文章梗概如下：

> 这是我们第三次纪念德国军队走上前去防御犹太—布尔什维克对西方的攻击。今天我们从许多文献证据中得知当时西方面临着多么大的危险。布尔什维克主义看到了最好的机会来释放世界革命以淹没欧洲。元首的决定驱除了这一危险，克里姆林宫独裁者和世界犹太人的邪恶计划被挫败了。在莫斯科的命令和指示下，如今的世界革命通过入侵[诺曼底登陆]而实现了。反对西方人类的巨大犹太—布尔什维克世界阴谋的黑暗驱动力，它的世界革命最重要的工具是入侵，在战略和政治发展的概述中是显露无遗的。[58]

文章声称，美、英对德国的攻击是在为苏联的利益服务。他们的战士“已经为布尔什维克主义而[在战斗中]倒下”。在德黑兰会议上，

“斯大林已经命令开始整个努力”，这样做，“重拾了他的最初目标……这就是犹太—布尔什维克推动世界革命和建立犹太人世界统治的最初计划：德国在与西方列强的战斗中被榨干了”。这些西方列强健康的民族核心人员是如此之脆弱，以至于他们将无法再提供任何抵抗布尔什维克病毒的力量。因此，所有的欧洲，也包括美国，将会成为犹太—布尔什维克轻易捕获的猎物。然而，由于德军在1940年进攻法国的成功，斯大林最初的计划被中止了。当时克里姆林宫要么选择放弃主宰 249
欧洲和世界革命的目标，要么选择与德国开战。斯大林已经“命令军队向德国挺进”，这被希特勒“在最后一刻”决定于1941年6月22日进攻苏联所挫败。《人民观察家报》的文章将美、英愿意在1944年6月从西部进攻欧洲大陆解释为克里姆林宫谋划欧洲的重启，以及西方民主懦弱屈服于苏联意志的证据。[59]

像所有论述犹太人的重要《人民观察家报》文章一样，这篇文章杂合了一个阴谋论命题、谎言，以及相当数量的与事件实际进程看似关联的事实信息。除了关于“犹太—布尔什维克阴谋”的谎言，以及将德国在1941年6月的侵略描述为一场先发制人的攻击之外，文章解释了类似的事件——西方的空战、对德国城市的空袭、诺曼底登陆的长期准备、斯大林不断请求开辟第二战线——通过阴谋论的歪曲棱镜。诺曼底登陆事实上缩短了第二次世界大战，以及使美英军队得以进入中欧地区，从而阻止了西欧的布尔什维克化，这正是纳粹宣传声称它意图要引发的。文章提供了一个不平等伙伴之间阴谋叙述的另一个例子，通过否认一些人的自主性和主观性，即英国和美国的领导人，而把非比寻常的权力归给那些并不拥有的人，即犹太人。

1944年8月8日，戈培尔在波兹南的纳粹党官员会议上发表了一份冗长、漫无边际和冷酷无情的战争概述。[60]“德国国家社会主义世界和犹太—财阀—布尔什维克世界的对抗已经白热化，现在正处于最严重和最戏剧性的阶段。”同盟国对德国的空袭持续着。德国现在承受着严重的石油短缺。在东线取得胜利的愿望已经无法实现。在7月20日政
250 变未遂之后，戈培尔明白了为什么在1939年到1941年间如此成功的军队，在东线却经历如此“巨大的军事灾难”：“前线的中层指挥官……并不想要赢得战争。”[61]“叛逆将军”要对东线的失败负责。现在卖国集团已经被捣毁，未来军事胜利的前景增强了。[62]然而，对军事领导人的叛国指控丝毫没有提振民众的情绪。

在9月初，宣传部报告了关于战争胜利的严重沮丧和无望的迹象。[63]更雪上加霜的是，同盟国空袭了所有的德国主要和中等城市——美因茨、威斯巴登、沃尔姆斯、卡尔斯鲁厄、路德维希港、曼海姆、科隆、杜塞尔多夫、杜伊斯堡、伍珀塔尔，也包括德国的铁路网。到了9月中旬，特里尔已处于同盟国的猛烈炮火之下，亚琛也已被部分疏散。戈培尔展示了他对同盟国的全然无知：（他）在9月21日规劝希特勒与苏联开展单方面和谈，以期分裂敌方同盟——好像斯大林也准备好与希特勒达成同样的协议，就是在数百万苏联士兵和公民因为德国的入侵和占领而死亡之前他（斯大林）所达成的。[64]但是希特勒并没有采纳建议。

帝国新闻办公室指令也试图通过生动描述苏联战胜德国的后果来维持支持度。1944年9月22日的《期刊服务》指令重复着反布尔什维克主题的重要性，强调它“与反犹宣传的紧密联系不能被忘记”，责备一些经济类杂志忽视反犹主题，并建议他们去调查“犹太人为世界金融和经济统治所作的斗争”。[65]1944年9月30日的指令，确认“反犹新闻工作”跟以前一样重要，但在用词方面需要谨慎。正如“反闪米特主义”术语在德国媒体中高频率出现，帝国新闻办公室表示担心“我们
251 与非犹太闪米特人即泛阿拉伯世界的关系会被破坏，而这一关系对我

们很重要。因此，媒体必须注意把‘反闪米特主义’和‘反闪米特’这样的用词替换为‘反对犹太人’，‘敌视犹太人’，‘反犹主义’和‘对抗犹太人’或者‘反犹太族’”。[66]宣传部已经明显注意到一些记者提到了“犹太人复仇”。这一策略“不可取”，因为指出犹太人的复仇计划会“在意识形态并不确定的圈子内”激发一种印象：“这种‘复仇’正是敌人所称的我方针对犹太人残酷行为的结果。很明显，复仇预示着一个过去的不公正。因此，我们只会说犹太人的消灭计划，并再三指出从一开始犹太人就是侵略者”，而且德国以“血战到底”的态度来回应。[67]纳粹宣传已经不断地阐明政权正在意图消灭或当时正处于“灭绝”犹太人的进程中。但是它否认自己做过任何事，除了对“国际犹太人”所发动的战争的回应。如此做，它维持了核心谎言，即第二次世界大战和欧洲犹太人问题的“最终解决方案”之间没有区别，以及“最终解决方案”是第二次世界大战的一个关键剧集。

1944年夏季对于东西两线的德国军队都是毁灭性的打击。从6月到10月，每天平均超过7200名士兵死亡。从诺曼底登陆到1944年10月末，1 082 197名德国士兵在战斗中阵亡。每月死亡数字如下：6月182 178名；7月215 013名；8月348 960名；9月151 957名；10月184 089名。在1944年的所有死亡人数中，244 891名在西线战场，1 232 946名在东线战场。然而，1941年到1943年西线的德军死亡人数并没有超过所有战场总死亡人数的3%，在1944年比例却升至14%左右。即便是在诺曼底登陆后的几个月里，德军战场死亡人数的68.5%左右发生在东线战场，由于苏联以闪电战作为回应来摧毁正在撤退中的德国国防军。[68]在西线，同盟国把德国赶出了比利时。戴高乐宣布 252
巴黎在1944年8月24日获得解放。[69]德国的空中防御被摧毁了。对于西方和苏联的空军力量，纳粹德国已失去所有战场的制空权，也包括自己的城市和工业区。德国潜艇对大西洋的威胁已基本上解除。在1944年10月，在全部世界海洋上，德国潜艇仅努力击沉了一艘刚过6000吨的商船，并在法国大西洋沿岸失去了基地。纳粹德国的盟友——法西斯意大利、维希法国、罗马尼亚、保加利亚——已被赶出战争。西方国家与苏联之间的结盟保持不变，尽管存在明显的紧张状态和分歧。法国军队重新被武装起来。到了1944年10月，战争逼近德国东西两线的边境。[70]

内部反对第三帝国的最后一次可能性，以1944年7月20日政变的失败而结束。面对可怕的损失，德国军队继续着战斗。当戈培尔号召纳粹党的忠实信徒和同路人战斗到最后一刻的时候，民众却很不情愿地支持着政权。戈培尔对战时实情的妄想式理解，在他于1944年10月3日在亚琛的纳粹党会议上所发表的讲话中显而易见。美军正在城市的郊区战斗。到那时为止，大约370万名德国士兵死亡，无数的士兵受伤，成千上万的平民死于空袭，德国的许多大城市在不同程度上沦为残砖碎瓦。戈培尔承认："我们认为军事发展将采取不同于实际的路线；尽管如此，我们今天的情况并不比我们在1939年9月的更糟。考虑到我们能有五年的时间来击退充满仇恨敌人的整个世界，如果他们不能占据帝国的重要部分——而不是小部分——那就是这场战争真正令人惊讶的地方！"一个拥有如此壮举的国家，他认为将会取得胜利。[71]

戈培尔毫不犹豫地把注意力吸引到防守的优势上。战争，他继续
253 道，已经进入了一个新的阶段，那就是德国本土的防御，在这一点上，民众不但要"狂热，而且被狂热"是至关重要的。德国敌人的补给线正变得更长，而德国的变得更短。随着战争逼近德国本土，防御的天然优势将会发挥作用。他指出，苏联在1941年的反应让我们看到了希望。正如当德国深入俄罗斯时苏联的抵抗增强了，因此在1945年，随着战争

逼近德国领土，德国的抵抗也会增强。更进一步，他强调盎格鲁—美国的力量并不比苏联强到哪里去。两者都将会“在德国的土地上建立一个恐怖的政权”。在任何情况下，他“知道”德国将会赢得战争，由于德国制造的新武器以及敌人现在“犯了我们之前所犯的错误”，那就是在入侵其他国家的进程中延长补给线。[72] 德国仍然将会赢得战争。如果失败了的话，整个德国人民的结果将会是灾难性的。尽管有这大胆的演讲，戈培尔在1944年秋的日记中反映出德国领导层的沮丧情绪——面对美、英空军的日夜轰炸，以及红军在东线的继续推进。到了1944年11月，每天有1200架美、英轰炸机飞行于德国的上空。戈培尔承认轰炸对德国的士气产生了致命的影响。[73]

在这种沮丧之中，1945年1月21日，戈培尔在《德意志帝国》上发表了专门针对犹太人的最后一篇社论“敌人联盟的黏合剂：世界不幸的起源”。[74] 这篇文章既是愤怒和仇恨的大爆发，也是战争如何和为何落到如此地步的一个解释。他的主题、语言和语法都是那么熟悉：“如果我们不牢记国际犹太人是所有堕落活动的背后驱动力，通过我们 254
的联合敌人向这个世界撒谎并企图从黑暗中控制人类，那么理解这场战争是不可能的。可以这样说，它[犹太人]形成了牢固敌人联盟的水泥，尽管在各成员之间存在显著的意识形态和利益的冲突。”资本主义和布尔什维克主义有“共同的犹太人根基”。国际犹太人有各种手段来“压迫和统治各国”。它在“所有敌国和大多数中立国家”控制着公共舆论，那里对犹太人的批评是“被禁止的”。德国已经击垮了犹太人的权力，但是他们反过来“鼓动全世界来反对我们”。所有的俄罗斯、英国和美国的士兵都是“这个寄生种族世界阴谋”的雇佣兵，这当然不是在为他们国家的利益而战斗。那一天，他预言道，将“不会遥远，欧洲甚至是整个世界的各民族都会爆发出强烈的怒吼：犹太人对这次所有的不幸负有罪责！因此，他们必须很快从根本上受到清算”[75]。犹太人努力为避免这种指控而去证明纳粹分子是在寻找替罪羊将会是徒劳无益的。因为他们的犯罪证据太明显了。

> 是谁驱使俄罗斯人、英国人和美国人去打仗，在这场对抗德国人民的无望斗争中牺牲无数的生命？是犹太人！在他们的报纸和电台广播里，他们高唱战争之歌，而被他们迷惑的各国人民却惨遭屠杀。是谁制定了仇恨和消灭我们的新方案，从而使得这场战争进入令人惊惧的欧洲生命及其经济、教育和文化自我屠杀和自我消灭的可怕行为当中？是犹太人！是谁建立、实施以及小心翼翼地看护着美、英与布尔什维克主义之间那令人厌恶的同盟？是谁用愤世嫉俗的伪善和恐惧来为这种不正当的政治局面提供正当理
> 255 由？……是犹太人，只有犹太人！他们的名字是摩根索和雷曼，站在罗斯福背后那所谓的智囊团之中。梅尔切特和萨松充当丘吉尔的财政资金支持者。他们被称为卡冈诺维奇和艾伦伯格，是斯大林的引导者和智识向导。不管你从哪个角度看，你所看到的都是犹太人。[76]

这是“不能再被否认”的全部“真相”。犹太人在这个问题上公开跳出来就已经犯错了。“不是欧洲，而是犹太人自己将走向灭亡。”其结果是，“世界——不仅是德国——不幸”的根源将被“埋葬于黄土之下”。[77]

在战争的最后几个月里，纳粹宣传仍然在那里不断重复着过去的宣传。就雅尔塔会议所做的报道准备中，1945年2月2日的新闻指令，简单地提到了“我们敌人的犹太人联盟”，它被描述为未能成功实现动

摇帝国以及麻痹德国人民。[78]然而单单在1945年1月，德国战斗死亡人数就超过45万，而平民在同盟国轰炸德国城市的过程中死亡人数持续上升。现在，希特勒对国家灭绝的可怕预言，似乎在许多德国人看来，就像是关于真实展开着的末日的一个声明。[79]德国宣传驳斥了同盟国试图区分纳粹政府和德国人民的努力，通过指出敌人为所有德国人准备了阴险的命运。只有继续服从希特勒才能避免“财阀—布尔什维克犯罪集团的嗜血和专断”。几天后，帝国新闻办公室指令指示记者要解释清楚，“财阀和布尔什维克，美国帝国主义和布尔什维克世界统治，将会意味着永久的战争，只有他们被打败，和平才会出现”。[80]

同时，1945年2月同盟国雅尔塔会议的公告重申了同盟国的团结并决心打败纳粹德国。文本包括关于占领和控制德国、赔款，建立联合国、波兰和南斯拉夫，以及一个自由欧洲的声明。而纳粹宣传部关注的 256
是德国自身的那些部分。“纳粹德国，”同盟国坦率地断言，“是注定要失败的。德国人民只会使他们失败的代价更大，因为他们试图继续无望的抵抗。”公告详细说明了德国人最应该担心的是什么：

> 我们绝不更改的目标是摧毁德国的军国主义和纳粹主义，并确保德国不再威胁世界的和平。我们决心解除和解散所有的德国武装力量；永久解散德国总参谋部这一使德国军国主义一再死灰复燃的机构；移除或摧毁所有的德国军事装备；消除或控制所有能被用于军工生产的工业；将战犯绳之以法，并对德国人所造成的破坏进行迅速的惩罚和实物赔偿；彻底摧毁纳粹党、纳粹法律、组织和机构；在公共机构和德国人的文化和经济生活中消除所有的纳粹和军国主义影响，并且在德国采取其他为世界未来和平与安全所必需的举措。消灭德国人民并不是我们的目标，但只有当纳

> 粹主义和军国主义被根除的时候，德国人才有希望过上体面的生活，并在国际间的礼让中占有一席之地。[81]

尽管雅尔塔公告清楚地阐明了，纳粹党和政权及其相关组织，而不是整个德国人民将被摧毁，但是纳粹宣传家们坚持认为情况恰恰相反。1945年2月16日，《期刊服务》指令转向《我的奋斗》以解释雅尔塔会议的结果，并驳斥了有关同盟国将会在德国人之间进行区别对待的看法。希特勒已写道，犹太人将会消灭民族知识分子和奴役各国。指令
257 声称，“这是来自雅尔塔的消灭计划”，“意图消灭全体德国人”是敌人的战争目标。战败意味着裁军、工业限制、强制驱逐、“这个国家领导层的消灭，那就是我们所有阶层和专业领域的整个知识分子”。德国人所面临的选择不是胜利或战败，而是“胜利或灭绝”。[82] 除了英、美“对斯大林所制造的事实的无条件认可，以及将欧洲交给布尔什维克”，斯大林、丘吉尔和罗斯福的唯一共识是“灭绝德国人民的共同意愿”。然而，“这种由犹太人共同领导的财阀—布尔什维克敌人所发动的狂热灭绝行动”将不会削弱德国的抵抗。相反，它会增加德国的抵抗。德国人民知道为他们准备的是什么，如果战败的话。“国家社会主义德国的国家领导层并不是一群狭隘、局限、自我封闭的人。相反，他们深入士兵、工人、农民、技术工人、公务员和知识分子当中。任何人被布尔什维克的子弹从脑后开枪但幸存下来，都将按照雅尔塔的那些战犯的意愿被驱逐到西伯利亚的布尔什维克强制劳动集中营。”的确，“所有战争的痛苦和威胁都是较小的，当与敌人为德国所计划的一个布尔什维克治下的‘和平’的命运相比较”。为了生存，德国人只有一种选择，那就是继续抵抗，并与指令所称的1918年到1919年间的后方失败形成鲜明的对比。在同一天，《人民观察家报》在首页尽忠地发表了头条文章“德国

只在抗衡莫斯科：雅尔塔协议，意味着欧洲的死亡，德国对罗斯福和丘吉尔向斯大林投降的评估被印证了”[83]。

当希特勒拒绝任何投降谈判，以及国内反对的所有可能性都已消失时，纳粹宣传家就号召全国人民继续战斗，而这场战争中德国的战败几乎只是时间的问题。红军在1945年1月27日解放了奥斯维辛集中营，并在2月13日解放了布达佩斯。美军在3月7日跨过了莱茵河。战 258
争最后几个月德国军队和平民的死亡人数是惊人的：在1945年元旦到5月8日的战争结束之间，140万德国士兵在战斗中阵亡；超过37万名士兵在战争的最后5周内死亡。[84] 超过50万的德国和俄罗斯士兵以及德国平民在柏林战役中死亡。[85] 在同一时间，成千上万的犹太人在死亡行进当中奄奄一息，大约2.5万名德国平民在2月13日至14日英国对德累斯顿的空袭中丧生。[86] 在这场死亡和毁灭大灾难的发展过程中，苏德曼在1945年3月22日《人民观察家报》的头版社论中，重复着战败后国家灭亡的预言。敌人联盟的胜利将“不仅是消灭和毁掉帝国的生存，同时也必会导致我们人民中所有的创造性和生产性部分的奴役，继而是灭绝”[87]。现在所有战线上的“狂热抵抗”是必不可少的，为了分裂敌人的联盟。“犹太工具不堪一击的本性”，在英美战士为欧洲然后是全世界的布尔什维克化而正在进行的战斗中，是非常明显的。德国对西方国家的“绝对抵抗”将会粉碎这个联盟，“其真正的基础只在于犹太人针对德国人民的仇恨计划”。[88] 在另一方面，苏德曼写道，把反希特勒同盟整合在一起的唯一因素就是犹太人。但正因为如此，“狂热抵抗”以及非犹太英国和美国士兵的死亡才是有意义的，因为它增加了压力以制止这场犹太人战争。

在1945年2月28日，戈培尔发表全国广播讲话以提振士气，谴责东西方的敌人，以及为纳粹德国为什么会遭受如此严重的挫败提供一种解释。[89]

> 我们并不对在这次巨大斗争的挫败感到羞耻。他们可能仅仅是因为西欧和财阀领导的美国给予了苏联在侧翼的军事支持，并
> 259 绑住了我们的手脚，但我们至今仍然试图将布尔什维克主义打倒在地。财阀血淋淋地仇恨和报复帝国和德国人民的计划，并不比苏联的那些更严重……在这面对来自东方最大威胁的时刻，这将是本世纪永久的蒙羞和耻辱，欧洲可耻地陷入困境之中并被西方国家所抛弃。的确，这些国家如此堕落，以至于它们甚至鼓励来自亚洲内部的风暴，同时试图打破最后一道可以被用来阻止它的保护坝。无论如何，我们没有别的指望。经过多年瓦解和颠覆的系统工作，国际犹太人对这些国家的公共舆论毒害如此之深，以至于他们再无能力思考——更不用提行动了——为他们自己。[90]

关于为什么纳粹德国将要输掉这场战争，戈培尔直至最后都从未在迷幻却内部一致的反犹主义辩解上动摇过：它已经遭到背叛和放弃，有人可能会说，被屈服于犹太人统治的西方同盟国“从背后捅了一刀”。在纳粹领导人的眼里，第二次世界大战像第一次世界大战那样因德国贵族的背叛而结束。这次虽然背叛并非来自内部，正如1918年到1919年那样，但来自境外，在西方犹太财阀的手里。戈培尔认为，实际上是犹太人权力以及伦敦和华盛顿的政策制定者阻止了纳粹德国赢得战争。在1945年2月，宣传部长坚持犹太人要对第三帝国即将到来的战败负责。正如1945年春的死亡行军的历史记录在近年来让人回想到的，针对冷酷无情而即将取胜的敌人的“复仇”一直持续到最后。[91]

4月4日，帝国新闻办公室最后指令中的一个，命令整个新闻界

和所有宣传要“专门服务于”提振前线和后方士气及抵抗精神的目的。[92]实现目标的每一个直接或间接手段都是被鼓励的。所有可能削 260
弱它的情形都要避免。“报刊和电台的主要任务”是要强调东西方敌人的“臭名昭著的一致目标与消灭德国人民的同一个邪恶计划”。新闻界需要清楚阐明，如果德国人现在停止战斗，“丘吉尔、罗斯福会和斯大林一样”，“冷酷无情地实施对德国人的消灭计划”。[93]新闻界要促进政权和人民之间、战场和后方之间的团结。在4月中旬，在这些呼吁团结的过程中，迪特里希辞去了帝国新闻主管的职位。

希特勒于1945年4月30日在他柏林的地堡里开枪自杀。在4月29日，他已写好了“政治遗嘱”[94]。他所发动的战争现在明显地输掉了，就像他与军事现实的关系一样。红军的炮弹已落到他地堡的院子里。希特勒一辈子都把德国的挫败归咎于其他人而不是自己。“说我或德国的其他人在1939年想要战争并非事实。它是由那些国际性政治人物渴望和专门发动的，不管是有犹太人血统，还是为犹太人的利益而工作。”他已经提出“太多的裁军计划”去承担对战争的责任。从德国城市的废墟当中，“对最终要负责的人的仇恨将会被不断地更新。我们必须要责备的人是国际犹太人及其助手！”“这个残酷斗争的真正犯罪当事人是犹太人！”[95]

戈培尔在1945年4月19日的晚上发表了他的最后一次公开演讲。希特勒，他讲道，对德国——事实上是欧洲和整个西方——连同它的“文化和文明”的存续负责。[96]他声称道：“财阀和布尔什维克主义之间的堕落联盟正在分裂。”然后他提供了一种宗教和世俗的鲜明交织。随着敌军猛攻帝国，他讲道：“国际犹太人作为幕后的驱动者将会口吐白沫。它不会想要和平，直到实现它那毁灭世界的邪恶目标。它徒劳
地追寻那个目标。上帝在过去经常站在超乎万邦的权力之门，这一次 261

也会再次将撒旦推入他所来自的那个地狱深渊。”希特勒，一名“世俗的伟人”，是根据上帝的旨意来这样做的。如果没有他，欧洲早已落入布尔什维克主义之手。本着“日耳曼忠贞服从”的精神，戈培尔呼吁对希特勒的忠诚。十二天后，在1945年5月1日，随着成千上万的人死于柏林战役之中，以及希特勒地堡上方的烈火熊熊燃烧，戈培尔总结道，没有希特勒的生活是不值得活的。他的妻子玛格达毒死了他们的六个孩子，然后她和戈培尔服用氰化物药丸自杀了。[97]

希特勒的遗言重复着那引导他对犹政策的强迫性叙事。“我毫不怀疑，如果欧洲人民再次被这些国际货币和金融阴谋家当作股票市场上的股票那样对待［正如在第一次世界大战中那样］，那么这群人将要被清算，在这场残酷斗争中一群真正有罪的人：犹太人！我没有让一个人怀疑，如果没有真正有罪的当事方为他的罪责付出代价，纵然是通过更人道的手段，那么这次数百万的成年男性就不会死去，数十万的妇女和孩子也不会在城市中被焚烧或在轰炸中死去。”希特勒重复着那句熟悉的直率声明，关于他意图进行大规模屠杀，但没有提供其实施的事实细节。他如此总结道：“首先，我命令国家的领导层和民众小心翼翼地维护种族法案，并参与残酷地抵抗世界人民的投毒者国际犹太人当中去。”[98] 直到最后，他仍坚持无辜、无责任和投射的偏执逻辑。希特勒、戈培尔、迪特里希和纳粹政权里的其他官员，在宣传部内外的，在欧洲第二次世界大战的整个期间，都曾经重复着要谋杀欧洲犹太人的威胁，或者按照他们的术语要改造他们。希特勒在1939年元旦首先发表了他
262 那谋杀的预言，就在他发动战争的前八个月。在1941年6月入侵苏联时，也就是“最终解决方案”在1941年夏秋两季开始时，他和他的同伙们吐露了出来。当死亡集中营在1942年开始运作、1943年冬春两季战争形势转为攻击纳粹德国，以及在接下来的两年里战争最终打到德国

家门口的时候，他们又这么做了。1945年4月29日从希特勒笔尖流出的偏执版本，一个国际犹太人阴谋正发动针对无辜纳粹德国的侵略和种族灭绝战争，从第二次世界大战和大屠杀的开始到结束，一直是纳粹政权反犹宣传文本和影像里的核心要素。 263

结　论

当希特勒及其同伙在第二次世界大战中从迫害走向大屠杀时，他们说这样做是为了反击国际犹太人阴谋，他们要为发动和逐步升级一场对德灭绝战争负责。欧洲最长久的反犹仇恨，部分导致了对欧洲犹太人的大屠杀，正如我所展示的，是因为纳粹政权的领导人通过这种偏执叙述的扭曲棱镜来解释第二次世界大战事件。因果倒置，纳粹宣传把一个政权奔向战争和大规模屠杀的主观性，投射到它那手无寸铁的受害者身上。如此做，纳粹领导人公开声称，战争和大规模屠杀之间的联系是具有必然性和因果性的，并不是时机、地缘或机遇上的巧合。投射和偏执服务于侵略和种族灭绝。将抽象的意识形态主张转化为当下事件的故事——新闻——从而使得那些基本的纳粹信念易于传入广大受众当中去。在一连串自我实现的预言当中，希特勒的“被包围噩梦”变成了现实，随着他入侵一个又一个国家，从而导致在苏联和西方民主
264 国家之间出现一个不太可能结成的联盟。在1941年夏秋两季当胜利触手可及之时，在1942年和1943年当僵局转为挫败之时，偏执妄想似乎与事件的实际进程结合了起来。希特勒不承认他自己决定和行动的后果，而是在其宣传部发言人的协助之下，在纳粹宣传中灌入了一种内在

一致却和那个时代的政治或军事现实全然无关的叙事。

这种分析要求重新思考“反对犹太人的战争”这一著名短语的含义。[1] 对于纳粹领导人及其数百万追随者而言，这里没有两个相互区分的事件，即第二次世界大战为一方，而“最终解决方案”为另一方。相反，反对犹太人的战争在他们的眼里，同义于第二次世界大战，那就是对抗英国、苏联、美国反希特勒同盟这些主要列强的战争。在纳粹看来，这些是犹太幕后操纵者的共犯和傀儡。在私人会谈以及对数千万人广播的演讲中，他们声称犹太人是第二次世界大战的驱动力。他们将表面上看似无限制的自治、自主和权力归于犹太人，而否认将这些归于那个时期最具权势国家的政治领导人，尤其是温斯顿·丘吉尔、富兰克林·D. 罗斯福和约瑟夫·斯大林。[2] 随着同盟国推进对纳粹德国的战争，纳粹坚持犹太人将会为此付出代价。当苏联的坦克和美、英的轰炸机给第三帝国的军队和城市以重创，纳粹宣传机器将同盟国的攻击解释为犹太人的无端攻击，以及国际犹太人的确是在推动消灭德国人的进程的确凿证据。

伴随大屠杀且为其辩护的激进反犹主义，将犹太人首先描述为由一个种族构成的政治主体。的确，一种卑劣但非种族灭绝的传统反犹
主义是激进反犹主义的序曲，在很大程度上塑造了1933年到1941年纳 265
粹的反犹迫害政策。它们包括：在专业领域内进行清洗；抢夺财产并使之在经济上大规模贫困；1935年纽伦堡种族法的强迫集中居住和种族隔离；人种上的伪科学，通过对大脑、鼻子和耳朵的比较测量；“雅利安人”美丽而犹太人丑陋的幻想；1938年11月的大屠杀；逮捕、监禁及任意施暴。这些措施虽很可怕，但都不至于导致一个大屠杀政策。大屠杀核心意识形态的正当理由，在于将犹太人描述为正构建一个强大的国际反德阴谋，而它是世界战争幕后的驱动力。战争和大屠杀时期

的纳粹宣传将《锡安山长老协议》里的阴谋理论带到了欧洲的20世纪中叶，并用当代莫斯科、伦敦和华盛顿政治舞台上的名字和面孔来充实那个阴谋。

随着偏执逻辑将战争说成是犹太人对德国发动的，以及随着详细的每日每周事件记录从它那里产出，纳粹领导层将表达它决心消灭和灭绝欧洲犹太人的最非比寻常的声明，嵌入一个表面上看似普通和正常的战争进攻与反击的叙述当中。否认“最终解决方案”的独特性是其实施的一部分，因为按照这个术语在欧洲长达几个世纪的理解，它并非战争行为，而是对无辜者的一次大规模屠杀。种族灭绝的特殊语言与更为普通和传统的战争叙述的交织，是纳粹主义反犹宣传的一个主要特征。这就是为什么在纳粹的想象中这里没有一个无辜的犹太人。随着犹太人发动和逐步升级战争，在这种内部一致但非理性的“疯狂话语”的框架内，对犹太人的凶残仇恨作为一个整体随着战争的扩大、逐步升级并最终打到德国境内而被强化，就完全有道理了。[3] 因此，当欧洲犹太人的毫无防卫能力在死亡集中营里被证明时，纳粹宣传通过预
266 言犹太人意图消灭他们所有人，试图在无数德国人心里灌输恐惧。正如戈培尔所说的，犹太人是罪有应得的。以这种方式，纳粹将最不寻常的历史事件——事实上是独一无二的——大屠杀，呈现为战争逻辑的一个普通结果。

在第二次世界大战期间，任何人在纳粹德国定期地去阅读一份报纸、听广播，或者路过纳粹在1941年到1943年期间的政治海报，他就会知道纳粹政权关于意图消灭欧洲犹太人的威胁和吹嘘，接着是公开声称它正在实施那个政策。声称不了解谋杀意图以及要兑现这些威胁的声明那是在公然藐视证据、逻辑和常识。我们可以自信地说，无数的德国人在许多场合被告知犹太人已经发动一场战争来消灭德国人，但是

纳粹政权正在消灭犹太人以回击。

证据显示，当希特勒、戈培尔和迪特里希使用“消灭”和“灭绝”这样的词汇时，纳粹德国的居民明白这些词汇指的是大屠杀政策。正如在第一章中所提到的，这种评定代表了对传统观点的一种修正，它与乔治·奥威尔有关，那是关于在这个极权体制中委婉和简单言语所起到的作用。当纳粹提及消灭和灭绝犹太人时，他们并不是委婉地说，也不是当时德语政治文化中的委婉术语。纳粹说的就是那个意思，且清楚地传达给了千百万人。与以往的军国主义用途相比，例如法尔肯海因将军于第一次世界大战时在凡尔登所提倡的克劳塞维茨的《战争论》或对敌军的完全消灭。希特勒、戈培尔及其他人使用术语“灭绝”来提及对整个民族的大屠杀，而不是整个军队。[4] 当纳粹谈论犹太人消灭
和灭绝德国人的计划时，他们的意思是犹太人将要实施大屠杀，而不仅 267
仅是打败德国的军队。对于德国人而言，在德国军国主义的历史上，纳粹关于转换位置和消灭欧洲犹太人的声明就是非比寻常的声明。这些大屠杀的威胁暴露在众目睽睽之下。

证据也显示，纳粹将他们关于总体意图的直率讲话与对“最终解决方案”任何事实或细节的压制结合了起来。他们这样做是出于现实和意识形态的考虑。在战争中隐藏秘密减少了同盟国空军力量对死亡集中营攻击的可能性。鉴于纳粹领导人相信伦敦、莫斯科和华盛顿的犹太幕后操纵者正操控着政策，特遣部队和治安警察的谋杀、毒气室和焚尸炉在媒体的精确报道，将会增加外交压力从而导致种族灭绝的结束。公众对1938年11月的大屠杀的反应使得纳粹领导层认为，只有适度而不是种族灭绝的反犹主义，才能在超出纳粹党范围的德国社会里获得支持。对歧视和驱逐的支持并不必然扩展到大屠杀。对大屠杀的真实报道也会与希特勒作为一名西方文明守护者的神话，以及一个强

大的犹太民族正与德国交战的宣传自相矛盾。纳粹将希特勒呈现为一位英雄式的道德领袖，他正在与所有强大且又邪恶的敌人战斗。对犹太人种族灭绝的真相将会揭露他是一个史无前例的罪犯，并且也会揭穿关于犹太人权力的捏造。若犹太人果真如此强大，那么为什么他们会无力自救？关于死亡集中营的细节将会把希特勒消灭和灭绝犹太敌人的威胁排除在战争逻辑之外，并直接将其归入犯罪领域。对同盟国
268 战争和对犹政策的不区分宣传叙述已然失败，因为很明显，对犹太人不断声称的消灭与被理解为武装国家之间冲突的战争毫无关系，而与对无辜平民的大屠杀息息相关，作为其主要目标，而不是作为达到其他目标的手段。对灭绝非比寻常的讨论与更为普通的战争语言的交织已经变得不大可能。相反，对于那些相信巨大阴谋存在的人而言，对于事实的陈述会因相反的原因而令人恐惧。如果犹太人是如此之强大，用关于“最终解决方案”的新闻报道使得他们更为愤怒，又有何意义？直言不讳的讲话与对事实的压制交织在一起，足以巩固一个“匪徒契约”，同时也给那些沉默、冷漠和漠不关心的大多数人提供了一块看似可以合理否认的遮羞布。

纳粹同时代的人与后来的历史学家一样，很难理解权力狂热的所有维度。卡尔·布拉赫尔关于纳粹历史也是被低估的历史的精辟评论仍然很重要。[5] 自法国大革命时期意识形态概念形成以来，现代政治中的政治复杂性意味着超越其潜在或真实意义的明确陈述，并且将理念视为工具而用于其他目的。这种理性主义偏见妨碍了所有政治光谱的观察家，让他们觉得纳粹反犹宣传只不过是被卑鄙和邪恶小人所投机利用的一系列令人作呕的策略。尽管存在着大量关于纳粹德国、第二次世界大战、大屠杀的文献，但关于人类动机的理性主义偏见依然持续着，并被社会科学的实证主义和对历史学科中知识和文化史的挑战

所强化。对纳粹德国中非理性和反理性潮流的影响和攫取权力的抵制一直都相当大。

但是，希特勒、戈培尔、迪特里希以及他们的工作人员都是娴熟的撒谎者，也包括那些陷入阴谋论偏执逻辑的人，而这从一开始就被最基
本的事实驳倒了。纳粹领导层将人类普遍存在的妄想和幻想的能力推 269
向了极端。这些人不相信这些幻想的假设基于人类理性能力的乐观看法，既不被现代历史事件所证明，也不被我们现在对人类经验中非理性力量所起作用的普遍认识所证明。有分量的证据所导致的结论是，纳粹领导层的成员按照他们所说所做的那样看待世界，并提供了一个似乎给了他们一个铁定解释的事件叙述，也为统一意识形态与实践战争和大屠杀提供了正当理由。

从20世纪30年代的扩张外交到1939年至1941年间开始的侵略战争然后是大屠杀，希特勒的政策推动着事件的发展。同样在那些年里，纳粹宣传却声称情况恰恰相反，纳粹德国仅仅是在回应其他人发起的威胁和实际攻击。纳粹宣传所呈现的更多的是偏执而非夸张自大，更多的是义愤无辜者的断言而非雅利安人世界统治的蓝图。即便是1939年1月30日希特勒那臭名昭著的预言也是如此。知道自己打算要尽快发动一场战争，他命令他的宣传者去声称完全相反的事情正在发生，那就是国际犹太人计划发动和实施一场消灭德国和德国人的战争。对于纳粹领导人而言，希特勒所发动的即将到来的战争似乎证实了他们偏执反犹主义的有效性，并使得这个几个世纪以来的旧有仇恨的影响激进化到了一个前所未有的程度。

希特勒如此公然地违背年代顺序和因果关系的基本逻辑，以至于过去乃至现在都很容易把他的断言视为一种犬儒主义工具，只能用来劝服那些最幼稚的狂热分子。它们虽然是相互矛盾的，但由一个优等

民族统治世界的宏伟愿景却与义愤填膺的无辜受害者的偏执并存着。如果是纯粹的重复，在公共场合和私人场合都可以作为信念的证明，那
270 么看来希特勒、戈培尔、迪特里希及他们的工作人员，还有一个未确定比例的德国听众和读者，都相信一个国际犹太人阴谋是第二次世界大战中反希特勒同盟背后的驱动力量。如果他们以愤世嫉俗的态度看待他们自己宣传的这一方面，他们就不会留下太多被怀疑的痕迹。然而，资料来源指出真正相信者的存在。他们肯定的是，“最终解决方案”是纳粹德国对犹太人的惩罚，纳粹认定犹太人对发动和延长第二次世界大战负有罪责。相信是否真诚就是次要的事情了。正如E.H.贡布里希所说的，一个全能、四面包围的阴谋神话“变成了自我确认。一旦你陷入这个虚幻的世界，它就会变成现实，因为如果你与每一个人战斗，每一个人就会与你战斗，你表现出越少的仁慈，你就越会承诺你旁边的人战斗到底。当你陷入这个恶性循环之时，就真的是无处逃遁了”[6]。

因此，希特勒和戈培尔在关于《锡安山长老协议》的真相上是在浪费彼此的时间和深夜沉思。他们的确是极权主义者和狂热分子。希特勒与戈培尔对权力的拥有，并没有在其观点与桀骜不驯的现实相碰撞的时候缓和他们的观点，反而加剧了这两个人的激进主义，因为他们要让事实与他们为意识形态所驱使的“预言”相一致。虽然他们讨厌欧洲启蒙运动的普遍主义和人文主义的核心内容，但他们称自己的机构为公共启蒙和宣传部。作为怀疑所有意识形态的时代继承人，他们是怪人一类的现代主义者，相信自己已经发现了那潜伏在幕后的真理。他们相信自己理解世界的真正运作方式，比那些陷入意外事件之中，被常识所困的大众要高明得多。应该清醒地注意到，戈培尔和迪特里希都获得过德国著名大学的博士学位。帝国新闻办公室和宣传部的工作人员中充满了受过高等教育的人。他们构成了反犹知识分子的一个共

同体，由他们都会阅读的书籍、杂志和报纸联结在一起。他们得到了知 271
识分子所追寻的认可。他们的书籍和论文都被大规模出版，被广泛派发，在报纸和杂志上受到好评，而且可能被许多人阅读。这些宣传家在他们那一代并不是最杰出或最具创新思想的人，但他们没有一个是最笨和最平庸的。大量纳粹德国的才智浪费在了反犹宣传的制造和传播上。

关于纳粹政权内部的冲突已有大量论述存在，但是战时宣传的研究揭示了不同、有时是对立机构之间的合作。正如戈培尔和迪特里希之间的紧张关系所表明的，高级官员参与了地盘争夺战——在关于谁能控制新闻界的事例中。但是，他们也精诚合作以追求一致的目标。迪特里希的新闻指令定期让3000份报纸和期刊的编辑去关注戈培尔的作家作品。戈培尔的宣传者则详细说明了帝国新闻办公室每日每周新闻会议所传达的新闻指令。然后，纳粹党及其激进成员的庞大集团散布着该政权的宣传。

对纳粹宣传体制机制的重新审视，要求修正关于谁在某些方面扮演关键角色的想法。约瑟夫·戈培尔的巨大名声、大量已出版的作品，以及他那非凡的日记全都影响了关于纳粹宣传的学术研究。然而，尽管宣传部长明显是一个关键人物，但他控制第三帝国的日常和期刊新闻工作的程度，并没有像通常所认为的那样。阿道夫·希特勒这样做了，或者更确切地说，希特勒是通过奥托·迪特里希和帝国新闻办公室这样做了。希特勒和迪特里希在塑造新闻战时叙述中的关键作用，在战后纽伦堡部委审判中得到了彻底的审查。一旦希特勒和戈培尔都死了，可以理解的是，迪特里希的辩护律师会把他的当事人作为官僚机构
中无足轻重的一员，与著名的宣传大师戈培尔进行比较。然而，在审判 272
的进程中，美国检察官把德国记者奥古斯特·布拉梅尔和西奥多·奥

贝尔海特曼在战争期间所隐藏的新闻指令引入证据当中。奥贝尔海特曼的战时指令档案对于证明迪特里希的反人类罪是至关重要的，由于他在该政权的反犹宣传运动中所起的作用。[7] 在接下来的半个世纪，虽然一些历史学家研究了奥贝尔海特曼档案的内容以及新闻办公室《期刊服务》指令，但在详细说明纳粹政权的反犹叙述及其塑造德国媒体中，希特勒、迪特里希和帝国新闻指令所扮演的角色仍停留在大部分纳粹宣传学术研究的边缘。指令清楚地显示了激进反犹主义在纳粹德国塑造新闻的方式，并说明希特勒是如何通过迪特里希和帝国新闻办公室的官僚机构对德国媒体施加持续的压力。正如我们所看到的，如要理解激进反犹主义如何塑造纳粹德国的新闻，以及政权如何能够对德国媒体施加定期的影响，指令是必不可少的读物。[8]

在他们1949年4月14日的判决日，纽伦堡部委审判的法官们对那些轻视“这些新闻和期刊指令”意义的评论家提出了异议。虽然法庭认可了戈培尔有时能够影响宣传部的新闻指令，但是迪特里希的作用是最为关键的。指令“不仅仅是政治论战……毫无目的地表达反犹主义，它们不仅被设计为在战争中团结德国人民。它们所明确表达的目的在于激怒德国人去反对犹太人，为已采取或将要采取的措施辩护，压
273 制对犹太人遭受种族迫害之措施的公正性的任何可能怀疑”。法庭在与他们的争论中发现，“迪特里希有意识地实施，并提供借口和正当理由，参与了针对犹太人的反人类罪”，从而认定他有罪。这一判决标志着自大众传媒发展以来，第一次指控决策者利用新闻媒体来煽动与种族灭绝有关的仇恨。[9]

被称为《每周要闻》的周墙报是另一个重要的视觉证据。尽管这些对纳粹德国日常生活的普遍入侵很重要，但它们并没有出现在关于纳粹政权的大部分作品中。它们在“反动现代主义”的历史中构成了

一个篇章，现代技术和政治反动的交织是纳粹意识形态的一个组成部分。[10] 海报所展示的美感是传统的，实际上是反动的，与表现主义、包豪斯以及达达主义等艺术运动的文化现代主义相比。但是，海报应用大规模印制技术以向广大受众传播它们多姿多彩的政治信息。一方面，反犹视觉宣传通过将他们还原为“犹太人”的原型，从而使得犹太人失去个性。另一方面，《每周要闻》以大批量制作诸如伯纳德·巴鲁克和马克西姆·李维诺夫这些实际人物的照片为特征，试图在那个巨大阴谋上贴上名字和面孔。对于没有其他可靠和容易获得的外面世界信息来源的广大受众而言，这些照片以及伴随它们的看似准确的详细信息，必然增加了阴谋论的可信度。从1940年到1943年初大约三分之一的时间，墙报以激进反犹主义及其凶残启示的叙述为特征。这些信息每周一次吸引公众的注意，散布在德国行人每天都会经过的数以万计的地方。我们不知道在纳粹德国的人们对这些以“他们会停止嘲笑!!!”或“犹太人阴谋”为标题的墙报都说了些什么，但是我们确实知道人们都看过它们。

犹太复国主义以及巴勒斯坦犹太人问题，是第二次世界大战和大
屠杀时期的一个次要问题，但其副作用至今仍然伴随着我们。虽然政 274
权在1933年到1939年期间的确允许犹太人移民到巴勒斯坦，以及一些官员认为通过驱逐出境可以清空德国的犹太人，但这不是希特勒的观点。阴谋论及其相关的对巴勒斯坦“犹太教廷”的担心，引发了反对在巴勒斯坦或其他地方建立犹太人国家的想法。纳粹支持一些犹太人移民到巴勒斯坦，并不与希特勒认为犹太复国主义计划是国际犹太人推进世界统治的一个组成部分，并且必须在此基础上加以反对的观点存在冲突。在第二次世界大战期间，纳粹意识形态的这种深层结构，融合了关于赢得阿拉伯人以及最终泛伊斯兰支持地中海战争重要性的战

略争论。这一情形导致了纳粹主义和激进的伊斯兰极端主义之间一次具有历史意义的思想会面。通过耶路撒冷大穆夫提，纳粹主义的消息扩散到阿拉伯及其他伊斯兰世界。以大穆夫提的观点，国际犹太人不仅赢得了世界大战，同时在1948年随着以色列的建国而又赢得一次胜利。近几十年来，在伊斯兰极端主义者的意识形态文件中，一直存在着对历史偶然性和复杂性的替换，看似绝对清晰简单、焦点集中在据说是国际犹太人所作所为的偏执阴谋论也是一样。纳粹主义对阿拉伯和穆斯林世界的影响的研究仍处于早期阶段。然而令人遗憾的是，这项研究的主题在作为伊斯兰极端主义的表现之一的恐怖主义上有着当代的反响。

这里所呈现的材料并不能解决大多数德国人对大屠杀的认识或思考，他们如何回应由纳粹宣传所制造的激进反犹言论和图像，或者在第三帝国里激进反犹主义有多普遍等问题。在这些事件中，智慧的开端就是对于“普通德国人”究竟从纳粹宣传中得出了什么，坚持某种
275 克制，更不能期待确定性。但我们确实知道有一个群体反对对犹太人的驱逐，那就是犹太丈夫的非犹太妻子。我们知道即便是在德国军队战斗到最后一刻，后方也从未崩溃过，即使在遭受几乎难以想象的伤亡时。在战争后的那一年，同盟国占领当局已有充足证据去逮捕大约10万人以指控他们犯有战争罪和反人类罪。[11] 除了这些事实，关于绝大多数纳粹德国的德国人真正相信什么的断言，怀疑态度是合适的，因为证据并不能充分支持那方面的断言。这一时期的证据是零散的和多逸事的，并非基于人口的代表性样本，而且受到纳粹安全部门收集和报告模式的污染。战后的记录受到了记忆和政治私利的扭曲影响。[12] 戴维·班克尔，一位揭露了大多数德国人对死亡集中营有所了解的学者，研究了东线回来的战士所传播的关于枪杀和毒杀的传言，以及同盟国

电台广播的报道。他写道:“很明显这里不存在信息的不足,毫无疑问,那些希望知道的人,他们有可支配的途径来获得这些知识。”[13] 但是他们所能“知道的”是零碎的,且不足以取代被纳粹政权摧毁的准确可靠的新闻报道。班克尔的研究表明过硬的事实是稀少的,而且也很让人怀疑,那些想知道的人是否有能力掌握“最终解决方案”的尺度和方法。马丁·布罗萨特对纳粹统治下的巴伐利亚的详细研究,显示了在斯大林格勒战败之后对希特勒和纳粹的幻灭和怀疑在扩散。[14] 然而,不管他们表现出多么失望和愤世嫉俗,德国军队一直战斗到最后。

伊恩·克肖,一位研究了纳粹政权信息及其从下属单位所接受的信息的学者,总结道,“绝大多数德国人”对于犹太人的命运“丝毫没有兴趣”。[15] 虽然关于死亡集中营的了解程度“将永远不得而知”,但值 276
得怀疑的是,关于奥斯维辛集中营作为一个死亡集中营的传言会在德国得到广泛传播。“‘最终解决方案’的绝对保密说明了,比其他更为清楚的是,纳粹领导层认为它不能依靠民众对其灭绝政策的支持。”无论如何,大众对种族灭绝的支持是不必要的。人民当中“潜在的反犹主义和冷漠”,足以“允许纳粹政权中越来越多的犯罪‘动态’仇恨发动大屠杀所需要的自主权”。[16] 虽然我们不能解决大多数德国人知道和相信了什么,但目前的工作确实比以前更详细地探讨了,那些卷入政权“动态仇恨”的人在关于大屠杀期间犹太人的传言上都信了哪些。最有说服力的证据是,通过这里所描述的反犹叙述,一群狂热但为数不少的人嵌入或徘徊于纳粹党的前线组织之中,以及这些狂热分子被一个温和的反犹形式已变得司空见惯的社会所包围着。

希特勒自杀时,他可能是精神病患者。然而,正如那些关于极权主义的原创作家所理解的那样,精神疾病并不是理解纳粹政权和大屠杀的关键。许多能较好调整情绪、受过良好教育、能力很强、有专业素养

的人，在为纳粹党和政权的工作中接受了一种意识形态的观点——激
进反犹主义；而这与事件的实际进程毫无关系。以不同的形式和最激
进的方式，这些信徒庆祝了纳粹政权在希特勒所选定的时间和地点，掌
握主动权并发动第二次世界大战的积极努力，同时声称他们以及希特
勒是一个巨大犹太权力网络的无辜受害者。在21世纪的头十年，激进
反犹主义和极权主义的疯狂言论以不同的习语和文化语境回归了。如
果假设这部著作所探究的叙事不会换一个版本在未来发生作用，那就
277 太自满了。历史不是阴谋的产物，政治事件充满了偶然性；这一洞见虽
常常被认为是理所当然的，却是一个历史学家对这种最致命的意识形
278 态毒药所能开出的最重要的解药。

附 录

在《人民观察家报》上，1939年有2个反犹标题，1940年没有，1941年有17个，1942年有4个，1943年有50个，1944年有10个，1945年春季有2个。大部分的反犹标题出现在四个时期：1941年7月到8月（7个），1943年4月到7月（26个），1943年10月到11月（13个），1944年5月到6月（9个）。

1939

Jan. 5, "62,000 Jews in State Bureaucracy of USA."

Jan. 31, "The Führer before the First Reichstag of Greater Germany, 'We Fight an Enormous Fight; We Will Win This Battle'—Prophetic Warning to Jewry."

1941

Feb. 5, "Churchill Promises Germany As Booty to Jews, Solidarity with World Parasite Again Announced."

Mar.18, "Who Governs the 'Democracies'? Blood Guilt of Capitalism in Jewish-Anglo-Saxon Form."

Mar. 29 (Alfred Rosenberg), "The Jewish Question As a World Problem."

July 10, "Bolshevism Reveals Its Jewish Face: Litvinov-Finkelstein Comes Out from Behind the Scenes."

July 12, "The Summit of Jewish Shamelessness: Bolsheviks' Crimes Attributed to Our Army—Battlefield Hyenas in Role of 'Liberators.'"

July 13, "Jewry [Juda] Floods England with Soviet Lies; British Made Stupid by Moscow's False Reports."

July 15, "London Commits Itself to Rescue of Bolshevism; Moscow Pact Shows Plutocrats and Soviets Arm in Arm against Europe; Sober Neutrals Grasp True War Situation."

July 23, "Roosevelt Primary Tool of Jewish Freemasonry; Sensational Document Reveals Connection of the Warmonger with International Clique of Masons; Source of Roosevelt's Hebraic Hatred against Reich."

July 24, "Enormous Jewish Extermination Program [Vernichtungsprogramm]: Roosevelt Demands Sterilization of German People; German People to Be Exterminated within Two Generations."

Aug. 10, "Jewish World Domination on Point of USA Bayonets; Roosevelt's Navy Secretary Announces 'New Program.'"

Aug. 19, "Roosevelt's Goal Is World Domination by Jews—the Program: Control over Both Hemispheres, Arms Monopoly of English-Speaking People, and Lash of Hunger against Europe."

Sept. 14, "Germany's Cities to Be Depopulated; Roosevelt Adviser Demands Destruction of Our Economy."

Oct. 10, "The Military End of Bolshevism: The Eastern Campaign Has Been Decided; Timoshenko and Voroshilov Army Groups Surrounded; Budjenny Army Group Dissolving—Incomparable Masterstroke of Strategy."

Oct. 27, "They Are Digging Their Own Grave: Jewish Warmongers Seal Jewry's [Judas] Fate; Their Crimes Receive Deserved Punishment; Antonescu Rejects Impudent
282 Complaints of Romanian Jews."

Oct. 29, "Roosevelt Outdoes Himself: Most Recent Emergence of His Jewish Gangster Fantasy; Germany Wants to Divide South America and Abolish All Religions."

Nov. 7, "Litvinov-Finkelstein Sent to Roosevelt As Jewish Adviser: Stalin Hopes for Activation of American Help for Soviet Union."

Nov. 12, "The Jewish Enemy."

1942

Feb. 20, "Declaring War Aims Is Supposed to Stress Confidence in Victory; Vansittart Dreams of Germany's Complete Extermination; Churchill Promises Galician Jews 'Free Austria.'"

Aug. 24 (Joseph Goebbels), "Prisoner of the Kremlin." (South German edition)

Aug. 29, "Informative French Document: USA Stands under Jews' Thumb; Already in 1926, Government and Congress Obeyed Jewish Commands."

Sept. 13, "Roosevelt and His Jews: Baruch Becomes U. S. Economic Dictator—Man Who Twice Drove America into War, Speculator, Tribute Hyena, Secret President."

Sept. 24, "Comintern Plan for Bolshevization of U. S. Negroes, Roosevelt As Moscow's Pace-Setter."

Nov. 18, "Roosevelt's Fifth Column: The Jews' Role in North Africa; in Moscow's Synagogues They Give Jahweh's Blessings to Stalin."

1943

Jan. 14, "They Won't Escape Punishment for Their Warmongering: USA Jews Must Count on Wave of Intolerance."

Jan. 16, "Rosenman Stands behind Roosevelt: A Crown Jew on Throne of USA; USA President Unquestionably Tool of Jewish High Finance."

Feb. 7, "Wallace Reveals Roosevelt's Dream for Future: Whole World Will Be Field for
Jewish-American Exploiters. Those Who Don't Follow American Orders Will Be 283
Bombed Mercilessly."

Feb. 11, "Most Recent Burst of Jewish Hatred: They Want to Exterminate the German People Culturally and Physically; However, We Will Strike the Plutocratic and Bolshevik Sadists to the Ground."

Feb. 14, "Stalin's Agents at Work, Roosevelt Throws Europe to Bolshevism As Booty; Jews' Straw Man Bows before Moscow, We Will Give Him the Answer He Deserves."

Feb. 20, "First Echo of Our Answer to Goebbels's Questions: Passionate Agreement of Our People Is Important, Strong Echo in Entire World."

Feb. 24, "These Plans Will Undermine Eastern Front; USA Completely Agrees with Bolshevization of Europe; Stalin Will Trample Balkans and Hungary."

Feb. 26, "Twenty-five Years Ago, I Predicted Victory of Party; Today I Prophesy the Victory of Germans: Führer's Address to His Old Party Comrades."

Mar. 20, "Appeal of Grand Mufti against Deadly Enemy of Islam: Arabs Will Fight for Their Freedom on the Side of the Axis."

Mar. 23, "Europe Understood the Führer: Merciless Battle against the Bolshevik World Enemy; Continent Determines Its Fate According to Its Own Law."

Apr. 11, "Again, Seven Jews Appointed as Soviet Generals: Jewish Plutocracy Threatens with Anger of Bolshevik Racial Comrades."

Apr. 15, "Why Stalin Is Silent about Poland: The Secret of Katyn—A Polish Delegation Visits Site of Bolshevik Mass Murder."

Apr. 16, "The Jew Davies: 'We Can Trust Soviet Union'; Katyn—an Example of Jewry's Blow at Europe; Where Are the 500,000 Polish Soldiers Who Fell into Soviets' Hands, 12,000 Captured Polish Officers Assassinated by Jewish Commandos?"

Apr. 18, "The Gangster from New York." 284

Apr. 30, "Katyn Again Reveals World Jewry; Europe Recognizes Conspiracy of Plutocrats and Soviet Jews; England and USA Make Pitiful Efforts at Concealment."

May 3, "England Knuckles Under to Kremlin Jews; Cynical Abandonment of Poland in Light of European Press."

May 6, "USA and England under Orders from World Jewry: Plutocrats Identify with Jewish-Bolshevik Murderers."

May 9, "Signs of Growing Hostility to Jews; Jewish Fear in England; Screams for Help from Courts; Profit Hyenas Demand Misuse of State Power."

May 12, "United with Main Headquarters of World Revolution, Moscow Will Be Official Center of World Jewry; Jewish State As Cornerstone of Soviet Control of Mediterranean."

May 12, "40,000 Polish Jews Released As Soviet Agitators; Bullets in the Skull for 12,000 Officers, Death By Starvation for 1.5 Million, Passports and Train Tickets for the Jews." (South German edition)

May 13, "Letter of an English Sailor, 'On the Day on which There Are No More Jews in the World'; Belated Recognition in Great Britain."

May 21, "It Could Turn Out This Way: Europe to Be Delivered to Corn Jews; Axis Powers Fight for Right of All Peoples to Work and Bread."

May 25, "International Agricultural Bank, Jewish Plans for World Exploitation: Daily Bread of Nations to Become Object of Stock Exchange Speculation."

June 2, "Hunger and Chaos as First Stages of Jewish World Domination, Postwar Fantasies of Roosevelt Clique."

June 2 (Theodor Seibert), "The Jewish War."

June 2, "Murder 'in the Spirit of Freedom': London Admits Terror As Principle; Churchill's House Organ Admits to Gangster Methods of Air War." (South German
285 edition)

June 5, "Negro Bands to Be Used As Terror Flyers over Italy—Ineradicable Disgrace in Conduct of War by Servants of the Jews."

June 18 (Alfred Rosenberg), "The World Parasite."

June 22, "Two Years of War against Bolshevism: The West's Protection Wall Stands-Uncompromising Struggle to Defeat Europe's Deadly Enemy."

June 23, "Financial Scandal in Roosevelt's America: Armaments Hyenas Make Enormous Profits—the Jewish Business."

June 24, "Greatest Danger in World History, Alliance between Gangsterism and Bolshevism; Alfred Rosenberg Describes Great Struggle of Our Time." (South German edition)

July 4, "New Documents Confirm Judgment: Roosevelt's War Guilt Irrefutably Proven—'World President' As Front Man of Jewish Warmongers."

July 18, "North Africa, Colony of Roosevelt-Jews."

July 20, "Jews Show No Respect for Humanity's Cultural Treasures: Terror Bombs Strike Rome; New Crimes of British-American Air Gangsters."

July 23, "Why Not Annex Like Texas? England and the Empire to Become American: Chicago Daily Tribune Uncovers Plan for Jewish World Republic."

July 24, "Jewish-American Imperialism Operating at Full Tilt: New Evidence of Arrogance and Greed."

July 26, "The USA's Dream of World Domination: Portugal's Colonies Also to Become American Booty; New York Jews Strive for 'Internationalization' of All Colonial Territories."

Aug. 20 (Helmut Sündermann), "Our Enemy's War Aims."

Oct. 1, "Roosevelt Again Declares Solidarity with Jewry [Juda]; Growing Criticism of American Jews to Be Stifled."

Oct. 6, "Jewry Presents the Change: Palestine, Egypt, and Iraq to Become Jewish-American Colonies."

Oct. 9, "Adolf Hitler: 'This War Will End with a Great German Victory'; Meeting of Reich 286
Leaders and Gauleiters; Displays Fighting Determination of German Nation."

Oct. 11, "England As Policeman for World Jewry: British Military Power to Establish Order and Security in Palestine."

Oct. 13, "Unified Jewish Direction behind Plans for Extermination—Simultaneous Dreams in Moscow and Washington."

Oct. 26, "Anglo-Americans Abandon West to Moscow; Small Nations Receive No Protection against Soviets from USA and Great Britain."

Oct. 30, "Plutocratic Apparatus Works for Stalin; Moscow Expands Its Claims to Power: Success of Soviet Agitation in England and USA."

Oct. 31, "USA President Confirms It: Europe to be Delivered to Bolshevism; Hull and Eden Executive Organs of World Jewry."

Nov. 1, "Bolsheviks Agitate among North American People; Jews Appeal for Cooperation with Soviets."

Nov. 5, "Roosevelt Suffers Blow: Alarming Impact of Gubernatorial Elections in USA, Advance of Republicans against Democratic Clique in White House."

Nov. 16, "Why Jewish Capital Murders the Peoples: Dividends Prolong War; Axis Fights for Productive Man."

Nov. 27, "Establishment of Jewish Bank for Plundering World: All Nations of the Earth to be Beaten with Chains of Gold."

Nov. 30, "What the Führer Demands of German Officers: Courage, Hardness, and Political Fanaticism, Victory or Merciless Extermination-There Is No Third Option; Adolf Hitler Spoke to 20,000 Officer Candidates."

Dec. 21, "USA Jew Confirms Betrayal of Small Nations: Baltic States and Poland to Become Bolshevik Dominions."

1944

June 10, "Jewish Business with Invasion."

June 22, "Führer's Great Decision: How Jewish-Bolshevik World Conspiracy Was 287
Thwarted; Invasion–the Path to Moscow's Goal."

1945

Feb. 13, "Kremlin to Dominate Europe, Stalin Has Freedom of Action."

Mar. 22 (Helmut Sündermann), "Our Stance and the Enemy Coalition."

Mar. 23, "Jewish Occupiers in Cologne, Programmatic Appointment to the Anglo-American Occupation Authorities."

Apr. 14 (Eugen Mandler), "Enemy Cooperation."

注释：《人民观察家报》有两个重叠的版本。除非特别注明，这些标题来自北
288 德国版本 (柏林)，而不是来自南德国版本 (慕尼黑)。

注　释

第一章　犹太人、战争与大屠杀

1. Max Domarus, ed., *Hitler: Reden und Proklamation, 1932—1945*, 2 vols. (Neustadt: Schmidt, 1972) , p. 1058.
2. Victor Klemperer, entry for July 20, 1944, in *I Will Bear Witness, 1942—1945*, trans. Martin Chalmers (New York: Knopf, 2000) , p. 335; Victor Klemperer, *Tagebücher, 1944* (Berlin: Aufbau Verlag, 1995) , p. 85.
3. E. H. Gombrich, *Myth and Reality in German War-Time Broadcasts* (London: Athlone, 1970) , p. 18.
4. Norman Cohn, *Warrant for Genocide: The Myth of the Jewish World Conspiracy and the Protocols of the Elders of Zion* (New York: Harper and Row, 1967) .
5. Saul Fried lander, *Nazi Germany and the Jews*, vol. 1, *The Years of Persecution, 1933—1939* (New York: Harper Collins, 1997) , pp. 73—113.
6. Ian Kershaw, *Hitler, 1889—1936: Hubris* (New York: Norton, 1999) , p. 151.
7. Adolf Hitler, "München, 6 April 1920: Diskussionsbeitrag auf einer NSDAP-Versammlung" , in Eberhard Jäckel and Axel Kuhn, *Hitler: Sämtliche Aufzeichnungen, 1905—1924* (Stuttgart: Deutsche Verlagsanstalt, 1980) , pp. 119—120.
8. Reginald H. Phelps, "Hitlers 'grundlegende' Rede über den Anti-semitismus" , *Vierteljahrshefte für Zeitgeschichte* 16 (1968) : 417; Jäckel and Kuhn, *Hitler*, pp. 184—204. Eberhard Jäckel, *Hitler's World View: A Blueprint for Power*, trans. Herbert Arnold (Cambridge, Mass.: Harvard University Press, 1981) , pp. 50—52.
9. Adolf Hitler, *Mein Kampf*, trans. Ralph Mannheim (Boston: Houghton Mifflin, 1971 [1925]) , p. 679.
10. 关于希特勒谴责"犹太人统治"的一个典型例子，见Adolf Hitler, document 237,

"29. February 1928, Rede auf NSDAP-Versammlung in München", in Bärbel Dusik, ed., *Hitler: Reden, Schriften, Anordnung, Februar 1925 bis Januar 1933*, vol. 2, *Juli 1926—Mai 1928* (Munich: Sauer; Institut für Zeitgeschichte, 1992), pp. 681—716。

11. 关于"转移协议"，见Francis R. Nicosia, *The Third Reich and the Palestine Question*, 2nd ed. (New Brunswick, N. J.: Transaction, 1999);"Zionism and Palestine in Anti-Semitic Thought in Imperial Germany", *Studies in Zionism* 13, no. 2 (1992): 115—131;"Ein nützlicher Feind: Zionismus im Nationalso zialistischen Deutschland, 1933—1939", *Vierteljahrshefte für Zeitgeschichte* 37, no. 3 (1989): 367—400;"Zionism in National Socialist Jewish Policy in Germany, 1933—1939", *Journal of Modern History* 50, no. 4 (1978): 1253—1282; Friedlander, *Nazi Germany and the Jews*, pp. 62—63。
12. 关于希特勒一直到1939年公开谴责犹太人之中的狂热与慎重交织的一个均衡评估，见Friedlander, *Nazi Germany and the Jews*, pp. 73—113。
13. 关于希特勒的世界观及其与外交政策的关系，见Jäckel, *Hitler's World View*, and Gerhard Weinberg, ed., *Hitler's Second Book: The Unpublished Sequel to Mein Kampf by Adolf Hitler*, trans. Krista Smith (New York: Enigma, 2003)。关于纳粹对美战争的准备，见Norman Goda, *Tomorrow the World: Hitler, Northwest Africa, and the Path toward America* (College Station, Tex.: Texas A&M University Press, 1998)。关于东线战场上种族意识形态转化为种族战争，见Omer Bartov, *Hitler's Army: Soldiers, Nazis, and War in the Third Reich* (New York: Oxford University Press, 1991); *The Eastern Front, 1941—1945: German Troops and the Barbarization of Warfare*, 2nd ed. (London: Palgrave Macmillan, 2001); Jürgen Förster, "Securing 'Living Space'", in *The Attack on the Soviet Union*, vol. 4 of Horst Boog, et al., eds., *Germany and the Second World War* (New York: Oxford University Press, 1998); Ulrich Herbert, ed., *National Socialist Extermination Policies: Contemporary German Perspectives and Controversies* (New York: Berghahn, 2000); Andreas Hillgruber, *Hitlers Strategie: Politik und Kriegsführung, 1940—1941* (Munich: Bernard & Graefe, 1982[1965]); Hillgruber, *Germany and the Two World Wars*, trans. William C. Kirby (Cambridge, Mass.: Harvard University Press, 1981)。
14. Norman Rich, *Hitler's War Aims: Ideology, the Nazi State, and the Course of Expansion* (New York: Norton, 1973).
15. 正如格哈德·温伯格所写的："一旦德国通过快速的重整军备而在军事上领先其
292 邻国，那么它越早实施打击，获胜的机会就越大。战争越是被拖延，其他国家在回应德国的威胁下而启动的军备就会越赶上和超过第三帝国。因缺乏原有边境内经济资源以持续补充更为现代化的武器装备，德国要么在占据优势的条件下将他国打败，要么眼睁睁地看着力量的杠杆倾斜到潜在的对手那里。" Weinberg, *The Foreign Policy of Hitler's Germany: Starting World War II, 1937—1939* (Chicago: University of Chicago Press, 1980), p. 663.关于希特勒在迈向战争中对时间要素的重构，见Weinberg, *Foreign Policy of Hitler's Germany*, chaps. 10—13。亦见Weinberg,

Germany, Hitler, and World War II (New York: Cambridge University Press, 1995) , chaps. 3, 5, 8, 11—13, 15—17; Williamson Murray, *The Change in the European Balance of Power, 1938—1939: The Path to Ruin* (Princeton, N. J.: Princeton University Press, 1984) 。

16. 关于1939年1月30日演讲的文本,以及1941年1月30日、1942年1月30日、1942年2月15日、1942年9月30日、1942年11月8日、1943年2月24日预言的重复和变化,见Domarus, *Hitler: Reden und Proklamationen*, 2: 1058, 1663—1664, 1843, 1920, 1937, 1992。
17. 希特勒写于1928年但直到1961年才出版的"第二本书"的总结部分,提供了第二次世界大战时期出现于纳粹宣传之中的"犹太人控制"世界事务的那一反犹叙述的一个摘要。见Weinberg, *Hitler's Second Book*, pp. 229—234。
18. 这种对立动机的并存是精神分析学的一个熟悉主题。见Sigmund Freud, *Beyond the Pleasure Principle and Civilization and Its Discontents*, in Peter Gay, ed., *The Freud Reader* (New York: Norton, 1989) , pp. 594—626, 722—772。
19. Max Horkheimer and Theodor Adorno, *The Dialectic of Enlightenment*, trans. John Cumming (New York: Herder and Herder, 1972[1944]) , p. 187.
20. 关于历史学家及其叙述,见David Carr, *Time, Narrative, and History* (Bloomington: University of Indiana Press, 1986); Paul Ricoeur, *Time and Narrative*, trans. Kathleen McLaughlin and David Pellauer (Chicago: University of Chicago Press, 1984—1988); Hayden White, *Metahistory: The Historical Imagination in Nineteenth-Century Europe* (Baltimore, Md.: Johns Hopkins University Press, 1973) 。
21. 关于偏执狂和纳粹战时宣传,见Gombrich, *Myth and Reality in German War-Time Broadcasts*; 关于法国大革命时期雅各宾派的偏执政治,见François Furet, *Interpreting the French Revolution*, trans. Elbourg Forster (New York: Cambridge University Press, 1981); 关于美国的偏执政治,见Richard Hofstadter, *The Paranoid Style in American Politics and Other Essays* (New York: Knopf, 1965; repr. Cambridge, Mass.: Harvard University Press, 1996); 对于反犹主义和偏执的讨论,见Horkheimer and Adorno, *The Dialectic of Enlightenment*, pp. 187—200。 293
22. 关于发狂的谈话,见Michel Foucault, *Madness and Civilization: A History of Insanity in the Age of Reason* (New York: Random House, 1965) 。
23. George L. Mosse, *The Crisis of German Ideology: Intellectual Origins of the Third Reich* (New York: Grosset and Dunlap, 1964; New York: Howard Fertig, 1999); and *Towards the Final Solution: A History of European Racism* (Madison: University of Wisconsin Press, 1985[1978]); John Weiss, *The Ideology of Death: Why the Holocaust Happened in Germany* (Chicago: Ivan R. Dee, 1996) .关于迫害时代,见Friedlander, *The Years of Persecution*。
24. 关于这样一个共识的形成,见Jehuda Bauer, *Rethinking the Holocaust* (New Haven, Conn.: Yale University Press, 2001) , pp. 104—105; Robert Gellately, *Backing Hitler* (New York: Oxford University Press, 2000); Ian Kershaw, *Hitler, 1936—1945: Nemesis* (New York: Norton, 2000) 。

25. George Mosse, *The Fascist Revolution: Toward a General Theory of Fascism* (New York: Howard Fertig, 1999), p. 66.

26. 这也是一个方法论问题，见Daniel Goldhagen, *Hilter's Willing Executioners: Ordinary Germans and the Holocaust* (New York: Knopf, 1996)。

27. 最早期的研究，见Derrick Sington and Arthur Weidenfeld, *The Goebbels Experiment: A Study of the Nazi Propaganda Ma-chine* (New Haven, Conn.: Yale University Press, 1943)。关于整个宣传的努力以及反犹主义所扮演角色的战后作品包括：Caesar Aronsfeld, *The Text of the Holocaust: A Study of the Nazis' Extermination Propaganda, 1919—1945* (Marblehead, Mass.: Michah Publications, 1985); Aronsfeld, "Perish Judah! Extermination Propaganda", in *Patterns of Prejudice* 12, no. 5 (September—October 1978), 17—26; Ernest Bramsted, *Goebbels and National Socialist Propaganda, 1925—1945* (East Lansing: Michigan State University Press, 1965); Jay Baird, *The Mythical World of Nazi War Propaganda, 1939—1945* (Minneapolis: University of Minnesota Press, 1974); Gombrich, *Myth and Reality in German War-Time Broadcasts*; Alexander Hardy, *Hitler's Secret Weapon: The "Managed" Press and Propaganda Machine of Nazi Germany* (New
294 York: Vantage, 1967); Robert Herzstein, *The War That Hitler Won: The Most Infamous Propaganda Campaign in History* (New York: Putnam's Sons, 1978); Jürgen Hagemann, *Die Presselenkung im Dritten Reich* (Bonn: Bouvier, 1970); Peter Longerich, *Propagandisten im Krieg: Die Presseabteilung des Auswärtigen Amtes unter Ribbentrop* (Munich: Oldenbourg, 1987); Ralf Georg Reuth, *Goebbels: Eine Biographie* (Munich: Piper Verlag, 1995); David Welch, *Nazi Propaganda: The Power and the Limitations* (London: Croom Helm, 1983)。

28. 反犹战时视觉宣传的一个有价值的初步研究，见Jürgen Bernatzky, "'Juden Läuse Flecktyphus': Der nationalsozialistischen Antisemitismus im Spiegel des politischen Plakats", in Günther B. Ginzel, ed., *Antisemitismus: Erscheinungsforen der Judenfeindschaft gestern und heute* (Bielefeld: Verlag Wissenschaft und Politik, 1991), pp. 389—417。关于纳粹每周战时墙报，见Franz-Josef Heyen, *Parole der Woche: Eine Wandzeitung im Dritten Reich, 1936—1945* (Munich: Deutscher Taschenbuch Verlag, 1983)。

29. Lucy Dawidowicz, *The War against the Jews, 1933—1945* (New York: Holt, Rinehart and Winston, 1975).

30. Bartov, *Hitler's Army*; Richard Breitman, *The Architect of Genocide: Himmler and the Final Solution* (New York: Knopf, 1991); Christopher Browning, *The Path to Genocide* (New York: Cambridge University Press, 1992); Browning, *Nazi Policy, Jewish Workers, German Killers* (New York: Cambridge University Press, 2000); Philipp Burrin, *Hitler and the Jews: The Genesis of the Holocaust*, trans. Percy Southgate (London: Edward Arnold, 1994); Asher Cohen, Yehoyakim Cochavi, and Yoav Gelber, eds., *The Shoah and the War* (New York: Peter Lang, 1992); Jürgen Förster, "Das nationalsozialistische Herrschaftssystem und der Krieg gegen die Sowjetunion", in Peter Jahn and Reinhard Rürup, eds., *Erobern und Vernichten: Der*

Krieg gegen die Sowjetunion, 1941—1945 (Berlin: Argon, 1991); Förster, “Complicity or Entanglement: Wehrmacht, War, and Holocaust”, in Michael Berenbaum and Abraham J. Peck, eds., *The Holocaust and History: The Known, the Unknown, the Disputed and the Reexamined* (Washington, D. C., United States Holocaust Memorial Museum; and Bloomington: Indiana University Press, 1998), pp. 266—283; Jeffrey Herf, “The Nazi Extermination Camps and the Ally to the East: Could the Red Army and Air Force Have Stopped or Slowed the Final Solution?”, *Kritika: Explorations in Russian and Eurasian History* 4, no. 4 (Fall 2003), 913—930; Gerhard Weinberg, *A World at Arms: A Global History of World War II* (New York: Cambridge University Press, 1994).

31. 德国历史学家卡尔·布拉赫尔称这个问题为“被低估的问题”，见Karl Bracher,
“The Role of Hitler: Perspectives of Interpretation”, in Walter Laqueur, ed., *Fascism:* 295
A Reader's Guide (Berkeley: University of California Press, 1976), pp. 211—225。

32. 经典文本，见George Orwell, “Politics and the English Language”, in Sonia Orwell and Ian Angus, eds., *George Orwell: The Collected Essays, Journalism and Letters of George Orwell*, vol. 4, *In Front of Your Nose, 1945—1950* (New York: Harcourt, Brace Jovanovich, 1968), pp. 136, 127—140；当然也包括乔治·奥威尔的《1984》。对于“最终解决方案”中委婉语言所扮演角色的一个最近详细阐述，见Berel Lang, *Act and Idea in the Nazi Genocide* (Chicago: University of Chicago Press, 1990)。

33. 其他术语包括“特殊处理”和“驱逐到东部”，见词条“Endlösung der Judenfrage”, and “Sonderbehandlung”, Cornelia Schmitz-Bering, *Vokabular des National-Sozialismus* (Berlin: de Gruyter, 1998), pp. 174—176, 584—587。在最近对诸如“最终解决方案”以及其他大屠杀相关术语的讨论中，贝雷尔·朗重新使用了乔治·奥威尔的方法，指出词汇的通常含义与这些词汇在纳粹词汇用语中的应用并故意隐藏字面意义的语言规则，存在着赤裸裸的不一致。见Lang, *Act and Idea*, p. 88。

34. Hannah Arendt, *The Origins of Totalitarianism* (Cleveland: Meridian, 1958), p. 343. 在他20世纪70年代后期和80年代中期不太为人所知的作品中，阿伦斯菲尔德进一步阐述了这一观点，见Caesar Aronsfeld, “Perish Judah! Extermination Propaganda”, pp. 17—26; and Aronsfeld, *Text of the Holocaust*。

35. 在这个作品中，“extermination”和“annihilation”各自是Vernichtung和Ausrottung的翻译。除了非常有名的作品或为了便于这里所呈现的特定图像的识别，文本里所提到的书籍和论文里并没有出现原德语标题。例如，*Die Parole der Woche*被写为*Word of the Week*, *Zeitschriften-Dienst*被写为*Periodical Service*，以及*Parole des Tages*被写为*Word of the Day*。在德语单词不容易翻译成英语的情况下，我把德语术语放在括号里。

36. 在鼓励我们思考历史概念，以及同一词汇因时间和上下文的改变而如何演变方面，德国历史学家扮演了关键的角色，然而我们对于Vernichtung 和 Ausrottung

的含义仍未有一个适当的历史解读。见Rinehart Koselleck，*Futures Past: On the Semantics of Historical Time*，trans. Keith Tribe (Cambridge，Mass.：MIT Press，1985)；*The Practice of Conceptual History: Timing History, Tracing Concepts*，trans. Todd Samuel
296 Presner (Stanford，Calif.：Stanford University Press，2002)；Otto Brunner and Werner Conze，eds.，*Geschichtliche Grundbegriffe: Historisches Lexikon zur politisch sozialen Sprache in Deutschland* (Stuttgart：Klett，1972—1997)；Melvin Richter，*The History of Social and Political Concepts: A Critical Introduction* (New York：Oxford University Press，1995)。

37. 汉娜·阿伦特在《极权主义的起源》中勾画出殖民主义和非洲的种族主义为一边，种族主义和欧洲的反犹主义为另一边这两者之间的可能联系。关于德国在西南非洲的战争，见Jürgen Zimmerer，*Deutsche Herrschaft über Afrikaner: Staatliche Machtanspruch und Wirklichkeit im kolonialen Namibia* (Münster：Lit，2001)；and Zimmerer with Joachim Zeller，*Völkermord in Deutsch Südwestafrika: Der Kolonialkrieg (1904—1908) in Namibia und seine Folgen* (Berlin：Links，2003)。关于德国政策对东欧的影响，见Wendy Lauer，*Nazi Empire-Building and the Holocaust in Ukraine* (Chapel Hill：University of North Carolina Press，2005)。

38. 至于非凡的研究和分析，见John Horne and Alan Kramer，*German Atrocities 1914: A History of Denial* (New Haven，Conn.：Yale University Press，2001)。

39. 语言和政治的连续性问题，以及第一次世界大战中德国军国主义传统和第二次世界大战东线战场的断裂是一些卓越学术文献的主题，例如见Jehuda L. Wallach，*The Dogma of the Battle of Annihilation: The Theories of Clausewitz and Schlieffen and Their Impact on the German Conduct of Two World Wars* (Westport，Conn.：Greenwood，1986)；Hillgruber，*Germany and the Two World Wars*；Hillgruber，*Hitlers Strategie*；Förster，"Securing 'Living Space'"；Fritz Fischer，*Germany's Aims in the First World War* (New York：Norton，1967)。费舍尔和希尔格鲁贝尔在关于现代德国历史的连续性和断裂方面存在着较大的意见不一致。但是，将费舍尔对第一次世界大战东线战场手段和目的既传统又成功的整合的分析，与希尔格鲁贝尔对第二次世界大战东线战场上种族灭绝战争的开创性分析进行比较，则会清楚地说明纳粹政权的意识形态和政策是如何改变战争本质的。

40. 关于使用术语"ordinary"来描述德国人参与"最终解决方案"，见Christopher Browning，*Ordinary Men: Reserve Police Battalion 101 and the Final Solution in Poland* (New York：Harper Collins，1992)；Goldhagen，*Hitler's Willing Executioners* (whose subtitle is "Ordinary Germans and the Holocaust")。

41. 关于每日新闻会议，见Hardy，*Hitler's Secret Weapon*；Reuth，*Goebbels*；and Bramsted，
297 *Goebbels and National Socialist Propaganda*。

42. 关于帝国新闻办公室的日常运作，以及迪特里希和戈培尔之间的冲突，见the "Judgment" of Otto Dietrich in his trial at Nuremberg in April 1949，in "XV. Judgment"，*Trials of War Criminals before the Nuerenberg Military Tribunals under Control Council Law No. 10*，vol. 14，Nuremberg，October 1946—April 1949 (Washington，

D. C.：U. S. Government Printing Office，1950)，pp. 565—576。关于“为希特勒工作”的短语，见Kershaw，*Hitler*，2：527—591。

43. 关于《新闻汇辑》，见Ulrike Bartels，*Die Wochenschau im Dritten Reich：Entwicklung und Funktion eines Massenmediums unter besonderer Berücksichtigung völkischer-nationaler Inhalte* (Frankfurt am Main：Lang，2004)。
44. 关于德国劳工阵线、外科医生和旅馆所有者组织，以及在地区和地方派发《每周要闻》的纳粹党宣传者的作用，见“An Parteigenossen Adami”，Berlin，May 17，1940，Bundesarchiv Berlin (henceforth BA Berlin)，NS18，Reichspropagandaleitung，folder 1401，pp. 7—26。
45. 关键的资源是帝国保卫处报告，见Heinz Boberach，ed.，*Meldungen aus dem Reich：Die geheimen Lageberichte des Sicherheitsdienstes der SS，1938—1945*，17 vols. (Herrsching：Pawlak，1984)。关于社会民主党人在20世纪30年代的报道，见*Deutschland-Berichte der Sozialdemokratische Partei Deutschlands* (Frankfurt am Main：Verlag Petra Nettelbeck，1980)。
46. 关于传统的复杂成分，见Thomas Nipperdey，*Nachdenken über die deutsche Geschichte：Essays* (Munich：Verlag C. H. Beck，1986)。

第二章 构建反犹共识

1. 由于这项工作的重点是用于叙述所展开的事件的宣传，因此我不会研究反犹宣传中一个重要组成部分，那就是专题影片如《永恒的犹太人》和《犹太人苏斯》。《新闻汇辑》的系统研究虽对主题很重要，但超出了这项工作的范围。见Ulrike Bartels，*Die Wochenschau im Dritten Reich：Entwicklung und Funktion eines Massenmediums unter besonderer Berücksichtigung völkischer nationaler Inhalte* (Frankfurt am Main：Lang，2004)。
2. Norbert Frei and Johannes Schmitz，*Journalismus im Dritten Reich* (Munich：Verlag C. H. Beck，1999)，pp. 17，25—28.
3. Ralf Georg Reuth，*Goebbels*，trans. Krishna Winston (New York：Harvest，1993)，pp. 174—175；Frei and Schmitz，*Journalismus im Dritten Reich*，p. 22. 纳粹允许魏玛时期的一份自由派报纸《法兰克福报》继续出版，直到1943年8月末，见Günther 298
Gillessen，*Aufverlorenem Posten：Die Frankfurter Zeitung im Dritten Reich* (Berlin：Wolf Jobst Siedler Verlag，1986)。
4. 关于《编辑控制法》，见Alexander Hardy，*Hitler's Secret Weapon：The "Managed" Press and Propaganda Machine of Nazi Germany* (New York：Vantage，1967)。关于英译版法律文本，见appendix 4，pp. 267—278。
5. Reuth，*Goebbels* (trans.)，p. 176.
6. “Amann，Max”，in Walther Killy，ed.，*Deutsche Biographische Enzyklopädie* (*DBE*)，vol. 1 (Munich：Sauer，1995)；“Amann，Max”，in Wolfgang Benz，Hermann Graml，and Hermann Weiß，eds.，*Enzyklopädie des Nationalsozialismus* (Munich：

Deutscher Taschenbuch Verlag, 1987), p. 819; Frei and Schmitz, *Journalismus im Dritten Reich*, p. 212. 在1941年，阿曼成为党卫军的一名地区领导人。在1948年，他被指控犯有战争罪并被判处十年监禁。

7. Michael Kater, "Figure 1: Growth of Nazi Party Membership, 1919—1945", in *The Nazi Party: A Social Profile of Members and Leaders, 1919—1945* (Cambridge, Mass.: Harvard University Press, 1983), p. 262.
8. Robert Ley, *Das Organisationsbuch der NSDAP*, 3rd ed. (Munich: Franz Eher Verlag, 1937), p. 97.
9. Robert Ley, "Gaue der NSDAP", in Ley, *Organisationsbuch der NSDAP*, pp. 84—85.
10. "Anschriftenverzeichis der Reichspropagandaämter, Stand vom 1. Mai 1939", *Nachrichtenblatt des Reichsministeriums für Volksaufklärung und Propaganda*, no. 10 (June 1, 1939): 1—4, in Berlin Document Center (henceforth BDC) Microfilms, United States National Archives and Records Ad-ministration (henceforth NARA), A3345–B 0060, 0225—0027.
11. Ley, "Gaue der NSDAP", p. 84.
12. "Reichskarte der NSDAP mit Gauenteilung", in Ley, *Organisationsbuch der NSDAP*, p. 85.
13. Heinz Boberach, ed., *Meldungen aus dem Reich: Die geheimen Lageberichte des Sicherheitsdienstes der SS, 1938—1945*, 17 vols. (Herrsching: Pawlak, 1984).
14. Reuth, *Goebbels* (trans.), pp. 37—39.
15. *Nachrichtenblatt des Reichsministeriumsfür Volksaufklärung und Propaganda*, no. 8 (May 3, 1939): 49, in BDC Microfilms, NARA, A3345–B 0061, 564, 577, 590, 606, and 622.

299 16. 帝国马克开支数字如下：1937年43 825 000；1938年54 800 000；1940年54 857 800；1941年74 912 550；1942年84 611 050。宣传部记录了那些年的财政盈余，部分由于政府指定收音机的销售及其授权使用费的收入。见"Vorwort zu Haushalt des Reichsministeriums für Volksaufklärung und Propaganda", for the years 1937, 1938, 1939, 1940, 1941, and 1942, in *Nachrichtenblatt des Reichsministeriums für Volksaufklärung und Propaganda*, BDC Microfilms, NARA, A3345–B 0060, 0217。

17. Joseph Goebbels, "Parole im neuen Staat", in *Revolution der Deutschen: 14 Jahre Nationalsozialismus* (Oldenburg: Gerhard Stalling, 1933), p. 150.
18. "Der Reichspropagandaleiter der NSDAP", in Ley, Organisationsbuch der NSDAP, p. 297.
19. "Die Reichspropagandaleitung der NSDAP", *Unser Wille und Weg 6* (1936): 6—10. "Die Reichspropagandaleiter und Propagandaleiter der NSDAP", in Ley, *Organisationsbuch der NSDAP*, p. 297.
20. Angelika Heider, "Das Reich", in Benz, Graml, and Weiß, *Enzyklopädie des Nationalsozialismus*, p. 663; and Carin Kessemeier, *Der Leitartikler Goebbels in den NS-Organen 'Der Angriff' und 'Das Reich'* (Münster: Verlag C. J. Fahle, 1967), pp. 136—

137. 关于《德意志帝国》的创刊，见Ralf Georg Reuth，*Goebbels: Eine Biographie* (Munich：Piper Verlag，1995)，pp. 447—449；and Jay Baird，*The Mythical World of Nazi Propaganda, 1939—1945* (Minneapolis：University of Minnesota Press，1974)，p. 25。

21. 关于德国的工资水平，见Gerhard Bry，*Wages in Germany, 1871—1945* (Princeton，N. J.：Princeton University Press，1960)，p. 331。
22. Ibid.，pp. 141—142.
23. 关于戈培尔社论题目的一份完整清单，见Kessemeier，*Der Leitartikler Goebbels*。
24. 关于迪特里希和部委审判，见Hardy，*Hitler's Secret Weapon*。
25. 然而，戈培尔在大屠杀百科全书里有一个条目，但没有迪特里希的。
26. "Judgment"，*Trials of War Criminals before the Nuerenberg Military Tribunals* (IMT)，14：565—576.
27. Otto Dietrich，*Mit Hitler an die Macht: Persönliche Erlebnisse mit meinem Führer* (Berlin：Franz Eher Verlag，1934)；Dietrich，*Die philosophischen Grundlagen des Nationalsozialismus: Ein Ruf zu den Waffen deutschen Geistes* (Breslau：Hirt，1935)；Dietrich，*Nationalsozialistische Pressepolitik: Vortrag gehalten am 7. März 1938 in Berlin auf dem Empfangsabend des Außenpolitischen Amtes im Hotel Adlon vor Mitgliedern des diplomatischen Korps und Vertretern der ausländischen Presse* (Berlin：Junker & Dunnhaupt，1938)；Dietrich，*Revolution des Denkens* (Dortmund：Westfalen-Verlag，1939)；Dietrich，*Die geistigen Grundlagen der neuen Europa* (Berlin：Franz Eher Verlag，1941)；Dietrich，*12 Jahre mit Hitler* (Munich：Isar Verlag，1955). 300
28. "Dietrich，Otto"，in Killy，*DBE* 1：537；Hardy，*Hitler's Secret Weapon*，pp. 50—51.
29. Affidavit of Paul Karl Schmidt，document NG–3590，affirmed by oral testimony (transcript pp. 1370—1389) before the tribunal，document book 12，A，case no. 11，Nuremberg War Crimes Trials (henceforth NWCT)，cited in Hardy，*Hitler's Secret Weapon*，p. 66.
30. Affidavit of Karl August Brammer，document NG–3070，affirmed by oral testimony (starting on transcript p. 1435) before the tribunal，document book 12，A，case no. 11，NWCT，cited in Hardy，*Hitler's Secret Weapon*，pp. 38—40.
31. Hardy，*Hitler's Secret Weapon*，pp. 33—47，51.
32. Hans Gensert，"Daily Press Directive-extract Brammer Material"，vol. 4，document NG–4472，prosecution exhibit 884，document book 12，B，case no. 11，NWCT；and document NG–4477，prosecution exhibit 886，cited in Hardy，*Hitler's Secret Weapon*，p. 45.
33. Baird，*Mythical World*，p. 28.
34. RMVP，T–70，roll 3，3505763，NA.
35. 一个关于戈培尔与迪特里希之间冲突的有趣讨论，基于档案文件和宣传部前官员的采访，见Baird，*Mythical World*，pp. 28—31。
36. Robert Wistrich，"Rosenberg，Alfred"，in Walther Killy and Rudolf Vierhaus，eds.，

DBE (Munich：Saur, 1998) 8：391；Frei and Schmitz, *Journalismus im Dritten Reich*, pp. 99—100. 罗森贝格被纽伦堡国际军事法庭指控犯有战争罪和反人类罪，并在1946年被执行死刑。

37. 另一个纳粹刊物值得一提，但在这里不会作为分析的主题。*Das Schwarze Korps*, editeal by Gunter d'Alquen，是党卫军的一个周刊机构，1935年成立，最初发行量达7万份，在1937年达到50万份，到1944年为75万份，它是德国第二大政治周刊，仅次于《德意志帝国》，见Frei and Schmitz, *Journalismus im Dritten Reich*, pp. 101—104。

38. Robert Wistrich, "Weiß, Wilhelm", in Killy and Vierhaus, *DBE* (Munich：Saur, 1999)，10：411. 魏斯战后被拘捕，并被同盟国占领区法庭定罪，判处三年劳改，剥夺30%的财产，十年内禁止从事记者行业。见Wilhelm Weiß, *Krieg im Westen* (Munich：Franz Eher Verlag, 1941)。

39. "Aufgaben und Tätigkeit der Anti Komintern"，in Antisemitische Aktion und Antikomintern, Berlin, October 5, 1942, BAK, R-55—373, RMVP, pp. 77—79.

40. Eberhard Taubert, "Notiz für Herrn Schippert in Angelegenheit Etat der
301 Antisemitischen Aktion"，November 24, 1939, BAK, R-55—841, RMVP, p. 15. 关于陶贝特，见Baird, *Mythical World*; Taubert had received a doctorate in law from the University of Heidelberg in 1930。

41. "Prüfungsbericht, 4. Dezember 1940"，in Antisemitische Aktion und Antikomintern, BAK, R-55—373, RMVP, pp. 3—8.

42. Antisemitische Aktion und Antikomintern, 1942—1944, BAK, R-55—373, RMVP, p. 71；also microfilm, United States Holocaust Memorial Museum Archive (henceforth USHMMA)，14. 029M, R-55.

43. 从1937年2月到1939年12月，它由犹太人问题研究所以《关于犹太人问题的报道》为题出版。在1940年6月，名字改为《政治、法律、文化和经济上的犹太人问题》。始于1940年1月，它由上面提到的反犹行动办公室出版，直到它在1943年12月由于战时纸张短缺和年轻男性工作人员而停止发行。在1942年春季，为了迎合阿拉伯世界所需要的语言变化，它的名字被改成了《反犹行动》。见*Die Judenfrage in Politik, Recht, Kultur und Wirtschaft*, Library of Congress microfilm 39477。

44. "Zur Einführung"，*Mitteilungen über die Judenfrage* 1, no. 1 (February 1, 1937)：1.

45. Bartels, *Die Wochenschau im Dritten Reich.*

46. 关于墙报，见Franz-Josef Heyen, *Parole der Woche: Eine Wandzeitung im Dritten Reich, 1936—1943* (Munich：Deutscher Taschenbuch Verlag, 1983)；关于反犹主义和纳粹政治海报，见Jürgen Bernatzky, "'Juden-Läuse-Flecktyphus'：Der nationalsozialistische Anti-Semitismus im Spiegel des politischen Plakats"，in Günther B. Ginzel, ed., *Anti-Semitismus: Erscheinungsformen derJudenfeindschaft gestern und heute* (Bielefeld：Verlag Wissenschaft und Politik, 1991)，pp. 389—417。

47. “Bestand an Kraftwagen”, and “Bestand an Krafträdern”, *Statistisches Jahrbuch für das Deutsche Reich, 1941—1942* (Berlin: Statistisches Reichsamt, 1942), p. 109.
48. “Personenverkehr der Straßenbahnen in Großstädten”, *Statistisches Jahrbuch*, p. 110.
49. 关于施韦策，见Peter Paret, “God’s Hammer”, in *German Encounters with Modernism, 1840—1945* (New York: Cambridge University Press, 2001), pp. 202—228; Hans Schweitzer (Mjölnir), “Meine Arbeit—mein Ziel”, *Unser Wille und Weg* 6, no. 9 (September 1936): 286—287。
50. “*Die Parole der Woche*, Folge 10, 4—10. Juni 1936, Parteiamtliche Wandzeitung der 302
NSDAP”, Unser Wille und Weg, June 1936, pp. 4—10. “*Die Parole der Woche*”, *Unser Wille und Weg*, January 1940, pp. 6—8; “Die Arbeit der Partei-Propaganda im Kriege”, *Unser Wille und Weg* 11, no. 1 (January 1941): 1—12; “The Work of Party Propaganda in War”, German Propaganda Archive, http: //www. calvin. edu/academic/cas/gpa/warprop. htm.
51. “Die Parole der Woche, ... Parteiamtliche Wandzeitung der NSDAP.”
52. 正如一个历史学家所写的，纳粹宣传家明白，广泛派发墙报的优势超过其他宣传形式。“一份小册子或报纸可以被扔到地上而不去读，广播可以被关掉，政治集会可以不参加，电影院也可以不去。但是，每个人时不时都会走到街上。海报是不能视而不见的。”见Heyen, *Parole der Woche*, p. 17。
53. 这个数字基于Landeshauptarchiv Koblenz所占有的股份，Bestand 712 (Plakate), Wandzeitung *Parole der Woche*, NSDAP, Reichspropagandaleitung, Munich。这个收集涵盖了1940年到1942年。
54. Joseph Goebbels, “Richtlinien für die Durchführung der Propaganda der NSDAP”, September 23, 1939, NARA, T81, roll 84, RG 242 (Records of the National Socialist German Labor Party), pp. 95624—95633.
55. Ibid., pp. 95626—95627.
56. Ibid., pp. 95627—95628. 戈培尔也强调了每周广播的重要性，“The Party Speaks—the People Listen”。
57. “An Parteigenossen Adami”, Berlin, May 17, 1940, BA Berlin, NS18, Reichspropagandaleitung, folder 1401, pp. 7—26. 亦见Wandzeitung *Parole der Woche*, ibid., pp. 1—30。
58. “An Parteigenossen Adami”, pp. 7—26. 由于备忘录并没有透露订购的持续时间，并且许多纳粹省党部没有被提到，因此不大可能从这个文件里去推测在德国、奥地利和苏德台地区平均每周有多少份海报被派发。在1940年4月11日，“外科医生会所”单独在全国从帝国宣传指挥部那里就订购了29 720份海报。推算起来，海报必然要挂在医生办公室和医院里。地区议会订购数量包括：巴伐利亚2500份；西里西亚2500份；柏林2750份；苏德台1500份；威斯特法利亚2500份；巴登1100份；多瑙河和阿尔卑斯山（维也纳）3700份；法兰克福800份；不来梅250份。见Wandzeitung *Parole der Woche*, BA Berlin, NS18,

Reichspropagandaleitung, folder 1401, pp. 1—30。

59. Erwin Schockel, *Das politische Plakat: Eine psychologische Betrachtung*, 2nd ed. (Munich: Zentralverlag der NSDAP, Franz EherVerlag, 1939).

303 60. Ibid., pp. 239—240.

61. Friedrich Madebach, *Das Kampfplakat: Aufgabe, Wesen und Gesetzmäßigkeit des Politischen Plakats, nachgewiesen an den Plakaten der Kampfjahre von 1918—1933* (Frankfurt am Main: Verlag Moritz Diesterweg, 1941).

62. 在1933年之前，单独在柏林，那里有3063个海报区域被租用，更多的由纳粹党设置。Ibid., p. 2.

63. Ibid., pp. 12—14.

64. "Sie müssen Plakate der Reichspropagandaleitung ...", in *Unser Wille und Weg* 10, no. 4 (April 1940): 60.

65. "Propaganda in Zahlen", in *Unser Wille und Weg*, January 1941, p. 1.

66. 正如1941年的一篇文章显示，帝国宣传指挥部发送详细的指示给地区的纳粹党成员，关于如何举办一场集会：旗帜和演讲者要在台上，会场要足够容纳人群，要记得邀请妇女，介绍要简短，以鼓掌来中断讲话是被允许的，演讲要保持一个小时，集会要以进行曲和音乐结束。见"Wie führe ich eine öffentliche Versammlung durch?", in *Unser Wille und Weg* 11, no. 4 (April 1941): 44—46。

67. 这个结论借鉴了以下资料：Abraham Barkai, "Die Juden als sozio-ökonomische Minderheitsgruppe in der Weimarer Republik", in Walter Grab and Julius H. Schoeps, eds., *Juden in der Weimarer Republik* (Stuttgart: Burg Verlag, 1986), pp. 330—346; Esra Bennathan, "Die demographische und wirtschaftliche Struktur der Juden", in Werner E. Mosse, ed., *Entscheidungsjahr 1932: Zur Judenfrage in der Endphase der Weimarer Republik*, 2nd ed. (Tübingen: Mohr, 1966); Donald L. Niewyk, *The Jews in Weimar Germany* (New Brunswick, N. J.: Transaction, 2001)。亦见*The Leo Baeck Yearbook 36* (1991), pp. 171—217: Konrad Jarausch, "Jewish Lawyers in Germany, 1848—1938: The Disintegration of a Profession"; Geoffrey Cocks, "Partners and Pariahs: Jews and Medicine in Modern German Society"; Fritz K. Ringer, "Academics in Germany: German and Jew, Some Preliminary Remarks"; "The German Professionals and Their Jewish Colleagues: Comments on the Papers of Konrad Jarausch, Geoffrey Cocks, and Fritz K. Ringer"。

68. Barkai, "Die Juden als sozio-ökonomische Minderheitsgruppe", pp. 330—331; Bennathan, "Die demographische und wirtschaftliche Struktur der Juden", pp. 94—95; Niewyk, *Jews in Weimar Germany*, p. 12.

69. 数字引自Jarausch, "Jewish Lawyers in Germany", p. 177。

70. 数字引自 Niewyk, *Jews in Weimar Germany*, pp. 13—15。

71. 数字引自"Die jüdischen Erwerbspersonen Deutschlands nach ihren hauptsächlichen Berufen am 16. Juni 1933", *Statistik des Deutschen Reichs*, vol. 451/5, cited in

Bennathan, "Die demographische und wirtschaftliche Struktur der Juden", pp. 111—112。 304

72. E. G. Lowenthal, "Die Juden im öffentlichen Leben", in Mosse, *Entscheidungsjahre 1932*, pp. 57—58.
73. Barkai, "Die Juden als sozioökonomische Minderheitsgruppe", p. 337.
74. Jarausch, "Jewish Lawyers in Germany", p. 177.
75. Saul Friedlander, *Nazi Germany and the Jews*, vol. 1, *The Years of Persecution, 1933—1939* (New York: Harper Collins, 1997), pp. 27—31.
76. Ibid., p. 62.
77. 关于《攻击》, 见 "Der Angriff", in Benz, Graml, and Weiß, *Enzyklopädie des Nationalsozialismus*, p. 362; Reuth, *Goebbels*, pp. 124—129; Kessemeier, *Der Leitartikler Goebbels*, pp. 47—84; Joseph Goebbels, *Der Angriff: Aufsätze aus der Kampfzeit* (Munich: Zentralverlag der NSDAP, 1935)。
78. Joseph Goebbels, "Warum Angriff", *Der Angriff* (July 4, 1927), pp. 98—99.
79. Joseph Goebbels, "Heil Moskau", *Der Angriff* (November 21, 1927), pp. 236—238.
80. Joseph Goebbels, "Der Jude", *Der Angriff* (January 21, 1928), pp. 323—324.
81. Joseph Goebbels, "Der Weltfeind", *Der Angriff* (March 19, 1928), pp. 333—334.
82. Ibid., pp. 334—335.
83. 在写于1928年而未出版的一本书里, 他提供了世界政治"犹太人统治"中一个最为广泛的目录。见 Gerhard L. Weinberg, ed., *Hitler's Second Book: The Unpublished Sequel to Mein Kampf by Adolf Hitler*, trans. Krista Smith (New York: Enigma, 2003), esp. pp. 229—234。
84. Adolf Hitler, as cited in Max Domarus, *Hitler: Reden und Proklamationen, 1932—1945*, vol. 1, *Triumph, 1932—1938* (Neustadt: Schmidt, 1962), pp. 251—252.
85. Ibid. Joseph Goebbels, "Wider die Greuelhetze des Weltjudentums", in Goebbels, *Revolution der Deutschen: 14 Jahre Nationalsozialismus* (Oldenburg: Gerhard Stalling, 1933), pp. 155, 157, 158—160.
86. 关于形形色色的公共反应, 见 Fried lander, *Nazi Germany and the Jews*, pp. 21—24。
87. 关于纳粹对美国的看法, 见 Philipp Gassert, *Amerika im Dritten Reich: Ideologie, Propaganda und Volksmeinung, 1933—1945* (Stuttgart: Franz Steiner Verlag, 1997)。
88. "Die Juden in Neuyork: Eine amerikanische Tragödie", *Der Völkische Beobachter* (henceforth *VB*) (January 12, 1937). 305
89. "Neuyorks jüdischer Oberbürgermeister als politischer Gangster", *VB* (March 15, 1937).
90. Joseph Goebbels, *Rassenfrage und Weltpropaganda* (Beher & Mann, 1934). 关于纽伦堡纳粹党集会演讲的一个抄本, 见 Goebbels (September 2, 1933), "Ansprache auf dem Nürnberger Reichsparteitag über Rassenfrage und Weltpropaganda", in Walter Roller and Susanne Höschel, eds., *Judenverfolgung und jüdisches Leben unter den Bedingungen*

der nationalsozialistischen Gewaltherrschaft, vol. 1, *Tondokumente und Rundfunksendungen, 1930—1946* (Potsdam: Verlag für Berlin-Brandenburg), pp. 8, 25—28。

91. Goebbels, "Ansprache auf dem Nürnberger Reichsparteitag", September 2, 1933, p. 27.

92. 关于纽伦堡集会的视觉冲击和象征意义，见 Peter Reichel, *Der schöne Schein des Dritten Reiches: Faszination und Gewalt des Faschismus* (Munich: Carl Hanser Verlag, 1991); George Mosse, *The Nationalization of the Masses: Political Symbolism and Mass Movements in Germany from the Napoleonic Wars through the Third Reich* (New York: Howard Fertig, 1975)。

93. Domarus, *Hitler*, 1: 536—537.

94. Joseph Goebbels, "Rede des Reichsministers Dr. Goebbels auf dem Nürnberger Parteitag am 13. September 1935 gegen den Bolschewismus", in Axel Friedrichs, ed., *Dokumente der deutschen Politik*, vol. 3, *Deutschlands Weg zur Freiheit, 1935* (Berlin: Junker & Dunnhaupt, 1937), pp. 3—20. Joseph Goebbels, *Kommunismus ohne Maske* (Munich: Zentralverlag der NSDAP, 1935).

95. Goebbels, "Rede des Reichsministers Dr. Goebbels auf dem Nürnberger Parteitag am 13. September 1935", pp. 4—5.

96. Ibid., pp. 6, 14—15.

97. Goebbels, "Rede des Reichsministers Dr. Goebbels auf dem Nürnberger Parteitag am 13. September 1935", pp. 19, 5.

98. Ibid., pp. 6, 11. Goebbels here uses the German phrases Vernichtung der Völker und Staaten and Ausrottung to refer to the possible fate of the bourgeois world.

99. Ibid., pp. 14—15. Goebbels referred to "die Hintermänner dieser Weltvergiftung".

100. Goebbels, "Rede des Reichsministers Dr. Goebbels auf dem Nürnberger Parteitag am 13. September 1935", p. 19.

101. Adolf Hitler (September 9, 1936), "Ansprache auf der 'Kulturtagung' des Reichsparteitages der NSDAP in Nürnberg", in Roller and Höschel, *Judenverfolgung*
306 *und jüdisches Leben*, 1: 62—64.

102. Joseph Goebbels, "Rede des Reichsministers Dr. Goebbels auf dem Parteikongress in Nürnberg über die 'Weltgefahr des Bolschewismsus' vom 10. September 1936", in Friedrichs, *Dokumente der deutschen Politik*, vol. 4, *Deutschlands Aufstieg zur Grossmacht* (Berlin: Junker & Dunnhaupt, 1939), pp. 53—77; quotations on pp. 54, 58, 76. 关于斯大林时期的苏联犹太人，见 Zvi Gitelman, *A Century of Ambivalence: The Jews of Russia and the Soviet Union* (New York: Schocken, 1988)。

103. Hitler (September 3, 1937), "Ansprache auf dem Reichsparteitag der NSDAP in Nürnberg", in Roller and Höschel, *Judenverfolgung und jüdisches Leben*, 1: 95—98.

104. DNB Rundruf, November 7, 1938, cited in Ernest Bramsted, *Goebbels and National Socialist Propaganda, 1925—1945* (East Lansing: Michigan State University Press, 1965), p. 385.

105. 关于大屠杀的描述，见 Bramsted, *Goebbels and National Socialist Propaganda*,

pp. 383—387; Ian Kershaw, *Hitler, 1936—1945: Nemesis* (New York: Norton, 2000), pp. 136—143; Reuth, *Goebbels* (trans.), pp. 240—242; Hermann Graml, *Reichskristallnacht: Antisemitismus und Judenverfolgung im Dritten Reich* (Munich: Deutscher Taschenbuch Verlag, 1988); and Hermann Graml, *Antisemitism in the Third Reich*, trans. Tim Kirk (Oxford: Blackwell, 1992), pt. 1, 6: 180。

106. Joseph Goebbels, *Die Tagebücher von Joseph Goebbels (TBJG)*, ed. Elke Fröhlich (Munich: Sauer, 1994), entry for November 10, 1938, I/6, p. 180.

107. Bramsted, *Goebbels and National Socialist Propaganda*, pp. 384—385.

108. Joseph Goebbels, "Der Fall Grünspan", *VB* (November 12, 1938).

109. Report of the Supreme Party Court to Göring of February 13, 1939, in IMT, 32: 27.

110. Reuth, *Goebbels* (trans.), pp. 240—241.

111. Joseph Goebbels (November 25, 1938), "Ansprache auf der 5. Jahrestagung der Reichskulturkammer und der NS-Gemeinschaft 'Kraft durch Freude' im Opernhaus zu Berlin", in Roller and Höschel, *Judenverfolgung und jüdisches Leben*, 1: 122—124; quotations on p. 123.

112. Gerhard Weinberg, "Undoing Munich, October 1938—March 1939", in *The Foreign Policy of Hitler's Germany: Starting World War II, 1937—1939* (Chicago: University of Chicago Press, 1980), pp. 465—534.

113. Adolf Hitler, "Geheimrede vor der deutschen Presse (November 10, 1938)", in Domarus, *Hitler*, 1: 973—977; quotation on p. 977.

114. Gassert, *Amerika im Dritten Reich*, pp. 209—213.

115. Ibid., pp. 222—229.

116. Ibid., pp. 230—231. Jeffrey Herf, *Reactionary Modernism: Technology, Culture, and* 307
Politics in Weimar and the Third Reich (New York: Cambridge University Press, 1984); Mary Nolan, *Visions of Modernity: American Business and the Modernization of Germany* (New York: Oxford University Press, 1994).

117. 出色的讨论，见 Gassert, *Amerika im Dritten Reich*, pp. 238—246。

118. Ibid., pp. 252—257.

119. William Shirer, *Berlin Diary* (New York: Knopf, 1941), pp. 165—166.

120. Jutta Sywottek, *Mobilmachungfür den totalen Krieg: Die propagandistische Vorbereitung der deutschen Bevölkerung auf den Zweiten Weltkrieg* (Opladen: WestdeutscherVerlag, 1976).

121. Gassert, *Amerika im Dritten Reich*, p. 260.

122. Rundererlaß des Auswärtigen Amtes, Akten zur deutschen auswärtigen Politik, January 1939, D/V, no. 664, 25. Cited in Gassert, *Amerika im Dritten Reich*, p. 260.

123. Robert Dallek, *Franklin Delano Roosevelt and American Foreign Policy, 1932—1945* (New York: Oxford University Press, 1979), p. 179.

124. "Die Hebräerplakette für F. D. Roosevelt", *VB* (January 4, 1939); "USA. unter jüdischer Diktatur", *VB* (May 5, 1939).

125. Adolf Hitler (September 13, 1937), "Ansprache auf dem Reichsparteitag der NSDAP in Nürnberg", in Roller and Höschel, *Judenverfolgung und jüdisches Leben*, 1: 98.
126. Adolf Hitler (September 6, 1938), "Ansprache auf dem Reichsparteitag der NSDAP in Nürnberg", in Roller and Höschel, *Judenverfolgung und jüdisches Leben*, 1: 113.
127. 关于反犹共识，见Jehuda Bauer, *Rethinking the Holocaust* (New Haven, Conn.: Yale University Press, 2001), pp. 104—105。关于纳粹时代德国社会反犹主义的范围和性质，见David Bankier, ed., *Probing the Depths of German Anti-Semitism: German Society and the Persecution of the Jews, 1933—1941* (New York: Berghahn, 2000)。

第三章 "国际犹太人"与第二次世界大战的起源

1. Max Domarus, ed., *Hitler: Reden und Proklamationen*, vol. 2, *Untergang, 1939—1945* (Neustadt: Schmidt, 1962), pp. 1055—1066; quotations on p. 1055. Hitler used the term Vernichtung, or "annihilation", of the Jewish race in Europe.
2. Ibid., p. 1058.
3. "30. Januar 1939", ibid., p. 1058; "30. Januar 1941", p. 1663; "30. Januar 1942",
308 pp. 1828—1829; "15. Februar 1942", p. 1843; "30. September 1942", p. 1920; "8. November 1942", p. 1937; "24. Februar 1943", pp. 1991—1992. 关于这些广播抄本以及其他纳粹宣传在德国电台播放的对犹太人的攻击，见Walter Roller and Susanne Höschel, eds., *Judenverfolgung und jüdisches Leben unter den Bedingungen der nationalsozialistischen Gewaltherrschaft*, vol. 1, *Tondokumente und Rundfunksendungen, 1930—1946* (Potsdam: Verlag für Berlin-Brandenburg, 1996), pp. 141—142, 165—166, 216—217, 219。希特勒在1942年2月15日和1943年2月24日的声明，由在慕尼黑的纳粹副官宣读。
4. Rudolf Urban, "Judenherrschaft in Mitteleuropa beendet", *Die Judenfrage* 3, nos. 11—12 (March 21, 1939): 1—3.
5. Joseph Goebbels, "Wer will den Krieg?", in *Die Zeit ohne Beispiel: Reden und Aufsätze aus den Jahren 1939/40/41* (Munich: Zentralverlag der NSDAP, 1941), pp. 93, 94—95.
6. Goebbels, "Die Einkreiser", ibid., pp. 144—149.
7. Goebbels, "Nochmals: Die Einkreiser", ibid., pp. 150—156.
8. Gerhard Weinberg, *A World at Arms: A Global History of World War II* (New York: Cambridge University Press, 1994).
9. 关于斯大林在意识形态上与《苏德互不侵犯条约》相关的被诱导的误判，见Gerhard Weinberg, *Germany, Hitler, and World War II: Essays in Modern German and World History* (New York: Cambridge University Press, 1995)。
10. 来自大量的文献资料，见Alexander Nekrich and Mikhail Heller, *Utopia in Power: A History of the Soviet Union from 1917 to the Present*, trans. Phyllis B. Carlos (New York: Summit, 1986), pp. 316—370; François Furet, *The Passing of an Illusion*, trans.

Deborah Furet (Chicago: Chicago University Press, 1999); Nicholas Werth, "A State against the People: Violence, Repression, and Terror in the Soviet Union", in Stephanie Courtois, ed., *The Black Book of Communism* (Cambridge, Mass.: Harvard University Press, 1999), pp. 33—268。

11. Winston Churchill, *The Gathering Storm* (Boston: Houghton Mifflin, 1948), pp. 366—367.
12. Arkady Vaksburg, *Stalin against the Jews*, trans. Antonina W. Bouis (New York: Vintage, 1995), pp. 80—102; Arno Lustiger, *Rotbuch: Stalin und die Juden* (Berlin: Aufbau Verlag, 1998).
13. Weinberg, *A World at Arms.*
14. Weinberg, *A World at Arms*; Weinberg, *The Foreign Policy of Hitler's Germany*, vol. 2, *Starting World War II, 1937—1939* (Chicago: University of Chicago Press, 1980); Churchill, *The Gathering Storm*; Robert Dallek, *Franklin Delano Roosevelt and American Foreign Policy, 1932—1945* (New York: Oxford University Press, 1979); 309
Ian Kershaw, *Hitler, 1936—1945: Nemesis* (New York: Norton, 2000); Telford Taylor, *Munich: The Price of Peace* (Garden City, N. Y.: Doubleday, 1979); Andreas Hillgruber, *Hitlers Strategie: Politik und Kriegführung, 1940—1941* (Munich: Bernard & Graefe, 1982[1965]).
15. Vertrauliche Informationen des Reichsministeriums für Volksmeinung und Propaganda (henceforth VIdRMVP) V. I. 188/39, August 22, 1939, Zeitgeschichtliche Sammlung (henceforth ZSg.) 109/2, Bundesarchiv Koblenz, Sammlung Oberheitmann ([Oberheitmann Collection], henceforth BAK, SO). Ralf Reuth, *Goebbels: Eine Biographie* (Munich: Piper Verlag, 1995), pp. 418—422.
16. Kershaw, *Hitler*, 2: 221; Alan Bullock, *Hitler: A Study in Tyranny* (New York: Harper and Row, rev. ed. 1960), pp. 488—489.
17. Domarus, *Hitler*, 2: 1315.
18. VIdRMVP, S. I. 212/39, September 1, 1939, ZSg. 109/3, BAK, SO.
19. 关于伴随德国入侵波兰的纳粹捏造，见Norman Davies, *God's Playground: A History of Poland* (New York: Columbia University Press, 1982)。
20. "Für alle Zeitschriften! Zusätzliche Anweisung des Reichsministeriums für Volksaufklärung und Propaganda", *Zeitschriften-Dienst*, September 1, 1939. 关于希特勒1939年9月1日的演讲，见Domarus, *Hitler*, 2: 1312—1317。
21. Hitler, speech of September 3, 1939, ibid., 1342.
22. "Judas Kriegshetze in England", *Zeitschriften-Dienst*, directive 816, September 23, 1939, p. 7.
23. "Die Polenpropaganda—eine Gefahr!", *Zeitschriften-Dienst* 26, no. 1085 (October 23, 1939): 26.
24. "Aussprache unter Uns: Polen, Juden und Zigeuner", *Zeitschriften Dienst* 27, no. 1134 (November 3, 1939): 18.

25. “Die Arbeit der Partei-Propaganda im Kriege”, *Unser Wille und Weg* 11, no. 1 (January 1941): n. p.
26. Ibid., 7—10.
27. VIdRMVP, S. I. 213/39, “Reichspressechef Dr. Dietrich vor der deutschen Presse am 3. September 1939”, September 2, 1939, ZSg. 109/3, BAK, SO.
28. VIdRMVP, “Richtlinien für die Behandlung vertraulicher Mitteilungen der Presseabteilung der Reichsregierung”, n. d., ZSg. 109/12, BAK, SO.
29. VIdRMVP, V. I. 199/39, September 6, 1939, ZSg. 109/3, BAK, SO.
30. VIdRVMP, V. I. 217/39, September 25, 1939, ZSg. 109/3, BAK, SO. 为了努力
310 侵蚀美国民众对英国政策的支持，1939年12月的指令用好几种语言将对英战争界定为一种“反财阀”斗争，通过高喊“要么人民的社会主义，要么财阀”的口号来“摧毁英国的资本主义”。被犹太人的金融统治带入歧途的“财阀”，取代了在提及英美时合适的术语如“民主”，甚至是“资本主义”。这引发了以国家社会主义宣传反对英美为特征的反资本主义和反资产阶级的主题。VIdRMVP, V. I. 291/39, December 20, 1939, ZSg. 109/6, BAK, SO.
31. Wolff Heinrichsdorff, “Die jüdische Entscheidung: Die Juden auf Englands Seite”, *Die Judenfrage* 3, nos. 36—37 (September 18, 1939): 1. 词汇 Juda 和 Alljudas 的使用在纳粹反犹语言中变得很普通。它们引发了犹太人和叛徒犹大之间的一种连接，他在《新约》中被描写为已经背叛了耶稣。
32. Ibid. 关于在同一杂志中纳粹党反犹观点的一个提示，见 Walter Tießler, “Die Partei im neuen Kampfabschnitt gegen Judentum und Freimaurerei”, in *Unser Wille und Weg* 9, no. 10 (October 1939): 236—237。在1940年，瓦尔特·蒂斯勒成为帝国宣传指挥部的主管，见“Tießler, Walter”, in Ernst Klee, *Das Personenlexikon zum Dritten Reich: Wer war was vor und nach 1945* (Frankfurt am Main: Fischer Verlag, 2003), p. 626。
33. Bernard Wasserstein, *Britain and the Jews of Europe, 1939—1945* (New York: Oxford University Press, 1988), pp. 345, 348—357.
34. “Themen der Zeit: Die Juden in England”, *Zeitschriften-Dienst*, no. 1040 (October 23, 1939): 7.
35. Ibid.
36. Peter Aldag, *Juden erobern England and Juden beherrschen England*, vols. 1 and 2 of *Juden in England* (Berlin: Nordland-Verlag, 1939); Jens Lornsen, *Britannien: Hinterland des Weltjudentums* (Berlin: Junker & Dunnhaupt, 1940).
37. Domarus, *Hitler*, 2: 1442.
38. VIdRMVP, V. I. 6/40, January 8, 1940, ZSg. 109/7, BAK, SO. 关于霍尔—贝利沙，关于为德国媒体提供反犹主题的需要，建议进一步阅读1940年1月由宣传部发布的关于英国的指令，见 VIdRMVP, V. I. 11/40, January 13, 1940, ZSg. 109/7, BAK, SO；“Bücher: Auseinandersetzung mit England”, *Zeitschriften-*

Dienst 39, no. 1661 (January 19, 1940)。作者列举了Hermann Wanderscheck, Otto Kriegk, Adolf Rein, Peter Aldag,以及英国作家和法西斯同情者Wyndham Lewis,他的作品*The Mystery of John Bull*在1939年以*Dermysteriöse John Bull*为书名在德国翻译出版 (Essen: Essener Verlagsanstalt, 1939)。 311

39. "Es will *Das Reich* fallen, um das deutsche Volk zu vernichten", Goebbels, speech of February 28, 1940, "Gelobt sei, was hart macht: Rede auf der Großkundgebung in Münster, i. W.", in *Die Zeit ohne Beispiel*, pp. 243—271; quotations on pp. 249, 252—253.
40. "So würde sie keinen Augenblich zögern, das deutsche Volk in seiner Gesamtheit zu vernichten", Ibid., p. 253.
41. Ibid., pp. 256, 270. "狂热主义"从其贬义内涵到攻击理由的意义转化,见Victor Klemperer, *The Language of the Third Reich, LTI, Lingua, Tertii, Imperii: Notes of a Philologist* (London: Athlone, 2000)。
42. Goebbels, speech of June 16, 1940, "Die Zeit ohne Beispiel", in *Die Zeit ohne Beispiel*, pp. 289—300.
43. Peter Novick, *The Holocaust in American Life* (Boston: Houghton Mifflin, 1999); and Saul Friedlander, *Prelude to Downfall: Hitler and the United States, 1939—1941* (New York: Knopf, 1967).
44. 关于财阀与犹太人,见"Das Lichtbild im Kriegseinsatz", in *Unser Wille und Weg*, April 1940, p. 58。
45. 戈培尔关于煽动对法国仇恨的建议,见"May 30, 1940", in *The Secret Conferences of Dr. Goebbels*, Willi A. Boelcke, ed. (New York: Dutton, 1970), p. 47; "June 12, 1940", ibid., p. 52; and "June 25, 1940", ibid., p. 61。
46. "Die Juden, Frankreichs Totengräber", *Zeitschriften-Dienst*, July 26, 1940, p. 6.
47. Ibid., pp. 6—8. Heinz Ballensiefern, *Juden in Frankreich* (Berlin: Nordland Verlag, 1939); Edouard Drumont, *Das verjudete Frankreich* (Paris: 1889); Walter Franck, Nationalismus und *Demokratie in Frankreich der dritten Republik* (Hamburg: Hanseatischer Verlag 1933); Georges Bernanos, *Edouard Drumont* (Paris: Grasset, 1931); Paul Gerard, *Le Juif—notre maître* (Paris, n. d.); Paul Ferdonnet, *La guerre juive* (Paris: Editions Baudinière, 1938). The directive brought the Weltdienst in Frankfurt am Main, as well as Antijüdische Aktion in Berlin, to the editors' attention.
48. "Die Glosse: Der ewige Ahasver", *Zeitschriften-Dienst* 57, no. 2906 (August 7, 1940): 9.
49. 关于希特勒的战略,见Weinberg, *Germany, Hitler, and World War II*; Hillgruber, *Hitlers Strategie*。
50. Gerhard Weinberg, ed., *Hitler's Second Book: The Unpublished Sequel to Mein Kampf by Adolf Hitler*, trans. Krista Smith (New York: Enigma, 2003), pp. 172, 174.
51. Goebbels, "Von der Gottähnlichkeit der Engländer", in *Die Zeit ohne Beispiel*, pp. 301—304; quotation on p. 304. 312
52. "July 24, 1940", in Boelcke, *The Secret Conferences of Dr. Goebbels*, p. 70.

53. “Themen der Zeit：Juden beherrschen England”，directive 3004 (August 16，1940)，p. 6.

54. 将“犹太人”转变为“犹太化”(Verjudung) 或动词“使犹太化”(verjuden) 在纳粹主义之前就已存在，且根源于19世纪的各反犹文献。在她对纳粹词汇的研究中，科妮莉亚·施密特·伯尔宁引用了理查德·瓦格纳 (Richard Wagner，1850)、威廉·马尔 (Wilhelm Marr，1879) 和尤金·杜林 (Eugen Duhring，1881) 作品中所使用的这些词汇。这些术语在德语中变得非常之普及，并被收入于权威德语字典《杜登词典》的1929年版中，在1929年版、1934年版和1941年版中，它们将其定义为一种“犹太人本质”的犹太影响、控制和渗透，由于犹太人在人口、职业、政党等方面的高比例。Verjudung词条在1947年版及随后的版本中被删除。见Cornelia Schmidt Berning，*Das Vokabulardes Nationalsozialismus* (Berlin：Walter de Gruyter，1998)，pp. 630—632；and Steven E. Aschheim，“‘The Jew Within’：The Myth of ‘Judaization’ in Germany”，in *Culture and Catastrophe: German and Jewish Confrontations with National Socialism and Other Crises* (New York：New York University Press，1996)，pp. 45—68。

55. “Themen der Zeit：Die englisch-jüdische Allianz”，*Zeitschriften-Dienst*，directive 950 (October 14，1940)：6.Wolf Meyer-Christian，*Die englisch-jüdische Allianz: Werden und Wirken der kapitalistischen Weltherrschaft* (Berlin：Niebelungen Verlag，1940).

56. “Schriftum”，*Zeitschriften-Dienst* 69，no. 3004 (August 16，1940)：7. Jens Lornsen，*Britannien，Hinterland des Weltjudentums* (Britain：Hinterland of World Jewry) (Berlin：Junker & Dünnhaupt，1940)；Peter Aldag，*Juden beherrschen England* (Jews Dominate England) and *Juden erobern England* (Jews Conquer England) (Berlin：Nordland Verlag，1939)；Heinz Krieger，*England und Die Judenfrage in Geschichte und Gegenwart* (England and the Jewish Question in History and the Present) (Frankfurt am Main：Verlag Moritz Diesterweg，1938)；W. Ziegler，*Über die englische Demokratie* (Berlin：Deutscher Verlag，1940).

57. VIdRMVP，V. I. 152/40，May 2，1940，ZSg. 109/13，BAK，SO.

58. “Themen der Zeit：Die englisch-jüdische Allianz”，p. 6. 1939年10月至12月出版的关于英国—犹太人联盟的系列短文，作为一本题为*Die englisch-jüdische Allianz*图书的基础，第二年收入*Mitteilungen über Die Judenfrage*出版，然后仍然由Institut
313 zum Studium der Judenfrag出版。见Wolf Meyer-Christian，“Die englisch-jüdische Allianz，2：Orientpolitik nach jüdischem Befehl”，*Mitteilungen über die Judenfrage*；3，no. 40—41 (October 17，1939)：1—3；“Die englisch-jüdische Allianz，3：Disraeli，‘Engländer，’‘Christ’—Zionist Weizmann，Balfour und Lloyd George”，ibid.，no. 42—43，pp. 3—6；“Die englisch-jüdische Allianz，6：Die Macht der Vier，der Gangster als Vizekönig—der Giftgas Jude—Entartete Oberschicht”，ibid.，no. 50—51，pp. 4—6。

59. “Die englisch-jüdische Allianz”，3504，in *Zeitschriften-Dienst* (November 8，1940).关于纳粹时代的反犹“学术研究”，见Max Weinreich，*Hitler's Professors: The Part of Scholarship in Hitler's Crimes against the Jewish People* (New Haven，Conn.：Yale University

Press, 1999 [1946])。

60. “Die englisch-jüdische Allianz”, 3504, pp. 10, 11.
61. Ibid., pp. 18, 78.
62. Ibid., p. 200.
63. 关于松巴特的文献是大量存在的，见Jeffrey Herf, *Reactionary Modernism: Technology, Culture, and Politics in Weimar and the Third Reich* (New York: Cambridge University Press, 1984), pp. 130—151; Friedrich Lenger, *Werner Sombart: Eine Biographie* (Munich: Verlag C. H. Beck, 1994); and Jerry Z. Muller, *The Mind and the Market: Capitalism in Modern European Thought* (New York: Knopf, 2003)。
64. Meyer-Christian, *Die englisch-jüdische Allianz*, pp. 207—208.
65. 在1942年3月7日的日记中，戈培尔沮丧地提到英国上议院对犹太人的支持。“英国人，尤其是上层阶级如此之犹太化且几乎失去了英国人的特性，是多么让人震惊。”这一趋势的原因在于这样的事实，即“上层阶级通过联姻而如此被犹太化，以至于他们几乎不再认为自己是英国人”。Ibid., p. 457.
66. Ibid., p. 89.
67. Ibid., p. 141.
68. Ibid., pp. 142—145.
69. Ibid., pp. 185, 188.
70. 关于纳粹政权和犹太复国主义，见Francis R. Nicosia, *The Third Reich and the Palestine Question*, 2nd ed. (New Brunswick, N. J.: Transaction, 1999); Nicosia, “Zionism and Palestine in Anti-Semitic Thought in Imperial Germany”, *Studies in Zionism* 13, no. 2 (1992): 115—131; Nicosia, “Ein Nützlicher Feind: Zionismus im Nationalsozialistischen Deutschland, 1933—1939”, *Vierteljahrsheftefür Zeitgeschichte* 37, no. 3 (1989): 367—400; and Nicosia, “Zionism in National Socialist Jewish Policy in Germany, 1933—1939”, *Journal of Modern History* 50, no. 4 (1978): 1253—1282。
71. 关于“转移协议”，见Nicosia, *The Third Reich and the Palestine Question*; Leni Yahil, 314
The Holocaust: The Fate of European Jewry (New York: Oxford University Press, 1991), pp. 100—104。
72. Adolf Hitler, *Mein Kampf*, trans. Ralph Mannheim (Boston: Houghton Mifflin, 1971 [1943]), pp. 324—325.
73. Alfred Rosenberg, *Schriften aus den Jahren 1917—1921* (Munich: Hoheneichen Verlag, 1943). 尤其见罗森贝格对犹太人、共济会、犹太复国主义、犹太人世界统治及其后果的讨论。亦见带有罗森贝格的前言和介绍的纳粹出版物《锡安山长老协议》: Alfred Rosenberg, *Die Protokolle der Weisen von Zion und die jüdische Weltpolitik*, 4th ed. (Munich: Deutscher Volksverlag, 1933)。到第四版出版时，出版社已印发了2.5万份。
74. Alfred Rosenberg, *Der Staatsfeindliche Zionismus* (Munich: Zentralverlag der NSDAP, Franz Eher Verlag, 1938), p. 86.

75. 关于宣传和新闻指令关注它的一些例子，见Hermann Erich Seifert (Heinrich Hest)，*Weltjuda ohne Maske*，vol. 2，*Palästina: Judenstaat? England als Handlanger des Weltjudentums* (Berlin：Joh. Kasper，1939)；*Der Aufbruch in der arabischen Welt* (Berlin：Zentralverlag der NSDAP，Franz Eher Verlag，1941)；“Der Kampf um die Scholle Palästina，Das Geld des Weltjudentums kauft den besten Boden auf”，*Die Judenfrage* 3，no. 7 (February 16，1940)：1—2；and “Bucher：Juden，Engländer，Araber”，*Zeitschriften-Dienst* 17，no. 656 (August 26，1939)：18。
76. Giselher Wirsing，*Engländer，Juden，Araber in Palästina* (Jena：Eugen Diederichs Verlag，1939)．
77. Ibid.，p. 120.
78. “Antisemitismus”，in *Zeitschriften-Dienst* 6，no. 222 (June 13，1939)．
79. VIdRMVP，V. I.，215/44，September 30，1944，ZSg. 109/51，BAK，SO.
80. 关于希特勒最初取胜战略的挫败，见Winston Churchill，*History of the Second World War*，vol. 2，*Their Finest Hour* (Boston：Houghton Mifflin，1983[1949])；Warren F. Kimball，*Churchill and Roosevelt: The Complete Correspondence* (Princeton，N. J.：Princeton University Press，1984)；Hillgruber，*Hitlers Strategie*；John Lukacs，*The Duel: Hitler vs. Churchill* (New York：Ticknor and Fields，1991)；Weinberg，*Germany，Hitler，and World War II.*
81. Joseph Goebbels，*Die Tagebücher von Joseph Goebbels* (*TBJG*)，ed. Elke Fröhlich (Munich：Sauer，1994)，entry for December 12，1940，I/9，p. 48.
82. 关于戈培尔在1941年1月4日对丘吉尔的谴责，见“England und seine
315 Plutokraten”，in *Die Zeit ohne Beispiel*，pp. 359，362，389。
83. “Churchill verspricht den Juden Deutschland als Raubgut，Solidarität der Weltschamarotzer erneut befundet”，*VB*，February 5，1941，p. 1.
84. Adolf Hitler，speech of January 30，1941，in Domarus，*Hitler*，2：1663—1664. 亦见Adolf Hitler (January 1，1941)，“Kundgebung im Berliner Sportpalast zum 8. Jahrestag der nationalsozialistischen Machtergreifung”，in Roller and Höschel，*Judenverfolgung und jüdisches Leben*，1：165—166. 这些段落出现在《犹太人问题》的头版上，然后又由反犹运动办公室出版。见“Der Führer sprach：Aus dem Rede im Sportpalast vom 30. Januar 1941”，*Die Judenfrage* 5，no. 2 (February 10，1941)：1。
85. “When Hitler Threatens”，*New York Times*，January 31，1941，p. 18.
86. Goebbels，“Im richtigen Augenblick”，*Die Zeit ohne Beispiel*，396—400.
87. Ibid.，p. 359.
88. Goebbels，speech of March 30，1941，“Britannia Rules the Waves”，ibid.，pp. 441—445；quotation on p. 444.
89. 纽约市的2 035 000名犹太人几乎占了其总人口的28%。布朗克斯、布鲁克林和曼哈顿的数据分别是：592 185，或占43. 57%；974 765，或占36.64%；351 037，或占18.64%。见Harry Schneiderman and the American Jewish Committee，*The American Jewish Yearbook 5702* (1941—1942) (Philadelphia：Jewish Publication Society of America，1941)，43：654—659。

90. Ibid., 43: 584, 586.
91. 关于赫尔、斯廷森和摩根索，见Dallek, *Franklin Delano Roosevelt and American Foreign Policy*。关于反犹主义和美国军队，见Joseph Bendersky, *The 'Jewish Threat': Anti-Semitic Politics of the U. S. Army* (New York: Basic, 2000)。
92. Novick, *The Holocaust in American Life.*
93. 关于美国正式参加第二次世界大战前的大西洋战役中美国的政治和军事战略，见William L. Langer and S. Everett Gleason, *Undeclared War, 1940—1941* (New York: Harper, 1953)。关于罗斯福专注于防止英国的战败，见他在1940年夏季与温斯顿·丘吉尔的通信，Warren Kim-ball, ed. *Churchill and Roosevelt: Their Complete Correspondence*, vol. 1 (Princeton, N. J.: Princeton University Press, 1987)。
94. Henry L. Feingold, *A Time for Searching: Entering the Mainstream, 1920—1945* (Baltimore, Md.: Johns Hopkins University Press, 1992), pp. 71, 130.
95. Marcia Graham Synnott, *The Half-Opened Door: Discrimination and Admissions at Harvard, Yale, and Princeton, 1900—1970* (Westport, Conn.: Greenwood, 1979). 316
96. Jerold S. Auerbach, *Unequal Justice: Lawyers and Social Change in Modern America* (NewYork: Oxford University Press, 1976), pp. 128—129.
97. "Jews in America", *Fortune* 13, no. 2 (February 1936): 130, 131, 141. 编辑们总结道，犹太人在反法西斯主义和纳粹主义方面会有很多盟友。但在一个记录中的总结评估，揭示了美国企业对美国犹太人最新进展的持续担忧。"他们[犹太人]成功的第一个条件会是减轻犹太人的忧虑感，进而消除激进的、偶尔带有挑衅意味的针对犹太人的防卫措施，而国家最近已经不安地注意到这些。" (p. 141)
98. Neil Baldwin, *Henry Ford and the Jews: The Mass Production of Hate* (New York: Public Affairs, 2001). 关于一次全面研究纳粹对美国的看法，见Philipp Gassert, *Amerika im Dritten Reich: Ideologie, Volksmeinung und Propaganda, 1933—1945* (Stuttgart: Steiner, 1997)。
99. Scott A. Berg, *Lindbergh* (New York: Putnam, 1998).
100. Charles Herbert Stember and others, *Jews in the Mind of America* (New York: Basic, 1966), pp. 114—116, 120—121. 到了1962年，那些回答是 (Yes) 的人已急剧地下降到了17%。
101. Ibid., p. 128. 与反犹主义的其他措施一样，将犹太人视为威胁的比例大大降低了，例如到1960年只有5%美国人如此看待犹太人。
102. David S. Wyman, *The Abandonment of the Jews: America and the Holocaust, 1941—1945* (New York: New Press, 1998[1984]).
103. Alfred Rosenberg, "Die Judenfrage als Weltproblem", *Weltkampf: Die Judenfrage in Geschichte und Gegenwart*, pp. 64—72; also in *VB*, March 29, 1941, pp. 1—2; 亦见阿尔弗雷德·罗森贝格演讲的电台广播抄本 (March 28, 1941): "Rundfunkvortrag in Berlin im Anschluß an die erste Arbeitstagung des 'Instituts zur Erforschung der Judenfrage' in Frankfurt am Main über 'Die Judenfrage als Weltproblem' ", in Roller

and Höschel, *Judenverfolgung und jüdisches Leben*, 1: 181—187。

104. Ibid., p. 68.

105. Theodor Seibert, *Das amerikanische Rätsel: Die Kriegspolitik der USA in der Ära Roosevelt* (The American Riddle: The War Policy of the USA in the Roosevelt Era) (Berlin: Franz Eher Verlag, 1941).类似的作品，见Hans Schadewaldt, *Was will Roosevelt?* (Dusseldorf: Völkischer Verlag, 1941); Johann von Leers, *Kräfte hinter Roosevelt* (Berlin: Theodor Fritsch Verlag, 1942); Wolfgang Ispert, *Roosevelts Angriff auf Europa* (The Hague: Schriftenreihe der Forschungstelle Volk und
317 Raum, 1944)。

106. Seibert, *Das amerikanische Rätsel*, pp. 6—7.

107. Ibid., pp. 56—57.

108. Ibid., pp. 63—63.

109. Goebbels, speech of May 25, 1941, "Aus dem Lande der unbegrenzten Möglichkeiten", in *Die Zeit ohne Beispiel*, pp. 486—491.

110. Ibid., p. 491.

111. Goebbels, "Botschaft aus USA", speech of May 29, 1941, in *Die Zeit ohne Beispiel*, pp. 492—496.

112. Goebbels, entry for May 30, 1941, *TBJG*, I/9, p. 342.

113. "Das Hauptthema: Juden in den USA!", *Zeitschriften-Dienst* 109 (May 30, 1941): 4—6; and "Themen der Zeit: Juden in USA!", *Zeitschriften-Dienst* 110 (June 6, 1941): 6—9.

114. "Das Hauptthema: Juden in den USA!", *Zeitschriften-Dienst* 109 (May 30, 1941): 4.

115. Ibid.

116. Ibid., pp. 5—6.

117. "Themen der Zeit: Juden in USA!", *Zeitschriften-Dienst* 110, no. 4676 (June 6, 1941): 6—9. From the offices of Anti-Semitische Aktion and the Archiv des Reichsministeriums für Volksaufklärung und Propaganda.

118. Ibid.

119. Goebbels, entry for April 28, 1941, *TBJG*, I/9, p. 276.

120. Entry for May 25, 1941, ibid., p. 334.

121. Entry for June 7, 1941, ibid., p. 357.

122. Entry for June 8, 1941, ibid., p. 359.

123. Entry for June 4, 1941, ibid., p. 353.

124. Entry for June 6, 1941, ibid., p. 355.

125. Entry for June 16, 1941, ibid., pp. 377—379.

126. Entry for June 20, 1941, ibid., pp. 389—390.

127. Domarus, *Hitler*, 2: 1726.

第四章 反对布尔什维克主义和财阀之联盟的战争

1. Mikhail Heller and Alexander M. Nekrich, *Utopia in Power: The History of the Soviet Union, 1917 to the Present*, trans. Phyllis B. Carlos (New York: Summit, 1986), pp. 353—354.据作者估算，在那17个月期间，苏联向德国供应了86.5万吨石油、140吨锰矿、1.4万吨铜、3000吨镍、10.1万吨原棉、超过100万吨木材、1.1万吨亚麻、2.6万吨铬、1.5万吨石棉、18.4万吨磷酸盐、6019磅（2736千克）铂金、146.2万吨粮食。此外，苏联在远东、中东和拉丁美洲为德国购买原材料，并通过西伯利 318
亚大铁路将大量由日本购买的橡胶运往德国。海勒和尼克里奇推测道："这是完全可能的，如果没有这种帮助，德国就不可能去和苏联开战。"
2. Ibid., p. 364.
3. Willi A. Boelcke, ed., *"Wollt Ihr den totalen Krieg?" Die Geheimen Goebbels Konferenzen, 1939—1943* (Munich: Deutscher Taschenbuch Verlag, 1969), p. 236; Willi A. Boelcke, ed., *The Secret Conferences of Dr. Goebbels: The Nazi Propaganda War, 1939—1943*, trans. Ewald Osers (New York: Dutton, 1970), p. 176.
4. 入侵前夜，丘吉尔的著名评论讲道："如果希特勒入侵地狱，我至少会给下议院的那群家伙提供一个善意的参考。"引自Winston Churchill, *The Second World War*, vol. 3, *The Grand Alliance* (Boston: Houghton Mifflin, 1950), p. 370。亦见Jeffrey Herf, "If Hitler Invaded Hell: Distinguishing between Nazism and Communism during World War II, the Cold War and since the Fall of European Communism", in Helmut Dubiel and Gabriel Motzkin, eds., *The Lesser Evil: Moral Approaches to Genocide* (London: Routledge, 2004), pp. 182—195。
5. "Speech of June 22, 1941", cited in Churchill, *The Grand Alliance*, 3: 371.
6. Boelcke, "*Wollt Ihrden totalen Krieg?*", pp. 372—373.
7. Ibid., June 24, 1941, p. 399.
8. Ibid., June 25, 1941, p. 404.
9. Ibid., July 7, 1941, p. 430.
10. Presse-Rundschreiben 2/98/41, VIdRMVP, June 25, 1941, Reichspropagandaamt Berlin, R55/1387 BAK, p. 55.
11. Joseph Goebbels, "Die alte Front", June 26, 1941, in Joseph Goebbels, *Die Zeit ohne Beispiel: Reden und Aufsätze aus den Jahren 1939/40/41* (Munich: Zentralverlag der NSDAP, 1941), p. 508.
12. Ibid., p. 511.
13. Benjamin Pinkus, *The Jews of the Soviet Union: The History of a National Minority* (New York: Cambridge University Press, 1988), p. 77.
14. Ibid, pp. 78—79.
15. Ibid., p. 80.
16. Ibid., pp. 82—83.在20世纪20年代，红军最高统帅部有4.57%是犹太人。

17. Amir Weiner, *Making Sense of War: The Second World War and the Fate of the Bolshevik Revolution* (Princeton, N. J.: Princeton University Press, 2001); and
319 Jeffrey Herf, "The Extermination Camps and the Ally to the East: Could the Red Army and Air Force Have Stopped or Slowed the Final Solution?", *Kritika* 4, no. 4 (Fall 2003): 913—930.
18. "Schiffbruch der 'proletarischen Kultur': Die weltanschauliche Auseinandersetzung mit der Sowjet-Union", *Zeitschriften-Dienst* 113, no. 4797 (June 27, 1941): 4—5. *Warum Krieg mit Stalin? Das Rotbuch der Anti-Komintern* (Berlin: Nibelungen Verlag, 1941).
19. Ibid.
20. R55/1387 BAK, p. 67.
21. Presse-Rundschreiben, 2, 103, VIdRMVP, June 25, 1941, Reichspropagandaamt Berlin; W. F., "*Warum Krieg mit Stalin? Das Rotbuch der Anti-Komintern*", *Die Judenfrage in Politik, Recht, Kultur und Wirtschaft* 5, no. 11—12 (August 1, 1941): 1.
22. Adolf Hitler, "Aufruf des Führers", cited in *Warum Krieg mit Stalin*? p. 6.
23. Ibid., p. 14.
24. Ibid., p. 15.
25. "Die Juden in der Sowjetunion", pp. 57—73.
26. Ibid., pp. 18.
27. *Aufklärungs- und Redner-Informationsmaterial der Reichspropagandaleitung der NSDAP, Deutschland zum Endkampf mit dem jüdisch-bolschewi-stischen Mordsystem angetreten* (Munich: Zentralverlag der NSDAP, 1941), in NARA, T81, roll 672, RPL 52, 5480200.
28. Ibid., pp. 5, 6.
29. Ibid., p.7.
30. Ibid., p. 21.
31. Ibid., pp. 21—22.
32. Ibid.
33. Ibid., p. 22.
34. Ibid., pp. 23—24.
35. "Sie sind gerichtet!!!" (July 23, 1941) Bestand (collection) 712 (Plakate), Wandzeitung (Posters, wall newspaper) *Parole der Woche*, published by the NSDAP, Reichspropagandaleitung, Munich, no. 1692, Folge (series) 30, Landeshauptarchiv Koblenz.
36. "Das ist der jüdische Bolschewismus ..." (July 30, 1941), ibid., Folge 31.
37. "Blasts Appeasers: President Denounces 'Deeper Sabotage' than Bombs", *New York Times*, July 5, 1941, p. 1.
38. "Roosevelt Tells Kalinen We Back Russian People", *New York Times*, July 12, 1941, p. 3.
39. Robert Dallek, *Franklin Delano Roosevelt and American Foreign Policy, 1932—1945* (New

York: Oxford University Press, 1979), pp. 278—281. 320

40. Joseph Goebbels, "Der Schleier fällt", July 6, 1941, in *Die Zeit ohne Beispiel*, pp. 520—525.

41. Ibid., p. 523.

42. Ibid., p. 524. 关于治安警察以及英国情报局从他们的无线电传输中得到了什么, 见Richard Breitman, *Official Secrets: What the Nazis Planned, What the British and Americans Knew* (New York: Hill and Wang, 1998), chaps. 2—6。

43. Joseph Goebbels, *Die Tagebücher von Joseph Goebbels* (*TBJG*), ed. Elke Fröhlich (Munich: Sauer, 1994), entry for July 7, 1941, II/1, pp. 36—38.

44. Steven M. Miner, *Stalin's Holy War: Religion, Nationalism and Alliance Politics, 1941—1945* (Chapel Hill: University of North Carolina Press, 2003).

45. Goebbels, entry for July 10, 1941, *TBJG*, II/1, p. 42.

46. Entry for July 10, 1941, ibid., p. 44.

47. "Der Bolschewismus enthüllt sein jüdisches Gesicht, Litvinov-Finkelstein tritt hinter der Kulisse hervor", *VB*, July 10, 1941, p. 1.

48. 英国人所知道和被传达的关于特遣部队和治安警察的谋杀行为, 见Richard Breitman, *Official Secrets*。

49. Goebbels, entry for July 11, 1941, *TBJG*, I/1, p. 49.

50. Ibid., p. 49.

51. Entry for August 1, 1941, ibid., pp. 157—158.

52. Entry for September 17, 1941, ibid., p. 436. 关于洛索夫斯基及其战时角色、战后审判和被处决, 见Joshua Rubenstein and Vladimir P. Naumov, eds., *Stalin's Secret Pogrom: The Postwar Inquisition of the Jewish Anti-Fascist Committee* (New Haven, Conn.: Yale University Press, 2001), pp. 218—220。他最喜欢的消遣方式是反驳德国的声明,称它们只是"八卦工厂里的更多谎言"(p. 220)。

53. Goebbels, entry for July 14, 1941, *TBJG*, II/1, p. 35.

54. Ibid.

55. "Zur Lage", *Zeitschriften-Dienst* 117, no. 4961 (July 25, 1941), p. 1. 一周后,《期刊服务》谴责了"罗斯福和他的犹太人",声称罗斯福是一个共济会成员,想象着证明他是"依赖于世界犹太人"的一个附庸。见"Zur Lage", *Zeitschriften-Dienst* 117, no. 4961 (July 25, 1941): 1。

56. "Roosevelt Hauptwerkzeug der jüdischen Freimauerei, Sensationelles Dokument enthüllt die Zusammenhänge der Kriegstreiber mit dem internationalen Maurerklüngel", *VB*, July 23, 1941, p. 1.

57. Ibid.

58. Reichspropagandaamt Berlin, Presse-Rundschreiben 2/107/41, VIdRMVP, July 24, 1941, R55/1387, BAK, p. 73. 321

59. Joseph Goebbels, "Mimikry", July 20, 1941, in *Die Zeit ohne Beispiel*, pp. 526—531.

60. Ibid., p. 526.
61. Ibid., p. 527.
62. Ibid., pp. 527—528.
63. 到了1941年8月，戈培尔声称，克里姆林宫攻击德国的计划是如此之显露无遗，以至于“不需要进一步的证据”。见Joseph Goebbels, “Um die Entscheidung”, August 3, 1941, in *Die Zeit ohne Beispiel*, pp. 537—542。关于现在对预防性战争论文的标准学术驳斥，见Horst Boog et al., eds., *Germany and the Second World War*, vol. 4, *The Attack on the Soviet Union*, trans. Dean S. McMurray, Ewald Osers, and Louise Wilmott (New York: Oxford University Press, 1998)。
64. Ibid., p. 529.
65. Ibid., p. 530.
66. Ibid., pp. 530—531.
67. Hans Die bow, *Die Juden in USA* (Berlin: Zentralverlag der NSDAP, Franz Eher Verlag, 1941).
68. Ibid., p. 8.
69. Ibid., p. 57. W. Ross Yates, “Charles Michael Schwab”, in John A. Garraty and Mark C. Carnes, eds., *American National Biography* (New York: Oxford University Press, 1999), pp. 465—467.
70. Hans Diebow, *Die Juden in USA*, pp. 6, 10, 61, 62. 迪伯还利用这张不讨人喜欢的照片作为一种愚弄和羞辱的工具。他把一张拉瓜迪亚噘嘴的照片和一只猿猴的照片并排。被一位匿名人士描述为在美国“最具影响力的人物”菲利克斯·法兰克福特的一张不苟言笑、严肃的照片，可以被视为相当不祥的预兆。迪伯可能也会拍出完全无恶意的照片——例如，两个女人在餐厅或穿着晚礼服享受晚宴——对“奶和蜂蜜之地”或用丝绸、黄金和珍珠装饰的犹太人发表一些贬损之词。一个男人微笑着举起他的右臂，最初看起来是在庆祝赫伯特·雷曼的胜选，再次出现在海报上并宣布“90%美国电台被犹太化”，而另一张姊妹篇的海报，以一位正在数钱的刻板犹太男人为特征，其声称：“98%的美国财政被犹太化。”
71. “Die Juden haben den Krieg gewollt!”, BAK, Plakaten, 003—020—023.
72. Ibid.

322 73. “Roosevelts Ziel ist die Weltherrschaft der Juden”, *VB*, August 19, 1941, p. 1.
74. “一个巨大的犹太人灭绝计划，罗斯福要求对德国人民实施绝育，德国将在两代之内被灭绝。” *VB*, July 24, 1941, p. 1.
75. Ibid.
76. 关于考夫曼的作品在纳粹宣传中的应用，见Wolfgang Benz, “Judenvernichtung aus Notwehr? Die Legenden um Theodore N. Kaufman”, *Vierteljahrshefte für Zeitgeschichte* 29, no. 4 (1981): 615—630。见Theodore Nathan Kaufman, *Germany Must Perish!* (Newark, N. J.: Argyle, 1941)。戈培尔放弃了使用作者那不太明显

的听起来像犹太人的名字。

77. 关于这个，见Benz，“Judenvernichtung aus Notwehr”，pp. 627—629。
78. Goebbels，entry for July 24，1941，*TBJG*，II/1，pp. 116—117.
79. Entry for August 3，1941，ibid.，pp. 168—169. 戈培尔在8月13日的日记中写道，他决定部分出版这本书，并附上“来自我们这边”的适当评论。Entry for August 13，1941，ibid.，p. 225. 亦见另一篇戈培尔日记。他写道：“由美国犹太人内森·考夫曼所写的书出版了数百万册……这本书在德国人民手中已经有一段时间了，并且充满社会各界。它对于我们国内非常地有用处。没有更好的例证去想象对方的欲望和目标。如果这本书是由宣传部门的一名成员写的，那么这本书对我们就没有多大帮助了。”Entry for October 22，1941，ibid.，p. 155.
80. Ibid.，p. 271.
81. “Wolfgang Diewerge”，in Ernst Klee，*Das Personenlexikon zum Dritten Reich, Werwarwas vor und nach 1945* (Frankfurt am Main：Fischer，2003)，p. 111. 在1945年和1949年之后，迪威尔格是自由民主党中前纳粹活跃分子之一，直到他们的活动被英国占领军发现和瓦解。关于这些，见Norbert Frei，*Adenauer's Germany and the Nazi Past*，trans. Joel Golb (New York：Columbia University Press，2001)，pp. 277—302。
82. Goebbels，*TBJG*，entry for August 29，1941，II/1，pp. 168—169.
83. “Judas satanischer Mordplan”，*Zeitschriften-Dienst* 123，no. 5283 (September 5，1941).
84. Wolfgang Diewerge，*Das Kriegsziel der Weltplutokratie: Dokumentarische Veröffentlichung zu dem Buch des Präsidenten der amerikanischen Friedensgesellschaft Theodore Nathan Kaufman, Deutschland muß sterben, “Germany must perish”* (Berlin：Zentralverlag der NSDAP，Franz Eher Verlag，1941).
85. Ibid.，p. 5. 323
86. 关于纳粹德国的强制绝育，见Gisela Bock，*Zwangssterilisation im Nationalsozialismus: Studien zur Rassenpolitik und Frauenpolitik* (Opladen：Westdeutscher Verlag，1986)；and Dieter Kuntz and Susan Bachrach，eds.，*Deadly Medicine: Creating the Master Race* (Chapel Hill：University of North Carolina Press，2004)。
87. Ibid.，p. 9. 沃尔夫冈·本茨写道，在1945年之后的新纳粹和激进的右翼人物谈到“考夫曼计划”时就好像它是美国政策的一种表达。这些人物包括保罗·拉辛尼、埃里希·克恩，以及最为突出的阿道夫·艾希曼，关于这一点，见Benz，“Judenvernichtung aus Notwehr”，pp. 623—626。在艾希曼过世后才出版的回忆录中，他写道：“考夫曼打算通过全体绝育来实现对我们人民的彻底消灭……如果这个计划的目的是为了挑衅，那么只能说犹太人达成了他们的目标。因为很可能是在我们最高领导层里，考夫曼计划为（我们）自己的灭绝计划提供了一个刺激因素。”Rudolf Aschenauer，ed.，*Ich, Adolf Eichmann: Ein historischer Zeugenbericht* (Leoni am Starnberger See：Druffel Verlag，1980)，pp. 177—178.

88. Ibid., p. 25.
89. Ibid., p. 14.
90. Ibid., p. 32.
91. Hans Diebow, *Die Juden in USA* (Berlin: Zentralverlag der NSDAP, Franz Eher Verlag, 1941).
92. Ibid., p. 11.
93. "Immer das gleiche Ziel: Deutschland muss vernichtet werden" (October 10, 1941), no. 1724, Folge 40; "Der Jude Kaufman übertrumpft" (August 8, 1942), Bestand 712 (Plakate) Wandzeitung *Parole der Woche* no. 1758; Bestand 712 (Plakate), Folge 35, Wandzeitung *Parole der Woche*, Landeshauptarchiv Koblenz.
94. "Kampf dem Weltjudentum!", *Zeitschriften-Dienst* 119, no. 5046 (August 8, 1941): 3—4; *Deutscher Wochendienst* 8840 (May 21, 1943): 9.
95. Ibid., p. 5. 接下来的一周，《期刊服务》出版了一本关于犹太人和雅利安人种族差异的入门书。见"Hauptthema: Kampf den Weltjudentum! Rasse, Bauerntum Kultur und Wirtschaft", *Zeitschriften-Dienst*, August 15, 1941, pp. 4—7。1941年9月24日，纳粹政权发行了反犹影片《犹太人苏斯》。同一天，戈培尔在他的部长会议上说，媒体应该解决在电影中所讨论的关于雅利安人和犹太人世界的"基本"问题。"24. September 1940", Boelcke, "*Wollt Ihr den totalen Krieg?*",
324 p. 139.在1941年7月27日《德意志帝国》上的短文中，戈培尔重申了关于"伦敦城里犹太人和克里姆林宫犹太人"角色的声明。见Joseph Goebbels, "Die Deutschen vor der Front!", July 27, 1941, in Goebbels, *Die Zeit ohne Beispiel*, pp. 532—536。
96. Goebbels, *TBJG*, entry for August 20, 1941, II/1, p. 278. In the entry for August 26, 1941, ibid., pp. 311—312.戈培尔再次强调，他决心采取措施反击犹太人，尽管"存在阻力"，但会继续出版考夫曼的书。
97. Entry for August 12, 1941, ibid., p. 218.
98. Entry for September 24, 1941, ibid., II/2, pp. 480—481.
99. Entry for October 19, 1941, ibid., p. 142.
100. Entry for October 24, 1941, ibid., p. 168.
101. Entry for August 25, 1941, ibid., 1: 307.
102. Entry for September 14, 1941, ibid., pp. 415—416. 在1941年10月的第一周，戈培尔写道："如果林德伯格因此被剥夺了从事政治活动的可能性，那就太糟糕了。在美国，他为我们作了非凡的贡献。" Entry for October 5, 1941, ibid., II/2, p. 76.
103. September 14, 1941, ibid., p. 418.
104. "Auszug aus dem 'Oberheitmann Material'", pp. 200—201, in U. S. Nuerenberg War Crimes Trials, *United States of America v. Ernst von Weizsäckeret al.*, October 28, 1941, in NARA, RG 238, War Crimes Records Collection, M 897, roll 34, NG 3800, vol. 9, V. I. 283/41, "Tagesparole des Reichspressechefs", doc. 4703.

105. Ibid.
106. Peter Aldag, "Weltherrschaftspläne", *Die Judenfrage* 5, no. 19 (October 28, 1941): 213—214.
107. "Das militärische Ende des Bolschewismus, Der Ostfeldzug ist entschieden, Heeresgruppen Timoschenko und Woroschilow eingeschlossen, Heeresgruppe Budjenny in Auflösung, Unvergleichliches Meisterstück der Strategie", *VB*, October 10, 1941, p. 1.
108. Gü (pseudonym), "Die Kriegsschuld des Juden", *Die Judenfrage* 5, no. 18 (October 15, 1941): 1—3.
109. Goebbels, *TBJG*, entry for October 9, 1941, II/2, p. 81.
110. Adolf Hitler (November 8, 1941), "Ansprache im Münchener Löwenbräukeller zur Erinnerung an den Marsch auf die Feldherrnhalle 1923", in Walter Roller and Susanne Höschel, eds., *Judenverfolgung und jüdisches Leben unter den Bedingungen der nationalsozialistischen Gewaltherrschaft*, vol. 1, *Tondokumente und Rundfunksendungen, 1930—1946* (Potsdam: Verlag für Berlin-Brandenburg, 1996), pp. 199—200. 这个文本是基于电台广播的 325
抄本。亦见Max Domarus, ed., *Hitler: Reden und Proklamationen*, vol. 2, *Untergang, 1939—1945* (Neustadt: Schmidt, 1963), pp. 1772—1773。
111. Ibid., p. 200.
112. Ibid.
113. Richard Breitman, *Architect of Genocide: Himmler and the Final Solution* (Hanover, N. H.: University of New England Press, 1992), 将至关重要的决定注明为1941年春, 然而克里斯多夫·布朗宁认为, 希特勒将其注明为那年夏末, 见*The Path to Genocide: Essays on Launching the Final Solution* (New York: Cambridge University Press, 1992)。
114. 关于一个种族灭绝共识的形成, 见Yehuda Bauer, *Rethinking the Holocaust* (New Haven, Conn.: Yale University Press, 2001)。
115. Goebbels, *TBJG*, entry for November 2, 1941, II/2, pp. 199—200.
116. Joseph Goebbels, "Die Juden sind Schuld!", November 16, 1941, in Joseph Goebbels, *Das eherne Herz: Reden und Aufsätze aus den Jahren1941/42* (Munich: Zentralverlag der NSDAP, 1943), pp. 85—91.
117. Joseph Goebbels, "Die Juden sind Schuld!", November 16, 1941, Goebbels, *Das eherne Herz*, pp. 85—91; quotation on p. 85.
118. Ibid., p. 88.
119. Ibid., p. 91.
120. "Goebbels Spurs Abuse for Jews", *New York Times*, November 14, 1941, p. 11.《泰晤士报》的文章提到, 宣传部长的周刊《德意志帝国》在即将到来的星期日发行。文章准确地总结了戈培尔的短文, 除了没有解释他所提到的犹太人"正在"承受的"逐渐被消灭的过程"。

121. Goebbels, *TBJG*, entry for November 17, 1941, II/2, p. 304.
122. VIdRVMP, V. I. 316/41 (1. Erg. [first addendum]), December 1, 1941, ZSg. 109/28, BAK, SO.
123. "Dr. Goebbels vor der Deutschen Academie", *Deutsche Allgemeine Zeitung*, December 2, 1941, p. 1. 宣传部不久就以标题为"钢铁之心"的单独小册子出版了这个文本。 见Joseph Goebbels, "*Das eherne Herz*": *Rede vor der Deutschen Akademie* (Munich: Zentralverlag der NSDAP, 1942)。关于戈培尔对演讲的反应感到高兴，见Goebbels,
326 diary entries for December 2 and 3, 1941, *TBJG*, II/2, pp. 416, 442。亦见"Dr. Goebbels vorden Deutschen Academie, 'Wir können, müssen und werden siegen'", *Deutsche Allgemeine Zeitung*, December 2, 1941, pp. 1—2。在写于那晚的日记中，戈培尔相信自己已经"成功地使这些圈子更贴近于国家，并且使[他们]更加专注于战争，而不是以前那样"。Entry for December 2, 1941, *TBJG*, II/2, p. 416.
124. Goebbels, *Das eherne Herz*, p. 5.
125. Ibid., p. 21.
126. "Die nationale Intelligenz und die geistige Führung auszurotten", Ibid., p. 23.
127. Ibid., pp. 28—30.
128. Ibid., pp. 34—35.
129. Ibid., pp. 35—36.
130. Ibid., p. 37. The German reads: "Die Judenfrage endgültig zu lösen."
131. Ibid., p. 41. The German reads: "vernichtet, ausgerottet und ausgelöscht werden muß."
132. Goebbels, entry for December 2, 1941, *TBJG*, II/2, p. 417.
133. Ibid., p. 420.
134. Entry for December 9, 1941, ibid., p. 444.
135. VIdRMVP, 322/41, December 8, 1941, ZSg. 109/28, BAK, SO.
136. Ibid.
137. "Das jüdische Komplott" (December 10, 1941), Imperial War Museum, London, Department of Art, PST 8357; also available in Bestand 712 (Plakate) Wandzeitung *Parole der Woche*, no. 1709, Folge 50 (1941), Landeshauptarchiv Koblenz.
138. 在1937年出版的一个反犹照片集中，汉斯·迪伯展示了伦敦的伊凡·迈斯基和马克西姆·李维诺夫的一张照片，并将后者以芬克尔斯坦—瓦拉赫—李维诺夫而提及。见Hans Diebow, *Der ewige Jude: 265 Bilddokumente, gesammelt von Dr. Hans Diebow* (Munich: Zentralverlag der NSDAP, Franz Eher Verlag, 1937), p. 119。
139. Domarus, *Hitler*, 2: 1793—1811; 关于在出版社中印刷文本的指示，见VIdRMVP, 326/41, December 12, 1941, ZSg. 109/28, BAK, SO。
140. Domarus, *Hitler*, 2: 1801. 12月12日的宣传部新闻指令强调，罗斯福作为对战争扩张负责的男人应该"一再"被谴责，见VIdRMVP, 326/41, December 12, 1941, ZSg. 109/28, BAK, SO。

141. Ibid., p. 1803.
142. Ibid., p. 1804.
143. Ibid., p. 1808.
144. Ibid. 327
145. Ibid., p. 1810.
146. Ian Kershaw, *Hitler, 1936—1945: Nemesis* (New York: Norton, 2000) , pp. 448—449.
147. Goebbels, entry for December 13, 1941, *TBJG*, II/2, pp. 498—499.
148. Gü, "Japans Kampfgegen das Weltjudentum", *Die Judentum* 5, no. 22 (December 24, 1941): 245—247.
149. Ibid., pp. 245—246.
150. Ibid., p. 247.
151. Johann von Leers, *Kräfte hinter Roosevelt* (Berlin: Theodor Fritsch Verlag, 1941)。冯·莱尔斯是纳粹反犹太宣传家中最为多产的之一,例如见他的*14 Jahre Judenrepublik: Die Geschichte eines Rassenkampfes* (Berlin-Schöneberg: NS Druck und Verlag, 1933); *Der Verbrechernatur der Juden* (Berlin: Hochmuth, 1944); *Geschichte auf rassischer Grundlage* (Leipzig: Reclam, 1934); *Juden sehen dich an* (Berlin-Schöneberg; NS Druck und Verlag, 1930—1939)。
152. Von Leers, *Kräfte hinter Roosevelt*, pp. 80—82.
153. Ibid., p. 109.
154. Goebbels, entry for December 31, 1941, *TBJG*, II/2, p. 610.

第五章 死亡集中营阴影下的宣传

1. 大约三分之一是一些反犹内容,仅在1942年1月至7月就有12个出现。见Landeshauptarchiv Koblenz: Bestand 712 (Plakate) Wandzeitung *Parole der Woche*, published by the NSDAP, Reichspropagandaleitung, Munich, Landeshauptarchiv Koblenz。
2. VIdRMVP 33/42, January 7, 1942, ZSg. 109/30, BAK, SO.
3. Leni Yahil, *The Holocaust: The Fate of European Jewry*, trans. Ina Friedman and Haya Galai (New York: Oxford University Press, 1990) , p. 294.
4. Ibid., pp. 378—385.
5. Judith Tydnor Baumel, "Extermination Camps", in Walter Laqueur, ed., *The Holocaust Encyclopedia* (New Haven, Conn.: Yale University Press, 2001) , pp. 174—179.
6. 关于纳粹岁月里的新闻业,见Norbert Frei and Johannes Schmitz, *Journalismus im Dritten Reich* (Munich: Verlag C. H. Beck, 1999); Günther Galician, *Aufverlorenem Posten: Die Frankfurter Zeitung im Dritten Reich* (Berlin: Siedler Verlag, 1986); Alexander Hardy, *Hitler's Secret Weapon: The Managed Press in Nazi Germany* (New York: Vantage, 1967)。
7. Rüdiger Övermann, *Deutsche Militärische Verluste im Zweiten Weltkrieg* (Munich:

Oldenbourg, 2000), pp. 238—239.

8. Joseph Goebbels, *Die Tagebücher von Joseph Goebbels* (*TBJG*), ed. Elke Fröhlich
328 (Munich: Sauer, 1994), entry for March 6, 1942, II/3, p. 422.

9. Max Domarus, *Hitler: Reden und Proklamationen, 1932—1945*, vol. 2, *Untergang, 1939—1945* (Neustadt: Schmidt, 1963), pp. 1820—1821. 在1942年1月13日的部长会议上，戈培尔命令道："在未来将不再提及盎格鲁—撒克逊人，而只会是英美财阀。'盎格鲁—撒克逊'这个概念暗示了他们有太多德国血统，当前时刻还不适合作为我们敌人的一种概念。" Willi G. Boelcke, ed., *The Secret Conferences of Dr. Goebbels: The Nazi Propaganda War, 1939—1943*, trans. Ewald Osers (New York: Dutton, 1970), p. 202；亦见 Willi G. Boelcke, ed. "*Wollt Ihr den totalen Krieg?": Diegeheimen Goebbels-Konferenzen, 1939—1943* (Munich: Deutsche TaschenbuchVerlag, 1969), p. 270。

10. Ibid., p. 1821.

11. Joseph Goebbels, "Wir bauen eine Brücke", January 11, 1942, in *Das eherne Herz: Reden und Aufsätze aus den Jahren 1941—1942* (Munich: Zentralverlag der NSDAP, 1943), pp. 172, 174. 该书首印发行5万册。戈培尔重复着上述观点，见"Blick über die Weltlage", and May 17, 1942, in "Die Ostfront", ibid., pp. 209—214, 316—321。

12. "Sie haben den Krieg gewollt!!" (January 14, 1942) Bestand 712 (Plakate) Wandzeitung *Parole der Woche*, no. 1790, Folge (series) 3, Landeshauptarchiv Koblenz.

13. Goebbels, entry for January 20, 1942, *TBJG*, II/3, p. 154.

14. Goebbels, "Wandlung der Seelen", January 25, 1942, in *Das eherne Herz*, pp. 190—191.

15. "Churchills Verrat an Europa" (January 28, 1942), Bestand 712 (Plakate), Wandzeitung *Parole der Woche*, no. 1813, Folge 5, Landeshauptarchiv Koblenz.

16. Ibid. Goebbels referred to a "jüdisch-bolschewistischen Ausrottungskrieg."

17. Boelcke, *The Secret Conferences of Dr. Goebbels*, p. 215. 在1942年2月末的日记中，戈培尔把克里普斯描述为"我们最好的宣传家"和"斯大林在伦敦的信使"，他"参加[丘吉尔]政府是求之不得的。德国的宣传应该为他留出额外的酬金"。Goebbels, entries for February 20 and 25, *TBJG*, II/3, pp. 335, 373—374.

18. Goebbels, "Der Gefangene des Kreml", *VB*, August 24, 1942, p. 1.

19. "Juden Komplott gegen Europa" (1942), Imperial War Museum, London, Department of Art, PST 8359.

20. Hitler, speech of January 30, 1942, in Domarus, *Hitler*, 2: 1828—1829.

329 21. Goebbels, entry for January 31, 1942, *TBJG*, II/3, p. 228.

22. Entry for February 15, 1942, ibid., pp. 320—321.

23. Ibid.

24. "Das Ziel der Kriegsverbrecher" (February 11, 1942), Bestand 712 (Plakate), Wandzeitung *Parole der Woche*, no. 1794, Folge 7, Landeshauptarchiv Koblenz.

25. "Hoover Plan Rejection a Blunder, Says Official", *Washington Post*, May 20, 1941, p. 4.

26. “Das Ziel der Kriegsverbrecher.”
27. Ibid.
28. Goebbels, entry for March 6, 1942, *TBJG*, II/3, pp. 425—426.
29. Entryfor March 7, 1942, ibid., p. 431—432.
30. Hitler, speech of March 15, 1942, in Domarus, *Hitler*, 2: 1849; Adolf Hitler (March 15, 1942), “Ansprache im Berliner Zeughaus anläßlich des Heldengedenktages”, in Walter Roller and Susanne Höschel, eds., *Judenverfolgung und jüdisches Leben unter den Bedingungen der nationalsozialistischen Gewaltherrschaft*, vol. 1, *Tondokumente und Rundfunksendungen, 1930—1946* (Potsdam: Verlag für Berlin Brandenburg, 1996), p. 207.
31. Hitler, speech of March 15, 1942, in Domarus, *Hitler*, 2: 1849.
32. Goebbels, entry for March 16, 1942, *TBJG*, II/3, pp. 431—432.
33. Entry for March 20, 1942, ibid., p. 513.
34. Entry for March 27, 1942, ibid., II/2, pp. 431—432.
35. Entry for March 29, 1942, ibid., p. 576.
36. 在1941年4月和5月的其他日记中,戈培尔提到“元首预言的实现要付出高昂代价”,以及其他关于大屠杀的委婉用语,见the entry for April 21, 1942, *TBJG*, II/3, p. 378; and the entries for April 27, 1942, ibid., II/4, p. 160; May 11, 1942, ibid., p. 272; and May 24, 1942, ibid., p. 355。
37. Entry for April 24, 1942, ibid., II/3, p. 160.
38. 关于纳粹种族伪科学的文献是大量存在的,例如见George Mosse, *Toward the Final Solution: A History of European Racism* (Madison: University of Wisconsin Press, 1985); Benno Muller-Hill, *Murderous Science: Elimination by Scientific Selection of Jews, Gypsies, and Others in Germany, 1933—1945* (Plain View, N. Y.: Cold Spring Harbor Laboratory Press, 1998); Ute Deichmann, *Biologists under Hitler* (Cambridge, Mass.: Harvard University Press, 1996); Michael Burleigh and Wolfgang Wipperman, *The Racial State: Germany, 1933—1945* (New York: Cambridge University Press, 1991); Susan Bachrach, ed., *Deadly Medicine: Creating the Master Race* (Washington, D. C.: United States Holocaust Memorial Museum, 2004; Chapel Hill: University of North Carolina Press, 2004)。
39. “Die Katze lässt das Mausen nicht!” (July 1, 1942), Bestand 712 (Plakate), 330
Wandzeitung *Parole der Woche*, no. 1704, Folge 27, Landeshauptarchiv Koblenz.
40. Ian Kershaw, *Hitler, 1936—1945: Nemesis* (New York: Norton, 2000), pp. 510—511; Daniel T. Brigham, “Hitler Now Looks to ‘Next Winter’; Gets New Power over His Officials; R. A. F. Blasts Rostock, Skoda Plant”, *New York Times*, April 27, 1942, p. 1; 摘自帝国元首阿道夫·希特勒在帝国议会大厦前的战争评论, *New York Times*, April 27, 1942, p. 4。《泰晤士报》的摘录传达了希特勒攻击犹太人的总体感觉,却漏掉了一些最具煽动性的段落。

41. Hitler, speech of April 26, 1942, in Domarus, *Hitler*, 2: 1866—1867.
42. Ibid., 2: 1866—1867; "Der Führer sprach", *Die Judenfrage* 6, no. 10 (May 15, 1942): 1.
43. 关于威尔逊的外交是努力建立一个民主而非共产主义的堡垒，以对抗苏联和欧洲的共产主义革命，见 Arno J. Mayer, *Politics and Diplomacy of Peacemaking: Containment and Counterrevolution at Versailles, 1918—1919* (New York: Harcourt, 1967)。
44. Hitler, speech of April 26, 1942, in Domarus, *Hitler*, 2: 1868.
45. Ibid., p. 1869.
46. "Die Drahtzieher! Es sind nur Juden!" (May 27, 1942), Imperial War Museum, London, Department of Art, PST 8355; 亦见 Bestand 712 (Plakate), Wandzeitung *Parole der Woche*, no. 1800, Folge 22, Landeshauptarchiv Koblenz。
47. Ibid.
48. "Ley, Robert", in Ernst Klee, ed., *Das Personenlexikon zum Dritten Reich: Wer war was vor und nach 1945* (Frankfurt am Main: Fischer, 2003), p. 370.
49. Robert Ley (May 10, 1939), "Ansprache auf der Konstituierenden Sitzung der Gauarbeitskammer", in Roller and Höschel, *Judenverfolgung und jüdisches Leben*, 1: 151.
50. Robert Ley (end of 1939), "Ansprache vor deutschen Arbeitern in Lodz", ibid., p. 158.
51. Robert Ley (September 3, 1941), "Ansprache in Troisdorf anläßlich der erstmaligen Verleihung von Kriegsverdienstkreuzern an Frauen", ibid., p. 189.
52. Robert Ley (February 6, 1942), "Schulungsappell der politischen und wirtschaftlichen Unterführer des Hauses Siemens im Berliner Sportpalast", ibid., pp. 206—207.
53. Robert Ley (May 10, 1942), "Ansprache auf einer gemeinsamen Kundgebung der NSDAP und der NSB in Heerlen", ibid., p. 210. 在他的演讲中，莱反复使用了
331 ausrotten和vernichten这两个德语动词。
54. Richard Overy, "The Means to Victory: Bombers and Bombing", in *Why the Allies Won* (New York: Norton, 1995), pp. 101—133; Mary Nolan, "Air Wars, Memory Wars", *Central European History* 38, no. 1 (2005): 7—40; and Thomas Childers, "Facilis descensus averni est: The Allied Bombing Campaign of Germany and the Issue of German Suffering", *Central European History* 38, no. 1 (2005): 75—105.
55. Hans Ulrich Thamer, *Verführung und Gewalt: Deutschland, 1933—1945* (Berlin: Siedler Verlag, 1986), p. 751.
56. Goebbels, "Der Luftund Nervenkrieg", June 14, 1942, in *Das eherne Herz*, pp. 344—350.
57. "Der Mann, der den Bombenkrieg gegen die Zivilbevölkerung erfunden hat", Bestand 712 (Plakate), Wandzeitung *Parole der Woche*, no. 1770, Folge 43, Landeshauptarchiv Koblenz.
58. "Nazis to Kill Jews in Reprisal for British Raids", *Washington Post*, June 14, 1942, p. 12; "Nazis Blame Jews for Big Bombings", *New York Times*, June 14, 1942, p. 7.

59. Goebbels, "Die sogennante russische Seele", July 19, 1942, in *Das eherne Herz*, pp. 402—403.
60. Ibid., p. 404.
61. Gerhard Weinberg, *A World at Arms: A Global History of World War II* (New York: Cambridge University Press, 1994), pp. 348—363.
62. Bernard Wasserstein, *Britain and the Jews of Europe, 1939—1945* (New York: Oxford University Press, 1988), pp. 17—39.
63. Goebbels, entry for May 28, 1942, *TBJG*, II/4, p. 384.
64. Klaus Gensicke, *Der Mufti von Jerusalem, Amin el-Husseini und die Nationalsozialisten* (Frankfurt am Main: Verlag Peter Lang, 1988).关于他们的接触,始于1937年,见pp. 45—55。关于阿明·侯赛尼与纳粹合作的一份最早期和较为详细的记录,见Simon Wiesenthal, *Großmufti—Großagent der Achse* (Salzburg: Ried Verlag, 1946)。
65. Amin al Husseini, "Nr. 18a; Rundfunkerklärung 'an das ägyptische Volk'", July 2, 1942, in Gerhard Höpp, ed., *Mufti Papiere: Briefe, Memoranden, Reden und Aufrufe Amin al-Husainis aus dem Exil, 1940—1945* (Berlin: Klaus Schwarz Verlag, 2001), pp. 45—46.
66. Goebbels, entry for May 28, 1942, *TBJG*, II/5, pp. 274—275.
67. "Die islamische Welt als Kulturfaktor", *Zeitschriften-Dienst* 175/44, no. 7514 (September 11, 1942): 2.
68. Ibid.
69. "Abschrift: Entspricht dem von Dr. Dietrich und Dr. Goebbels unterschriebenen Original", 1936—1944, NARA, T70, RG 242, Records of the National Socialist German Labor Party, roll 3, pp. 3505763—3505766. 332
70. Ibid.
71. "Ein weitblickender Engländer", Bestand 712 (Plakate), Wandzeitung *Parole der Woche*, no. 1722, Folge 33, Landeshauptarchiv Koblenz.
72. "Der Jude Kaufman übertrumpft!" (August 19, 1942), Bestand 712 (Plakate), Wandzeitung *Parole der Woche*, no. 1758, Folge 34, Landeshauptarchiv Koblenz.
73. "Roosevelt und seine Juden: Baruch wird USA. Wirtschaftsdiktator", *VB*, September 13, 1942, p. 1.
74. "Nation-Wide Gasoline Curb Pledged Soon by Roosevelt after Baruch Asks Action", *New York Times*, September 11, 1942, pp. 1, 14; "The Rubber Inquiry", *New York Times*, August 7, 1942, p. 16. 巴鲁克委员会的建议包括每小时35英里的速度限制,并将每辆车的平均年里程限制从6700英里减少到5000英里。
75. David S. Wyman, *The World Reacts to the Holocaust* (Baltimore, Md.: Johns Hopkins University Press, 1996).
76. 关于美国在纳粹德国的形象,见Philipp Gassert, *Amerika im Dritten Reich: Ideologie, Propaganda und Volksmeinung, 1933—1945* (Stuttgart: Franz Steiner Verlag, 1997)。
77. "Die Maske Fällt!" (September 30, 1942), Imperial War Museum, Department of

Art, PST 8361; also in Bestand 712 (Plakate), Wandzeitung *Parole der Woche*, no. 1787, Folge 40, Landeshauptarchiv Koblenz.

78. Ibid.
79. Hitler, speech of September 30, 1942, in Domarus, *Hitler*, 2: 1915.
80. 关于演讲的文本，见 Kershaw, *Hitler*, 2: 535—536。
81. Hitler, speech of September 30, 1942, in Domarus, Hitler, 2: 1920. Adolf Hitler (September 30, 1942), "Ansprache auf einer Kundgebung im Berliner Sportpalast zur Eröffnung des Kriegswinterwerks", in Roller and Höschel, *Judenverfolgung und jüdisches Leben*, 1: 216—217. The editors of the October 1 issue of *Die Judenfrage* put this quotation on the front page. "Der Führer sprach", *Die Judenfrage* 6, no. 19 (October 1, 1943): 1.
82. "Das Lachen wird ihnen vergehen!!!", Wandzeitung *Parole der Woche*, NSDAP, Reichspropagandaleitung, Hoover InstitutionArchives, poster collection, GE 3848.
83. Hermann Göring (October 4, 1942), "Ansprache auf einer Feier zum Erntedankfest
333 im Berliner Sportpalast", Roller and Höschel, *Jüdenverfolgung und jüdisches Leben*, 1: 217.
84. Ibid.
85. Adolf Hitler (November 8, 1942), "Ansprache im Münchener Löwenbräukeller anläßlich einer Gedenkfeier zum Marsch auf die Feldherrnhalle, 1923", in Roller and Höschel, *Judenverfolgung und jüdisches Leben*, 1: 219.
86. "Themen der Zeit, Roosevelts Kriegsziel", *Zeitschriften-Dienst* 184/53, no. 7859 (November 13, 1942).
87. Weinberg, *A World at Arms*, pp. 360—363.
88. "Gangstertum und Judentum in den USA", *Zeitschriften-Dienst* 185, no. 54 (November 20, 1942): 7899.
89. "Wer ist am Kriege schuld?", *Parole der Woche*, November 18—24, 1942. Institut für Zeitungsforschung, Stadt Dortmund, *Parole der Woche*: Parteiamtliche Wandzeitung der NSDAP, Folge 29/22.
90. Ibid.
91. Amin al-Husseini, speech no. 45a, "Rundfunkrede an die Nordafrikaner", November 25—26, 1942, in Höpp, *Mufti-Papiere*, p. 115.
92. Amin al Husseini, "Nr. 42: Rundfunkrede an die Araber" ("Märty rerrede"), November 11, 1942, ibid., p. 103.
93. Ibid., p. 104.
94. Ibid.
95. Ibid., pp. 104—105.
96. "参议院和众议院加入了巴勒斯坦请求：63 名参议员，181 名众议员对德国人大规模屠杀犹太人进行了抨击。" *New York Times*, December 5, 1942, p. 9.
97. "11 个同盟国谴责纳粹对犹太人的战争，联合国发布了[原文如下]抗议'冷血屠杀'的联合声明。" *New York Times*, December 18, 1942, p. 1.

98. “纳粹报复被艾登扩大；他警告如果对犹太人的暴行继续下去的话，德国人将为此付出代价；议员们鸦雀无声地站着不动。” *New York Times*, December 18, 1942, p. 10.
99. Wasserstein, *Britain and the Jews of Europe*, p. 174.
100. Goebbels, entry for December 9, 1942, *TBJG*, II/6, p. 415.
101. Entry for December 12, 1942, ibid., p. 434.
102. Boelcke, *The Secret Conferences of Dr. Goebbels*, p. 308; Boelcke, “Wollt Ihr den totalen Krieg?”, pp. 409—410.
103. Goebbels, entry for December 13, 1942, *TBJG*, II/6, pp. 438—439.
104. Entry for December 14, 1942, ibid., pp. 445—446.
105. Boelcke, *The Secret Conferences of Dr. Goebbels*, pp. 308—309; Boelcke, “Wollt Ihr den totalen Krieg?”, p. 410. 在第二天晚上的日记中，戈培尔指出，宣传部因此将会发起“一场类似英国人正在对犹太人问题所做的宣传运动。我认为英国 334
人然后很快就会在犹太人问题上继续以这种口吻跟我们说话上失去兴趣”。Goebbels, entry for December 15, 1942, *TBJG*, II/6, p. 449.
106. Boelcke, *The Secret Conferences of Dr. Goebbels*, p. 309; Boelcke, “Wollt Ihr den totalen Krieg?”, p. 411.
107. Goebbels, December 17, 1942, *TBJG*, II/6, p. 461.
108. Entry for December 19, 1942, ibid., p. 472.
109. Klaus Gensicke, *Der Mufti von Jerusalem*, pp. 134—139.
110. Cited ibid., p. 155.
111. Amin al-Husseini, “Nr. 55: Rede zur Eröffnung des Islamischen ZentralInstituts in Berlin, 18. 12. 1942”, in Höpp, *Mufti-Papiere*, pp. 123—126.
112. Ibid., p. 124.
113. Ibid., pp. 125—126.
114. VIdRMVP, 323/42, December 17, 1942, ZSg. 109/40, BAK, SO.
115. “Das ‘Nachkriegs Programm’ des Zionismus”, *Die Judenfrage* 6, no. 24 (December 15, 1942): 1—2.
116. Johann von Leers, “Judentum und Islam als Gegensätze”, *Die Judenfrage* 6, no. 24 (December 24, 1942): 275—278.
117. Ibid., p. 278.
118. Goebbels, entry for December 31, 1942, *TBJG*, II/6, p. 534.

第六章 “犹太人对一切都有罪”

1. Martin Gilbert, *The Macmillan Atlas of the Holocaust* (New York: Da Capo, 1982), pp. 142—158; and Leni Yahil, *The Holocaust: The Fate of European Jewry* (New York: Oxford University Press, 1990), pp. 404—414.

2. Max Domarus, ed., *Hitler: Reden und Proklamationen, 1932—1945*, vol. 2, *Untergang, 1939—1945* (Neustadt: Schmidt, 1963), p. 1967.
3. Hitler, speech of January 1, 1943, in Domarus, *Hitler*, 2: 1970—1971.
4. Horst Seemann, "Roosevelt gegen Europa", *Die Judenfrage* 7, no. 1 (January 1, 1943): 3—5.
5. "Samuel Irving Rosenman, der wahre Präsident der USA", *Die Judenfrage* 7, no. 3 (February 1, 1943): 32—33.
6. "Draft Statement to the Press", Casablanca Conference, January 22, 1943, *Foreign Relations of the United States: The Conferences at Washington, 1941—1942, and Casablanca, 1943* (Washington, D. C.: U. S. Government Printing Office, 1958), pp. 834—835.
7. Joseph Goebbels, *Die Tagebücher von Joseph Goebbels* (*TBJG*), ed. Elke Fröhlich (Munich: Sauer, 1994), entry for January 25, 1943, II/7, pp. 189—190.
8. "Zur Lage", *Zeitschriften-Dienst* no. 195/64 (January 29, 1943); Goebbels, entry for
335 January 29, 1943, *TBJG*, II/7, p. 219.
9. Domarus, *Hitler*, 2: 1978.
10. Joseph Goebbels, "Führer befiehl, wir folgen: Rede zum zehnten Jahrestag der Machtübernahme" (January 30, 1943), in Goebbels, *Dersteile Aufstieg: Reden und Aufsätze aus den Jahren1942/43*, 2nd ed. (Munich: Zentralverlag der NSDAP, 1944), pp. 138—150. 该书发行了5.5万册。
11. 在各条战线上，德军在1942年12月有83 792人死亡，在1943年1月为185 376人，大多数由于在斯大林格勒被包围和战败，见Rüdiger Overmans, *Deutsche Militärische Verluste im Zweiten Weltkrieg* (Munich: Oldenbourg, 2000), p. 238。
12. "Sie starben, damit Deutschland lebe", *VB*, February 4, 1943, p. 1.
13. "Die Kampfparole", *Zeitschriften-Dienst* 196/65, no. 8312 (February 5, 1943): 1. 该文本提及了"Vernichtungswillen des jüdischen Bolschewismus"和"entweder Vernichtung oder lebenslange Verelendung und Versklavung"的可替代选择。这些文件也被用于战后部委审判的准备工作。见"Die Kampfparole" (February 5, 1943) *Deutscher Wochendienst* directive 8312, U. S. Nuerenberg War Crimes Trials, *United States of America v. Ernst von Weizsäcker et al.*, case 11, November 4, 1947, in NARA, RG 238, War Crimes Records Collection, M 897, roll 34, doc. 4714, prosecution exhibit 1265。
14. "Wenn der Jude an der Macht ist", *Zeitschriften-Dienst* 196/65, no. 8314 (February 5, 1943).
15. "Europa wehrt die Juden ab", *Zeitschriften-Dienst* 196/65, no. 8312 (February 5, 1943).
16. "Sie entgehen der Sühne für ihre Kriegshetze nicht, USA.-Juden müssen mit einer Welle der Intoleranz rechnen", *VB*, January 14, 1943, p. 1; "Hinter Roosevelt steckt Rosenman: Ein Erzjude auf dem Thron der USA.", *VB*, January 16, 1943, p. 1.
17. "Wallace verrät Roosevelts Zukunftsträume; Die ganze Welt ein Feld jüdisch-amerikanischerAusbeuter; Wer den USA. -Befehlen nicht nachkommt, soll

erbarmungslos bombardiert werden", *VB*, February 7, 1943, p. 1.

18. Goebbels, entry for February 8, 1943, *TBJG*, II/7, p. 295.
19. Ibid., p. 296. 希特勒用名词Liquidierung和Ausrottung以及动词ausgelöscht来说明若输掉战争德国的命运。
20. 关于苏联如何看待西方对战争的影响,见François Furet, *the Passing ofan Illusion: The Idea of Communism in the Twentieth Century*, trans. Deborah Furet (Chicago: University of Chicago Press, 1999)。
21. Goebbels, entry for February 9, 1943, *TBJG*, II/7, p. 304. Entry for February 10, 1943, ibid., p. 312. 336
22. "Die neueste Ausgeburt jüdischen Hasses, Sie wollen das deutsche Volk geistig und körperlich vernichten, Wir werden die plutokratischen und bolschewistischen Sadisten zu Boden schlagen", *VB*, February 11, 1943, p. 1.
23. Ibid.
24. Boelcke, ed., *Secret Conferences of Dr. Goebbels*, p. 330.
25. "Hard Blows in '43; Roosevelt Promises 'Bad News' for Nazis, Italians and the Japanese", *New York Times*, February 13, 1943, p. 1.
26. "Roosevelt wirft Europa dem Bolschewismus als Beute hin; Judas Strohmann macht Kotau vor Moskau—Wir werden ihm die gebührende Antwort geben", *VB*, February 14, 1943, p. 1.
27. Boelcke, *Secret Conferences of Dr. Goebbels*, p. 333.
28. Joseph Goebbels, "Nr. 17., 18. 2. 43—Berlin, Sportpalast—Kundgebung des Gaues Berlin der NSDAP", in Reden, 1939—1945 (Munich: Wilhelm Heyne Verlag, 1972) 2: 172—208. 这个文本借助了电台文字记录。亦见Joseph Goebbels, "Nun, Volk steh auf, und Sturm brich los!", in Goebbels, *Der steile Aufstieg*, pp. 167—204; Günter Moltmann, "Goebbels Rede zum Totalen Krieg am 18. February 1943", Vierteljahreshefte fur Zeitgeschichte, 1964; and Iring Fetscher's comphrehensive discussion in *Joseph Goebbels im Berliner Sportpalast 1943: 'Wollt ihr den totalen Krieg?'* (Hamburg: Europäische Verlagsanstalt, 1998)。关于向地区纳粹省党部宣传办公室派发1400万份印制件,见Reichspropagandaleitung, Berlin, Meldung (announcement) no. 3002, Hauptamt, Propaganda, September 10, 1943, BA Berlin, Reichspropagandaleitung, NS 18, folder 848, p. 80。
29. Goebbels, "Nr. 17, 18. 2. 43—Berlin Sportpalast", p. 173.
30. Ibid., p. 177.
31. Ibid., pp. 178—179.
32. Ibid., p. 181.
33. Ibid., pp. 182—183. Goebbels referred to the "vollkommener und radikalsterAusrott [ung], [Aus] schaltung des Judentums."
34. Ibid., p. 183.
35. Ibid.

36. Ibid., pp. 185—186.
37. Ibid., pp. 195—199.
38. Ibid., pp. 204—206.
39. Ibid., p. 208.
40. Goebbels, entry for February 19, 1943, *TBJG*, II/7, p. 373.
41. “Leidenschaftliche Zustimmung unseres Volkes bedeutsam; Starker Widerhall in aller Welt”, *VB*, February 20, 1943, p. 1.

337 42. Goebbels, entry for March 2, 1943, *TBJG*, II/7, p. 454.

43. “Vor 25 Jahren verkündete ich den Sieg der Partei, Heute prophezeie ich den Sieg der Deutschen, Ansprache des Führers an seine alten Parteigenossen ...”, *VB*, February 26, 1943, p. 1.
44. Domarus, *Hitler*, 2: 1991—1992.
45. Ibid., p. 1992. 在其首页,《犹太人问题》摘录了以希特勒的预言为结束语的这段话:“在通向胜利之路上我们将打破和粉碎犹太人世界联盟的权力。”“Worte des Führers, aus der Proklamation des Führers zur Parteigründungsfeier in München am 24. Februar 1943”, *Die Judenfrage* 7, no. 6 (March 15, 1943): 1.
46. Joseph Goebbels, “Die Krise Europas”, in Goebbels, *Der steile Aufstieg*, p. 205.
47. Ibid., p. 206.
48. Ibid., pp. 207—208.
49. Joseph Goebbels, “Damals und Heute”, in Goebbels, *Der steile Aufstieg*, pp. 214—217.
50. Goebbels, entry for March 3, 1943, *TBJG*, II/7, p. 526.
51. “Die Briten—Helfer des Bolschewismus”, and “USA auch in Vorderasien”, *Zeitschriften-Dienst* 199/68, nos. 8433 and 8435 (February 26, 1943): 2.
52. “Aufruf des Großmufti gegen die Todfeinde des Islams, Araber werden für ihre Freiheit an der Seite der Achse kämpfen”, *VB*, March 20, 1943, p. 1.
53. Ibid.
54. Goebbels, entry for March 31, 1943, *TBJG*, II/7, p. 676. 在他的战后回忆录中,迪特里希的柏林办公室主任赫尔穆特·苏德曼写道,对于希特勒来说,反犹主义是很重要的,尤其是作为他“与东西方敌人战争宣传争斗的一部分”。苏德曼继续写道,这就是为什么“在战争的最后两年里,他一再敦促德国记者将犹太人的国际影响放置在他们的评论和新闻头条的中心位置”。Sündermann, *Tagesparolen: Deutsche Presseanweisungen, 1939—1945: Hitlers Propaganda und Kriegsführung* (Leoni am Starnberger See: Druffel-Verlag, 1973), p. 259.
55. “Juden sind Verbrecher”, *Zeitschriften-Dienst* 204/73, no. 8615 (April 2, 1943): 2.
56. 接下来的一周,《期刊服务》为编辑们提供了更多的主题:“经济战争中的犹太人”;“欧洲为保卫自己而抵抗犹太人”;“当犹太人掌权时”;“法属北非的犹太人”;“日本与犹太人的斗争”;“犹太人在南美”;“英国贵族中的犹太人和财阀”;“犹太人在文化领域”;“犹太人在经济领域”;“犹太人在世界出版界的影响力”。见“Zur Lage”, *Zeitschriften-Dienst* 205/74, no. 8648 (April 9, 1943): 1。 338

57. “Davies's ‘Mission’ Praised at Rally”, *New York Times*, May 21, 1943, p. 4; “Lamont Succeeds to Morgan's Post”, *New York Times*, March 18, 1943, p. 27. 对于战时情绪的一个生动例子，见由美国代理国务卿爱德华·斯特蒂纽斯(Edward Stettinius)、苏联大使安德烈·格罗米科(Andrei Gromyko)和英国大使哈利法克斯伯爵在麦迪逊广场花园的美苏友好全国委员会的一次集会上的评论。“Excerpts of Speeches at Soviet Friendship Rally”, *New York Times*, November 17, 1944, p. 6.
58. 约瑟夫·戴维斯是1937年到1938年的美国驻苏联大使。1940年版的《美国犹太人年鉴》包括了一份曾为或那时正是美国大使的犹太人名单。戴维斯的名字不在其列。见“Jews in the Diplomatic Service of the United States”, in Harry Schneiderman, ed., *American Jewish Yearbook 5701*, vol. 42, *October 3, 1940, to September 21, 1941* (Philadelphia: Jewish Publication Society of America, 1940), pp. 585—586。
59. “Der jüdische Krieg”, *VB*, April 8, 1943, p. 1.
60. Peter Calvocaressi and Guy Wynt, *Total War: Causes and Courses of the Second World War* (New York: Penguin, 1972), p. 344.
61. VIdRMVP 94/43 (1. Erg.[first addendum]), ZSg. 109/42, BAK, SO.
62. “Tagesparole des Reichspressechefs”, April 13, 1943, cited in Sündermann, *Tagesparolen*, p. 246. “Die jüdische Brücke”, *VB*, April 8, 1943, p. 1.
63. Joseph Goebbels, “Tagesparole”, April 14, 1943, in Sündermann, *Tagesparolen*, p. 253.
64. The *VB* ran a lead article titled “The Secret of Katyn”: “Das Geheimnis von Katyn”, *VB*, April 15, 1943, p. 1.
65. VIdRMVP 96/43, April 14, 1943, ZSg. 109/42, BAK, SO; Goebbels, “Tagesparole” April 14, 1943.
66. “Der Jude Davies: ‘Wir können der Sowjetunion trauen’: Katyn—ein Beispiel für Judas Anschlag auf Europa”, *VB*, April 16, 1943, p. 1.
67. Goebbels, entry for April 17, 1943, *TBJG*, II/8, pp. 115, 124.
68. “Zur Lage”, *Zeitschriften-Dienst* 207/76, no. 8710 (April 22, 1943): 1.
69. “Der Jüdische Ritualmord”, *Zeitschriften-Dienst* 207/76, no. 8713 (April 22, 1943).
70. “Warsaw's Ghetto Fights Deportation; Tanks Reported Used in Battle to Oust 35, 000 Jews”, New York Times, April 23, 1943, p. 9.
71. “England vor den Kremljuden zu Kreuz gebrochen”, *VB*, May 3, 1943, p. 1.
72. “USA. und England unter dem Befehl des Weltjudentums, Plutokraten identifizieren sich mit den jüdisch-bolschewistischen Mördern”, *VB*, May6, 1943, p. 1. 339
73. “Battle Is Reported in Warsaw's Ghetto”, *New York Times*, May 7, 1943, p. 7.
74. “Red Cross Decision Made on ‘Massacre’”, *New York Times*, April 23, 1943, p. 3; “Massacre Inquiry Depends on Soviet”, *New York Times*, April 24, 1943, p. 4.
75. VIdRMVP, V. I. 155/43 (1. Erg.), April 28, 1943, ZSg. 109/42, BAK, SO; also

cited in “Tagesparole”, April 28, 1943, in Sündermann, *Tagesparolen*, p. 254.

76. VIdRMVP106/43 (1. Erg.), April 29, 1943, ZSg. 109/42, BAK, SO; VIdRMVP106/43 (Erg.), April 29, 1943, in War Crimes Records Collection, U. S. Nuerenberg War Crimes Trials, *United States of America v. Ernst von Weizsäcker et al.*, case 11, November 4, 1947, in NARA, RG 238, War Crimes Records Collection, M 897, roll 34, doc. 4705, prosecution exhibit 1270. Copy from “Oberheitmann Material”, NG 3800, vol. 12, pp. 67—68. 关于强调犹太人跟卡廷大屠杀相关联的进一步指示，见VIdRMVP, V. I. 109/43, May 3, 1943, ZSg. 109/42, BAK, SO。
77. “Katyn entlarvt erneut das Weltjudentum, Europa erkennt das Komplott der Plutokraten und Sowjetjuden, England und USA. machen jämmerliche Verschleierungsversuche”, *VB*, April 30, 1943, p. 1.
78. “Jüdisch-bolschewistische Blutschuld”, *Die Judenfrage* 7, no. 9 (May 1, 1943): 1—2.
79. “Katyn!”, Redner Schnellinformation, Lieferung 56, NSDAP Reichspropagandaleitung, Hauptamt Propaganda, Amt: Rednerwesen, May 3, 1943, NARA, Captured German Documents, T-81, roll 683, pp. 4721681—4721684. The German here reads: “Zum Weltbegriff jüdisch-bolschewistischen Blutrausches.”
80. Ibid., pp. 4721682, 4721684. 同一天，《人民观察家报》的首页头条是“英国屈服于克里姆林宫的犹太人；在欧洲媒体的报道下，愤世嫉俗地抛弃波兰”，见“England vor den Kremljuden zu Kreuz gekrochen, Die zynische Preisgabe Polens im Lichte der europäischen Presse”, *VB*, May 3, 1943, p. 1。
81. “Die Judenfrage als innen-und außenpolitisches Kampfmittel”, Redner-Schnellinformation, NSDAP. Reichspropagandaleitung, Hauptamt Propaganda, Amt: Rednerwesen, May 5, 1943, NARA, Captured German Documents, T-81, roll 683, pp. 4721685—4721686.
82. Ibid.
83. “USA. und England unter dem Befehl des Weltjudentums, Plutokraten identifizieren sich mit den jüdisch-bolschewistischen Mördern”, *VB*, May 6, 1943, p. 1.

340 84. Ibid.

85. Goebbels, entry for April 27, 1943, *TBJG*, II/8, p. 173.
86. Joseph Goebbels, “Der Krieg und die Juden”, in *Der steile Aufstieg*, pp. 263—270.
87. Ibid., pp. 263—264.
88. Ibid., p. 266.
89. Ibid., pp. 269—270.
90. Ibid., p. 270.
91. 这个故事在《纽约时报》的第34版刊登，见“Goebbels Turns Fire on ‘Jewish Problem’”, *New York Times*, May 9, 1943, p. 34。
92. Goebbels, entry for May 10, 1943, *TBJG*, II/8, p. 255.
93. Ibid., p. 237.

94. “Im Zeichen wachsender Judenfeindlichkeit, Jüdische Angst schreit in England nach dem Büttel, Profithyänen verlangen Mißbrauch der Staatsgewalt”, *VB*, May 9, 1943, p. 1.
95. Goebbels, entry for May 10, 1943, *TBJG*, II/8, p. 261.
96. “Moskau wird offizielles Zentrum des Weltjudentums, Judenstaat Palästina als Eckstein der Sowjetkontrolle im Mittelmeer”, *VB*, May 12, 1943, p. 1.
97. “Judendämmerung in aller Welt”, Redner Schnellinformation, Lieferung 60, NSDAP, Reichspropagandaleitung, Hauptamt Propaganda, Amt: Rednerwesen, NARA, Captured German Records, T-81, roll 683, pp. 4721687—4721690.
98. “All Warsaw Jews Held ‘Liquidated’ ”, *New York Times*, May 15, 1943, p. 6.
99. Ibid.
100. “Jews’ Last Stand Felled 1000 Nazis”, *New York Times*, May 22, 1943, p. 4; “35, 000 Slain Jews Honored at Rally”, *New York Times*, June 20, 1943, p. 34.
101. “Jüdisch-amerikanischer Imperialismus läuft auf Hochtouren”, *VB*, July 24, 1943, p. 1.
102. Goebbels, entry for May 13, 1943, *TBJG*, II/8, pp. 287—288, 291.
103. Ibid., pp. 294—295. 在战后对战时宣传部的回顾中，迪特里希的办公室主任赫尔穆特·苏德曼试图把所有的责任都推到希特勒的反犹指令上，当然也包括戈培尔的。苏德曼写道：“那时候［1943年春季］的新闻指令中，可以找到一次又一次把反犹论点更多地放在头条上的努力。希特勒想要这样做，而且戈培尔要求特别强调它。” Sündermann, *Tagesparolen*, pp. 254—255. 然而，迪特里希和苏德曼也这么做了。 341
104. Gerhard Weinberg, *A World at Arms: A Global History of World War II* (New York: Cambridge University Press, 1994), pp. 445—447.
105. Goebbels, entry for May 14, 1943, *TBJG*, II/8, p. 297.
106. VIdRMVP117/43, May 17, 1943, ZSg. 109/42, BAK, SO.
107. Ibid., 125/43, May 21, 1943.
108. Joseph Goebbels, “Das große Wagnis”, in Goebbels, *Dersteile Aufstieg*, pp. 271—278.
109. Joseph Goebbels, “Überwundene Winterkrise”, ibid., pp. 298—299; quotation on p. 298. 对于在犹太人和空战之间进行连接的另一个声明，见M. F. L., “Der Luftterror und die Juden”, *Die Judenfrage* 7, no. 9 (May 1, 1943), pp. 143—144。
110. Goebbels, entry for May 19, 1943, *TBJG*, II/8, pp. 323—324.
111. “Anti-Juden-Sondernummer: Das Ziel: Eine antijüdische Zeitschriften-presse”, *Deutscher Wochendienst*, May 21, 1943, nos. 8838—8846, War Crimes Records Collection, U. S. Nuerenberg War Crimes Trials, *United States of America v. Ernst von Weizsäcker et al.*, case 11, in NARA, RG 238, War Crimes Records Collection, M 897, roll 34, NG 4716, prosecution exhibit 1276, pp. 1—13. 这个问题是在对奥托·迪特里希的纽伦堡审判时被提起作为公诉的证据。

112. Ibid., p. 1.
113. Ibid. The issues are no. 196, with directive 8314, “Wenn der Jude an der Macht ist”; no. 204, directive 8615, “Die Juden sind Verbrecher”; and no. 207, directive 8712, “Juda will Europas Völker morden. ”
114. Ibid., p. 2.
115. Ibid.
116. Ibid., p. 5.
117. “Die Juden sind schuld!”, *Deutscher Wochendienst* no. 8839 (May 21, 1943): 5.
118. “Kampf dem Weltjudentum”, ibid., p. 9.
119. “Roosevelt Urges Food Parley Waive Tariffs for Health; Asks World Agriculture Rise to Meet Nutritional Needs without Trade Barriers; Part of Four Freedoms”, *New York Times*, May 19, 1943, p. 1.
120. “Das könnte ihnen so passen, Europa soll amerikanischen Kornjuden ausgeliefert werden, Dreierpaktmächte erkämpfen für alle Völker das Recht auf Arbeit und Brot”, *VB*, May 21, 1943, p. 1.
121. “Internationale Lebensmittelbank, Jüdischer Weltausbeutungsplan, Das tägliche Brot der Völker soll Objekt der Börsenspekulation werden”, *VB*, May25, 1943, p. 1.
122. “Genesis, 41”, *The Five Books of Moses*, ed. and trans. Everett Fox (New York:
342 Schocken, 1983), pp. 192—199. 在战争期间流亡美国的托马斯·曼正在写《约瑟夫和他的兄弟们》的第四卷，书名为《供应者约瑟夫》。见*Joseph und seine Brüder, Dervierte Roman, Joseph der Ernäher* (Stockholm: Berman Fischer, 1943)。完整的英译本，见Thomas Mann, *Joseph and His Brothers* (London: Penguin, 1978)。
123. “Internationale Lebensmittelbank”, p. 1.
124. Ibid.
125. Susannah Heschel, *Transforming Jesus from Jew to Aryan: Protestant Theologians in Nazi Germany* (Tucson: University ofArizona Press, 1995).
126. “Hunger und Chaos Vorstufen der jüdischen Weltherrschaft, Nachkriegsphantasien der Roosevelt-Clique”, *VB*, June 2, 1943, p. 1.
127. “World Peace Aims Mapped by Welles; Court and Police Force Will Be Essential, He Tells North Carolina Negro College”, *New York Times*, June 1, 1943, p. 8.
128. “Hunger und Chaos Vorstufen der jüdischen Weltherrschaft”, p. 1.
129. 关于《每周要闻》的取消，见Reichs propagandaleitung Berlin, Meldungno. 3009, “An alle Gaupropagandaleitungen, betrifft: Parteiamtliche Wandzeitung: *Die Parole der Woche*”, May 5, 1943, BA Berlin, NS18, Reichspropagandaleitung, folder 848, p. 105。
130. “Hinter den Feindmächten: Der Jude”, BAK, Plakatensammlung (poster collection), no. 003—20—021.
131. Hans Schweitzer, “Der ist schuld am Kriege!”, BAK, Plakatensammlung, no. 003—020—020.

132. “Der Jude：Kriegsanstifter，Kriegsverlängerer”(1943) BAK，Plakatensammlung，no. 003—020—022.

133. 由汉斯·施韦策设计的“胜利或布尔什维克主义”于1943年3月被派发。帝国宣传指挥部印刷了107 840份，尺寸为84厘米 ×118.9厘米，以及373 745份，尺寸为84.1厘米 ×59.4厘米。在一些主要城市和地区，两个尺寸的海报的派发数字分别如下：柏林2.5万份和 5.5万份；黑森州3000份和5000份；慕尼黑2160份和4315份；上西里西亚1万份和5万份；萨克森1200份和31 270份；北威斯特伐利亚1500份和7450份。“Rundspruch nr. 6 an alle Gaupropagandaleiter，betrifft：Plakat no. 35，Sieg oder Bolshewismus”，March 1，1943，BA Berlin，NS 18，Reichspropagandaleitung，folder 848，p. 141.

134. 关于这一点，见Adam Ulam，*Stalin: The Man and His Era* (New York：Viking，1973)，p. 585；and Ulam，*Expansion and Coexistence: The History of Soviet Foreign Policy，1917—1967* (New York：Praeger，1974)。共产国际的解散并没有结束 343
苏联对英美的间谍活动。关于这个主题的学术著作越来越多，尤其见Harvey Klehr，John Earl Haynes，and Kyrill M. Anderson，*The Soviet World of American Communism* (New Haven，Conn.：Yale University Press，1998)；and Ronald Radosh and Joyce Milton，*The Rosenberg File: A Search for the Truth* (New York：Holt，Rinehart and Winston，1983)。

135. VIdRMVP，V. I. 126/43，May 22，1943，ZSg. 109/42，BAK，SO.

136. Goebbels，entry for May 23，1943，*TBJG*，II/8，p. 351.

137. Theodor Seibert，“Der jüdische Krieg”，*VB* (Munich edition)，June 2，1943，p. 1；Theodor Seibert，*Das amerikanische Rätsel: Die Kriegspolitik der USA in derÄra Roosevelt* (Berlin：Franz EherVerlag，1941).在同一期的《人民观察家报》中，头条新闻“Hunger and Chaos：First Steps of Jewish World Domination，Postwar Fantasies of the Roosevelt Clique”，强调了反犹信息。“Hunger und Chaos Vorstufen der jüdischen Weltherrschaft：Nachkriegsphantasien der Roosevelt Clique”，June 2，1943，p. 1.

138. Ibid.

139. Ibid.

140. Goebbels，entry for May 23，1943，*TBJG*，II/8，p. 350.

141. Joseph Goebbels，“Die motorischen Kräfte”，in Goebbels，*Der steile Aufstieg*，pp. 307—314.

142. Ibid.，pp. 310—311.

143. *Roosevelts Weg in den Krieg: Geheimdokumente zur Kriegspolitik des Präsidenten der Vereinigten Staaten* (Berlin：Deutscher Verlag，1943).《犹太人问题》的编辑使得他们的读者注意这个小册子，见“Die Kriegsschuld Roosevelts und der Juden：Zu den neuesten amtlichen Veröffentlichungen”，*Die Judenfrage* 7，no. 14 (July 15，1943)：225—228。

144. *Roosevelts Weg in den Krieg*，p. 12.

145. VIdRMVP，V. I. 160/43 (1. Erg.)，July 2，1943，ZSg. 109/43，BAK，SO；亦见

1943年7月3日的新闻指令，那里有类似的说明，V. I. 161/43。《罗斯福的战争之路》对犹太人只作了相当简单的评论。宣传部门对这一文本的看法，凸显出它关注的是纳粹叙事反犹维度的程度。

146. "Neue Dokumente erhärten das Urteil: Die Kriegsschuld Roosevelts steht unwiderleglich fest, Der 'Weltpräsident' als Strohmann der jüdischen Kriegshetzer", *VB*, July 4, 1943, p. 1.

147. Sündermann, *Tagesparolen*, pp. 255—256.

148. Sündermann, *Tagesparolen*, p. 256.

344 149. Goebbels, entry for August 7, 1943, *TBJG*, II/9, p. 232.

150. "Negerverbände sollen als Terrorflieger über Italien eingesetzt werden, Unauslöschliche Schande in der Kriegführung der Judenknecht", *VB*, June 5, 1943, p. 1.

151. "Schieberskandale in Roosevelt-Amerika, Rüstungshyänen schanzen sich Riesenprofite zu, Das großejüdische Geschäft", *VB*, June 18, 1943, p. 1.

152. "Zwei Jahre Krieg gegen den Bolschewismus, Der Schutzwall des Abendlandes steht, Kompromißloser Kampf bis zur Niederringung der Todfeinde Europas", *VB*, June 22, 1943, p. 1.

153. "Größte Gefahr der Weltgeschichte, Das Bündnis zwischen Gangstertum und Bolschewismus, Alfred Rosenberg zeichnet das große Ringen unserer Zeit", *VB*, June 23, 1943, p. 1.

154. "Neue Dokumente erhärten das Urteil."

155. "Juden kennen keine Scheu vor den Kulturgütern der Menscheit, Terrorbomber griffen Rom an, Neues Verbrechen britisch-amerikanischer Luftgangster", *VB*, July 20, 1943, p. 1. "Warum nicht eingliedern wie Texas? England und das Empire sollen amerikanisch werden, 'Chicago Daily Tribune' enthüllt den Plan der jüdischen Weltrepublik", *VB*, July 23, 1943, p. 1; "Der USA. Weltherrschaftstraum, Auch Portugals Kolonien Ziel amerikanischer Raubgier, Die Neuyorker Juden erstreben 'Internationalisierung' aller Kolonialländer", *VB*, July 26, 1943, p. 1.

156. "Die Monatsparole", Redner Schnellinformation, Lieferung 64, NSDAP Reichspropagandaleitung, Hautpamt: Propaganda, Amt: Rednerwesen, August, 1943, NARA, Captured German Records, T-81, roll 683, pp. 4721712—4721714.

157. "Ohne Sieg kein Wiederaufbau, Zur Luftkriegslage", Redner Schnellinformation, Lieferung 67, NSDAP Reichspropagandaleitung, Hauptamt Propaganda, Amt: Rednerwesen, September 1943, NARA, Captured German Records, T-81, roll 683, pp. 4721726—4721727.

第七章 "胜利或毁灭"

1. 关于海陆空三路中战线和战争进程的互动，见 Gerhard Weinberg, *A World at Arms:*

A Global History of World War II (New York: Cambridge University Press, 1994) , pp. 593—609; and Richard Overy, *How the Allies Won* (New York: Norton, 1995) 。

2. Rüdiger Övermanns, *Deutsche Militärische Verluste im Zweiten Weltkrieg* (Munich: Oldenbourg, 2000) , pp. 238—239.
3. Chronology drawn from Rinatya Gorodnzik Robinson, "Chronology" , in Walter Laqueur, ed., *The Holocaust Encyclopedia* (New Haven, Conn.: Yale University Press, 2001) , pp. xxxii—xxxiv. 345
4. Joseph Goebbels, *Die Tagebücher von Joseph Goebbels* (*TBJG*) , ed. Elke Fröhlich (Munich: Sauer, 1994) , Joseph Goebbels, entry for October 7, 1943, II/10, p. 72.
5. 关于希姆莱在波兹南演讲的文本，见"Himmler's Summation, October 4, 1943" , in Lucy S. Dawidowicz, ed., *A Holocaust Reader* (West Orange, N. J.: Behrman House, 1976) , pp. 130—140。 亦 见 Richard Breitman, *The Architect of Genocide: Himmler and the Final Solution* (New York: Knopf, 1991) , pp. 242—243。
6. "Jewish New Year to Begin Tonight" , *New York Times*, September 29, 1943, p. 15.
7. "Roosevelt erklärt sich erneut mit Juda solidarisch" , *VB*, October 11, 1943, p. 1.
8. "Anglo-Soviet-American Communiqué on the Conference in Moscow of the Three Foreign Secretaries" , *Foreign Relations of the United States* (henceforth *FRUS*) , *Diplomatic Papers, 1943*, vol. 1, *General* (Washington, D. C.: U. S. Government Printing Office, 1963) , pp. 743—744.
9. "Annex 10: Declaration on German Atrocities" , ibid., pp. 768—769.
10. "War-Crime Trials Settled by Allies" , *New York Times*, November 2, 1943, p. 12.
11. VIdRMVP 269/43, November 3, 1943, ZSg. 109/46, BAK, SO.
12. VIdRMVP 279/43, November 14, 1943, ZSg. 109/46, BAK, SO.
13. "*Die Parole der Woche*" , *Zeitschriften-Dienst* 235/104, no. 9570 (November 5, 1943) : 1.
14. "Der plutokratische Apparat arbeitet für Stalin: Moskau erweitert seine Machtansprüche: Erfolg der Sowjetagitation in England und USA." , *VB*, October 30, 1943, p. 1.
15. "Der USA. Präsident bestätigt: Europa soll dem Bolschewismus aus geliefert werden: Hull und Eden Vollzugsorgane des Weltjudentums" , *VB*, October 31, 1943, p. 1.
16. "Wofür das jüdische Kapital die Völker mordet: Die Dividenden verlängern den Krieg, Die Dreierpaktmächte im Kampf für die schaffenden Menschen" , *VB*, November 16, 1943, p. 1.
17. "Was der Führer vom deutschen Offizier fordert: Mut, Härte und politischen Fanatismus, Sieg oder unbarmherzige Vernichtung—ein Drittes gibt es nicht: Adolf Hitler sprach zu 20, 000 Offiziersanwärtern" , *VB*, November 30, 1943, p. 1.
18. "Declaration of the Three Powers" , Tehran Conference, December 6, 1943, *FRUS*, *Diplomatic Papers*, *The Conferences at Cairo and Tehran*, 1943, pp. 640—641. 346
19. James B. Reston, "Allies Achieve Unity for War and Peace" , *New York Times*,

December 5, 1943, p. E3.

20. "Das Hauptthema für alle Zeitschriften: Die Judenemanzipation, Das größte Unheil des 19. Jahrhunderts", *Deutscher Wochendienst* 242/112, no. 9746 (December 22, 1943).
21. Goebbels, entry for December 12, 1943, *TBJG*, II/10, pp. 432—433.
22. Entry for December 26, 1943, ibid., p. 550.
23. Entries for December 28, 1943, and December 31, 1943, ibid., pp. 560—563, 576.
24. Entry for January 22, 1944, ibid., II/11, p. 136.
25. Entry for January 25, 1944, ibid., pp. 157, 161.
26. Entry for February 28, 1944, ibid., p. 359.
27. Max Domarus, *Hitler: Reden und Proklamationen*, vol. 2 *Untergang, 1939—1945* (Neustadt: Schmidt, 1963), pp. 2083—2085.
28. 关于这一意识形态融入民主国家的普通士兵之中，见 chapters 8 and 9 in François Furet, *The Passing ofan Illusion: The Idea of Communism in the Twentieth Century*, trans. Deborah Furet (Chicago: University of Chicago Press, 1999)。
29. "Tagesparole des Reichspressechefs", February 3, 1944, p. 2, in U. S. Nuerenberg War Crimes Trials Records Collection, *United States of America v. Ernst von Weizäcker et al.*, case 12, December 20, 1947—April 14, 1949, in NARA, RG 238, War Crimes Records Collection, M 897, roll 34, Prosecution Exhibits NG 3408, 1275. 例如见 "Die Juden in der Wissenschaft", *Zeitschriften-Dienst*, 248/117, no. 9864 (February 4, 1944): 5—11; "Das Ostjudentum: Reservoir des Weltjudentums", *Deutscher Wochendienst*, 240/109, no. 9706 (December 10, 1943): 5—8。这些文章包括了相关作品的参考文献，从而用以将政权的反犹智囊团与有着更广泛阅读群体的大学学术团体连接起来。
30. "Tagesparole des Reichspressechefs", February 3, 1944, p. 2.
31. Cited in "Opening Statement for the Prosecution", *Trials of War Criminals before the Nuerenberg Military Tribunals under Control Council Law No. 10*, vol. 12, Nuremberg, October 1946—April 1949 (Washington, D. C.: U. S. Government Printing Office, 1949), p. 204.
32. VIdRMVP 54/44, March 2, 1944, ZSg. 109/48, BAK, SO; "Tagesparole", March 2, 1944, Helmut Sündermann, *Tagesparolen: Deutsche Presseanweisungen, 1939—1945: Hitlers*
347 *Propaganda und Kriegsführung* (Leoni am Starnberger See: Druffel-Verlag, 1973), p. 258. 同时也在美国的纽伦堡战犯审判记录的收录之中，*United States of America v. Ernst von Weizäckeretal.*, case 12, December 20, 1947—April 14, 1949, in NARA, RG 238, War Crimes Records Collection, M 897, roll 34, Prosecution Exhibits NG 3410, 1277。
33. "Tagesparole des Reichspressechefs", March 2, 1944, in U. S. Nuerenberg War Crimes Trials Records Collection, *United States of America v. Ernst von Weizäckeretal.*, case 12, December 20, 1947—April 14, 1949, in NARA, RG 238, War Crimes Records Collection, M 897, roll 34, Prosecution Exhibits NG 3410, 1277.

34. Goebbels, entry for March 4, 1944, *TBJG*, II/11, p. 399.
35. “Tagesparole des Reichspressechefs”, April 27, 1944, U. S. Nuerenberg War Crimes Trials Records Collection, *United States of America v. Ernst von Weizäckeretal.*, case 12, December 20, 1947—April 14, 1949, in NARA, RG 238, War Crimes Records Collection, M 897, roll 34, Prosecution Exhibits NG 3412, 1279.
36. Joseph Goebbels, “Die europäische Narkose”, *Das Reich*, April 1, 1944; NSDAP, Reichspropagandaleitung, Sonderlieferung no. 13/44, “Die europäische Narkose”, March 29, 1944, NARA, T-81, roll 683, 4721756—4721759.
37. Ibid., pp. 4721758—4721759. 同一天,戈培尔看到了苏联在东南欧进展的“积极政治效果”,形成了一波“被布尔什维克化的恐惧”,尤其在法国。见Goebbels, entry for April 1, 1944, *TBJG*, II/12, p. 34。
38. Goebbels, entry for April 3, 1944, *TBJG*, ibid., p. 45.
39. Entry for April 18, 1944, ibid., pp. 138—139.
40. Ibid., p. 139.
41. Klaus Gensicke, *Der Mufti von Jerusalem, Amin el-Husseini und die Nationalsozialisten* (Frankfurt am Main: Verlag Peter Lang, 1988).关于波斯尼亚和穆斯林的党卫军志愿者分部,见pp. 167—212。
42. Entry for April 26, 1944, *TBJG*, II/2, pp. 188—189.
43. Amin al-Husainis, “Nr. 101: An Himmler, 27. 7. 1944”, in Gerhard Höpp, ed., *Mufti-Papiere: Briefe, Memoranden, Reden und Aufrufe Amin al-Husainis aus dem Exil, 1940—1945* (Berlin: Klaus Schwarz Verlag, 2001), p. 216.
44. Amin al-Hussainis, “Nr. 104: Rede vor den Imamen der bosnischen SS-Division, 4. 10. 1944”, in Höpp, *Mufti-Papiere*, pp. 219—222.
45. “Tagesparole des Reichspressechefs”, April 27, 1944.
46. Ibid., p. 232.
47. VIdRMVP, V. I. 84/44, May 4, 1944, ZSg. 109/49, BAK, SO; also in
“Tagesparole des Reichspressechefs”, May 4, 1944, U. S. Nuerenberg War Crimes 348
Trials, *United States of America v. Ernst von Weizsäcker et al.*, case 11, NARA, RG 238, War Crimes Records Collection, M 897, roll 34, NG 3413, prosecution exhibit 1280.
48. “Mit dem Hauptquartier der Weltrevolution vereinigt, Moskau wird offizielles Zentrum des Weltjudentums, Judenstaat Palästina als Eckstein der Sowjetkontrolle im Mittelmeer”, *VB*, May 12, 1944, p. 1.
49. 关于魏斯,见Melvin I. Urofsky, *A Voice That Spokefor Justice: The Life and Times of Stephen S. Wise* (Albany: State University of New York Press, 1982); and Stephen Wise, *Challenging Years: The Autobiography of Stephen Wise* (New York; Putnam, 1949)。
50. “Mit dem Hauptquartier der Weltrevolution vereinigt.”迪特里希在1944年6月1日的新闻指令中写道:“我们将粉碎敌人的猛攻,其结果是整个犹太人的纸牌屋将在军事和政治上都被摧毁。”V. I. 107/44, June 1, 1944, U. S. Nuerenberg War

Crimes Trials, *United States of America v. Ernst von Weizsäcker et al.*, case 11, NARA, RG 238, War Crimes Records Collection, M 897, roll 34, NG 4706, prosecution exhibit 1281.

51. Joseph Goebbels, "Nr. 26, 4. 6. 44—Nürnberg, Adolf Hitler Platz (Hauptmarkt) —Großkundgebung anläßlich des Kreistages des Kreises Nürnberg-Stadt der NSDAP", in 1939—1945, vol. 2 of Helmut Heiber, ed., *Goebbels-Reden* (Dusseldorf: DrosteVerlag, 1972) , p. 324.
52. Ibid., pp. 330—331.
53. Ibid., pp. 334—335.
54. Ibid., pp. 340—341.
55. Helmut Sündermann, "Stalin und die Juden: Notizen zu einem weltpolitischen Tatbestand", appeared as follows: Part 1, *VB*, May 14, 1944, p. 3; Part 2, *VB*, May 15, 1944, p. 3; Part 3, *VB*, May 16, 1944, p. 3. May 14, 15, and 16, 1944, p. 3.
56. Sündermann, "Stalin und die Juden: Notizen zu einem weltpolitischen Tatbestand: Part 3", *VB*, May 16, 1944, p. 3.
57. "Der große Entschluß des Führers, Wie die jüdisch-bolschewistische Weltverschwörung vereitelt wurde, Invasion—der Weg zum Ziel Moskaus", *VB*, June 22, 1944, p. 1.
58. Ibid.
59. Ibid.
60. Joseph Goebbels, "Nr. 28, 3. 8. 44—Posen, Schloß—Tagung der Reichsleiter, Gauleiter und Verbändeführer der NSDAP", in Heiber, *Goebbels-Reden*, 2: 361—404.

349 61. Ibid., pp. 365—366.

62. Ibid., p. 394. 关于希特勒把军队中的不忠和背叛视为对战时挫折的一种解释，见 Ian Kershaw, *Hitler, 1936—1945: Nemesis* (New York: Norton, 2000) 。
63. Goebbels, entry for September 1, 1944, *TBJG*, II/13, p. 378.
64. Entry for September 21, 1944, ibid., pp. 536—542.
65. "Parole der Woche", *Zeitschriften-Dienst*, September 22, 1944, A692, p. 2.
66. VIdRMVP, V. I. 215/44, September 30, 1944, ZSg. 109/51, BAK, SO.
67. Ibid.
68. 1944年德国在所有战线上的战场死亡总人数约为180万。同样，这些数据来自 Övermanns, *Deutsche Militärische Verluste*, pp. 238—239, 266。
69. 关于解放，见Julian Jackson, *France: The Dark Years, 1940—1944* (New York: Oxford University Press, 2001) , pp. 561—567。
70. 这一总结借鉴了Weinberg , *A World at Arms*, pp. 750—753。
71. Joseph Goebbels, "Nr. 29, 3. 10. 44—Köln, Werkhalle eines Industriebetriebs—Kundgebung des Gaues Köln—Aachen der NSDAP", in Heiber, *Goebbels-Reden*, 2: 407.

72. Ibid., pp. 424, 428.
73. Goebbels, entry for November 3, 1944, *TBJG*, II/14, pp. 164, 166.
74. Joseph Goebbels, "Der Kitt der Feindkoalition: Die Urheber des Unglücks der Welt", *Das Reich*, January 21, 1945, pp. 1—2. 关于萨缪尔·罗森曼的一篇既讽刺又被扭曲的文章,放大了头版上的反犹焦点。见"Samuel Rosenman", *Das Reich*, January 21, 1945, p. 1。
75. Goebbels, "Der Kitt der Feindkoalition", pp. 1, 2.
76. Ibid.
77. Ibid.
78. VidRVMP, V. I. 27/45, February 2, 1945, ZSg. 109/54, BAK, SO.
79. Övermanns, *Deutsche Militärische Verluste*, pp. 238—239.
80. VIdRMVP, V. I. 31/45, February 2, 1945, ZSg. 109/54, BAK, SO.
81. "Communiqué Issued at the End of the Conference", February 11, 1945, *FRUS*, *Diplomatic Papers*, *The Conferences at Malta and Yalta*, *1945* (Washington, D. C.: U. S. Government Printing Office, 1955), pp. 970—971.
82. "Zur Lage", *Zeitschriften-Dienst*, 301/171, February 19, 1945, pp. 1—2.
83. "Das Vernichtungsprogramm von Jalta", *Zeitschriften-Dienst*, 302/171, February 19, 1945, pp. 2—3.
84. Övermanns, *Deutsche Militärische Verluste*, pp. 238—239.
85. John Erickson, *The Road to Berlin* (Boulder, Colo.: Westview, 1983), p. 622. 350
86. 关于德累斯顿伤亡数字的一次讨论,见Richard Evans in *Lying about Hitler: History, Holocaust, and the David Irving Trial* (New York: Perseus, 2001), pp. 174—177。
87. Helmut Sündermann, "Unser Halten und die Feindkoalition", *VB*, March 22, 1945, p. 1. 亦见Sündermann, *Tagesparolen*; and "Helmut Sündermann", in Ernst Klee, *Das Personenlexikon zum Dritten Reich: Werwarwas vor und nach 1945* (Frankfurt am Main: Fischer Verlag, 2003), p. 615。
88. Sündermann, "Unser Halten und die Feindkoalition", p. 1.《人民观察家报》的文章声称,雅尔塔会议实现了"布尔什维克世界革命"与一项针对德国的"灭绝计划"的结合,它将会导致德国人民的"灭绝或毁灭"。因此,雅尔塔宣言应该只会加强国家的抵抗意志。雅尔塔会议说明了"经由西方列强的世界革命"。《人民观察家报》宣称,现在变得很清晰的是,"如果没有德国,西方将会在布尔什维克的谋杀和掠夺中迷失"。见"Deutschland einziges Gegengewicht gegen Moskau, Jalta—das Todesurteil Europas, Die deutschen Feststellungen über Roosevelts und Churchills Kapitulation vor Stalin allgemein bestätigt", *VB*, February 16, 1945, p. 1; 亦见"Kreml soll Europa beherrschen: Stalin hat alle Freiheit des Handelns", *VB*, February 12, 1945, p. 1。
89. Joseph Goebbels, "Nr. 30, 28. 2. 45—Rundfunkansprache", in Heiber, *Goebbels-Reden* 2: 429—446.

90. Ibid., p. 433.
91. 关于死亡行军，见Robert Gellately, *Backing Hitler* (New York: Oxford, 2001); and Daniel Goldhagen, *Hitler's Willing Executioners* (New York: Knopf, 1996)。
92. Goebbels, entry for April 4, 1945, *TBJG*, II/15, pp. 675—677.
93. Ibid.
94. 有关的经典论述，见H. R. Trevor-Roper, *The Last Days of Hitler* (New York: Collier, 1962), pp. 225—265；最近的研究，见Kershaw, *Hitler*, 2: 820—828。
95. Domarus, *Hitler*, 2: 2236.
96. Joseph Goebbels, "Nr. 31, 19. 4. 45—Rundfunkansprache am Vorabend von Hitlers 56. Geburtstag", in Heiber, *Goebbels-Reden*, 2: 448.
97. 关于戈培尔的结局，见Rolf Reuth, *Goebbels: Eine Biographie* (Munich: Piper, 1995), pp. 613—614; English trans., Reuth, *Goebbels* (New York; Harcourt, 1994), pp. 362—363。

351 98. Ibid., pp. 2236—2237, 2239.

结 论

1. Lucy Dawidowicz, *The War against the Jews, 1933—1945* (New York: Holt, Rinehart and Winston, 1975).
2. 这种语境下的"主观性"，指的是一个政治行动者影响事件的能力，而不是受制于他人、因素或事件。
3. 关于"疯狂话语"，见Michel Foucault, *Madness and Civilization*, trans. Richard Howard (New York: Random House, 1965), pp. 86—96。
4. 关于灭绝 (Vernichtung) 和灭绝战争 (Vernichtungskrieg) 术语实践的激进化，在第一次世界大战中从克劳塞维茨到凡尔登，然后到第二次世界大战的纳粹东线战场，见Jan Phillip Reemtsma, "Die Idee des Vernichtungskrieges: Clausewitz, Ludendorff, Hitler", in Hannes Heer and Klaus Naumann, eds. *Vernichtungskrieg: Verbrechen der Wehrmacht, 1941—1944* (Hamburg: Hamburger Edition, 1995), pp. 377—401。
5. Karl Bracher, *The German Dictatorship*, trans. Jean Steinberg (New York: Praeger, 1970); and "The Role of Hitler: Perspectives of Interpretation", in Walter Laqueur, ed. *Fascism: A Reader's Guide* (Berkeley and Los Angeles: University of California Press, 1976), pp. 211—225.
6. E. H. Gombrich, *Myth and Reality in German War-Time Broadcasts* (London: Athlone, 1970), p. 23.
7. 关于布拉梅尔和奥贝尔海特曼档案的来源，见Alexander Hardy, *Hitler's Secret Weapon: The "Managed" Press and Propaganda Machine of Nazi Germany* (New York: Vantage, 1967)。
8. 例如见Ernest Bramsted, *Goebbels and National Socialist Propaganda, 1925—1945* (East

Lansing: Michigan State University Press, 1965); Jay Baird, *The Mythical World of Nazi War Propaganda, 1939—1945* (Minneapolis: University of Minnesota Press, 1974); and Robert Edwin Herzstein, *The War That Hitler Won: Goebbels and the Nazi Media Campaign*, 2nd rev. ed. (New York: Paragon House, 1987[1978])。正如之前所指出的，先前对迪特里希审判和新闻指令之反犹维度最广泛的研究，见 Alexander Hardy, *Hitler's Secret Weapon: The "Managed" Press and Propaganda Machine of Nazi Germany* (New York; Vantage, 1967)。

9. "XV. Judgment", *Trials of War Criminals before the Nuerenberg Military Tribunals under Control Council Law No. 10*, vol. 14, Nuremberg, October 1946—April 1949 (Washington, D. C.: U. S. Government Printing Office, 1950), p. 576. 美国的在德最高委员会作出决定之后，七年刑期只服了一年后，迪特里希于1950年8 352
月被释放。自1945年以来，他就一直在狱中。见"Flick, Steel Baron, and Seven Other Nazis Convicted of War Crimes Will Be Freed", *New York Times*, August 17, 1950, p. 9; and "Ex-Hitler Press Chief Flees Questioners as19 Nazi Criminals Are Freed from Jail", *New York Times*, August 26, 1950, p. 7。

10. Jeffrey Herf, *Reactionary Modernism: Technology, Culture, and Politics in Weimar and the Third Reich* (New York: Cambridge University Press, 1984).

11. 关于柏林的抵抗，见Nathan Stoltzfus, *Resistance of the Heart: Intermarriage and the Rosenstrasse Protest in Nazi Germany* (New York: Norton, 1996)。根据一项引人注目的最新研究，1945年1月至5月8日发生的死亡人数超过150万人，见Rüdiger Övermanns, *Deutsche Militärische Verluste im Zweiten Weltkrieg* (Munich: Oldenbourg, 1999)。关于战后的起诉，见Jeffrey Herf, *Divided Memory: The Nazi Past in the Two Germanys* (Cambridge, Mass.: Harvard University Press, 1997)。

12. 关键资料一直是帝国安全保卫处的报告，见Heinz Boberach, ed., *Meldungen aus dem Reich: Die geheimen Lageberichte des Sicherheitsdienstes der SS, 1938—1945*, 17 vols. (Herrsching: Pawlak, 1984)。关于社会民主党出版社在20世纪30年代的报道，见*Deutschland-Berichte der Sozialdemokratische Partei Deutschlands* (Frankfurt am Main: Verlag Petra Nettelbeck, 1980)。

13. David Bankier, *The Germans and the Final Solution: Public Opinion under Nazism* (Oxford: Blackwell, 1992), p. 115; David Bankier, ed., *Probing the Depths of German Antisemitism: German Society and the Persecution of the Jews, 1933—1941* (New York: Berghahn, 2000; Jerusalem: Yad Vashem and the Leo Baeck Institute, 2000).

14. Martin Broszat, Klaus Dietmar Henke, and Hans Woller, eds., *Von Stalingrad zur Währungsreform: Zur Sozialgeschichte des Umbruchs in Deutschland, 1943—1948* (Munich: Oldenbourg, 1988); Martin Broszat and Elke Fröhlich, *Alltag und Widerstand: Bayern in Nationalsozialismus* (Munich: Piper, 1987).关于布罗萨特以及对反犹主义和大屠杀的分析，见Nicholas Berg, *Der Holocaust und die westdeutschen Historiker: Erforschung und Erinnerung* (Göttingen: Wallstein, 2003)。

15. Ian Kershaw, *Hitler, 1889—1936: Hubris* (New York: Norton, 1999); *Hitler,*
1936—1945: Nemesis (New York: Norton, 2000); *The Hitler Myth: Image and Reality*
353 *in the Third Reich* (Oxford: Oxford University Press, 1987); and *Popular Opinion and*
Political Dissent in the Third Reich: Bavaria, 1933—1945 (Oxford: Oxford University
Press, 1983) . Marlis G. Steinert, *Hitler's War and the Germans: Public Mood and Attitude*
during the Second World War, trans. Thomas E. J. de Witt (Athens: Ohio University
Press, 1977) .关于反犹主义在东线战斗的德国军队中的传播，见 Omer Bartov,
Hitler's Army: Soldiers, Nazis, and War in the Third Reich (New York: Oxford
University Press, 1991) 。

16. Kershaw, *Popular Opinion and Political Dissent*, pp. 359—372. 关于谣言，见 Lawrence
Stokes, "The German People and the Destruction of the European Jews", *Central*
European History 6, no. 2 (1973): 167—191; and Bankier, *The Germans and the Final*
354 *Solution*。

致　谢

带着喜悦，我要感谢那些支持本书研究和写作的个人和机构。

波恩大学欧洲一体化研究中心主任卢德格尔·库恩哈特（Ludger Kühnhardt），当1998年夏季项目开始时，他为我提供了一个研究岗位。德国哥廷根马克斯·普朗克历史研究所所长哈特穆特·雷曼（Hartmut Lehman），1999年夏季也为我争取了一个研究岗位。美国雅典市俄亥俄大学的历史系主任布鲁斯·斯坦纳（Bruce Steiner），允许我在2000年春季休假，我要特别感谢他，还有诺曼·戈达（Norman Goda）、阿朗佐·汉姆比（Alonzo Hamby）、斯蒂芬·迈纳（Steven Miner），以及雅典市的其他好朋友和同事，他们让我在那里的时光变得如此之美好。然后是以色列伊扎克·拉宾研究中心主任安妮塔·沙皮拉（Anita Shapira），她邀请我作为一名研究员在2000年春季待在中心。在那里，我有幸与一群充满激情的以色列学者分享看法，并利用威纳图书馆收集了纳粹时代的资料，这些资料现封存于特拉维夫大学的索拉斯基图书馆。在2000年秋季，我加入了美国马里兰大学帕克分校历史系，那里的同事和学生分享了他们的宝贵见解。艺术与人文学院院长詹姆斯·哈里斯（James Harris）和那时的历史系主任约翰·兰佩（Tony Lampe），在2002年和2004年春季学期支持我休假研究。由于得到了我们的现任系主任盖里·格斯尔 (Gary Gerstle) 所支持的来自大学研究生档案委员会 (Graduate Record Board) 的资助，使得在本书中全彩色再现纳粹时代的海报和墙报成为可能。

2004年春美国大屠杀纪念馆的大屠杀高级研究中心，以及2004年秋同在华盛顿特区的伍德罗·威尔逊国际学者中心的同伴们，为我提供了时间、宝贵的资源和辅助人员，而这些对于我完成写作手稿有着很大的帮助。这两个机构都表明，在这座城市里的政治家、记者、政策顾问、律师和官僚们都重视并鼓励学术研究。威尔逊中心主任李·汉密尔顿 (Lee Hamilton) 值得许多学者感谢，因为他让政要们相信人文和社会科学的基础研究很值得予以支持。威尔逊中心图书馆的工作人员给予了特别的帮助。在大屠杀纪念馆，照片档案室中的莎伦·马勒 (Sharon Muller) 对纳粹宣传的视觉维度提供了有价值的建议。

特别感谢德国联邦档案馆科布伦茨分馆、科布伦茨的主要国家档案馆、多特蒙德的报刊研究所，以及巴伐利亚州档案馆的档案保管员。当我对纳粹政权所制作的海报和墙报进行研究时，以上所有机构和人员都提供了宝贵的帮助。伦敦帝国战争博物馆和加利福尼亚州斯坦福胡佛研究所档案室的工作人员也都如此。芝加哥的研究图书馆中心让我读到了《人民观察家报》的原始版本。德国联邦档案馆科布伦茨分馆迅速回应了我对微缩胶卷的请求。位于马里兰州大学校园附近的美国国家档案和记录管理局的工作人员，让我可以轻松获得与纳粹时期相关的令人印象深刻的微缩胶卷收藏。我的两位研究生也提供了帮
356 助。克里斯蒂娜·莫里纳 (Christina Morina) 从柏林的档案馆和图书馆收集了重要的文档，而尼古拉斯·施洛瑟 (Nicholas Schlosser) 在华盛顿的国会图书馆提供了及时的协助。

在回应研究进展的陈述从而为手稿的改进提供诸多思想养料方

面，同事们的评论和质疑是如此之多而在这里恕不能逐个致谢。同时还要感谢以下机构的同事和会议的参与者：哈佛大学明达·德·冈茨伯格欧洲研究中心德国研究小组；纽约城市大学研究生中心的纽约地区知识与文化历史研讨会；布兰迪斯大学举办的“以历史的角度看融合和分歧：反犹主义和反犹太复国主义”会议；德国莱比锡大学的西蒙·杜布诺（Simon Dubnow）犹太人历史研究所；奥地利维也纳的文化科学国际研究中心；达特茅斯学院举行的“纳粹柏林”研讨会；华盛顿地区的德国历史学家；在2001年、2003年和2005年德国研究协会的会议；匈牙利布达佩斯的中欧大学；梅耶霍夫犹太研究中心历史部和马里兰大学帕克分校历史研究中心；纽约大学的“较小的恶魔”（The Lesser Evil）研讨会；在华盛顿特区的美国大屠杀纪念馆的研讨会；还有华盛顿特区的伍德罗·威尔逊国际学者中心；2004年秋在斯坦福大学举行的一场关于极权主义的会议，以及也是于2004年秋在布朗大学举行的一次“教训和遗产”（Lessons and Legacies）的会议。

写作时，已发表的部分内容：《“犹太人战争”：戈培尔及纳粹宣传部门的反犹运动》[*Holocaust and Genocide Studies* 19, no. 1 (Spring 2005)：51—80]；《“战争和犹太人”：戈培尔反犹主义宣传的叙事结构》[Jorg Echternkamp, ed., *Das Deutsche Reich und der Zweite Weltkrieg*, vol. 9, book 2：*Die deutsche Kriegsgesellschaft, 1939—1945* (Munich：Deutsche Verlagsanstalt, 2005)]。还要分别感谢那些给予评论的编辑们。波士顿心理学家约 357
翰·威赫特（John Wechter）把我的注意力吸引到有关宏大和偏执并存的精神分析临床发现之上。

在哈佛大学出版社里，还要感谢手稿读者的探讨和有益评论，我的手稿编辑的细心阅读、问题探讨并提出的有益建议，以及感谢蕾切尔·温斯坦（Rachel Weinstein）和法比耶纳·弗朗索瓦（Fabienne

François)，他们在整个出版过程中指导过这个文本。我还要特别感谢我的优秀编辑乔伊斯·塞尔泽（Joyce Seltzer）。她良好的判断力和有价值的评论，有助于使得这些手稿更容易进入大众当中去，同时也为我的学术同仁保留了它的价值。

就像多年来的情况一样，我一直非常幸运能从一位见解深刻、乐于探讨问题，并给予鼓励和爱的我的历史学家妻子桑娅·米歇尔（Sonya
358 Michel）那里获益。

参考文献

档　案

Bundesarchiv Berlin

NS 18 Reichspropagandaleitung der NSDAP

NS 42 Reichspressechefder NSDAP/Reichspressestelle：1. Dr. Otto Dietrich

Bundesarchiv Koblenz, Sammlung Oberheitmann, "Vertrauliche Informationen", des Reichsministeriums für Volksaufklärung und Propaganda für die Presse, Zeitgeschichtliche Sammlung (ZSg.) 109, July 1939—March 1945

United States Holocaust Memorial Museum, Washington, D. C. R-55 373, microfilm Reichsministerium für Volksaufklärung und Propaganda (RMVP)

United States National Archives and Records Administration (NARA)

T81 Records of the National Socialist German Labor Party, rolls 22, 67, 84, 683

70 Record Group (RG) 242, Records of the Reich Ministry for Propaganda, 1936—1944

RG 238, War Crimes Records Collection, U. S. Nuerenberg War Crimes Trials, *United States of America v. Ernst von Weizsäcker, et al.*, case 11, December 20, 1947—April 14, 1949, M 897, microfilm reels 9, 34 (Prosecution Exhibits 1211—1365), 137 (Otto Dietrich), 152

NARA microfilm, Berlin Document Center, A3345-B 060 Nachrichtenblatt des Reichsministeriumsfür Volksaufklärung und Propaganda, 1937

RG 226, OSS station files, Washington and field station files, Washington-MO Propa1—3, nn3—226—85—3 A-1, box101, entry 139

主要文件精选

Boberach, Heinz, ed. *Meldungen aus dem Reich: Die geheimen Lageberichte des Sicherheitsdienstes der SS, 1938—1945*, vols. 1—15. Herrsching: PawlekVerlag, 1984.

Boelcke, Willi A., ed. *Kriegspropaganda, 1939—1941: Geheime Ministerkonferenzen im Reichspropagandaministerium.* Stuttgart: Deutsche Verlags-Anstalt, 1966.

——. *"Wollt Ihr den totalen Krieg?" Die Geheimen Goebbels-Konferenzen, 1939—1943.* Munich: Deutscher Taschenbuch Verlag, 1969.

——. *The Secret Conferences of Dr. Goebbels: The Nazi Propaganda War, 1939—1943*, trans. Ewald Osers. New York: Dutton, 1970.

Deutscher Wochendienst, December 1943—March 1944.

Diebow, Hans. *Die Juden in USA.* Berlin: Zentralverlag der NSDAP, Franz Eher Verlag, 1941.

Dietrich, Otto. *Mit Hitler in die Macht: Persönliche Erlebnisse mit meinem Führer.* Berlin: Franz Eher, 1934.

——. *Die philosophischen Grundlagen des Nationalsozialismus, ein Ruf zu den Waffen deutschen Geistes.* Breslau: Hirt, 1935.

——. *Nationalsozialistische Presse Politik: Vortraggehalten am 7. März 1938 in Berlin auf dem Empfangsabend des Aussenpolitischen Amtes im Hotel Adlon vor Mitgliedern
360 des Diplomatischen Korps und Vertretern der auslandischen Presse.* Berlin: Junker und Dunnhaupt, 1938.

——. *Revolution des Denkens.* Dortmund-Leipzig: Westfalen-Verlag, 1939.

——. *Die geistigen Grundlagen der neuen Europa.* Berlin: Franz Eher Verlag, 1941.

——. *12 Jahre mit Hitler.* Munich: Isar Verlag, 1955.

Diewerge, Wolfgang. *Das Kriegsziel der Weltplutokratie: Dokumentarische Veröffentlichung zu dem Buch des Präsidenten der amerikanischen Friedensgesellschaft Theodore Nathan Kaufman, Deutschland muß sterben 'Germany must perish.'* Berlin: Zentralverlag der NSDAP, Franz Eher Verlag, 1941.

Domarus, Max, ed. *Hitler: Reden und Proklamationen, 1932—1945.* Vol. 2, *Untergang.* Neustadt: Schmidt, 1963.

Foreign Relations ofthe United States (FRUS) Diplomatic Papers. *The Conferences at Malta and Yalta, 1945.* Washington, D. C.: U. S. Government Printing Office, 1955.

——. *The Conferences at Cairo and Tehran, 1943.* Washington, D. C.: U. S. Government Printing Office, 1961.

——. 1943. Vol. 1, *General.* Washington, D. C.: U. S. Government Printing Office, 1963.

——. *The Conferences at Washington, 1941—1942, and Casablanca, 1943.* Washington, D. C.: U. S. Government Printing Office, 1968.

Friedrichs, Axel. *Dokumente der deutschen Politik.* Vol. 3, *Deutschlands Weg zur*

Freiheit, 1935. Berlin: Junker and Dunnhaupt, 1937.

——. *Dokumente der deutschen Politik*. Vol. 4, *Deutschlands Aufstieg zur Grossmacht*. Berlin: Junker and Dunnhaupt, 1939.

Fröhlich, Elke, ed., with the Institut für Zeitgeschichte, Munich, and the Bundesarchiv. *Die Tagebücher von Joseph Goebbels: Samtliche Fragmente*. Munich: Saur, 1987—2001. Part 1, *1923—1941*, 9 vols; part 2, *1941—1945*, 15 vols. 361

Goebbels, Joseph, *Kommunismus ohne Maske*. Munich: Zentralverlag der NSDAP, 1935.

——. *Die Zeit ohne Beispiel: Reden und Aufsätze aus den Jahren 1939/40/41*. Munich: Zentralverlag der NSDAP Eher Verlag, 1941.

——. *Das eherne Herz: Reden und Aufsätze aus den Jahren 1941—1942*. Munich: Zentralverlag der NSDAP, 1943.

——. *Der steile Aufstieg: Reden und Aufsätze aus den Jahren 1942—1943*, 2nd ed. Munich: Zentralverlag der NSDAP, 1944.

——. "Die europäishe Narkose", *Das Reich*, April 1, 1944.

——. "Der Kitt der Feindkoalition: Die Urheber des Unglücks der Welt", *Das Reich*, no. 3, January 21, 1945.

Hardy, Alexander. *Hitler's Secret Weapon: The "Managed" Press and Propaganda Machine of Nazi Germany*. New York: Vantage, 1967.

Heiber, Helmut, ed. *Goebbels-Reden, 1939—1945*, Vol. 2. Munich: Wilhelm Heyne Verlag, 1972.

Höpp, Gerhard, ed. *Mufti-Papiere: Briefe, Memoranden, Reden und Aufrufe Amin al Husainis aus dem Exil, 1940—1945*. Berlin: Klaus Schwarz Verlag, 2001.

Leers, Johann von. *Kräfte hinter Roosevelt*. Berlin: Theodor Fritsch Verlag, 1941.

Ley, Robert, Reichsorganisationsleiter der NSDAP, *Das Organisationsbuch der NSDAP*. Munich: Franz Eher Verlag, 1937 and 1943.

Meyer-Christian, Wolf. *Die englisch-jüdische Allianz: Werden und Wirken der kapitalistischen Weltherrschaft*. Berlin: Niebelungen Verlag, 1940.

Roller, Walter, and Susanne Höschel, eds. *Judenverfolgung und jüdisches Leben unter den Bedingungen der nationalsozialistischen Gewaltherrschaft*. Vol.1, *Tondokumente und Rundfunksendungen, 1930—1946*. Potsdam: Verlag Berlin-Brandenburg, 1996.

Statistisches Jahrbuchfür das Deutsche Reich, 1941—1942. Berlin: Statistisches Reichsamt, 1942. 362

Sündermann, Helmut. *Tagesparolen: Deutsche Presseanweisungen, 1939—1945, Hitlers Propaganda und Kriegsführung*. Leoni am Starnberger See: Druffel Verlag, 1973.

Toepser-Ziegert, Gabriele. *NS-Presseanweisungen der Vorkriegszeit*. Munich and New York, 1984—1988.

Trials of War Criminals before the Nuerenberg Military Tribunals under Control Council

Law No. 10, vols. 12 and 14, Nuremberg, October 1946—April 1949 (Washington, D. C.: U. S. Government Printing Office, 1950).

Zeitschriften-Dienst, June 1939—August 1944, Reichpresseamt des Reichsministeriums für Volksaufklärung und Propaganda.

视频资料

Bayerisches Hauptstaatsarchiv, Munich

Bundesarchiv, Koblenz

Department of Art, Imperial War Museum, London

Hoover Institution Archives, Stanford, California

Institut für Zeitungsforschung der Stadt Dortmund, Germany

Landeshauptarchiv Koblenz, Germany (*Die Parole der Woche*, 1940—1942).

United States Holocaust Memorial Museum, Photo Archives, Washington, D. C.

期刊和报纸

Deutsche Allgemeine Zeitung (1941)

Judenfrage in Politik, Recht, Kultur und Wirtschaft, Die (1940—1943), Ministry for Public Enlightenment and Propaganda, Library of Congress microfilm 39477

Mitteilungen über die Judenfrage (1937—1939). Ministry for Public Enlightenment and Propaganda, Library of Congress microfilm 39477

New York Times

363 *Reich, Das*, 1940—1945

Unser Wille und Weg: Monatsblätter der Reichspropagandaleitung der NSDAP (1931—1941)

364 *Völkische Beobachter, Der*, 1939—1945

Washington Post

参考文献综述

知识与文化的历史，以及政治文化之历史的相关努力，都假设关于纳粹德国最为重要的文件是那些无数人都读过、听过和见过的。通过图书馆之间的租借，所有这类出版物——书籍、演讲以及日报和期刊的文章——在美国、欧洲和以色列的研究型图书馆里都可供使用，不管是原始纸质材料还是微缩胶卷，而这要感谢互联网把国家研究类收藏转化成对分布范围很广的学者而言一种公开且可供使用的资料。此外，两个未被充分利用的资料在我的这项研究工作中扮演了关键角色。

第一个是奥贝尔海特曼档案。它包含了所有帝国新闻办公室的战时新闻指令，且它们在美国检控官对奥托·迪特里希的纽伦堡部委审判指控中首次为人所知。但是它们并没有引起足够的重视，鉴于其重要性，特别是对战争期间的纳粹反犹宣传研究。在美国国家档案馆的庭审抄本中，档案在最初审判中的使用是明显的；完整的原件放在德国科布伦茨市的联邦档案馆里。美国大屠杀纪念馆的大屠杀高级研究
中心现在拥有一个微缩胶卷形式的副本。任何对战争期间纳粹宣传的 365
研究都绕不过这一涉及纳粹宣传所有主题的广泛收录，不仅仅是在犹太人问题上。第二个是科布伦茨的主要国家档案馆所保存的《每周要

闻》的完整收集——1937年到1943年的纳粹墙报。它也一样到现在都未被充分利用。读者会注意到，在20世纪80年代和90年代首次出版的《戈培尔日记》在这项研究工作中有着相当大的用途。纳粹宣传文本和一些视觉图像大量各式各样的英译本可在卡尔文学院（Calvin College）的网上德国宣传档案馆里搜索到，网址是http：// www. calvin. edu/academic/cas/gpa/。

查阅关于纳粹德国和大屠杀的大量学术研究时会惊讶地发现，在深入研究纳粹政权中反犹主义所扮演的角色方面，这项研究竟是第一个基于档案资料的研究。那些对帝国公共启蒙和宣传部的组织机构和重要主题令人印象深刻的学术著作包括（按年代顺序排列）：Derrick Sington and Arthur Weidenfeld，*The Goebbels Experiment: A Study of the Nazi Propaganda Machine* (1943)；Oron J. Hale，*The Captive Press in the Third Reich* (1964)；Ernest Bramsted，*Goebbels and National Socialist Propaganda, 1925—1945* (1965)；Carin Kessemeier，*Der Leitartikler Goebbels in den NS-Organen "Der Angriff" and "Das Reich"* (1967)；Jürgen Hagemann，*Die Presselenkung im Dritten Reich* (1970)；Jay Baird，*The Mythical World of Nazi War Propaganda, 1939—1945* (1974)；Julia Sywottek，*Mobilmachungfür den totalen Krieg: Die propagandistische Vorbereitung der deutschen Bevölkerung auf den Zweiten Weltkrieg* (1976)；Robert Herzstein，*The War That Hitler Won: The Most Infamous Propaganda Campaign in History* (1978)；David Welch，*Nazi Propaganda: The Power and the Limitations* (1983)；Caesar Aronsfeld，*The Text of the Holocaust: A Study of the Nazis' Extermination Propaganda, 1919—1945* (1985)；Peter Longerich，*Propagandisten im Krieg: Die Presseabteilung des Auswärtigen Amtes unter Ribbentrop* (1987)；Iring Fetscher，*Joseph Goebbels im Berliner Sportpalast, 1943: "Wollt Ihr den totalen Kreig?"* (1998)；Norbert Frei and Johannes Schmitz，

Journalismus im Dritten Reich (1999)。在1990年以德文出版以及在1993 366
年以英文出版的拉尔夫·乔治·罗伊特（Ralf Georg Reuth）的《戈培尔》，用大量研究来呈现戈培尔的政治观点和行动、幕后施政行为及其私生活等的一个全面看法。关于戈培尔对犹太人的看法，见Christian T. Barth，*Goebbels und die Juden* (2003)。Ernst Piper，*Alfred Rosenberg: Hitlers Chefideologe* (Munich：BlessingVerlag，2005)，强调了罗森贝格对政权反犹宣传的重要性，从其思想库到《人民观察家报》的页面。

虽然其他机构也进行宣传，例如党卫军、外交部和军队，但宣传部以及戈培尔和迪特里希的工作人员给德国人和外国受众提供当下纳粹叙事的核心内容。一个非常有意思但很奇怪被忽视的研究包含了关于帝国新闻办公室至关重要的资料，见Alexander Hardy，*Hitler's Secret Weapon: The "Managed" Press and Propaganda Machine of Nazi Germany* (1967)。哈迪是对奥托·迪特里希进行战后纽伦堡审判的美国检控官之一。在审理过程中，检控团将每日秘密新闻指令引入证据当中，就这一点我已经将其用到这项研究中。E. H. Gombrich，*Myth and Reality in German War-Time Broadcasts* (1970)，清晰扼要地对纳粹叙述的偏执本质提供了深刻见解，而它增强了这项研究的证据和主张。

著名的反犹影片如《犹太人苏斯》和《永恒的犹太人》引起了广泛注意，但纳粹海报宣传较少被经常研究。Franz-Josef Heyen的*Parole der Woche: Eine Wandzeitung im Dritten Reich, 1936—1943* (1983) 对墙报的基本事实提供了一个概述。Jürgen Bernatzky，"'Juden-Läuse-Flecktyphus'：Der nationalsozialistische Antisemitismus im Spiegel des politischen Plakats"，in Gunter B. Ginzel，ed.，*Anti-Semitismus: Erscheinungsformen der Judenfeindschaft gestern und heute* (1991)，研究了纳粹海报的反犹主题。Ruth Mellinkoff，*Outcasts: Signs of Otherness in Northern European Art of the Late*

367 *Middle Ages* (1993)，研究了黄颜色和对犹太人的消极看法之间存在已久的历史联系。Peter Paret, “God’s Hammer”, in *German Encounters with Modernism, 1840—1945* (2001)，对汉斯·施韦策进行了一个机智评估。Ulrike Bartels, *Die Wochenschau im Dritten Reich: Entwicklung und Funktion eines Massenmediums unter besonderer Berücksichtigung völkischer-nationaler Inhalte* (2004)，在研究纳粹政权每周的《新闻汇辑》方面是一本具有开创性的著作，但多数停留在研究它所呈现的对战争的看法。

汉娜·阿伦特的经典著作《极权主义的起源》在主张严肃看待纳粹意识形态狂热性上，发出了最早、最大和最具影响力的声音。乔治·奥威尔的《纳粹主义战时短文》虽然采取了不同的角度，但仍然是一个重要的出发点。关于一个最新哲学评估，见Berel Lang, *Act and Idea in the Nazi Genocide* (1990)。弗里茨·斯特恩和乔治·莫斯的著作构成了任何纳粹政权知识和文化之历史的一个固有部分。Norman Cohn, *Warrantfor Genocide* (1967)，关于《锡安山长老协议》的研究仍然是研究纳粹宣传的必读著作。Karl Dietrich Bracher, *The German Dictatorship* (1970)，是第一本将犹太难民学者关于反犹主义的作品并入德国历史的著作，在对纳粹德国观念、机构和政治之交织的研究方面仍然是一项卓越的分析。伊恩·克肖两卷本《希特勒传》(1999, 2000)，极好地结合了社会、政治和知识历史的深刻见解。它吸引和扩大了对纳粹神话与德国精英和普罗大众对它们（纳粹神话）的反应之间关系的重要学术研究。关于反犹主义的大量学术著作，一些特别有帮助的最新作品是：Robert Wistrich, *Antisemitism: The Longest Hatred* (1991)，将1941年到1945年的种族灭绝带入一个跨度更大的时间框架内；Susannah Heschel, *Transforming Jesus from Jew to Aryan: Protestant Theologians in Nazi Germany* (1995)，探索了纳粹和传统基督教反犹动机的互动；

Steven E. Aschheim, *Culture and Catastrophe: German and Jewish Confrontations with National Socialism and Other Crises* (1996)，包括了关于"犹太化"(Verjudung)的一篇见解深刻的论文，一个在纳粹宣传中非常突出的主题。拥有众多关于反犹作品的作者沃尔夫冈·本茨，仔细考察了沃尔夫冈·迪威尔格对内森·考夫曼《德国人必须被消灭！》德文版的 368
研究，见"Judenvernichtung aus Notwehr? Die Legenden um Theodore N. Kaufman"，*Vierteljahrshefte für Zeitgeschichte* 29, no. 4 (1981)：615—630。关于将奥地利和奥地利天主教并入一个通常由路德及其继任者所垄断的故事的一项最新重要综合研究，见John Weiss, *The Ideology of Death: Why the Holocaust Happened in Germany* (1996)。关于大穆夫提对纳粹反犹宣传的贡献，见Simon Wiesenthal, *Großmufti—Großagent der Achse* (Salzburg: Ried Verlag, 1946)；Klaus Gensicke, *Der Mufti von Jerusalem, Amin al-Husseini und die Nationalsozialisten* (Frankfurt am Main: Verlag Peter Lang, 1988)。关于纳粹在20世纪30年代对犹太复国主义和巴勒斯坦的意识形态和政策，见Francis R. Nicosia, *The Third Reich and the Palestine Question*, 2nd ed. (1999)。关于反犹知识分子，见Alan Steinweis, *Studying the Jew: Scholarly Antisemitism in Nazi Germany* (2006)。

过去十年，关于导致大屠杀的决定，历史学家已经极大地充实了我们的知识，尤其见Richard Breitman, *The Architect of Genocide: Himmler and the Final Solution* (1991)；Christopher Browning, *Paths to Genocide* (1992)，*Nazi Policy, Jewish Workers, German Killers* (2000)，以及*The Origins of the Final Solution: The Evolution of Nazi Jewish Policy, September 1939—March 1942* (2004)；Phillipe Burrin, *Hitler and the Jews: The Genesis of the Holocaust* (1994)。关于希特勒的犹太人政策与同盟国政策之间的关系，见Shlomo Aronson, *Hitler, the Allies and the Jews* (New York: Cambridge University Press, 2004)；Uwe

Dietrich Adam, *Judenpolitik im Dritten Reich* (1972)。

关于大屠杀的年表、意识形态根源、实施以及基本事实，见Walter Laqueur, ed., and Judith Tydnor Baumel, associate ed., *The Holocaust Encyclopedia* (2001)；Lucy Dawidowicz, *The War against the Jews, 1933—1945* (1975)；Leni Yahil, *The Holocaust: The Fate of European Jewry* (Hebrew ed., 1987；English ed., 1990)。关于至关重要但未被研究的大屠杀地理学，见Martin Gilbert, *The*
369 *Macmillan Atlas of the Holocaust* (1982)。研究战争和大屠杀之间关联的第一个努力尝试是Asher Cohen, Yehoyakim Cochavi, and Yoav Gelber, eds., *The Shoah and the War* (1992)。格哈德·温伯格关于希特勒外交和军事战略的非凡作品对于学者和严肃大众读者而言是必不可少的读物。*Germany, Hitler and World War II* (1995)，任何读者都会觉得这是一本好书。*The Foreign Policy of Hitler's Germany: Starting World War II, 1937—1939* (1980)，温伯格的这部著作对《慕尼黑协定》之前和之后纳粹政策里的时间和战略，提供了一个强有力和详尽的记录。Weinberg, *World at Arms: A Global History of World War II* (1994)，对于学者和严肃大众读者而言是基本读物。Richard Overy, *How the Allies Won* (1995)，理查德·奥弗里［跟温伯格一样］将偶然性重新引入历史事件当中去，而这有时回想起来似乎是一个预定的结论。对于希特勒意识形态和战略的一个理解，见Weinberg, *Hitler's Second Book: The Unpublished Sequel to Mein Kampf by Adolf Hitler* (2003)，以及*The Foreign Policy of Hitler's Germany*；Eberhard Jäckel, *Hitler's World View: A Blueprint for Power* (1981；German ed., 1969)，以及克肖的《希特勒传》。安德烈斯·希尔格鲁贝尔 (Andreas Hillgruber) 在德国历史学家中是一名开拓者，他阐释了融合生存空间想象和暴力反共的激进反犹主义如何制造了一个在东线战场的种族战争和大屠杀的政策。对于更年轻一代的学者而言，他在20世纪80年代历史学家之争中的不幸受累掩盖了他的重要贡献。他的

Hitlers Strategie: Politik und Kriegführung, 1940—1941 (1982[1965]) 和 *Germany and the Two World Wars* (1982; German ed., 1967)，在理解意识形态对政策的影响方面是必须要读的。Jürgen Förster, "Operation Barbarossa in Historical Perspective", in *The Attack on the Soviet Union*, vol. 4 of *Germany and the Second World War* (1998; German ed., 1996), pp. 1245—1255，有助于对这一问题的进一步理解。Omer Bartov, *Hitler's Army: Soldiers, Nazis, and War in the Third Reich* (1991)，研究了东线战场上德军普通士兵之中的意识形态传播问题。Wendy Lauer, *Nazi Empire-Building and the Holocaust in Ukraine* (2005)，利用了 370
更多最新公开的档案。关于德国军事思想上的"灭绝战争"的概念，见 Isabel V. Hull, *Absolute Destruction: Military Culture and the Practices of War in Imperial Germany* (2005); Jan Phillip Reemtsma, "Die Idee des Vernichtungskrieges: Clausewitz, Ludendorff, Hitler", in Hannes Heer and Klaus Naumann, eds., *Vernichtungskrieg: Verbrechen der Wehrmacht, 1941—1944* (1995), pp. 377—401; Jehuda L. Wallach, *The Dogma of the Battle of Annihilation: The Theories of Clausewitz and Schlieffen and Their Impact on the German Conduct of Two World Wars* (1986)。关于第一次世界大战经验的连续和断裂，见希尔格鲁贝尔，以及 John Home and Alan Kramer, *German Atrocities, 1914: A History of Denial* (2001)。Rüdiger Övermanns, *Deutsche Militärische Verluste im Zweiten Weltkrieg* (2000)，在我们对纳粹军队中何地、何时以及多少人死亡的了解之中，这一著作相当于一个非常有意义的提升。

关于纳粹意识形态影响和反应的学术研究已经努力得出了貌似可信的结论，它基于逸事、非典型和不科学的样本选择。更多的警示被呼吁，特别是随着回应丹尼尔·戈德哈根 (Daniel Goldhagen) 在 *Hitler's Willing Executioners* (1996) 里的主张的外流 (outpouring)，而它们是具有挑衅性质的，在我看来，推测远超出了证据所能支撑的结论。关于20世纪30年代德国精英的回应，见Saul Friedlander, *Nazi Germany and the Jews*, vol. 1, *The Years of Persecution, 1933—1939* (1997)；Jehuda Bauer, *Rethinking the Holocaust* (2001)；Robert Gellately, *Backing Hitler* (2001)。Michael Wild, *Generation des Unbedingten: Das Führungskorps des Reichssicherheitshauptamtes* (2003)，对从20世纪20年代大学的激进右翼到党卫军和帝国安全保卫处领导层的道路提供了一个迷人的描述。政府部门里记者和宣传者之轨迹的一项比较研究仍在进行。Jerry Z.
371 Muller, *The Other God That Failed: Hans Freyer and the Deradicalization of German Conservatism* (1987)，提供了一个知识精英游走纳粹意识形态和政治之路的一个极好例子。Steven P. Remy, *The Heidelberg Myth: The Nazification and Denazification of a German University* (2002)，提供了海德堡大学政治和文化的一个清晰研究，而戈培尔于1921年在这里获得博士学位。关于20世纪30年代纳粹德国传播种族主义和反犹主义的思想和机构，见Claudia Koonz, *The Nazi Conscience* (2003)。关于精英和大众对纳粹反犹政策的回应，见David Bankier, *The Germans and the Final Solution: Public Opinion under Nazism* (1992)，以及他编的*Probing the Depths of German Anti-Semitism: German Society and the Persecution of the Jews, 1933—1941* (2000)。关于第二次世界大战期间的德国社会，见Jorg Echternkamp, ed., *Das deutsche Reich und der zweite Weltkrieg*, vol. 9/2, *Die deutsche Kriegsgesellschaft, 1939 bis 1945* (2004)；Marlis G. Steinert, *Hitler's War and the Germans: Public Mood and Attitude durng the Second World War* (1977；German ed., 1970)。另外，关于克肖的《希特勒传》，见他的*Popular Opinion and Political Dissent in the Third Reich: Bavaria, 1933—1945* (1983)。关于信念、犬儒主义、“抵抗”以及撤退的交织，见Martin Broszat and Elke Fröhlich, *Alltag und Widerstand: Bayern in Nationalsozialismus* (1987)；Martin Broszat, Klaus Dietmar Henke,

and Hans Woller, eds., *Von Stalingrad zur Währungsreform: Zur Sozialgeschichte des Umbruchs in Deutschland, 1943—1948* (1988)。然而,关于西德纳粹时期编史的重要批判历史,见Nicholas Berg, *Der Holocaust und die westdeutschen Historiker: Erforschung und Erinnerung* (2003)。

美国和英国的情报机构编辑了很多关于纳粹政权的资料,见Richard Breitman, *Official Secrets: What the Nazis Planned, What the British and Americans Knew* (1998); Richard Breitman, et al., *U. S. Intelligence and the Nazis* (2005)。关于美、英特别是苏联如何解读纳粹的宣传,仍有很多工作要
做。Alexander Nekrich and Mikhail Heller, *Utopia in Power: A History of the* 372
Soviet Union from 1917 to the Present (1986),有力地描述了斯大林在1941年的误判。Amir Weiner, *Making Sense of War: The Second World War and the Fate of the Bolshevik Revolution* (2001),评估了持有战时共产主义意识形态的犹太人的命运。关于这一时期的苏联犹太人,见Benjamin Pinkus, *The Jews of the Soviet Union: The History of a National Minority* (1988);关于20世纪30年代的大清洗,见Nicholas Werth, "A State against the People: Violence, Repression, and Terror in the Soviet Union", in Stephanie Courtois, ed., *The Black Book of Communism* (1999), pp. 33—268。纳粹关于美国的宣传,见Philipp Gassert, *Amerika im Dritten Reich: Ideologie, Propaganda und Volksmeinung, 1933—1945* (1997)。

关于这一时期美国人生活中的反犹主义和犹太人处境,见Jerold S. Auerbach, *Unequal Justice: Lawyers and Social Change in Modern America* (1976); Neil Baldwin, *Henry Ford and the Jews: The Mass Production of Hate* (2001); Scott A. Berg, *Lindbergh* (1998); Henry L. Feingold, *A Time for Searching: Entering the Mainstream, 1920—1945* (1992); Marcia Graham Synott, *The Half-Opened Door: Discrimination and Admissions at Harvard, Yale, and Princeton,*

1900—1970 (1979)。Peter Novick, *The Holocaust in American Life* (1999)，在美国官方和大众对大屠杀新闻的回应方面提供了一个准确的判断。Charles Herbert Stember, ed., *Jews in the Mind of America* (1966)，提供了来自公共舆论调查的非常有意思的结果，在书籍出版时代是一种新的尝试。关于罗斯福政府对希特勒和大屠杀的反应，见Robert Dallek, *Franklin D. Roosevelt and American Foreign Policy, 1932—1945* (1979)。关于英国的反应，见温斯顿·丘吉尔的多卷本战争史和马丁·吉尔伯特的多卷本丘吉尔传记，以及Bernard Wasserstein, *Britain and the Jews of Europe, 1939—1945* (1988)。

关于纳粹政权成员以及在某些情况下关于他们的战后命运，现在
373 标准的参考作品是 Wolfgang Benz, Hermann Graml, and Hermann Weiß, eds., *Enzyklopädie des Nationalsozialismus* (1997)；Ernst Klee, *Das Personenlexikon zum Dritten Reich: Wer war was vor und nach 1945* (2003)。关于纳粹主义的词汇，见Victor Klemperer, *The Language of the Third Reich, LTI, Lingua Tertii Imperii: Notes of a Philologist* (2000; German ed., 1949)；Cornelia Schmidt-Berning, *Das Vokabular des Nationalsozialismus* (1998)；Klemperer, *I Will Bear Witness, 1942—1945* (German ed., 1991; English ed., 2000)。关于一个标准的德国人传记百科全书，见Walther Killy, ed., *Deutsche Biographische Enzyklopädie* (1995)。

在我关于叙事和意识形态的思考中，我仍然要感激社会理论家从亚历克西·德·托克维尔和马克斯·韦伯到丹尼尔·贝尔和克利福德·格尔茨的著作，以及到历史学家如卡尔·布拉赫尔、弗朗索瓦·菲雷、乔治·莫斯、托马斯·尼佩代和弗里茨·斯特恩的著作。这是一项努力构建和发展观念与政治之历史的工作，而他们对此真的是做得太好了。关于文化传统连续和断裂的有益反思，见Michael

Andre Bernstein, *Foregone Conclusions: Against Apocalyptic History* (1984)。David Carr, *Time, Narrative, and History* (1986),提供了有益的洞察。Michel Foucault, *Madness and Civilization: A History of Insanity in the Age of Reason* (1965),非常机智地捕捉到了“疯狂话语”的愚蠢和逻辑。Max Horkheimer and Theodor Adorno, *Dialectic of Enlightenment* (1944),在法西斯主义和偏执狂之间的联系方面有非常准确的洞察,虽然在对现代性的归纳方面与我关于历史特异性的观点存在冲突。Richard Hofstadter, *The Paranoid Style in American Politics and Other Essays* (1965),对于研究现代历史中政治狂热主义的历史学家而言是一个重要的读物。自从我在 *Reactionary Modernism: Technology, Culture and Politics in Weimar and the Third Reich* (1984) 中将他 (戈培尔) 描述为一个反动的现代主义者,约瑟夫·戈培尔和纳粹宣传就已经是我一个感兴趣的主题。 374

索 引

（词条后数字为原书页码，见本书边码）